国家社会科学基金项目前期研究成果
河北省社会科学重要学术著作资助出版

苏共高层领导人的理论素养与苏联兴亡

刘舸◎著

时事出版社

序

《苏共高层领导人的理论素养与苏联兴亡》这本著作是刘舸在其博士论文基础上进一步充实完善而成的。这本著作是近年来理论界关于苏联亡党亡国问题研究的新成果之一，对于人们从理论层面，特别是从苏共高层领导人的马克思主义理论素养这个角度揭示苏联兴亡的内在原因，科学总结苏联兴亡的经验和教训，具有重要的理论和实践意义。

苏联解体以来，关于苏联亡党亡国原因的分析可谓众说纷纭，比如"社会主义早产说""经济没有搞好说""斯大林模式僵化说""民族矛盾决定说""军备竞赛拖垮说""改革走上邪路说""苏共腐化变质说""戈尔巴乔夫叛徒葬送说""叶利钦阴谋颠覆说""西方和平演变说"等等。但真正经得住推敲的核心原因还是苏共的腐败变质。而苏共之所以腐败变质，则是因为苏共从赫鲁晓夫时期开始，高层领导人长期忽视马克思主义理论修养，实际上执行了一条逐步背离乃至背叛马克思列宁主义的思想路线，进而导致资产阶级自由化思想泛滥，苏共干部队伍形成既得利益集团，最终共产主义理想信念被公开抛弃，党内上层的背叛势力成为推动苏联亡党亡国的主要力量。

毛泽东同志在1965年曾经深刻指出：社会主义国家会不会资本主义复辟，关键不在基层，而在上层，尤其是中央。"许多事情都是这样：领导人一变就都变了"，"就会变颜色"。

近期《求是》杂志发表的习近平总书记在全国党校工作会议上的讲话指出："世界社会主义实践的曲折历程告诉我们，马克思主义政党一旦放弃马克思主义信仰、社会主义和共产主义信念，就会土崩瓦解。"习总书记还引用了邓小平在南方谈话中的话："中国要出问题，还是出在共产党内部。"因此，习总书记要求："党的各级领导干部特别是高级干部，要原原本本学习和研读经典著作，努力把马克思主义立场、观点、方法学到手，作为自己的看家本领。"

2011年3月，李慎明研究员也提出："苏联解体的主要原因出在苏共党内，党内存在的问题中，理论上的问题是发端。理论上出现问题的一个十分重要的原因在于，党的主要领导人的理论素养低下，理论素养低下则必然导致对共产主义理想信念的动摇。"

俄罗斯学者博尔金1996年在分析苏共领导人与苏共垮台的原因时也说："我分析了党的各个机构、特别是领导机构的活动，越来越倾向于这样一个结论：苏共的许多病症是不可避免的。造成这种状况的原因当然是多种多样的，但一个重要的原因，是领袖的文化修养退化……"

由此观之，"苏共高层领导人的理论素养与苏联兴亡"这一选题，不仅是研究苏联解体问题的新视角，而且触及到了苏联亡党亡国更深层原因。国际共产主义运动历史经验表明，无产阶级政党的思想路线决定政治路线、组织路线、干部路线、群众路线的情况。党的思想路线是一切路线的根本。由于无产阶级政党自身的组织特点，党的高层领导人的思想方法、理论修养、精神追求在相当大的程度上就成为决定党的思想路线的直接因素，成为社会主义事业兴衰成败的关键。

十多年前，我曾指导我的博士研究生蔡文鹏选定了《信仰危机与苏联的命运》，着重分析了全苏联群众性的信仰危机加剧了苏联垮台的进程，该书于2012年由社会科学文献出版社出版。《苏共高层领导人的理论素养与苏联兴亡》这本著作，把苏共高层领导人的理论素养作为研究苏联兴亡的核心线索，以苏联党和社会主义事业兴衰成败的历史事件为依托，以辩证唯物主义和历史唯物主义为基本研究方法，辅以历史学和政治学研究方法，全面论证不同时期苏共高层领导人的马克思主义理论素养的实际状况与苏联兴亡之间的内在联系。作为刘舸的博士生导师，我欣慰地看到了他近几年来在理论研究和理论修养方面所做出的辛勤努力和所取得的显著成就；与此同时，我也希望他自强不息，不断进取，坚持马克思主义的立场、观点和方法，不断取得马克思主义理论研究的新建树。

刘书林

2016年5月20日，于北京寓所

目　　录

绪 论

一、选题背景和意义

1. 选题背景

国际共运的历史经验表明，共产党的领导是社会主义和共产主义革命与建设的普遍规律。然而现实中的社会主义和共产主义革命与建设事业不仅是人类崭新的事业，而且也是人类有史以来文明程度要求最高、发展条件最薄弱、成长进步最艰难、遇到问题最复杂的事业，不是真正一贯坚持和发展马克思主义科学指导思想，真正代表先进文化、先进生产力和人民群众根本利益的政党，是根本不能胜任这一事业的领导角色的。

与此同时，集中统一是共产党保持力量的根本途径，是党内的一项根本组织原则，这就决定了党的领袖对党和社会主义前途命运所具有的重大乃至一定条件下的决定性影响。人民创造历史，这是历史的必然性；但历史同时也是必然性与偶然性的统一，人民创造历史的必然性并不排斥在一定条件下个人对历史产生的巨大乃至决定性影响的偶然性。无产阶级政党领袖在党内集中统一的原则下往往成为特定时期或特定条件下历史发展的决定性力量。

坚持共产党对社会主义和共产主义建设事业的领导，关键是党的领导地位不断巩固，其中党的马克思主义理论建设特别是高层领导人的马克思主义理论素养又是关键中的关键。只有具备一流的马克思主义理论素养才能坚持正确的路线、方针和政策。国际共产主义运动的实践经验反复表明：思想路线决定政治路线，政治路线决定组织路线，组织路线决定干部路线，干部路线又决定群众路线。党的思想路线是一切路线的根本，也是决定党的具体方针和政策科学性的前提条件。由于无产阶级政党自身的组织特点，党的高层领导人的思想方法、理论修养、价值取向往往成为决定党的具体路线、方针和政策的直接因素，成为党的领导地位能否巩固的关键。因此，党的高层领导人坚持共产主义的理想信念和马克思主义科学理论不动摇的能力、根据变化了的实际形势不断创新发展理论的能力、根据科学理论的基本原则及时发现并纠正决策失误的能力，就成为党能否胜任社会主义和共产主义建设事业的领导角色的最重要、最根本的问题，而上述能力就是党的高层领导人的马克思主义理论素养的表现。研究苏共高层领导人的理论素养与苏联兴亡关系问题，不仅是研究苏联亡党亡国的新视角，而且从源头上抓住了苏联亡党亡国研究的要害问题。

苏联解体以来，关于苏联亡党亡国的原因可谓众说纷纭，比如“社会主义早产说”“经济没有搞好说”“斯大林模式僵化说”“民族矛盾决定说”“军备竞赛拖垮说”“改革走上邪路说”“戈尔巴乔夫叛徒葬送说”“叶利钦阴谋颠覆说”“西方和平演变说”等等。应该说，导致苏联亡党亡国的原因确实是多方面的，然而，事物发展变化的根本原因却只有一个。正如毛泽东同志曾经科学地指出：“任何过程如果有多数矛盾存在的话，其中必定有一种是主要的，起着领导的、决定的作用。”① 那么，苏联亡党亡国的过程中的主要矛盾是什么呢？抑或苏联亡党亡国的各种原因中的根本原因是什么呢？

笔者经过认真研究和梳理，认为根本原因是从赫鲁晓夫到戈尔巴乔夫为首的苏共领导集团执行了一条脱离、背离乃至背叛马克思列宁主义的思想路线、政治路线和组织路线。在此基础上，需要追问的问题就是：导致从赫鲁晓夫到戈尔巴乔夫为首的苏共领导集团脱离、背离乃至背叛马克思列宁主义路线的根本原因又是什么呢？笔者的研究表明，其根本原因恰在于从赫鲁晓夫到戈尔巴乔夫为首的苏共高层领导人不够格乃至非马克思主义的理论素养。从赫鲁晓夫到戈尔巴乔夫时期，苏共高层领导人长期忽视甚至抵制马克思主义理论学习，不能够坚持用马克思主义的基本立场、观点和方法分析和解决前进道路上所面临的问题，放弃了共产主义的理想信念，久而久之导致党和国家的指导思想自觉或不自觉地背离马克思主义，最终陷入资本主义泥潭而亡党亡国。关于苏共亡党亡国根本原因的梳理和思考，启发了笔者以更宽阔的视野展开对苏共高层领导人的理论素养与苏联兴亡关系的研究。也就是说，为了进行历史比较和更充分地论证苏共高层领导人的理论素养与苏共和苏联社会主义前途命运的内在联系，本文将在深刻反思苏联亡党亡国的根本原因及其历史教训的基础上，从以列宁为核心的苏共第一代领导人和以斯大林为核心的苏共第二代领导人谈起，贯

① 《毛泽东选集》第1卷，人民出版社1991年版，第320页。

穿以赫鲁晓夫为核心的苏共第三代领导人、以勃列日涅夫为核心的苏共第四代领导人以及以戈尔巴乔夫为核心的苏共第五代领导人，揭示苏共高层领导人的马克思主义理论修养与苏联兴亡的内在联系。在此，笔者事先强调一点，即如无特别说明，文中提到的“理论素养”皆指马克思主义理论素养；“苏联亡党亡国”则具有三层含义：一是苏联共产党失去执政地位并败亡；二是苏联放弃社会主义道路；三是苏维埃社会主义联盟国家解体。

2. 选题意义

1991 年 8 月 24 日，苏联共产党中央委员会总书记戈尔巴乔夫僭越个人权限，宣布辞去苏共中央总书记职务，建议苏共中央“自行解散”，“各共和国共产党和地方党组织的命运由它们自己决定”，并以总统身份发布命令：停止各政党和政治运动在苏联军队、内务部和国家安全委员会以及其他护法机关、铁道部队、各军事单位和国家机关中的活动。

1991 年 12 月 25 日晚 7 时，戈尔巴乔夫先是签署了辞去苏联总统的命令，然后在自己的办公室面对苏联几家电视台的直播镜头向全国发表电视讲话，宣布辞去苏联总统职务，将国家权力移交给俄罗斯总统叶利钦。当日晚 7 时 32 分克里姆林宫总统府圆屋顶上印着黄色镰刀锤子的苏联国旗悄然落下，标志着社会主义苏联从此在世界民族国家之林中消失。

建党 94 年并执政 74 年的苏联共产党灭亡了！世界第一个伟大的社会主义国家消亡了！苏共亡党、苏联解体绝不是像一些修正主义者、马克思主义和科学社会主义的叛徒所胡诌的那样，是“俄罗斯民族的进步”、“苏联社会历史的必然”，而恰恰相反，这是俄罗斯民族的巨大历史倒退，是 20 世纪国际共产主义运动史上最为悲惨的事件，是全人类发展进步道路上巨大的历史灾难！为什么一个曾经令全世界所有国家的劳动人民衷心敬羡、令全世界欺压劳动人民的人以及形形色色的反动派无比仇视、自身建设取得辉煌成就并无私地帮助世界被压迫的民族寻求解放和进步事业的无产阶级政党及其领导下的社会主义国家竟发生亡党亡国的悲剧？苏联亡党亡国的根本教训究竟是什么？对这个问题进行深刻反思并做出科学回答，不仅对当前和今后坚持走社会主义道路国家中的马克思主义政党，而且对全人类的解放事业都具有极端重要的理论和现实意义。

笔者如此看待这一选题的意义，并不仅是抽象的理论概述，还有着切身的心理感受。2009 年至 2010 年笔者在美国哈佛大学留学访问期间，所见所闻促使笔者逐渐感悟出祖国比美国更先进、更有生机和活力的地方是什么，这就是令人精神充实而高尚的社会主义文化，是我们党诚心诚意为人民群众谋福利并真心实意实施尊重和依靠人民群众首创精神的国家政策，而不是将政府建设成为“统治人民最有效的工具”。美国的生产技术、物质生活、社会管理甚至社会成员的平均文明理性水平可能都比我们高，但我们有一点却是令美国人民羡慕的，那就是中国以人为本的社会主义文化以及这种文化所孕育出来的集体主义精神、人与人之间相互关怀的温情和大多数社会成员崇尚并或多或少具有的“雷锋精神”。虽然目前我们的社会主义文化水平还处于初级阶段，其发展壮大还需要我们长期坚守捍卫、创造条件、积累传承，特别是在资本主义生产方式和生活方式在世界上还处于主导地位的历史时期，但它却是人类最美好的精神家园，也是能够彻底超越资本主义生产方式各种消极因素的唯一可选之路。无论是否表达或者表达方式如何，笔者感受到了美国人民真心羡慕的是我们相互友爱的社会主义文化和集体主义精神，美国资产阶级统治集团真正畏惧并想方设法颠覆的也正是这样的文化和精神。苏联亡党亡国表明，在资本主义生产方式和生活方式还主导世界的历史时期，坚持并发展社会主义文化是极为艰难与复杂的，任何轻视或意识不到其艰难性与复杂性的人，都无法成为坚持和发展社会主义文化的中坚力量。与此同时，就像“十月革命”开创社会主义文化与制度所具有的伟大历史意义一样，苏共亡党、苏联解体也是一个具有重大历史教训意义的事件。虽然苏联人民已经为此付出了沉重代价，但苏联人民的代价不会白付，他们将在深刻反思中积蓄再次奋起的智慧，他们的经验教训也将成为全世界未来社会主义文化和制度建设的宝贵精神财富。研究苏共亡党、苏联解体的原因和教训就是开发这笔宝贵的精神财富，对今天和未来的社会主义文化和制度建设具有深远的历史意义和重要的决策参考价值。开发好这笔精神财富可以在未来几十年甚至上百年滋养社会主义文化和制度的健康发展。正因如此，笔者要特别感谢导师刘书林教授，他的引导和帮助使我进入一个非常有意义的研究领域，也希望笔者的学术耕耘将更直接地与我国社会主义文化和制度建设实践相联系，与中华民族伟大复兴相联系！

二、文献综述

关于“苏共高层领导人理论素养与苏联兴亡的关系”的研究，课题中内含四个根本问题：一是无产阶级政党及其领袖在历史发展中所起作用的准确评价；二是理论的重要性以及马克思主义理论素养的内涵及其表现形式；三是对苏联亡党亡国根本原因全面而准确的分析；四是对苏共高层领导人的马克思主义理论素养与苏联兴亡关系的研究。因此，关于国内外研究现状的文献综述，主要围绕上述四个根本问题展开。

1. 关于无产阶级政党及其领袖在历史发展中的作用

无产阶级政党特别是党的领袖在社会主义革命和建设中扮演着极为关键的角色。历史上长期被剥削、被奴役和被愚昧化的悲惨命运，使得工人阶级和广大劳动群众无论是在认识和改造客观世界与主观世界的过程中，还是在共产主义革命运动的过程中，都特别需要自己的理论和思想的领路人。早期国际工人运动屡遭失败的现实也充分表明，思想理论永远是工人运动的制高点，无产阶级反对资产阶级的斗争要取得胜利必须用科学的理论武装头脑。无产阶级革命导师马克思和恩格斯正是看到了这一点，为适应无产阶级革命斗争需要，创立了辩证唯物主义和科学社会主义理论，提出了无产阶级必须建立自己的革命政党的科学思想。历史经验表明，无产阶级政党特别是党的领袖一开始就是科学理论的创立者和传播者，在整个共产主义运动过程中承担着继承、发展和创新马克思主义科学理论的责任，特别是要用不断发展的马克思主义理论教育和引导工人阶级和广大劳动群众，以适应社会主义革命和建设的需要。

列宁关于无产阶级政党和党的领袖在社会主义革命和建设中关键作用的概括给了我们重要启示。列宁在总结长期的革命斗争经验时指出：在阶级社会中，“群众是划分为阶级的……阶级通常是由政党来领导的，政党通常是由最有威信、最有影响、最有经验、被选出担任最重要职务而称为领袖的人们所组成的比较稳定的集团来主持的。”① “从共产主义的观点看来，否定政党就意味着从资本主义崩溃的前夜（在德国）跳到共产主义的最高阶段而不是进到它的低级阶段和中级阶段。”②

中国共产党人在革命与建设实践中也对无产阶级政党和党的领袖在社会主义革命和建设中的关键作用做出了重要概括。毛泽东1938年10月在《中国共产党在民族战争中的地位》一文中曾经指出：“中国共产党是在一个几万万人的大民族中领导伟大革命斗争的党，没有多数才德兼备的领导干部，是不能完成其历史任务的。”“政治路线确定之后，干部就是决定的因素。因此，有计划地培养大批的新干部，就是我们的战斗任务。”③ 1979年7月邓小平在《思想路线政治路线的实现要靠组织路线来保证》中也曾经深刻地指出：“政治路线确立了，要由人来具体地贯彻执行。由什么样

① 《列宁选集》第4卷，人民出版社1995年版，第151页。

② 同上书，第154页。

③ 《毛泽东选集》第2卷，第526页。

的人来执行，是由赞成党的政治路线的人，还是由不赞成的人，或者是由持中间态度的人来执行，结果不一样。”① 2000 年 6 月，江泽民在全国党校工作会议上也强调：“一个政党，一个国家，能不能不断培养出优秀的领导人才，在很大程度上决定着这个政党、这个国家的兴衰存亡。中国的社会主义事业能不能巩固和发展下去，中国能不能在未来激烈的国际竞争中始终强盛不衰，关键就要看我们党能不能不断培养造就一大批高素质的领导人才。如果这个问题解决得不好，我们就难以在新世纪里经受住各种风险的考验，难以实现党和国家既定的奋斗目标。”②

除了上述无产阶级政党领袖的重要论述外，俄国早期马克思主义者普列汉诺夫的《论个人在历史上的作用问题》（商务印书馆 2010 年版）中也涉及了无产阶级政党领袖历史作用的哲学基础问题，即关于英雄人物与人民群众历史作用的辩证关系问题。普列汉诺夫在这部著作中正确地阐述了历史事件的必然性和偶然性，并从历史事件的必然性与偶然性的辩证关系出发，强调了人民群众创造历史的必然性与在特定的历史时期、特定的历史条件下个人对历史决定性作用的偶然性的辩证统一，这就为我们正确分析无产阶级政党领袖在历史发展中的重要作用乃至特定条件下的决定性作用提供了哲学基础。与此同时，北京师范学院政教系理论组 1977 年编写的《无产阶级领袖的伟大历史作用》（中国青年出版社 1977 年版）、石仲泉的《用马克思主义科学态度看待无产阶级革命领袖》（《北京大学学报·哲学社会科学版》，1979）、高敬增的《维护无产阶级领袖的权威推进我国社会主义建设与改革》（《理论探讨》，1994）、王传利的《论维护无产阶级领袖威望》（《山东工业大学学报·社会科学版》，1997）、张渝政的《邓小平评价无产阶级领袖的历史唯物主义观点》（《毛泽东思想研究》，2000）等也为研究无产阶级政党及其领袖在历史发展中的作用这一问题提供了重要参考。

2. 关于理论的重要性和马克思主义理论素养的内涵及其表现形式

关于马克思主义理论的重要性，无产阶级革命导师都曾经做出深刻阐释。比如 1889 年 10 月恩格斯曾经指出：“要知道在理论方面还有很多工作需要做……只有清晰的理论分析才能在错综复杂的事实中指明正确的道路。”③ 列宁也一针见血地指出：“没有革命的理论，就不会有革命的运

---

① 《邓小平文选》第 2 卷，人民出版社 1994 年版，第 191 页。
② 江泽民：《论党的建设》，中央文献出版社 2001 年版，第 421 页。
③ 《马克思恩格斯全集》第 37 卷，人民出版社 1971 年版，第 283 页。

动……只有以先进理论为指南的党，才能实现先进战士的作用。”① 1953年3月，斯大林在与刚刚当选为苏共中央主席团委员的切斯诺科夫的谈话中也曾经指出：“你们应当在最近就抓进一步发展理论的问题。我们可能会在经济方面出一些错。但是不管怎么样我们能够纠正过来。如果我们在理论上出了错，那么就会断送整个事业。没有理论，我们就会死亡，死亡，死亡！”② 中国伟大的马克思主义者毛泽东在《实践论》中也深刻指出：感觉只解决现象问题，理论才解决本质问题，“论理的认识所以和感性的认识不同，是因为感性的认识是属于事物之片面的、现象的、外部联系的东西，理论的认识则推进了一大步，到达了事物的全体的、本质的、内部联系的东西，到达了暴露周围世界的内在的矛盾，因而能在周围世界的总体上，在周围世界一切方面的内部联系上去把握周围世界的发展。”③ 因此，毛泽东进一步指出：“在马克思主义看来，理论是重要的，它的重要性充分地表现在列宁说过的一句话：‘没有革命的理论，就不会有革命的运动。’”④

苏共亡党、苏联解体的深刻教训使中国共产党人深刻认识到党的领导干部的马克思主义理论素养对党和国家兴衰成败的重大意义。2009年9月，中国共产党第十七届四中全会通过的《中共中央关于加强和改进新形式下党的建设若干重大问题的决定》指出：“全党必须牢记，党的先进性和党的执政地位都不是一劳永逸、一成不变的，过去先进不等于现在先进，现在先进不等于永远先进；过去拥有不等于现在拥有，现在拥有不等于永远拥有。”“一些党员、干部忽视理论学习、学用脱节，理想信念动摇，对马克思主义信仰不坚定，对中国特色社会主义缺乏信心”，因此，“党员领导干部要做真学真懂真信真用的表率，着力提高理论素养和解决实际问题能力。中央委员和省部级领导干部要认真研读马克思主义特别是中国特色社会主义理论体系基本著作，切实提高战略思维、创新思维、辩证思维能力，带头探索回答重大理论和实践问题。”全党要“把理论素养、学习能力作为选拔任用领导干部重要依据”。⑤

---

① 《列宁选集》第1卷，人民出版社1995年版，第311—312页。

② 俄罗斯《明天报》1997年第5期，转引自张捷：《从赫鲁晓夫到普京》，社会科学文献出版社2010年版，第60页。

③ 《毛泽东选集》第1卷，第286页。

④ 同上书，第292页。

⑤ 中共中央文献研究室编：《十七大以来重要文献选编》（中），中央文献出版社2013年版，第142、146、147、148页。

然而，从严格的概念上讲，究竟什么是马克思主义理论素养？它又以什么作为自身的表现形式？对这两个问题目前理论界还没有提出明确的结论，但相关思想已经比较充分地体现在无产阶级政党领袖的讲话和学者们的党建研究成果中。本书认为，1991 年 7 月 1 日江泽民同志在《在庆祝中国共产党成立七十周年大会上的讲话》中最直接地触及马克思主义理论素养的内涵及其表现形式："我们党的奋斗历史告诉我们，只有把马克思主义的基本原理同中国的具体实际相结合，科学地总结自己的经验，确定符合中国特点的前进道路和战略策略，我们的事业才能不断取得胜利。实现这个结合，关键在于深刻认识和掌握马克思主义，深刻认识和掌握中国的国情，并把两者正确地统一于革命和建设的实践之中。掌握马克思主义，最重要的是掌握它的精神实质，运用它的基本原理和立场、观点、方法观察分析问题。认识中国国情，最重要的是认识对中国革命和建设有重大影响的一切有利的和不利的现实因素，特别是认识中国社会的性质和发展阶段，认识社会主要矛盾和它的变化。在实现两者结合的过程中，必须始终坚持党的一切从实际出发、实事求是的思想路线，勇于探索和创新，在实践中检验真理和发展真理；坚持党的群众路线，从群众中来到群众中去，集中人民群众的实践经验和智慧；坚持独立自主的分析和解决中国的问题，找出适合我国情况的前进道路。"①

江泽民上述论断表明，无产阶级政党的领导人，不仅要对马克思主义、对共产主义有坚定的信仰和追求，同时还要是一个马克思主义理论家：他们真正理解马克思主义的实质；能够理论联系实际，依据马克思主义的立场、观点和方法，正确地解释并解决本国历史中、革命中乃至建设中所发生的实际问题；能够创造性地发展马克思主义。因此，从概念上讲，马克思主义理论素养就是无产阶级政党特别是党的领袖在带领工人阶级和广大劳动群众进行社会主义革命和建设过程中形成的正确学习、理解、应用、坚持和发展马克思主义理论的能力，这种能力可以一般地归结为马克思主义者科学地认识和改造客观世界与主观世界的能力，特别是科学地认识和改造人类社会以及自身世界观、人生观和价值观的能力。从表现形式上讲，马克思主义理论素养主要涉及六个方面：（1）能够理论联系实际地而不是教条主义地学习马克思主义的能力；（2）养成终生学习马克思主义理论的习惯；（3）准确把握马克思主义理论的基本内容并具备良好

① 中共中央文献研究室编：《十三大以来重要文献选编》（中），人民出版社 1991 年版，第 1634 页。

的党性修养；（4）正确运用马克思主义基本原理分析和解决实际问题的能力；（5）在实践中坚持和创新马克思主义的能力；（6）牢固树立共产主义理想信念。

除了上述无产阶级政党领袖的重要论述外，国内专家学者的相关研究成果还包括魏泽焕的《列宁执政党领导思想研究》（中共中央党校出版社1994年版）、孙景峰等主编的《无产阶级政党建设思想通史》（上、下卷，吉林人民出版社2001年版）、张建国主编的《党的建设和党性修养》（中共中央党校出版社2003年版）、王长江的《世界执政党兴衰史鉴》（中共中央党校出版社2005年版）、周鹤龄主编的《党的建设与党建理论》（上海人民出版社2009年版）、江金权的《党的建设热点问题解析》（中共中央党校出版社2011年版）、李慎明主编的《党的建设与中国特色社会主义》（社会科学文献出版社2011年版）、王光森的《党的建设新论：基于三个维度》（中国书籍出版社2013年版）、齐卫平的《党的建设在科学化轨道上行走》（上海人民出版社2014年版）以及姜春云的《具有马克思主义理论素养是各级领导干部必备的首要条件》（《理论学刊》，1990）、刘卫列的《领导干部的马克思主义理论素养及其检测方法》（《领导科学》，1991）、沙健孙的《毛泽东论学习马克思主义基础理论》（《党的文献》，2004）、李慎明的《努力加强马克思主义的理论功底》（《人民日报》，2000—09—26）、绛先知的《我党加强理论学习的优良传统及重要启示》（《中华魂》，2010）、樊博的《把理论素养作为用人重要标准》（《解放军报》，2011—1—4）、伍小涛的《当前党员干部马克思主义理论素养的调查与分析》（《中国井冈山干部学院学报》，2013）、刘建军的《辅导员如何提升理论素养》（《高校辅导员》，2014）等等。继承并深入挖掘无产阶级政党领袖和学者们的相关研究成果，将是本书的另一项重要工作。

3. 关于苏联亡党亡国的原因分析

关于苏联亡党亡国的原因分析是苏联解体以来世界性的重大理论问题。不仅是在中国与俄罗斯学术界，就是在欧美学术界也有为数不少的专家学者关注这一问题。但一般而言，对这一问题关注度最高、研究最深刻的还是中国与俄罗斯的学术界，特别是中国学术界，可谓“亡者亡矣，生者自强”。中国作为一个曾经“以俄为师”的共产党执政的社会主义国家，对苏联亡党亡国的原因与教训的关注可能甚于今日之俄罗斯。因此，关于这一问题的文献综述，笔者主要以中国学术界研究为线索，将相关研究状况大致划分为以下四个阶段。

第一个阶段：从1956年2月赫鲁晓夫进行秘密报告开始到1991年12月苏联社会主义国家联盟正式解体。

这一阶段从赫鲁晓夫、勃列日涅夫、安得罗波夫和契尔年科时期经济上的缓慢发展和政治社会领域不稳定因素的积聚，到戈尔巴乔夫领导的苏联改革运动走上邪路，在短短的六年内便导致苏联亡党亡国。苏联这场突如其来的风暴成为全世界关注的焦点，令人目不暇接。由于短期内难以做到深刻沉淀和反思，这一阶段国外关于苏联问题的研究比较而言并不深刻，反倒是国内对苏联修正主义错误问题以及对苏联亡党亡国问题一开始就保持了高度警惕，并做了迅速的研究反应。

1956年2月24日，苏联发生赫鲁晓夫在苏共二十大期间抛出片面评价斯大林的秘密报告之后，立即引起了中国共产党高层的严重关注和警惕，在捍卫斯大林和揭露以赫鲁晓夫为首的苏联领导集团背离马克思列宁主义错误的同时，也预言了苏共领导层这一恶劣行为将对苏联败亡乃至整个国际共产主义运动所产生的现实和潜在危险。这一时期关于苏联问题最重要的文献资料就是《人民日报》在1956年4月和12月刊发的毛泽东同志批改的《关于无产阶级专政的历史经验》《再论无产阶级专政的历史经验》两篇文章和1963年9月至1964年7月间毛泽东同志指导的“九评苏共中央公开信”。在上述重要文献中，以毛泽东为首的中国共产党人高瞻远瞩地看到评价斯大林问题对苏联社会主义实践乃至整个国际共产主义运动的重大意义，坚持运用唯物辩证法和唯物史观的科学分析方法，客观公正地、全面地分析了斯大林居于第一位的历史功绩和第二位的错误，深刻揭露了赫鲁晓夫修正主义路线背离社会主义基本制度的资本主义实质。

毛泽东同志指出：“正确地认识和正确地对待斯大林错误的问题，已经成为影响许多国家共产党的内部发展和各国共产党相互团结的重大问题，已经成为影响全世界共产主义队伍反对帝国主义的共同斗争的重大问题。”“斯大林的错误并不是由社会主义制度而来；为了纠正这些错误，当然不需要去‘纠正’社会主义制度。”“如果一定要说什么‘斯大林主义’的话，就只能说，首先，它是共产主义，是马克思列宁主义，这是主要的一面；其次，它包含了一些极为严重的、必须彻底纠正的、违反马克思列宁主义的错误。”“（对待斯大林及其有关同志）我们就需要用对待同志的态度而不应该用对待敌人的态度来对待他们，就需要在批评他们错误方面的同时，保护他们的正确方面，而不应该否定他们的一切……否则，势必在客观上帮助敌人反对共产主义的队伍，瓦解共产主义的阵地。”①

1957 年 3 月 12 日毛泽东同志在中国共产党全国宣传工作会议上特别告诫全党：“长时间以来，人们对于教条主义作过很多批判。这是应该的。但是，人们往往忽略了对于修正主义的批判。教条主义和修正主义都是违反马克思主义的”，“马克思主义的基本原则又是不能违背的，违背了就要犯错误。用形而上学的观点来看待马克思主义，把它看成僵死的东西，这是教条主义。否定马克思主义的基本原则，否定马克思主义的普遍真理，这就是修正主义。修正主义是一种资产阶级思想。修正主义者抹杀社会主义和资本主义的区别，抹杀无产阶级专政和资产阶级专政的区别。他们所主张的，在实际上并不是社会主义路线，而是资本主义路线。在现在的情况下，修正主义是比教条主义更有害的东西。”②

毛泽东同志在“九评苏共中央公开信”期间进一步尖锐指出：“斯大林问题，是一个世界范围内的大问题，曾经引起了世界各国一切阶级的反响……中国共产党一向认为，赫鲁晓夫同志利用所谓‘反对个人迷信’，片面评价斯大林，是完全错误的，是别有用心的。”③“社会主义国家的资本主义复辟，并不一定要通过反革命政变，也不一定要通过帝国主义的武装入侵，它还可以通过社会主义国家领导集团的蜕化变质来实现。”④

这一时期除了上述重要文献外，还有柯雄主编的《苏联国内资本主义复辟纪事》（三联书店 1975 年版），现代国际关系研究所苏联东欧研究室编写的《苏联对社会主义的再认识》（时事出版社 1988 年版），王正泉的《从列宁到戈尔巴乔夫——苏联政治体制的演变》（中国人民大学出版社 1989 年版），刘克明、吴仁彰主编的《从列宁到戈尔巴乔夫：苏联社会主义理论的演变》（东方出版社 1992 年版），刘克明等主编的《苏联政治经济体制七十年》（中国社会科学出版社 1990 年版），黄宏与谷松主编的《东欧剧变与执政党建设》（红旗出版社 1991 年版），苏联学者阿·阿夫托尔哈诺夫的《勃列日涅夫的力量和弱点》（新华出版社 1981 年版）以及美国学者摩西·莱文的《戈尔巴乔夫现象》（求实出版社 1989 年版）等等。

---

① 人民日报编辑部：《再论无产阶级专政的历史经验》，《人民日报》1956 年 12 月 29 日第 1 版。

② 《毛泽东文集》第 7 卷，人民出版社 1999 年版，第 281—282 页。

③ 人民日报编辑部、红旗杂志编辑部：《关于斯大林问题——二评苏共中央的公开信》，《人民日报》1963 年 9 月 13 日第 1 版。

④ 人民日报编辑部、红旗杂志编辑部：《南斯拉夫是社会主义国家吗？——三评苏共中央的公开信》，《人民日报》1963 年 9 月 26 日第 1 版。

这一时期的上述文献主要的内容是批判苏联修正主义错误和介绍苏联政治、经济和社会的发展变迁，除了对苏联解体前政治、经济、思想、文化和社会等领域存在的问题有所揭示之外，这一时期国内外的研究成果显然还来不及深刻反思苏联亡党亡国的原因。中国学者的研究成果主要是适应党中央批判苏联修正主义错误的需要并初步反思苏联解体的教训。柯雄主编的《苏联国内资本主义复辟纪事》以编年体的形式记述了1953年3月至1973年12月苏联政治、经济、文化和社会生活中发生的重要事件，展示了苏联自赫鲁晓夫片面评价斯大林以后国家与社会生活场景。该书的基本政治基调是“赫鲁晓夫是隐藏在苏共党内的资产阶级代理人”。黄宏与谷松主编的《东欧剧变与执政党建设》一书虽然没有直接阐述苏联亡党亡国的原因问题，但由于东欧剧变与苏联解体的关联性，对人们最初理解和分析苏联解体的原因和教训却有重要的参考价值。两位作者从“民主社会主义”的理论干扰、西方国家“和平演变战略”、对马克思主义的背离和放弃、阶级观念的淡化、放弃民主集中原则、脱离群众与腐败问题滋生蔓延等方面分析了东欧剧变的影响因素，这无疑也有助于人们理解和分析苏联解体问题。两位作者深刻指出：“国际共运史一再证明，用什么样的理论作为自己指导思想的基础，关系到无产阶级政党的性质、前途和命运。无产阶级政党是按照马克思主义的理论和风格建立起来的革命政党……一旦失去马克思主义理论的指导，就会失去生存的权利，而且迟早注定要在政治上遭到破产”，东欧党主张“思想多元化”，“实际上是用资产阶级的意识形态改造党。主张‘思想多元化’或‘意识形态多元化’，历来是民主社会主义世界观的重要内容和特征，也是东欧党内的右翼势力用以否定马克思主义，宣扬民主社会主义价值观，进而改变党的指导思想和性质的一个主要理论依据与手法。”①

国外学者基本上还没有直接触及苏联亡党亡国的原因问题，相关研究成果主要是揭示苏联解体前在政治、经济、思想、文化和社会等领域存在的问题。《勃列日涅夫的力量和弱点》通过大量事实剖析了勃列日涅夫十多年来内外政策和苏联社会的演变过程，认为苏联对内已成为“军事警察农奴制国家”，对外则成为最危险的新型帝国主义国家。本书作者阿·阿夫托尔哈诺夫用略带讽刺的口吻道：“我无意于撰写列昂尼德·勃列日涅夫的政治传记。再没有比这种事更乏味、更徒劳无益了……勃列日涅夫的

---

① 黄宏、谷松主编：《东欧剧变与执政党建设》，红旗出版社1991年版，第84、113—114页。

政权长不了，是个‘过渡性’的东西，这倒并非由于他的健康状况，而是由于他的‘平庸’与‘无才’。但是，大家认为是勃列日涅夫的缺点的东西——‘平庸’，却恰恰成了他的优点。正是由于这种‘平庸’之道才能领导集体的专政。”① 美国学者摩西·莱文注意到，在斯大林去世之后，苏联政治体制急需修复，经济一团糟，群众生活水平低下，农业生产相当或低于沙俄时代的人均标准，党内混乱不堪，高层领导人惴惴不安地施展计谋，唯恐在权力斗争中败于更擅长施展计谋的对手。对于这些乱象原因，莱文没有停留在苏联计划经济体制的问题，而是发现了其背后更深层的政治问题：“问题不仅仅在于计划体制不能组织城市建设与发展。整个经济监督机制是有缺点的，必须替换。政治领导人也已得出这一结论。然而问题不限于经济体制。例如，为什么力量强大的中央政府不能使部门驯服？为什么政府三番五次努力改革经济却从未成功地扭转失调和功能障碍的发展趋势！”②

总之，这一时期国内外关于苏联亡党亡国原因的分析刚刚起步，人们还没有来得及对苏联与东欧政治、社会的剧烈变动进行深入思考。但值得注意的是，在包括美国在内的其他国家都没有能够预测到苏联剧变前景的情况下，中国的党和国家领导人却对苏联亡党亡国的未来命运做出了异常深刻的洞察。笔者认为，对这一点予以特别关注是有重要价值的，它表明了中国的党和国家领导人当时所具有的世界一流的准确分析事物发展规律的能力。那么，究竟是什么使得中国的党和国家领导人具有了世界一流的准确分析事物发展规律的能力？这就是中国的党和国家领导人在长期的革命和建设实践中历练出来的世界一流的马克思主义理论素养。

第二阶段：从 1991 年 12 月苏联亡党亡国开始到 2001 年 12 月苏联亡党亡国 10 周年。

这一时期也正是中国经历政治风波和以江泽民同志为核心的党的第三代领导集体走上领导岗位并带领全国人民全面推进中国特色社会主义建设时期，苏联解体、苏共败亡不能不引起中国党和国家领导人的高度关注。江泽民同志曾经在不同的场合反复强调要加强对苏联政治生活、苏联解体和苏共败亡的原因的思考，并要求哲学社会科学工作者对苏东剧变的原因和经验教训进行深入的研究和总结。1990 年 12 月，针对东欧和苏联

① ［苏］阿夫托尔汉诺夫著，杨春华、张道庆译：《勃列日涅夫的力量和弱点》，新华出版社 1981 年版，第 1—2 页。

② ［美］摩西·莱文著，李宝鸿等译：《戈尔巴乔夫现象》，求实出版社 1989 年版，第 1、79、86 页。

社会主义国家出现的共产党失去或即将失去执政地位的问题，江泽民从发展经济对巩固社会主义制度的重要性的角度指出："在国际敌对势力加紧对社会主义国家推行和平演变战略的情况下，我们党坚持社会主义道路，继续满怀信心地领导全国各族人民实现第二步战略目标，力争到本世纪末国民生产总值再翻一番，人民生活达到小康水平，综合国力大大增强，意义极为深远。"①

1991 年 7 月，江泽民在庆祝中国共产党成立 70 周年大会上的讲话中提醒全党："当前，世界社会主义事业遇到严重挫折。但是，这只是历史长河中的暂时现象。""和平演变和资产阶级自由化思潮，对我国的独立和主权，对我们的建设和改革开放，构成现实的威胁……在新的历史条件下，我们党不仅要继续经受执政的考验，而且面临着改革开放和发展商品经济的考验，面临着反对和平演变的考验。……要通过学习和教育，划清马克思主义与反马克思主义、社会主义与资本主义、无产阶级思想体系与资产阶级思想体系的界限，增强抵制各种错误思潮侵蚀的能力，提高解决建设和改革中各种实际问题的本领。"②

苏联"8·19"事件后，党中央及时向全党发出通知，指出戈尔巴乔夫的"改革"根本不是什么完善社会主义制度，而是向资本主义方向演变。全党要联系苏联加速演变的实际，在党内和干部中加强教育，使他们认识到，苏联的全面危机决不是社会主义、马列主义本身带来的，而是戈尔巴乔夫背离马列主义、放弃社会主义的结果。随着苏联局势的明朗化，江泽民同志进一步指出：苏联东欧国家变化的原因是多方面的，既有内因又有外因，而外因是变化的条件，内因是变化的根据。苏联东欧之所以发展到今天这样的程度，确有西方敌对势力推行"和平演变战略"的因素，但是归根到底，是苏联东欧党的领导者执行了一条错误的路线、错误的方针和政策，严重脱离了群众所造成的。国内的因素，还是起了决定作用。东欧演变、苏联解体，说到底，是因为执政的共产党出了问题，背弃了工人阶级先锋队性质，不再坚持马克思主义的指导思想、共产主义的目标、为人民服务的宗旨和民主集中制的组织原则，因此才导致政治路线和一系列方针政策的错误。③

2001 年 4 月江泽民在全国社会治安工作会议上又指出："堡垒最容易

① 中共中央文献研究室编：《十三大以来重要文献选编》（中），第 1429 页。

② 江泽民：《在庆祝中国共产党成立七十周年大会上的讲话》，1991 年 7 月 1 日，中国共产党新闻网文献资料（http：//cpc. people. com. cn/GB/64184/64186/66697/4494934. html）。

③ 转引自周新成：《分析苏联问题应该坚持的基本原则和方法》，第 137 页。

从内部攻破。上个世纪80年代末90年代初，东欧国家的共产党和社会主义制度像多米诺骨牌一样纷纷垮台，最后苏联也解体了。除了这些国家长期积累的经济、政治、社会、民族矛盾和国际敌对势力长期实施西化、分化的政治战略等原因外，关键是这些国家的共产党内部出了问题，危机时刻党内在政治上发生重大分歧，导致政治局面一发不可收拾。东欧剧变、苏联解体，最深刻的教训是：放弃了社会主义道路，放弃了无产阶级专政，放弃了共产党的领导地位，放弃了马克思列宁主义，结果使得已经相当严重的经济、政治、社会、民族矛盾进一步激化，最终酿成了制度剧变、国家解体的历史悲剧。"①

2001年7月，江泽民在庆祝建党80周年大会上的讲话中进一步强调，中国共产党人要以世界的眼光、改革的精神和实事求是的态度，加强对共产党执政规律、社会主义建设规律和人类社会发展规律的研究，共产党执政就是要"立党为公，执政为民"，"治国必先治党，治党必须从严。要深刻认识和吸取世界上一些长期执政的共产党丧失政权的教训。"②

在中共领导人深刻反思苏联亡党亡国的教训的同时，国内外学术界关于苏共败亡、苏联解体的原因和教训的研究也逐渐升温。在这十年中的主要研究工作是尽可能收集和把握涉及苏联解体内幕的文献和资料，在业已取得的文献和资料基础上对苏共败亡和苏联解体的原因和教训进行了最初的研究。在这一时期，中国学者相关的研究成果主要包括：齐向等著的《苏联解体内幕》（吉林人民出版社1992年版）、江流与陈之骅主编的《苏联演变的历史思考》（中国社会科学出版社1994年版）、中共中央党校科研部东西方政党和文化比较研究中心编写的《苏共的失败及教训》（中共中央党校出版社1994年版）、赵常庆的《苏联民族问题研究》（社会科学文献出版社1996年版）、李振城的《苏联兴亡的沉思》（改革出版社1996年版）、魏泽焕的《苏共兴衰透视》（广东人民出版社1998年版）、张伟垣等著的《苏联兴亡与社会主义前景》（新华出版社1998年版）、陆南泉与姜长斌主编的《苏联剧变深层次原因研究》（中国社会科学出版社1999年版）、左凤荣的《致命的错误：苏联对外战略的演变与影响》（世界知识出版社2001年版）等等。主要论文包括赵曜的《苏联演变和解体的历史教训》（《党校科研信息》，1992）、刘德骥与马郑刚的《试论前苏共党建的严重教训》（《当代世界社会主义问题》，1993）、杨晋川的《戈尔巴乔夫

① 《江泽民文选》第3卷，人民出版社2006年版，第230页。

② 同上书，第290页。

的“新思维”与苏联的演变和解体》(《当代思潮》,1994)、周新城的《对苏联演变及其教训的再思考》(《科学社会主义》,1996)、伏广存的《冷战与苏联解体关系论析》(《东欧中亚研究》,1997)、钟亚平的《俄罗斯部分人士对苏联解体的反思》(《马克思主义研究》,1997)以及中联部六局发表的《从勃列日涅夫时期意识形态方面的问题看苏联解体的原因》(《党建研究》,2000)等等。

外国学者相关的研究成果主要包括(俄)叶·利加乔夫的《戈尔巴乔夫之谜》(江苏人民出版社1992年版)和《警示》(当代世界出版社2001年版)、(俄)维·阿法纳西耶夫的《〈真理报〉总编辑沉浮录》(东方出版社1993年版)、(俄)瓦·博尔金的《戈尔巴乔夫沉浮录》(中央编译出版社1996年版)和《震撼世界的十年:苏联解体与戈尔巴乔夫》(昆仑出版社1998年版)、(俄)尼·雷日科夫的《大动荡的十年》(中央编译出版社1998年版)、(俄)格·阿尔巴托夫的《苏联政治内幕:知情者的见证》(新华出版社1998年版)、(俄)亚·尼·雅科夫列夫的《“改革新思维”与苏联命运》(吉林人民出版社1992年版)和《一杯苦酒:俄罗斯的布尔什维主义和改革运动》(新华出版社1999年版)、(俄)阿·切尔尼亚耶夫的《在戈尔巴乔夫身边六年》(世界知识出版社2001年版)、美国学者多德尔与英国学者布兰森合著的《戈尔巴乔夫:克里姆林宫的异教徒》(新华出版社1991年版)、(美)康奎斯特的《最后的帝国:民族问题与苏联的前途》(华东师范大学出版社1993年版)、美国前总统理查德·尼克松的《超越和平》(世界知识出版社1995年版)和《1999:不战而胜》(世界知识出版社1997年版)、美国前总统国家安全顾问兹比格涅夫·布热津斯基的《大失控与大混乱》(中国社会科学出版社1995年版)、(美)杰克·马特洛克的《苏联解体亲历记》(世界知识出版社1996年版)、(美)彼得·施魏策尔的《里根政府是怎样搞垮苏联的》(新华出版社2001年版)、(英)雷切尔·沃克的《震撼世界的六年:戈尔巴乔夫的改革怎样葬送了苏联》(改革出版社1999年版)、(澳)科伊乔·佩特罗夫的《戈尔巴乔夫现象——改革年代:苏联东欧与中国》(社会科学文献出版社2001年版)以及The Dream that Failed: Reflections on the Soviet Union (Walter Laqueur, Oxford University Press, 1994)、Why did the Soviet Union collapse: understanding historical change (Robert W. Strayer, M. E. Sharpe, Inc., 1998)和How the Soviet Union disappeared: an essay on the causes of dissolution (Wisla Suraska, Duke University Press, 1998)等等。主要论文有(美)大卫·科兹的《苏联解体的原因》(《当代思潮》，2000）、The Death of Soviet Communism, Winter（Seweryn Bialer, Foreign Affairs, 1991/92）、Nationalism, Revolution, and the Collapse of the Soviet Union（Ronald Grigor Suny, Foreign Affairs, 1994）、Was the Soviet Union Totalitarian? The View of Soviet Dissidents and the Reformers of the Gorbachev Era（Jay Bergman, Studies in East European Thought, 1998）、Decolonization, Democratization, and Communist Reform: The Soviet Collapse in Comparative Perspective（Robert Strayer, Journal of World History, 2001）等等。

关于苏联解体的原因，上述研究成果大体上可以概括为以下几种观点。

（1）“苏联体制僵化与经济衰退导致说”。这种观点认为，导致苏联解体的最根本、起决定性作用的因素是苏联的传统体制。苏联在“十月革命”胜利后逐步建立起来的政治、经济、文化体制，是一种高度集中和集权的体制。这种体制在应对国内外紧张局势时曾经发挥重要作用，它能够有效调动一切人力、财力、物力和资源，适应备战和应战的需要，在苏联工业化和增强国防实力方面的确取得了显著成果。然而这种体制严重背离现代经济的发展规律，压抑了地方、企业和劳动者的积极性，加上它在政治上专断，缺乏民主，以及在意识形态方面的严密控制，使整个社会处于僵化、封闭和麻木的状态。二战以后，随着时代主题逐渐向着和平与发展转移，这种体制使经济发展缓慢，国民经济发展比例失调更加严重，制度性的弊端进一步凸现，最终由于戈尔巴乔夫推行错误改革路线，直接导致了苏联的剧变和解体。①

（2）“戈尔巴乔夫背叛葬送说”。这种观点认为戈尔巴乔夫是共产党和共产主义的叛徒，是戈氏的所谓“人道的民主的社会主义”、“新思维”和丧失阶级性的“民主化”和“公开性”改革政策葬送了苏联和苏共。杨晋川认为，戈尔巴乔夫的“新思维”从思想上瓦解和打击了苏共，导致苏共内部分裂、思想混乱、组织涣散，使苏共丧失了战斗力。苏联演变和解体首先是从苏联共产党的演变和瓦解开始的，而对苏共演变和瓦解起决定性作用的就是戈尔巴乔夫的“新思维”。② 江流和陈之骅认为，苏联解体的直

① 苏淑民：《试析苏联传统体制与苏联解体》，《北京第二外国语学院学报》1999 年第 2 期，第 116—121 页。

② 杨晋川：《戈尔巴乔夫的“新思维”与苏联的演变和解体》，《当代思潮》1994 年第 2 期，第 45—51 页。

接原因是戈尔巴乔夫推行了错误的改革路线。[①] 曾任戈尔巴乔夫总统助理的阿·切尔尼亚耶夫在所著《在戈尔巴乔夫身边六年》一书中指出，1988年12月7日戈尔巴乔夫在联合国发表演说，公开向全世界提出所谓“新思维”，“其实，‘新思维’在其中已经超越了马克思列宁主义的框架……我并不想说在那里，在纽约，戈尔巴乔夫已经做到了同苏维埃和党的工作者的心理状态及工作作风的决裂。然而在评价世界局势和构筑政治路线（虽然并未涉及所有具体项目）方面自觉从意识形态上放弃正统的阶级理论和方法正是发生在这个时候。”[②] 美国前驻苏联大使小杰克·F. 马特洛克（Jack F. Matlock, Jr.）则以一个资产阶级官员和学者的得意口吻指出：“只要苏联不放弃其制度的意识形态核心——阶级斗争观念，冷战就绝不会停止，而一旦它放弃，该制度自身就不再具有任何理论根据。既然共产主义统治和冷战都建立在共同的意识形态基础上，那么，只要摧毁了这个基础，两者便都难以存在。”[③]

（3）“民族问题导致解体说”。李振成与陈本红等认为，民族因素在苏联解体中占有十分显要的地位，苏联领导人在民族问题的理论和政策上所犯的错误为苏联解体留下了隐患。[④] 杨希钺和金宗美等认为，民族矛盾以及苏联错误的民族政策是促使苏联解体的重大原因之一。作者指出，苏联领导人从赫鲁晓夫到戈尔巴乔夫，都对民族问题采取了盲目乐观的态度，致使长期以来，大俄罗斯沙文主义流毒甚广，各少数民族与俄罗斯族处于不完全平等的地位。长期的民族矛盾在戈尔巴乔夫改革的混乱时期进一步激化，从而加剧了政治危机和经济危机。政治危机、经济危机和民族危机相互作用，导致联盟迅速解体。[⑤] 俄罗斯科学院阿列克谢耶夫院士也认为，20世纪世界“区域主义”的趋势与苏联民族问题的发展是苏联解体的主要

---

① 江流、陈之骅主编：《苏联演变的历史思考》，中国社会科学出版社1994年版，序言第1—2页。

② ［俄］阿·切尔尼亚耶夫著，徐葵等译：《在戈尔巴乔夫身边六年》，世界知识出版社2001年版，第309—310页。

③ ［美］杰克·马特洛克著，吴乃华等译：《苏联解体亲历记》上、下册，世界知识出版社1996年版，第758页。

④ 李振成：《苏联解体中的民族因素》，《科学社会主义》1996年第3期，第64—67页；陈本红：《论苏联民族问题与联盟解体》，《武汉大学学报（哲学社会科学版）》1999年第2期，第95—98页。

⑤ 杨希钺、金宗美等编著：《民族矛盾与苏联解体》，上海外语教育出版社1997年版，第20—23、77页。

原因。[①]

（4）“苏共建党工作和建党思想所犯错误导致说”。魏泽焕在《苏共兴衰透视》一书中指出，赫鲁晓夫和勃列日涅夫在建党工作和建党思想上所犯的错误包括三个方面：一是提出了“全民党”这个错误思想；二是在干部政策上有重大失误；三是个人迷信在斯大林之后再度兴起。[②] 吴琼、陈润杰认为，苏联解体的最沉痛教训是苏共治党不严，腐败严重。苏联解体说到底是执政党丧失了民心，严重脱离了人民群众。[③] 1995 年 1 月俄罗斯联邦共产党召开第三次代表大会通过的党纲也指出：“追求党员人数，缺乏领导干部不断更新和年轻化的机制，使得党的健康力量不可能运用自己的合法权利去监督党的高层领导，防止升官发财分子向党内渗透”，这是苏共“最主要的历史过错和不幸”。亚·诺维耶夫更尖锐指出：“所发生的灾难的主要罪责在于苏共机关，在于整个苏共，其中包括普通党员。”[④]

（5）“冷战与苏联对外政策失误导致说”。俄罗斯学者列·戈尔东和列·弗里得曼等人认为，直到 20 世纪 80 年代末的几十年来，苏联及“华沙条约”其他国家与大西洋联盟和太平洋联盟国家之间一直进行着冷战。几乎半个世纪的过分紧张损害了苏联的经济，使苏联经济片面发展、负担沉重、单纯军事化，同时急缺后备力量，动荡不定，从而使经济衰竭到最大限度乃至整个社会机构遭受破坏，这正是影响历史进程的最重要因素之一。在冷战的最后阶段，苏共粉碎了自己的党、粉碎了苏联国家体系和整个国家的社会制度。[⑤] 原苏共中央政治局委员、哈共中央第一书记、哈萨克斯坦总统纳扎尔巴耶夫也认为，在冷战中的军务竞赛问题，使苏联为了维持自己和美国、华约与北约的军事战略平衡，几十年中一直把发展军工生产放在首位，导致国民经济结构严重畸形，经济发展困难重重。经济领域的普遍落后，反过来又大大降低了国防机构的科学技术潜力。[⑥] 伏广存等认为，苏联在冷战对抗中，奉行军备竞赛和扩张势力范围的政策，消耗

---

① 丁建定：《区域主义、民族问题与苏联解体——俄罗斯科学院阿列克谢耶夫院士谈苏联解体的主要原因》，《世界民族》2000 年第 3 期，第 26—27 页。

② 魏泽焕：《苏共兴衰透视》，广东人民出版社 1998 年版，第 218—274 页。

③ 吴琼、陈润杰：《关键在党关键在人——苏联解体给我们加强领导干部队伍建设的启示》，《理论与实践》2001 年第 6 期，第 20—21 页。

④ 钟亚平：《俄罗斯部分人士对苏联解体的反思》，《马克思主义研究》1997 年第 2 期，第 80—81 页。

⑤ 同上书，第 82 页。

⑥ 寒辛：《纳扎尔巴耶夫对苏联解体的反思》，《思想·理论·教育》1998 年第 4 期，第 48 页。

和浪费了巨大的国力资源，导致苏联经济的最后崩溃，败坏了社会主义名声，积聚了社会各种矛盾，使苏联日益衰落。戈氏外交“新思维”谋求缓和冷战对抗局势，在收缩冷战战略的扭曲进程中倒向西方，被西方利用，以致通过“和平演变”加速了苏联的解体。[①] 左凤荣认为，苏联最高领导人垄断外交决策权，仓促行事的现象，在苏联历史比比皆是。“本来，外交是内政的延伸，外交要服从和服务于内政，但是，在苏联，内政与外交的关系被颠倒了，对外战略不是为国家的经济发展、人民生活水平的提高这个最重要的内政服务的，而是相反，国家和社会的发展要服从和服务于苏联推动世界革命、扩大势力范围、与美国进行争霸等对外战略目标，苏联的经济改革几十年没有大的进展，其根源也在于此。”[②]

（6）“西方‘和平演变’与苏共意识形态崩溃说”。江流和陈之骅认为，苏联解体的外部原因是西方资本主义国家针对苏联的“和平演变战略”，这一外因通过苏联模式自身的缺点、错误和弊端而发生作用，与内因一起推动了苏联解体。[③] 中联部六局从勃列日涅夫时期的意识形态问题分析苏联解体原因时指出：“勃列日涅夫时期意识形态领域的问题及工作的失误，也许从单个侧面来看还不那么严重，但是却积少成多，一遇到合适的气候便发生恶性膨胀，由量变到质变。戈尔巴乔夫的改革正好造成了这样的气候，导致苏共和整个苏联社会在意识形态领域出现大混乱和危机，进而从根本上动摇了共产党领导和社会主义制度的思想基础。”[④] 中央党校赵曜认为，戈尔巴乔夫宣扬的“新思维”一个重要内容就是主张意识形态多元化。戈尔巴乔夫坚持意识形态多元化，实质上就是放弃马列主义在意识形态领域的阵地，让反党反社会主义的资产阶级思想理论占领这块阵地。从此以后，舆论失控，报刊和新闻广播连篇累牍地发表攻击马克思列宁主义和社会主义的谬论。这样就把思想理论搞乱了。[⑤] 马岩也认为，以戈尔巴乔夫为首的苏共中央政治路线偏离社会主义方向和指导思想的混乱造成了苏联意识形态的演变。苏联演变和解体的过程“首先是意识形态演变，再政治演变，后经济制度演变”。[⑥] 美国马萨诸塞州大学安姆赫斯特

---

① 伏广存：《与苏联解体关系论析》，《东欧中亚研究》1997 年第 6 期，第 3—10 页。

② 左凤荣：《致命的错误：苏联对外战略的演变与影响》，世界知识出版社 2001 年版，第 331—332 页。

③ 江流、陈之骅主编：《苏联演变的历史思考》，序言第 2 页。

④ 中联部六局：《从勃列日涅夫时期意识形态方面的问题看苏联解体的原因》，《党建研究》2000 年第 9 期，第 45 页。

⑤ 赵曜：《苏联演变和解体的历史教训》，《党校科研信息》1992 年第 11 期，第 9—12 页。

⑥ 马岩：《意识形态与苏联解体》，《马克思主义研究》1997 年第 3 期，第 11—12 页。

分校经济学教授大卫·科兹在分析美国对苏联解体的作用时指出："应该说，对苏联的解体，美国和西方确实起了很大的作用，但这种作用主要不是政治和经济方面的，而是以自由主义为代表的意识形态，非常有效地渗透到了苏联知识分子和党的干部的思想中。"① 俄罗斯学者在反思后认为，苏联社会的总危机是从意识形态领域开始的，冷战首先是意识形态领域的战争。"西方进攻的主要对象正是社会的思想、心理和道德状况。还在赫鲁晓夫时代，意识形态危机的征兆就已显露出来，但任何措施都未能使苏联意识形态防止这种危机。当代俄罗斯社会在意识形态领域出现了最为可怕的景象：所有居民阶层、各个层次的受教育者、各行各业、所有的政治方向、所有的组织和运动、所有的成年人思想上完全瓦解了。"②

第三个阶段从：2002 年 1 月开始到 2011 年 12 月苏联亡党亡国 20 周年结束。

这一时期国内外关于苏联亡党亡国的研究与反思不断深化，特别是在国内，期间正逢中华人民共和国成立 60 周年、中国共产党成立 90 周年。以胡锦涛同志为核心的党的新一代领导集体继续关注苏联解体和苏共败亡的原因和教训研究，要求广大社会科学工作者研究国内外一些执政党执政的经验教训，特别是要从世界上一些国家和地区执政几十年的老党、大党兴衰成败中吸取教训，增强中国共产党执政的自觉性，争取在社会主义建设的理论和实践上取得新的进展。适应党执政兴国的理论需要，国内专家学者关于苏共亡党亡国原因和教训的研究相比于第二阶段更进一步加深，并形成一个研究高潮。

2004 年 9 月中国共产党第十六届中央委员会第四次全体会议通过《中共中央关于加强党的执政能力建设的决定》指出："无产阶级政党夺取政权不容易，执掌好政权尤其是长期执掌好政权更不容易。党的执政地位不是与生俱来的，也不是一劳永逸的。我们必须居安思危，增强忧患意识，深刻汲取世界上一些执政党兴衰成败的经验教训，更加自觉地加强执政能力建设，始终为人民执好政、掌好权。"③

2007 年 6 月，胡锦涛在中央党校发表重要讲话时再次指出："艰巨的使命、繁重的任务，要求全党同志一定要居安思危、增强忧患意识，一定要戒骄戒躁、艰苦奋斗，一定要加强学习、勤奋工作，一定要加强团结、

① ［美］大卫·科兹：《苏联解体的原因》，《当代思潮》2000 年第 5 期，第 34 页。

② 钟亚平：《俄罗斯部分人士对苏联解体的反思》，第 82 页。

③ 中共中央文献研究室编：《十六大以来重要文献选编》（中），中央文献出版社 2006 年版，第 273 页。

顾全大局，做到思想上始终清醒、政治上始终坚定、作风上始终务实。”①

在这十年中，国内外政界、学界对苏联解体的原因和教训的研究文献更充分，研究结论也更深刻、更全面、更准确，研究视角涉及经济的、政治的、意识形态的、社会的、历史的、现实的、外部与内部的、主观与客观的等等，几乎方方面面。中国学者的相关研究成果主要有张建华的《苏联民族问题的历史考察》（北京师范大学出版社 2002 年版），陆南泉、姜长斌等主编的《苏联兴亡史论》（人民出版社 2002 年版），王长江的《苏共——一个大党衰落的启示》（河南人民出版社 2002 年版），周尚文、叶书宗等著的《苏联兴亡史》（上海人民出版社 2002 年版），曹长盛、张捷与樊建新的《苏联演变进程中的意识形态研究》（人民出版社 2004 年版），陈之骅、吴恩远、马龙闪主编的《苏联兴亡史纲》（中国社会科学出版社 2004 年版），马龙闪的《苏联剧变的文化透视》（中国社会科学出版社 2005 年版），谭索的《戈尔巴乔夫的改革与苏联的毁灭》（社会科学文献出版社 2006 年版），黄立茀的《苏联社会阶层与苏联剧变研究》（社会科学文献出版社 2006 年版），王立新的《苏共兴亡论》（中共中央党校出版社 2007 年版），邢广程的《苏联高层决策 70 年——从列宁到戈尔巴乔夫（第一至五分册）》（中国社会科学出版社 2007 年版），周新城、张旭合著的《苏联演变的原因与教训——一颗灿烂红星的陨落》（社会科学文献出版社 2008 年版），肖德甫的《世纪悲歌：苏联共产党执政失败的前前后后》（中共党史出版社 2008 年版），刘书林、蔡文鹏、张小川合著的《斯大林评价的历史与现实》（社会科学文献出版社 2009 年版），周尚文等著的《苏共执政模式研究》（上海人民出版社 2010 年版），李慎明主编的《历史在这里沉思：苏联解体 20 周年祭》（社会科学文献出版社 2011 年版）和《居安思危：苏共亡党二十年的思考》（社会科学文献出版社 2011 年版）等等。主要论文包括刘克明的《论苏联共产党的官僚特权阶层》（《俄罗斯中亚东欧研究》，2003）、刘书林的《“非斯大林化”与苏联的解体》（《马克思主义研究》，2006）和《社会主义的“苏联模式”与中国特色社会主义》（《思想理论教育导刊》，2009）、吴恩远的《“中国特色社会主义”和“苏联模式”关系析论》（《马克思主义研究》，2007）、王正泉的《特权阶层：苏联解体的致命根源》（《人民论坛》，2007）、张全景的《苏共失败、苏联解体的惨痛教训及借鉴意义》（《马克思主义研究》，

---

① 胡锦涛：《在中央党校省部级干部进修班上的讲话》，2007 年 6 月 25 日新华网新闻（http：//news. xinhuanet. com/politics/2007 - 06/25/content_ 6290208. htm）。

2008）、周新城的《历史在这里沉思——苏联解体近20年的思考》（《政治学研究》，2010）、戴隆斌的《苏联解体：特权阶层的“自我政变”》（《决策》，2010）、赵强的《舆论失控：苏联解体的催化剂》（《求是》，2010）、梁柱的《苏联亡党亡国的历史思考》（《新视野》，2011）以及李慎明的《苏共的蜕化变质是苏联解体的根本原因》（《红旗文稿》，2011）等等。

国外相关研究成果主要有（俄）米·谢·戈尔巴乔夫的《戈尔巴乔夫回忆录》（社会科学文献出版社2003年版）、（俄）亚历山大·季诺维也夫的《俄罗斯共产主义的悲剧》（新华出版社2004年版）、（俄）安德烈·格拉乔夫的《戈尔巴乔夫之谜》（中央编译出版社2005年版）、（俄）罗·麦德维杰夫的《苏联的最后一年》（社会科学文献出版社2005年版）、（俄）戈尔巴乔夫与（日）池田大作合著的《20世纪的精神教训》（社会科学出版社2005年版）、（俄）尼·赫鲁晓夫的《赫鲁晓夫回忆录》（社会科学文献出版社2006年版）、（俄）亚历山大·佩日科夫的《“解冻”的赫鲁晓夫》（新华出版社2006年版）、（俄）鲁·皮霍亚的《苏联政权史（1945—1991）》（东方出版社2006年版）、俄罗斯社会经济和政治国际基金会（戈尔巴乔夫基金会）编写的《奔向自由：戈尔巴乔夫改革二十年后的评说》（中央编译出版社2007年版）、（俄）尼·雷日科夫的《大国悲剧：苏联解体的前因后果》（新华出版社2010年修订版）、（俄）谢尔盖·谢曼诺夫的《勃列日涅夫传》（东方出版社2010年版）以及The collapse of the Soviet Union：1985－1991（David R. Marples，Pearson，2004）、The Collapse of the Soviet Union：The End of an Empire（Andrew Langley，Compass Point Books，2007）、The rise and fall of the Soviet Union（Martin McCauley，Longman，2008）和The Collapse of the Soviet Union（Susan Muaddi Darraj，Infobase Publishing，2009）等等。主要论文包括（俄）尼·伊·雷日科夫的《雷日科夫谈苏联解体、苏共失败的原因》（《政治学研究》，2008）、The Collapse of Soviet Communism：A Class Dynamics Interpretation（Tom Mayer，Social Forces，2002）、Collapse of an Empire：Lessons for Modern Russia（Yegor Gaidar，Translated by Antonina W. Bouis，Foreign Affairs，2008）、Nationalism and the Collapse of Soviet Communism（Mark R. Beissinger，Contemporary European History，2009）、Everything You Think You Know About the Collapse of the Soviet Union Is Wrong（Leon Aron，Foreign Policy，2011）、The Dying Bear：Russia's Demographic Disaster（Nicholas Eberstadt，Foreign Affairs，2011）等等。

在这一阶段，国内外学者继续追踪和反思苏联解体的原因和教训，对苏联解体具体原因的分析角度依然多样，有些分歧依然存在。但与此同时，国内外学者关于苏联解体根本原因的共识也不断增加，其主要表现就是将苏联解体的根本原因越来越集中地指向苏共执政危机。这一时期学者们关于苏联解体的原因的主要观点如下。

（1）苏共高层领导人的直接历史责任。这一观点实际上是前一阶段关于“戈尔巴乔夫背叛葬送说”的进一步深化，但此时的戈尔巴乔夫却不是简单的个人，而是苏共的最高领导人。俄罗斯学者曾经深刻指出，我们承认人民群众是历史的创造者，个人对历史发展的作用是有限的，但如果此人是党的总书记，那么这个人所起作用往往就是决定性的。我国学者陈之骅等也认为，戈尔巴乔夫等苏共高层领导人选择了方向错误的改革路线，戈尔巴乔夫等人必须对苏联亡党亡国负历史责任，诸如事先没有关于改革的详细计划；对改革艰巨性没有估计到；特别是低估了民族问题；对苏联的社会经济发展状况没有准确的评价；对苏联的社会发展模式没有分析等等，导致苏联改革失败。“这些原因是戈尔巴乔夫、雅科夫列夫等人后来也承认的。这当中自然包括他们个人及领导集体决策上应负的责任。但有一点却是他们没有认识到的，或者是不愿承认的，那就是他们个人的政治素养、道德品质与失误的关系。”① 谭索则在所著的《戈尔巴乔夫的改革与苏联的毁灭》中指出，导致苏联剧变直接的、主要的原因是戈氏领导集团所推行的错误路线和政策。② 关于戈尔巴乔夫背叛民族利益、推行投靠西方的外交政策，原苏共中央政治局委员、书记处书记、苏联部长会议主席尼·伊·雷日科夫指出：“（戈尔巴乔夫）首先满足的是西方的利益，而且总是以牺牲苏联的利益为代价。这一政策不但削弱了他在国际舞台上的地位，而且还使得西方对苏联人民的影响日益加剧，使得苏联国内反苏、反社会主义的力量日趋活跃，最终导致这个国家从地图上消失。”③

（2）苏共意识形态问题。曹长盛、张捷与樊建新三位作者以苏联意识形态演变为线索，认为：“苏联剧变的关键和主要原因恰恰在于：斯大林逝世后，正当苏联面临解决存在的问题，更加需要苏共正确领导的历史时期，从赫鲁晓夫到勃列日涅夫再到戈尔巴乔夫等苏共领导却逐步彻底背叛

① 陈之骅、吴恩远、马龙闪主编：《苏联兴亡史纲》，中国社会科学出版社 2004 年版，第 783—790 页。

② 谭索：《戈尔巴乔夫的改革与苏联的毁灭》，社会科学文献出版社 2006 年版，第 498—526 页。

③ ［俄］尼·雷日科夫著，徐昌翰等译：《大国悲剧：苏联解体的前因后果》，新华出版社 2010 年版，第 10—12 页。

了马克思列宁主义，打起了抽象人道主义旗帜，相继推行了一条以资产阶级人道主义、资产阶级人道主义历史观为指导思想的‘民主社会主义’路线，使苏共党内和苏联社会中资产阶级自由化势力滋生蔓延，使苏共和苏联社会主义制度发生了向现代修正主义政党和资本主义制度的‘和平演变’。”① 接着三位学者指出：“苏联后期国内逐渐滋生起来并占据主导地位的背离以致背叛社会主义原则的思潮和社会势力，是阻碍正确方向的改革，把改革引上邪路并最终导致社会主义失败的主要的、决定性的因素。”② 陈之骅等认为，苏联在批判个人迷信和斯大林的过程中，思想文化领域出现了“解冻”思潮，虽然“解冻”思潮对繁荣文艺创作有积极作用，但它对社会却产生了严重的消极影响，导致自由化泛滥，意识形态混乱。③ 关于苏共意识形态的软弱无力，雷日科夫指出，“在意识形态领域，破坏性倾向战胜了实证主义倾向”，“当敌人向苏联和社会主义发起实实在在的进攻时，党的意识形态‘机器’竟完全丧失了行动的能力。”④ 雷日科夫在2008年6月与中国学者交流时再次强调了西方国家“和平演变”对苏联解体的重大影响，他说：美国不惜花费10年、40年的时间来搞“和平演变”，“我想向你们阐明一下自己的政治观点：我坚决反对苏联解体。我认为，任何导致这一历史性悲剧的客观原因都不存在。”“遗憾的是，在我们苏联内部，在共产党人中间，特别是在知识分子中间、在科研人员中间，有一些人在某种程度上被西方特别是美国人所利用。”⑤ 徐海燕认为，意识形态问题和意识形态建设事关马克思主义执政党和社会主义国家的兴亡成败。“斯大林之后苏共意识形态的蜕变，历经赫鲁晓夫时期的错误、勃列日涅夫时期的僵化、戈尔巴乔夫时期的崩溃，最终导致苏联政治、经济、思想文化、民族关系和社会秩序陷入全面混乱，这是苏联演变解体的关键性因素之一。”⑥ 赵强认为：“千里之堤，溃于蚁穴。媒体失控导致反

---

① 曹长盛、张捷、樊建新：《苏联演变进程中的意识形态研究》，人民出版社2004年版，第3页。

② 同上书，第432页。

③ 陈之骅、吴恩远、马龙闪主编：《苏联兴亡史纲》，中国社会科学出版社2004年版，第387、394—397页。

④ ［俄］尼·伊·雷日科夫：《大国悲剧：苏联解体的前因后果》，新华出版社2010年版，第16—17页。

⑤ ［俄］尼·伊·雷日科夫：《雷日科夫谈苏联解体、苏共失败的原因》，《政治学研究》2008年第4期，第123—124页。

⑥ 徐海燕：《步入歧途：苏联解体进程中的意识形态蜕变》，《政治学研究》2010年第3期，第16—25页。

共反社会主义的舆论一步步瓦解、摧毁了苏联意识形态大厦的根基，掏空了苏联制度的核心价值体系，加速了苏联演变和解体的步伐。”①

（3）苏共的蜕化变质。俄罗斯罗·麦德维杰夫所著的《苏联的最后一年》一书指出，研究苏联解体的性质和原因时不能不考虑苏共消亡的原因。苏联共产党不仅是普通的执政党，它还是苏联的缔造者，共产党的机构不可避免地成为了统治国家的国家机构，共产党的削弱也将不可避免地导致国家的削弱。在几十年的发展过程中，苏共尽管在队伍人数上不断扩大，但是正统思想的影响力却日趋减弱，党的威信不断下降。苏共依然是国家的承重结构，但是缺少强大而权威的思想后盾，它难以承受原有的和不断增加的新负荷。裂痕逐渐加深，于是在瞬间整个承重结构便突然倒塌。② 中共中央组织部前部长张全景认为，“苏共失败的轨迹，充分说明了领袖人物的极端重要性。”“苏共失败、苏联解体的根本原因在苏共内部，而党内的问题则在于其领袖集团。”③ 我国学者王长江指出，苏联亡党亡国之所以发生，关键在内因，在党本身；苏共是苏联社会的政治核心，是整个苏联政治体制的核心；苏联模式的社会主义，败就败在它没有使社会主义制度的优越性得到应有的体现，败在老百姓不再认可这个制度；苏共没有满足国民对一个执政党的基本要求，在国民眼里领导国家和社会不得力、不够格。这是苏共丧失执政地位的根本原因。④

2006 年 6 月中纪委、中国方正出版社等机构联合推出了八集教育专题片《居安思危：苏共亡党的历史教训》，2011 年 3 月社会科学文献出版社出版了李慎明等主编的《居安思危：苏共亡党二十年的思考》一书，是新世纪以来国内关于苏联亡党亡国的原因和教训最为深刻的研究成果，这两部作品从苏共兴衰的历史轨迹、苏共的意识形态、苏共的党风、苏共的领导集团等方面研究分析了苏联亡党亡国的根本原因，深刻指出：“苏联解体有着多种原因，但苏共的蜕化变质是根本的原因。”⑤

（4）苏共官僚特权阶层的集体背叛。王正泉认为，带头搞垮苏共和苏联的，就是苏联那些逐步形成的官僚特权阶层。苏联“亡党亡国”的悲

① 赵强：《舆论失控：苏联解体的催化剂》，《求是》2010 年第 21 期，第 58 页。

② ［俄］罗·麦德维杰夫著，王晓玉等译：《苏联的最后一年》，社会科学文献出版社 2005 年版，第 225—226 页。

③ 张全景：《苏共失败、苏联解体的惨痛教训及借鉴意义》，《马克思主义研究》2008 年第 2 期，第 7 页。

④ 王长江：《苏共——一个大党衰落的启示》，河南人民出版社 2002 年版，第 11—12 页。

⑤ 李慎明等主编：《居安思危：苏共亡党二十年的思考》，社会科学文献出版社 2011 年版，第 4 页。

剧，正是官僚特权阶层与亲西方社会精英联合行动的结果，是官僚特权阶层与社会精英的一次集体背叛。“官僚特权阶层之所以集体背叛完全是为了他们的私利。与此同时，由于蜕化变质，苏共也失去了群众基础和执政能力。在剧变后的俄罗斯，那些掌权的政治精英和发财致富的经济精英大都就是苏联时期的各级干部。据俄科学院社会学所1995年的调查，当时在俄总统周围和政府部门任职的政治精英，有74%—75%来自苏联时期的干部，而那些发财致富的经济精英，则有61%来自苏联时期的干部，特别是共青团干部和经济领导人。”① 戴隆斌也认为，苏联解体、苏共垮台，在很大程度上可以说是苏联特权阶层的“自我政变”。戴隆斌指出，苏联特权阶层对苏联剧变的影响主要表现在以下三方面：第一，苏联特权阶层助长了个人崇拜和个人集权；第二，特权阶层拥有的特权恶化了党群关系，加大了党与群众之间的隔阂；第三，苏联剧变是特权阶层主动选择的结果。“苏联的特权阶层垄断着国家的一切执政资源，包括政治经济资源、舆论宣传工具，掌握着苏联党政军以及企业和社会团体等干部的任命权，他们趁着戈尔巴乔夫刮起的改革之风大肆侵吞国有资产，化公为私，据为己有。为了使自己拥有的财产合法化，他们实际上成了公有制的最有力的摧毁者和私有化的最实际的推动者。苏联解体、苏共垮台，在很大程度上可以说是苏联特权阶层的‘自我政变’。”②

（5）苏联的民族问题。苏联解体中的民族问题依然被国内外学者较多的认同。关于反苏民族主义和分离主义的影响，麦德维杰夫在《苏联的最后一年》中分析道：“我们看到，并不像一些‘改革设计者’所认为的，是民族主义运动和分立主义导致了改革的失败。恰恰相反，正是改革思想和设计的失误、国内的经济和金融危机、政治意志的丧失，以及国家和苏共中央政权的瘫痪助长了民族主义和分裂主义的势头。随着苏联经济状况的不断恶化，产生了这样的幻想，认为只要从莫斯科独立出来，那么人民的生活就会安定而富足。”③ 雷日科夫也指出：“20世纪的大部分年月，整个世界都曾以惊奇和赞赏的心情观察着苏联如何解决民族关系问题。可以说，我们的多民族国家似乎已经成了各民族牢不可破友谊的典范。可是，忽然之间，在这块占世界六分之一的土地上，一会儿在波罗的海沿岸地区，一会儿在乌克兰，一会儿格鲁吉亚，一会儿阿塞拜疆，一会儿在中亚

① 王正泉：《特权阶层：苏联解体的致命根源》，《人民论坛》2007年第1A期，第18—20页。

② 戴隆斌：《苏联解体：特权阶层的“自我政变”》，《决策》2010年第7期，第40—42页。

③ ［俄］罗·麦德维杰夫：《苏联的最后一年》，社会科学文献出版社，第228—229页。

的某个加盟共和国，民族主义又再次兽性大发了。这种能够在某种程度上威胁国家安全的大规模现象，在一个强大的国家是无法存在的，可是只要苏联开始衰败，顷刻之间，它就能变成一只摧毁国家的攻城槌。"① 关于民族问题对苏联解体的影响，欧美学者一直比较看重。英国学者伊恩·布赖默认为，20 世纪 40 年代的苏南冲突、1956 年的匈牙利事件、1968 年的捷克斯洛伐克事件、1980—1982 年的"波兰危机"和 1990 年的德国统一等事件对苏联的一些共和国产生的影响重大而深远。美国学者罗伯特·斯切雷尔认为：这些违背苏联旨意的"革命"虽然大多受到了挫折，但却给由此而得到启发的波罗的海诸国、外高加索各共和国以及其他一些共和国埋下了革命的种子。等到 80 年代末、90 年代初时机成熟时，上述共和国纷纷宣布独立，这最终导致了苏联的解体。②

总而言之，在这一阶段，国内外学者对苏联解体的原因和教训的研究文献更加充分，研究结论也更深刻、更全面、更准确。学者们对于苏联解体的原因和教训的研究深化了前一阶段的主要观点，对有些观点进行修正的同时，也对一些观点逐渐形成共识。

第四个阶段：从 2011 年 12 月开始到现在。

这一阶段，国内外专家学者关于苏联亡党亡国原因的反思进一步深入，特别值得注意的是我国学者开始反思研究苏联亡党亡国问题所应秉持的正确立场和方法问题，把相关研究进一步推向坚持马克思主义的正确立场和方法的轨道。

在经历了 2011 年苏联解体 20 周年研究高潮之后，在新的历史时期，国内外专家学者特别是中俄两国学者继续对苏联亡党亡国的经验教训做深入反思，充分开发苏联解体所蕴含的宝贵经验教训。2012 年以来，学者们的主要研究成果包括李慎明主编、粟瑞雪等人翻译的《苏联解体：二十年后的回忆与反思》（社会科学文献出版社 2012 年版），李慎明与张树华合著的《亲历苏联解体：二十年后的回忆与反思》（社会科学文献出版社 2013 年版），冯绍雷主编的《苏联解体的原因及思考》（时事出版社 2013 年版），黄苇町的《苏共亡党二十年祭》（江苏高校出版社 2013 年版），马龙闪的《认识国情及现代化的若干启示——苏联时期两次误判国情的历史教训》（《中国延安干部学院学报》，2012）和《俄罗斯三位总统如何因应

① ［俄］尼·伊·雷日科夫：《大国悲剧：苏联解体的前因后果》，新华出版社 2010 年版，第 18 页。

② 潘广辉：《外部因素和民族问题的激化与苏联解体新考——欧美学界的研究》，《国际论坛》2006 年第 4 期，第 69—74 页。

苏联解体》(《决策与信息》，2012)，唐静与李鹏合写的《试析苏联官僚特权阶层的形成时间——兼论苏联早期特权腐败现象》(《上海党史党建》，2012)，李永忠与董瑛合写的《关于苏联解体的15种学说》(《人民论坛》，2012)，黄军甫的《解密档案中的苏联解体真相》(《决策与信息》，2012)，姜毅的《失败的改革与苏联的终结》(《决策与信息》，2012)，徐仲伟与代金平合写的《论社会主义意识形态的颠覆与苏联解体》(《马克思主义研究》，2012)，周新城的《分析苏联问题应该坚持的基本原则和方法》(《马克思主义研究》，2012)，陆南泉的《走近衰亡——苏联勃列日涅夫时期研究》(《世界知识》，2012)，景向辉的《美国在苏联解体政治进程中发挥了什么作用——对布热津斯基观点的解析》(《红旗文稿》，2013)，丁军与杜宝玲合写的《苏联解体给俄罗斯带来的消极后果》(《思想理论教育导刊》，2013)，姚遥的《国际政要分析苏联解体原因》(《决策与信息》，2014) 以及苏里的《苏联解体二十年群像》(《决策与信息》，2014) 等等。

上述研究成果除了提供研究苏联解体的最新资料外，在苏联官僚特权阶层、意识形态问题、分析苏联问题的基本方法等方面进一步加深了研究。《苏联解体：二十年后的回忆与反思》一书收集了目前俄罗斯人反思苏联剧变的最新成果，内容涉及政治人物的回忆录或自传、当事人的访谈录，最新解密的档案资料、论文、著作和手稿等等，主要选自《独立报》《共青团真理报》《俄罗斯报》《新闻时报》《莫斯科新闻》等俄罗斯主流报刊，以及美国《外交政策》、英国《卫报》等西方报刊。这些研究成果多为访谈录，对象包括解体前后苏联的领导人、当年事件的亲历者和当事人，对于进一步深入研究苏共败亡、苏联解体具有重要学术参考价值。黄苇町在《苏共亡党二十年祭》这本著作中，紧紧围绕苏联解体究竟对谁有利、对谁不利这条线索，深入挖掘了苏共和苏联社会主义兴衰成败过程中特权强势集团对人民群众利益的伤害，“为了自己可以背叛一切的人”最终遭到人民彻底抛弃，得出腐败必然导致亡党亡国的结论——腐败和特权在苏联不仅造成了国家物质上的损失，道德上的损失就更为惨重：社会分化加剧；经常遇到磨难的大多数对那些不仅享受福利照顾而且享有种种特权、任意攫取不义之财而又逍遥法外的“上流人物”的憎恨之情与日俱增，埋下了社会冲突的地雷①。唐静和李鹏分析了支撑苏联官僚特权阶层形成和发展的政治、经济和社会因素并认为苏联官僚特权阶层形成于斯大

① 黄苇町：《苏共亡党二十年祭》，江苏高校出版社2013年版，第286页。

林执政的后期。[1] 但与此同时，两位作者对苏共早期的所谓特权表现比如“疗养食堂”等缺少辩证的、历史的分析。实际上，苏共早期（包括斯大林执政后期）对领导干部的一些特别安排具有特定的历史背景，这与苏共后期官僚特权阶层的大规模腐败行为是有质的区别的。徐仲伟和代金平在《论社会主义意识形态的颠覆与苏联解体》中指出，强大的社会主义意识形态是苏联社会主义制度的支柱，戈尔巴乔夫的“新思维”“多元化”“民主化”“自由化”等思潮最终颠覆了社会主义制度在意识形态上的合法性，从而导致苏联解体。[2] 周新城在《分析苏联问题应该坚持的基本原则和方法》一文中重温了1956年毛泽东同志代表党中央撰写的《关于无产阶级专政的历史经验》和《再论无产阶级专政的历史经验》两部重要文献所提出的研究苏联问题必须坚持辩证唯物主义方法，批判了目前存在的关于苏联问题研究的错误原则与方法，与其本人以前所发表的《历史在这里沉思——苏联解体近20年的思考》等文章为进一步科学研究苏联亡党亡国的原因和教训提供了重要的方法论基础。[3]

这一时期学者们对苏联亡党亡国原因的分析，另一个比较突出的特征是，开始整理更广泛人群的观点：既有各国政要的观点，又有从苏联时期走过来的普通的俄罗斯民众的观点。比如姚遥在《国际政要分析苏联解体原因》一文中，研究整理了美国三个国务卿即奥尔布赖特、鲍威尔、赖斯，英国首相布莱尔，哈萨克总统纳扎尔巴耶夫以及戈尔巴乔夫本人关于苏联解体原因的看法，这些看法视角独特而深刻，比如奥尔布赖特认为“全国上下信仰缺失”，赖斯认为“领导层腐败不堪”，而戈尔巴乔夫自己认为“苏联没有邓小平”。[4] 苏里则在《苏联解体二十年群像》一文中调查研究了俄罗斯普通的政治家、媒体人、学者、成功商人、足球运动员、工程师和博物馆馆长等对苏联解体的直观感受，展示

① 唐静、李鹏：《试析苏联官僚特权阶层的形成时间——兼论苏联早期特权腐败现象》，《上海党史党建》2012年第1期，第58—61页。

② 徐仲伟、代金平：《论社会主义意识形态的颠覆与苏联解体》，《马克思主义研究》2012年第2期，第102—109页。

③ 参见：周新城：《分析苏联问题应该坚持的基本原则和方法》，《马克思主义研究》2012年第2期，第137页；周新城：《必须科学地分析苏联亡党亡国的原因》，《中共石家庄市委党校学报》2011年第9期，第24—28页；周新城：《历史在这里沉思——苏联解体近20年的思考》，《政治学研究》2010年第5期，第3—13页；周新城：《关于研究苏联社会主义模式问题的方法论——重读〈一论〉、〈再论〉的一点体会》，《中共石家庄市委党校学报》2009年第4期，第14—17页。

④ 姚遥：《国际政要分析苏联解体原因》，《决策与信息》2014年第7—8期，第158—160页。

了俄罗斯人在剧烈的社会动荡之后依然挥之不去的迷茫和空虚：曾经是7个孩子母亲和成功商人的娜塔莉亚·鲍里斯诺夫娜的生意逐渐陷入艰难，一直对暴力冲突场面心有余悸；曾经是苏联著名足球运动员的列纳特·达萨耶夫至今一直感叹着苏联体育曾经的辉煌，而如今俄罗斯所有事业包括体育都一落千丈，体校、体育等等一切都被破坏了，运动员失去了赖以生存的机构和土壤；媒体人弗拉基米尔·安德烈深刻地意识到“一个垮塌的时代会带给每个人内心的崩塌”。作为一个政治人物，俄罗斯联邦共产党中央执行委员会主席、俄罗斯国家杜马共产党党团领导人久加诺夫虽然坚强地说：“苏联的解体不是社会主义的崩溃”，但俄罗斯社科院远东研究所中国问题专家亚历山大·拉林教授依然惆怅地指出：“我们至今还在寻找正确的道路”，“现在依然有各种各样的思想、各种说法、各种判定的优势与劣势，但所有这些，都无法适应已经形成的现状。一些专家认为，这可能会导致下一次的俄罗斯解体。不排除有这种可能性。为什么我们无法发展教育，提升人的潜力，提高人民的生活水平？我们在经历移民潮，知识分子流失海外，年轻人移民海外。国家充斥着贪污腐败。但是国家却束手无策……对这个国家来说到底哪条路才是正确的，很可悲地说，三十年了，我们还在寻找。”①

总之，从1956年赫鲁晓夫修正主义开始到苏联解体，再到今日苏联解体后25周年，国内外政治家和学者对苏联亡党亡国原因的分析走过了一个由浅入深的过程，在这一过程中逐渐逼近了苏联亡党亡国的最要害、最基本的问题，即苏共自身的问题，其核心又是思想路线问题。正是苏共在坚持马克思主义和社会主义理论的旗帜下背离了马克思主义的思想路线和社会主义的基本原则，苏共特别是苏共高层领导人在社会主义建设实践中不能一贯坚持马克思主义的基本立场、观点和方法，不能科学研究新情况、新问题，与时俱进地创新和发展马克思主义理论，不能正确解决社会主义体制机制的改革问题，最终导致苏共意识形态混乱崩溃，共产主义的理想信念动摇，腐败滋生蔓延，共产党的领导权和社会主义制度遭到各种反动势力的批判和丑化，使苏共执政的合法性丧失、社会主义制度被抛弃，最终出现苏联亡党亡国的悲剧。在追踪到导致苏联亡党亡国的最要害、最基本问题即苏共的思想路线问题后，紧接着要追问的问题就是苏共为什么会出现思想路线问题并长期得不到纠正？纵观苏联由盛到衰的历史，笔者认为其根本原因就在于苏共自赫鲁晓夫开始高层领导人忽视马克思主义理论

① 苏里：《苏联解体二十年群像》，《决策与信息》2014年第5期，第67—72页。

素养，从一系列策略和理论失误发展到在大是大非的原则问题上背离马克思主义基本立场、观点和方法。也可以说，苏共高层领导人的马克思主义理论素养与苏联的亡党亡国之间存在着直接而必然的联系。

4. 关于苏共高层领导人理论素养与苏联亡党亡国之间的关系研究

赫鲁晓夫及其以后的苏共高层领导人马克思主义理论素养与苏联亡党亡国之间的关系问题，是关于苏共败亡、苏联解体问题研究的深层次问题，这个问题隐蔽性很强。对这一问题，目前国内外学术界还没有专门的切题研究，但对这一问题的关注却隐含在近年来中国共产党的决议和高层领导人在不同时期、不同场合的讲话之中。比如历代中国共产党高层领导人都特别强调领导干部学理论的重要性，并在近年来大力推动学习型政党建设。2000年12月，胡锦涛同志在总结苏联解体的教训时曾明确指出，党的理论正确和牢固与否，直接关系着党的兴衰存亡和国家的前途命运。[①] 2004年9月，中国共产党十六届四中全会通过《中共中央关于加强党的执政能力建设的决定》，明确提出建设学习型政党。2009年9月，中国共产党十七届四中全会通过《中共中央关于加强和改进新形势下党的建设若干重大问题的决定》，针对党内存在的忽视马克思主义理论学习的情况强调指出："党员领导干部要作真学真懂真信真用（马克思主义）的表率，着力提高理论素养和解决实际问题能力。"并强调"把理论素养、学习能力作为选拔任用领导干部重要依据"。[②]

国内外学者虽然还没有展开专门研究，但少数学者凭借深厚的理论功底和敏锐的理论直觉已经触摸到它。刘书林教授明确地提了这个问题并建议笔者作为博士论文选题展开专门研究；俄罗斯学者瓦·博尔金以及中国学者吴恩远、张捷和李慎明等也都在自己近年来的著述中触及这个问题。

瓦·博尔金在分析苏共领导人与苏共垮台的原因时指出："我分析了党的各个机构、特别是领导机构的活动，越来越倾向于这样一个结论：苏共的许多病症是不可避免的。造成这种状况的原因当然是多种多样的，但一个重要的原因，是领袖的文化修养退化……列宁是一位充满激情的雄辩家，是一位有很高文化修养的人，接替他的斯大林则是一位不那么卓越、造诣不那么深的政治领袖。但是斯大林尽管在讲台上比较逊色，仍然具有相当好的理论修养，博学多识，具有很强的组织才能，然而他却成了无法

① 胡锦涛：《加强党的思想理论建设推动马克思主义理论创新》，《光明日报》2000年11月14日第一版。

② 中共中央文献研究室编：《十七大以来重要文献选编》（中），第146、148页。

无天的象征并因此给党造成了难以愈合的、血流不止的伤口。斯大林去世后，苏共提升了赫鲁晓夫，他很有天赋；但在理论上和思想上是一个三分学生，文化修养水平很低。

“勃列日涅夫的上台没怎么改变人们对党和国家领袖的文化修养的印象。如果未来的研究人员要在档案中寻找他的自传体著作《小地》、《复活》或者其他什么讲话或报告的原稿，恐怕会白耽误工夫。他就没写过任何东西……

“安德罗波夫比勃列日涅夫和契尔年科具有更多的广义上的文化，但他从来没有亲自从头（从白纸）至尾写过什么东西。……几任总书记文化素质的退化是因为那时党内最高机构的总体‘水平不高’，因此选中戈尔巴乔夫完全符合当时领导的水平，尽管许多人比新的总书记更有天赋，起码更有原则性、更有魄力，当然还更真诚。”①

中国社会科学院李慎明研究员也指出：“总结苏联解体的教训，从一定意义上讲，可以看到这样一条明显的脉络：苏联解体的主要原因出在苏联共产党党内，党内存在问题中，理论上的问题是发端。理论上出现问题的一个十分重要的原因在于，党的主要领导人的理论素养，理论素养的低下则必然导致其对共产主义理想信念的动摇。综观苏共历史，列宁是坚定、清醒而又伟大的马克思主义者；斯大林时期党的理论出现过问题，但所出的问题仍然是伟大的马克思主义者所犯的错误。到赫鲁晓夫时期，党的理论开始发生质的变化；从赫鲁晓夫到勃列日涅夫再到戈尔巴乔夫，逐步完成理论上对马克思主义的脱离、背离、背叛，所以最终导致苏联解体、苏共垮台。”②

也有其他中国学者从党的建设视角关注到了苏共高层领导人马克思主义理论素养低下问题，指出苏共领导层思想僵化、固步自封，领导人对马克思主义的解释往往被奉为经典，不容置疑，任何探讨、不同看法都被视为异端邪说。这种错误做法使得苏共长期不能克服思想理论上的失误，同时还在党内和理论工作者中间造成一种趋炎附势的现象，“唯书”、“唯上”、为苏共领导人言论做注释的不良学风充斥苏联思想理论界。在此风气下，苏共的许多错误观点长期得不到纠正，更谈不上发展马克思主义。这不仅影响到苏共的具体决策，更重要的是阻断了寻求社

① ［俄］瓦·博尔金著，李永全等译：《戈尔巴乔夫沉浮录》，中央编译出版社1996年版，第384—386页。

② 李慎明：《居安思危：苏共亡党二十年的思考》，社会科学文献出版社2011年版，第41页。

会发展道路的科学探讨，妨碍了及时总结经验教训，随时改正错误、调整政策。①

中共中央组织部前部长张全景援引俄罗斯共产党许多同志的观点指出："苏共没有解决好领导层的新老交替，党的核心领导层出了问题，这是苏共失败的一个决定性因素。赫鲁晓夫、戈尔巴乔夫、叶利钦都是两面派，戈、叶成长于苏共二十大之后，深受赫鲁晓夫修正主义的影响，根本没有树立科学的世界观、人生观，更没有树立共产主义理想。他们披着伪装混到了苏共高层。戈尔巴乔夫、谢瓦尔德纳泽、雅科夫列夫以及叶利钦的背叛行为导致了苏共的失败。"②

总而言之，中国共产党高层领导人和少数国内外专家学者近年来的思考和研究成果逐渐触及苏共高层领导人马克思主义理论素养与苏联亡党亡国的关系这个重要问题，但对这个问题的专门研究还没有展开。因此，深入而全面分析苏共高层领导人理论素养与苏联亡党亡国的关系就是本书的核心任务。为了通过比较，更深刻地探索这一问题，本书研究将从列宁时期开始，并把题目最终确定为"苏共高层领导人的理论素养与苏联兴亡关系研究"。

三、研究方法和研究难点

1. 研究方法

（1）辩证唯物主义研究方法。这个研究方法贯穿整个研究过程。辩证唯物主义研究方法的根本要求，就是一切从苏联社会主义革命和建设的实际出发，实事求是地研究苏共高层领导人在不同历史时期，在社会主义革命和建设具体实践中所遇到的问题以及相关理论概括和路线、方针、政策，以实践作为检验苏共高层领导人相关路线、方针和政策的科学性，进而揭示苏共高层领导人的马克思主义理论素养及其与苏联兴亡的内在联系。比如对于戈尔巴乔夫究竟是不是一个马克思主义和共产党的叛徒这个问题，必须着眼于他领导苏联党和人民进行的六年政治经济体制改革的整个历史过程，澄清改革的具体事实，只有这样才能科学地认识戈尔巴乔夫改革的客观必然性以及改革之初戈尔巴乔夫相关行动的合理性，才能够发现戈尔巴乔夫在改革遇到困难和挫折的情况下，几乎完全不能坚持用马克

① 潘德礼：《苏共在党建问题上的历史教训》，《人民论坛》2011 年第 50 期，第 16—18 页。

② 张全景：《苏共失败、苏联解体的惨痛教训及借鉴意义》，《马克思主义研究》2008 年第 2 期，第 10—11 页。

思主义的立场、观点和方法科学分析改革中遇到的问题，将改革转向改制，不是坚持党的领导、完善社会主义制度，而是彻底剥夺了苏共的领导权，彻底颠覆了苏联社会主义制度。这里根据的是苏联改革的历史事实而不是别的什么，得出戈尔巴乔夫即使一开始不是苏共的叛徒，也是在改革中途的苏共变节分子；戈尔巴乔夫即使不是主观上的叛徒，也是事实上的马克思主义和苏联党和社会主义的葬送者。

（2）历史唯物主义研究方法。这个研究方法也贯穿整个研究过程。历史唯物主义研究方法的根本要求就是，对于苏联历史和历史人物的分析和评价必须站在无产阶级和广大劳动人民的立场上，结合当时的历史条件并放到当时的历史背景下去分析。比如对于苏联社会主义模式的成就和弊端以及斯大林的马克思主义理论素养的分析，都必须站在无产阶级和广大劳动人民的立场上，结合十月革命前后以及反法西斯战争前后苏联所面临的具体历史条件和时代背景，全面而辩证地分析高度集权的苏联社会主义模式的客观必然性及其所取得的伟大成就，既要看到苏联社会主义模式及其成就彰显出来的斯大林优秀的马克思主义理论素养，又要看到苏联社会主义模式的弊端不断积聚所彰显出来的斯大林未能克服的教条主义错误；对斯大林这个伟大马克思主义者的是非功过的评价必须采取对同志的态度而不能采取对敌人的态度。

（3）历史学研究方法。坚持论由史出、实事求是和与时俱进的原则，注意在两方面收集反映苏联剧变的历史材料：一是苏联剧变当事人的回忆和反思材料，二是不断解密的苏联时期相关历史事件的档案材料。在此基础上，深入研究苏联剧变相关历史人物、历史事件和历史文献所处的具体历史背景和历史条件，澄清相关问题的历史演进，发现其中的客观规律性，得出科学的结论。

（4）政治学和国际政治学研究方法。重点研究政党政治与“和平演变”的国际政治背景。

2. 研究难点

（1）马克思主义理论素养的内涵及其表现形式。

（2）苏联解体的最根本原因研究。

（3）苏共高层领导人的马克思主义理论素养与苏联兴亡的关系研究。

四、本书创新点

一是，马克思主义理论素养的内涵及其表现形式。

二是，在梳理苏联亡党亡国的最根本原因的基础上，提出在无产阶级政党的民主集中制还不完善、对党和国家最高权力监督不够的情况下，党的高层领导人的理论素养和精神追求对于社会主义事业的兴衰成败就带有决定性意义的观点。

第一章　无产阶级领袖的历史作用及其前提条件

关于个人的历史作用，曾经存在着两种相互对立的、又都具有片面性的观点：一种观点片面夸大个人的历史作用尤其是杰出人物的作用，不了解或不承认人类历史运动是合乎规律的必然过程，主张“英雄造时势”；另一种观点则过分强调历史运动的规律性，贬抑甚至抹杀个人的作用，主张“时势造英雄”。马克思和恩格斯在19世纪把辩证唯物主义彻底贯彻到历史发展的研究中，创立了唯物史观，为人们科学研究个人在历史发展中的作用提供了可靠哲学基础。在马克思和恩格斯唯物史观的基础上，俄国早期马克思主义理论家普列汉诺夫专门研究了个人在历史发展中的作用，他在《论个人在历史上的作用问题》这本专著中提出了历史发展的“一般趋势”与“个别外貌”和“必然性”与“偶然性”两组新概念，借助这两组新概念科学地阐明了个人在历史发展中的作用，解决了“英雄造时势”和“时势造英雄”这两种对立观点各自的片面性。普列汉诺夫在分析个人在历史发展中的作用时科学指出：“人类历史运动最后的和最一般的原因是制约着人们社会关系中连续不断的变化的生产力的发展。和这个一般原因同时起作用的……还有个别原因的作用，即社会活动家的个人特点和其他‘偶然事件’的作用，由于这些个别原因和偶然事件，事变最终才获得自己的个别外貌。……无可怀疑的是，如果影响历史的个别原因为同一序列的另一些个别原因所取代，历史就会有另一种外貌。”① 普列汉诺夫这段论述从唯物史观出发，揭示了生产力发展决定历史发展的必然性与特定历史条件下个人决定历史发展的偶然性的辩证统一，从而超越了“英雄造时势”和“时势造英雄”这两种片面历史发展观，为人们正确理解个人

① ［俄］普列汉诺夫著，王荫庭译：《论个人在历史上的作用问题》，商务印书馆2010年版，第54页。

的历史作用提供了理论基础。

第一节 无产阶级领袖的历史作用

在古今中外的历史上，杰出人物的重大历史作用是不言而喻的，特别是在特定的历史时期和历史条件下的决定性作用。就社会发展的一般趋势看，英雄不可能造时势，只能是时势造英雄，但从社会发展的个别外貌看，杰出人物完全可以、而且在历史上常常创造出带有自身特殊印记的时势。杰出人物可以加速或延缓重大历史事件发生与发展的进程，可以决定这种事件实现的方式，可以凭借自己的思想和物质优势规范群众中无序的力量的作用方向，从而按照特定的条件在时代许可的范围内改变历史的进程。正如偶然性因素在特定的历史条件下具有决定性意义一样，杰出人物在特定时期和特定条件下也可以对历史发展产生决定性的影响，当然这种决定性的影响总是基于杰出人物“所具备的特点使得他最能为当时在一般原因和特殊原因影响下产生的伟大社会需要服务”，“他比别人看得远些，他的欲望比别人强烈些。他会解决先前的社会智慧发展进程提上日程的科学课题；他会指出先前的社会关系发展所造成的新的社会需要；他会发挥首倡精神来满足这些需要。他是个英雄。其所以是英雄，不是说他似乎能够阻止或者改变事物的自然进程，而是说他的活动是这个必然和无意识的进程的自觉的和自由的表现。这就是他的全部意义之所在，这就是他的全部力量之所在。而这是一种极巨大的意义、一种了不起的力量”。①

无产阶级政党是无产阶级中的先进分子，而无产阶级政党领袖则是无产阶级先进分子中最优秀的成员，他们在无产阶级解放事业中的重大历史作用尤其突出。马克思主义唯物史观辩证地阐明了人民群众和杰出人物在历史上的作用，深刻揭示了领袖、政党、阶级、群众的相互关系，在肯定人民群众是历史的创造者的同时，也充分肯定了无产阶级领袖在历史发展中巨大乃至特定历史时期和历史条件下的决定性作用。

一方面，唯物史观坚持人民群众是历史的创造者：第一，人民群众是创造社会物质资料的主力军——如果没有物质资料的生产和再生产，社会就不能存在下去，更谈不上发展的问题。“任何一个民族，如果停

① ［俄］普列汉诺夫：《论个人在历史上的作用问题》，第54页。

止劳动，不用说一年，就是几个星期，也要灭亡，这是每一个小孩都知道的。”① 第二，人民群众也是创造社会精神财富的根本力量——人民群众在长期的生产实践中，创造和发展了科学、文化、艺术等精神成果。所有这些精神成果都是人民群众实践经验的总结和概括：自然科学是生产经验和科学实验的总结，社会科学则是阶级斗争经验的总结，文学艺术创作则源自人民群众的生产与生活实践。马克思主义作为人类最优秀的社会科学成果，也是无产阶级和其他革命群众阶级斗争经验的总结和概括。第三，人民群众是社会变革的决定力量。毛泽东曾经精辟指出：“人民，只有人民，才是创造世界历史的动力。”② 在阶级社会里，一切真正的革命运动都是被压迫、被剥削的劳动群众反抗压迫和剥削的斗争，这种斗争正是推动社会历史向前发展的强大动力。在历史上，奴隶的暴动动摇了腐朽的奴隶制度，农民的起义瓦解了封建制度，无产阶级和被压迫民族人民的伟大斗争，已经开始并将最终推翻资本主义和一切人剥削人、人压迫人的社会制度。

另一方面，马克思主义者在坚定地认为人民群众是历史的创造者的同时，也坚定地认为领袖人物在社会历史发展中的重大作用。马克思曾经精辟地指出：“每一个社会时代都需要有自己的伟大人物，如果没有这样的人物，它就要创造出这样的人物来。”③ 列宁也曾经指出：“历史上，任何一个阶级，如果不推举出自己善于组织运动和领导运动的政治领袖和先进代表，就不可能取得统治地位。”④ 因此，“群众是划分为阶级的……阶级通常是由政党来领导的；政党通常是由最有威信、最有影响、最有经验、被选出担任最重要职务而称为领袖的人们所组成的比较稳定的集团来主持的。”⑤ 马克思和列宁的论述，深刻揭示了领袖、政党、阶级、群众之间的相互关系，充分肯定了革命领袖的重要历史地位。承认人民群众创造历史的决定性作用和承认革命领袖在历史上的重大作用不是对立的。实际上，无产阶级革命和建设大军，是由领袖、政党、阶级、群众构成的有机的统一体。领袖的作用必须以人民群众的活动为基础，同时人民群众的活动又需要领袖来指导；领袖是群众的一员，但他们又比一般群众站得高、看得远，能直接影响人民革命斗争的成败。因此，把领袖和政党、阶级、群众

---

① 《马克思恩格斯选集》第 4 卷，人民出版社 1995 年版，第 580 页。
② 《毛泽东选集》第 3 卷，第 1031 页。
③ 《马克思恩格斯选集》第 1 卷，第 432 页。
④ 《列宁选集》第 1 卷，第 286 页。
⑤ 《列宁选集》第 4 卷，第 151 页。

辩证统一的关系割裂开来或对立起来，否定领袖的重大作用乃至特定历史时期和历史条件下的决定性作用的观点是完全错误的，并且是十分有害的。

无产阶级革命领袖之所以能够在历史中发挥重大作用，主要是因为：第一，他们代表了历史发展的前进趋势，反映了人民群众的要求，能够为自己的阶级和人民群众提出革命的纲领，制定革命的路线和政策，领导群众、组织群众进行斗争；第二，他们是进步的思想家、革命理论的创始人和传播者，他们以先进思想教育群众、动员群众，使人民群众在先进思想的指导下团结起来，形成一支强大的革命与建设力量，去冲击腐朽的社会制度，建设人类最美好的共产主义社会；第三，无产阶级革命领袖同人民群众保持密切联系，能够把群众的愿望变为群众的行动，领导群众进行改造社会、改造世界的革命实践，从而起到推动历史发展进程的作用。具体说来，无产阶级领袖的历史作用主要表现在以下五个方面。

一、科学社会主义的创建者和传承者

无产阶级革命领袖之所以能够在共产主义事业中发挥重大作用，首先在于他们是科学社会主义的创建者和传承者。无产阶级领袖在革命实践中，通过艰苦深入的理论研究，总结无产阶级革命经验，创立、捍卫和发展无产阶级的思想体系——马克思主义学说，从而揭示社会发展的客观规律，阐明无产阶级的历史使命，指明无产阶级和劳动群众的解放道路。正因如此，他们能够彻底揭露、批判资产阶级和一切机会主义的反动思潮，不断清除它们对无产阶级革命运动的影响和干扰；他们能够提高无产阶级和革命群众的政治思想觉悟，经过无产阶级革命和无产阶级专政的道路，为彻底推翻一切剥削和压迫阶级、实现共产主义而英勇奋斗；他们善于把马克思主义的普遍真理同具体的革命和建设实践结合起来，在社会主义革命和建设的各个发展阶段，制定和实行正确的路线、方针和政策，不断把科学社会主义事业引向胜利。

历史上长期被剥削、被奴役和被愚昧的悲惨命运使得无产阶级和广大劳动群众无论是在认识和改造客观世界与主观世界的过程中，还是在进行共产主义运动的实践过程中，都特别需要自己的理论和思想的领路人。早期国际工人运动屡遭失败的现实也充分表明，思想理论永远是共产主义运动的制高点，无产阶级反对资产阶级的斗争要取得胜利必须用科学的理论武装头脑。无产阶级革命导师马克思和恩格斯正是看到了这一特点，为适应阶级斗争的客观需要，创立了科学社会主义理论，提出了无产阶级必须建立自己的革命政党的科学思想。历史经验表明，无产阶级政党特别是党的领袖一开始就是科学理论的创立者和传播者，他们必须在整个共产主义运动过程中自觉地承担起创立、传承、创新马克思主义科学理论的责任，并用不断发展的马克思主义科学理论教育和引导无产阶级和广大劳动群众，以适应共产主义事业发展的需要。

二、无产阶级政党领导核心的主心骨

无产阶级政党承担着艰巨而崇高的历史使命，她必须在革命和建设的各个阶段，为无产阶级指明斗争方向，制定和执行正确路线、方针、政策和策略。而这个任务必须由通晓马克思列宁主义的无产阶级领袖来承担。无产阶级政党是无产阶级和广大劳动群众革命与建设的指挥部，这个党必须按照民主集中制的原则组织起来，建立一个马克思列宁主义的强有力的领导核心。只有最有威信、最有经验的无产阶级领袖来担任党的领导核心的主心骨，才能实现党的团结和统一，发挥党的先锋队的战斗作用。也就是说，只有推选出具有无产阶级的优秀品质和卓越才能、相信群众、依靠群众、全心全意地为人民谋利益的领袖，才能建设这样一个强大的革命政党。无产阶级政党有了这样的领袖，是这个党在政治上成熟的表现，是无产阶级革命事业胜利的可靠保证。没有这样的领袖，“无产阶级专政、无产阶级的‘意志统一’，就会成为一句空话。”①

无产阶级政党是按照马克思列宁主义学说建立起来的，而无产阶级领袖则是在马克思列宁主义指导下，通过长期激烈而复杂的革命历练被推举出来的。因此，一方面，无产阶级领袖在自己的阶级队伍中一般都享有崇高威信，另一方面由于无产阶级政党坚持严格的民主集中制，无产阶级领袖也在组织中享有最高权威。这两方面结合在一起，就使得无产阶级领袖成为党和国家领导核心的主心骨。作为党和国家领导核心的主心骨，无产阶级领袖能够坚持马克思主义的革命理论和革命风格，团结本阶级的先进分子，领导和组织无产阶级和广大劳动群众的革命与建设事业。他们总是自觉地执行民主集中制，严格遵守党的纪律，维护党的团结和统一，坚决反对各种分裂党的阴谋活动，在斗争中巩固和建设无产阶级政党；他们不仅懂得革命组织的极端重要性，而且具有卓越的组织才能；他们不是靠一个人或几个人，而是靠一个党、靠群众路线和集体智慧；他们能够提出反

① 《列宁全集》第32卷，人民出版社1985年版，第505页。

映社会发展规律和广大人民群众根本利益的革命与建设纲领，把无产阶级的优秀分子聚集在革命纲领的旗帜之下，进而凝聚各种革命力量，朝着共产主义的目标前进。

三、无产阶级政党威信和形象的最主要体现者

无产阶级领袖能够集中代表人民群众的根本利益和革命要求，始终如一地为人民群众谋利益，从而获得人民群众的衷心拥护，对人民群众具有无比巨大的鼓舞力和号召力。他们相信群众、依靠群众、尊重群众的首创精神，并善于向群众学习，集中群众的经验和智慧，形成正确的认识，去指导群众的革命实践；他们时刻关心群众、爱护群众，和群众同呼吸、共命运，与群众保持经常的密切联系，能够把群众的眼前利益和长远利益、局部利益和整体利益正确地结合起来，成为人民群众的贴心人；他们能够把人民群众的革命积极性和创造性最大限度地调动起来，把人民群众创造历史的伟大力量组织起来，创造人类历史上的辉煌业绩。因此，他们在无产阶级政党和广大人民群众中享有崇高的威信。

无产阶级领袖在长期激烈而复杂的阶级斗争中，不仅具有卓越的才能和丰富的知识，而且是无产阶级优秀品质和革命风格的主要和集中体现者。毛泽东评价无产阶级领袖时曾精辟指出，他们“懂得马克思列宁主义，有政治远见，有工作能力，富于牺牲精神，能独立解决问题，在困难中不动摇，忠心耿耿地为民族、为阶级、为党而工作”。①

因此，无产阶级领袖同历史上其他所有革命领袖相比，有着根本不同的特点，他们对于无产阶级政党和无产阶级革命事业的伟大历史作用，是任何阶级的领袖都无法比拟的。无产阶级的革命事业，是把人类社会从一个私有制的阶级社会推进到无阶级的共产主义社会的伟大社会变革，是从前任何一个历史时代都无法比拟的。无产阶级革命事业要能够取得胜利，就必须有一个无产阶级的革命政党，而要建设一个无产阶级的革命政党，就必须有自己的久经考验的、最有威信、最有影响、最善于把马克思列宁主义的普遍真理和本国革命与建设的具体实践结合起来的革命领袖。列宁曾经指出：“一个党是不是真正的工人政党，不仅要看它是不是由工人组成的，而且要看是谁领导它以及它的行动和政治策略的内容如何。只有根据后者，才能确定这个党是不是真正的无产阶级政党。”②

---

① 《毛泽东选集》第1卷，第277页。

② 《列宁全集》第31卷，人民出版社1985年版，第225页。

无产阶级政党充分肯定自己革命领袖的重要地位和领导作用，坚信无产阶级领袖是引导革命事业走向胜利的光辉旗帜，是革命事业取得胜利的可靠保证。正如列宁指出的："只要千百万劳动者团结得像一个人一样，跟随本阶级的优秀人物前进，胜利也就有了保证。"① 国际共产主义运动的历史经验表明：无产阶级领袖是无产阶级及其政党的最杰出代表，是无产阶级政党威信和形象的最主要体现者，是引导革命走向胜利的旗帜。因此，从这个意义上讲，懂得无产阶级领袖的伟大历史作用，衷心爱戴和拥护革命领袖，也是每一个共产党员和革命群众忠于革命、热爱党和热爱人民的集中表现，是具有高度政治思想觉悟的一个根本标志。

四、共产主义事业的首要倡导者

无产阶级政党领袖是共产主义事业的首要倡导者和捍卫者，这在无产阶级革命和建设实践中已经被历史所证明。国际无产阶级的伟大导师马克思和恩格斯，是马克思主义和国际共产主义运动的创始人。马克思、恩格斯在参加和指导工人运动的实践中，提出了无产阶级革命的科学理论，倡导工人运动的共产主义方向。他们总结无产阶级的斗争经验，综合人类思想的积极成果，批判形形色色的反动思潮，创立了辩证唯物主义和历史唯物主义，发现了剩余价值，建立了科学社会主义的伟大理论，给了全世界工人阶级战无不胜的强大思想武器——马克思主义，使工人运动发展到了一个崭新的阶段。作为无产阶级反对资产阶级伟大运动的组织者和领导者，马克思和恩格斯积极参加了1848年的欧洲无产阶级革命，他们创建和领导了无产阶级的第一个国际组织——国际工人协会（又称"第一国际"），促进了无产者的国际团结；他们以满腔激情支援和指导了"巴黎公社"的伟大革命，高度赞扬了巴黎工人的革命创举和英雄气概，深刻地总结了"公社"的经验教训，为无产阶级的共产主义运动进一步指明了方向；他们具体地指导和帮助了欧洲各国特别是德国无产阶级建立自己的政党，战胜了各种机会主义路线对工人运动的分裂和破坏，成为国际无产阶级衷心爱戴和拥护的领袖，对人类共产主义事业做出了不可磨灭的伟大贡献。

列宁是继马克思、恩格斯之后，国际无产阶级和被压迫民族的革命导师，也是在经济和文化比较落后的俄国开创共产主义事业的伟大先行者。列宁在资本主义发展到帝国主义的新的历史阶段，在反对第二国际修正主义的斗争中，在十月社会主义革命以及后续的社会主义建设探索中，继

① 《列宁全集》第30卷，人民出版社1985年版，第402页。

承、捍卫和发展了马克思主义，建立了世界上第一个社会主义国家。在第二国际修正主义泛滥之时，列宁曾经做出“修正主义是存在于马克思主义思想和队伍内部的马克思主义的敌人”的深刻论断，他说：“在马克思主义把一切比较完整的、同马克思主义相敌对的学说排挤出去以后，这些学说所表现的倾向就开始给自己另找出路。斗争的形式和起因改变了，但是斗争还在继续。马克思主义创立以后的第二个 50 年（从 19 世纪 90 年代起）一开始就在同马克思主义内部的一个反马克思主义派别进行斗争。这个派别因前正统的马克思主义者伯恩施坦而得名，因为伯恩施坦叫嚣得最厉害，最完整地表达了对马克思学说的修正，对马克思学说的修改，即修正主义。”①

与此同时，在理论上，列宁还在无产阶级革命的策略方面，特别是在阶级斗争、无产阶级专政和无产阶级党建以及社会主义建设方面，都发展了马克思主义，把马克思主义推进到一个新的阶段，即列宁主义阶段，为帝国主义时代无产阶级和被压迫民族的解放事业指明了前进方向；在实践上，列宁创立了无产阶级革命史上第一个新型革命政党——俄国布尔什维克党，领导俄国无产阶级和广大人民群众夺取了十月社会主义革命的伟大胜利，建立并保卫了世界上第一个无产阶级专政的社会主义国家。这一胜利极大地推动了国际共产主义运动和被压迫民族的解放运动。毛泽东曾经深刻地指出：“十月社会主义革命不只是开创了俄国历史的新纪元，而且开创了世界历史的新纪元。”②

在列宁之后，斯大林又领导苏联党和人民在同国内外阶级敌人的尖锐斗争中，继承和捍卫了列宁主义所开创的苏联社会主义事业，探索了社会主义建设的“斯大林模式”并取得了巨大成就。在第二次世界大战中，斯大林统率苏联人民和苏联红军进行了艰苦卓绝的祖国保卫战，取得了反法西斯战争的伟大胜利，在人类历史上建立了不可磨灭的伟大功绩，对国际共产主义运动做出了杰出的贡献。虽然斯大林在晚年犯有一些错误，但正如毛泽东所指出的那样：斯大林“是三分错误，七分成绩，总起来还是一个伟大的马克思主义者”。③

作为中国马克思主义者的杰出代表，毛泽东把马克思列宁主义的普遍真理和中国革命的具体实践结合起来，创立了中国共产党，缔造和培育了

---

① 《列宁选集》第 2 卷，人民出版社 1995 年版，第 2 页。
② 《毛泽东选集》第 1 卷，第 303 页。
③ 《毛泽东文集》第 7 卷，人民出版社 1999 年版，第 42 页。

党领导下的人民军队，带领中国人民推翻了压在中国人民头上的帝国主义、官僚资本主义和封建主义这“三座大山”，在半封建半殖民地的废墟上建立起社会主义新中国，为无产阶级的共产主义事业做出了新贡献。在新民主主义革命时期，毛泽东科学地分析了中国社会现状，阐明了中国社会的主要矛盾，正确回答了中国新民主主义革命的对象、任务、动力、性质、方向等重大问题，创造性地提出了无产阶级领导的、人民大众参加的，反对帝国主义、封建主义和官僚资本主义的新民主主义革命总路线和总政策。毛泽东正确提出了“枪杆子里面出政权”的著名论断，在无产阶级革命史上第一次开辟了建立农村革命根据地、以农村包围城市、最后武装夺取政权的革命道路。毛泽东的新民主主义革命的理论、路线和政策，极大地丰富和发展了马克思列宁主义关于无产阶级革命和殖民地半殖民地人民革命的学说，把落后的、被压迫民族的共产主义事业推向新的历史阶段。

在社会主义革命和建设时期，毛泽东第一次明确地提出了在生产资料所有制的社会主义改造基本完成以后，无产阶级和资产阶级、社会主义道路和资本主义道路的斗争还将长期存在的科学论断，提出了正确区分和处理社会主义社会中敌我矛盾和人民内部矛盾这两类不同性质的矛盾的学说。毛泽东告诫全党：社会主义社会是一个相当长的历史阶段，在这个历史阶段中，始终存在着阶级、阶级矛盾和阶级斗争，存在着社会主义同资本主义两条道路的斗争，存在着资本主义复辟的危险性，存在着帝国主义、社会帝国主义进行颠覆和侵略的威胁，因此，无产阶级政党必须高度重视党的领导人和无产阶级革命事业合格接班人的培养。1964 年 7 月 14 日，毛泽东提出，无产阶级政党领导人和无产阶级革命事业合格接班人必须具有五项基本素养：（1）他们必须是真正的马克思列宁主义者，而不是挂着马克思列宁主义招牌的修正主义者；（2）他们必须是全心全意为中国和世界的绝大多数人服务的革命者，而不是在国内为一小撮资产阶级特权阶层的利益服务，在国际为帝国主义和反动派的利益服务；（3）他们必须是能够团结绝大多数人一道工作的无产阶级政治家，包括团结那些反对过自己并且已被实践证明是犯了错误的人；（4）他们必须是党的民主集中制的模范执行者，必须学会“从群众中来，到群众中去”的领导方法；（5）他们必须谦虚谨慎，戒骄戒躁，富于自我批评精神，勇于改正自己工作中的缺点和错误。[①] 毛泽东关于在经济文化比较落后、人口众多的中国坚持

① 毛泽东：《关于赫鲁晓夫的假共产主义及其在世界历史上的教训》，《人民日报》1964 年 7 月 14 日第 1 版。

社会主义道路的策略，巩固无产阶级专政的探索，不仅对当代中国，而且对国际共产主义运动反修防修，都具有重大历史意义。

五、革命和建设历史转折关头的决策者

无产阶级领袖的伟大作用，突出表现在当革命和建设处于历史转折关头时，他们能够高瞻远瞩，洞察一切，以科学的预见性和革命的坚定性做出正确决策并带领党和人民战胜重重困难，使革命和建设转危为安，走向胜利。无产阶级领袖都是在革命和建设的暴风雨中锻炼成长的。他们不仅精通革命和建设的理论，积累了丰富的斗争与实践经验，而且具有坚韧不拔的革命毅力和吃苦耐劳的革命精神。因此，他们在任何惊涛骇浪面前，都坚定沉着，善于斗争，敢于胜利。特别是在两个阶级、两条路线激烈斗争的关键时刻，无产阶级领袖能够以革命家的雄才大略和高超的领导艺术，力挽狂澜，破除迷雾，指引革命和建设的航船，越过激流险滩，稳妥地驶向目的地。恩格斯在谈到马克思这种伟大作用时曾经指出："马克思由于他在理论上和实践上的成就已经赢得了这样的地位，各国工人运动的最优秀的人物都充分信任他。他们在紧要关头都向他请教，而且总是发现他的建议是最好的。"① 斯大林在论述列宁这一卓越作用时也指出："在革命的转折关头，他真是才华毕露，洞察一切，预见到各阶级的行动和革命进程的可能曲折，他对这些东西简直是了如指掌。"② 回顾中国共产党的革命和建设历程，每当"左"、右倾机会主义路线使党和革命事业遭到严重危害的关键时刻，毛泽东、邓小平、江泽民、胡锦涛、习近平以及党的其他领导人总能够冲破迷雾，高瞻远瞩，在关键时刻挽救党、挽救革命、挽救社会主义事业，把中国社会主义事业沿着正确的道路不断推向前进。

第二节　无产阶级领袖发挥历史作用的前提条件

无产阶级领袖的历史作用是巨大的，但这种作用的发挥不是无条件

① 《马克思恩格斯选集》第4卷，人民出版社1995年版，第646页。
② 《斯大林选集》（上卷），人民出版社1979年版，第181页。

的，而是需要两个前提：一是理论素养，即无产阶级领袖必须具有优秀的乃至一流的马克思主义理论素养；二是实践历练，即无产阶级领袖必须在实践中把马克思主义基本原理与具体的革命和建设实际相结合，学习和探索正确解决具体问题的方法和策略，从而影响社会发展速度和发展方向。

一、理论素养

科学理论作为对事物存在和发展规律的正确阐释，对于人类认识世界和改造世界的社会实践活动具有十分重要的指导意义。因此，无产阶级政党领袖的理论素养特别是马克思主义理论素养就成为影响他们发挥历史作用的首要前提。关于这一点，无产阶级革命导师曾经做出深刻论述。列宁针对理论的深刻性曾经指出："物质的抽象，自然规律的抽象，价值的抽象以及其他等等，一句话，一切科学的（正确的、郑重的、非瞎说的）抽象，都更深刻、更正确、更完全地反映着自然。"① 斯大林则直接强调作为无产阶级政党领袖对理论素养的必然要求。1920 年 4 月，斯大林曾经赞赏地引用阿克雪里罗得早年对列宁的观察说：列宁"成功地把优秀的实践家的经验同理论修养和广阔的政治眼界集于一身"，因此斯大林强调："要始终成为无产阶级革命和无产阶级政党的领袖，就必须一身兼备理论力量和无产阶级运动的实际组织经验"，只有这样才能成为"世界上最强大最锻炼有素的无产阶级政党的领袖"。②

列宁和斯大林重视科学理论的重要作用，更重视党员干部马克思主义理论素养在领导和组织社会主义革命和建设中的重要作用。在列宁和斯大林的领导下，俄共逐渐形成了重视党的领导干部马克思主义理论素养培养的传统，并在全国建立起党校系统，专门培养党员干部的马克思主义理论素养。但遗憾的是，在斯大林执政晚期，由于个人集权和个人崇拜的干扰，苏共开始出现忽视接班人和领导干部马克思主义理论素养培养的现象。由于最高领导人的讲话句句是"真理"，是最高领导人的讲话而不是活生生的社会现实成为马克思主义理论发展的源泉，因而苏共从赫鲁晓夫执政开始，党内理论学习的慵懒、怠惰和思想僵化之风日益严重。苏共最高领导人理论素养不高，带头轻视马克思主义理论学习，特别是在选拔晋升领导干部时关注的主要是对自己是否忠诚，而不是理论素养和实际工作能力。这导致苏共在列宁和斯大林早期形成的重视党员和领导干部马克思

① 《列宁全集》第 38 卷，人民出版社 1986 年版，第 181 页。

② 《斯大林全集》第 4 卷，人民出版社 1956 年版，第 279 页。

主义理论素养训练的传统日益流于形式，苏共各级党校和理论研究机构不少，各类理论研讨和培训也年年举行，但总体上没有发挥与时俱进地提高领导干部马克思主义理论素养的作用，致使包括最高领导人在内的整个苏共领导干部队伍的马克思主义理论素养不断下降，党和国家的许多重大决策表面上是在坚持马克思列宁主义，但实际上却背离马克思列宁主义的基本立场、观点和方法，结果导致亡党亡国的悲剧。

与苏共相对照的是，中国共产党从第一代领导人开始就一直重视对全党特别是党的高级干部的马克思主义理论素养的培养。毛泽东的一生，是孜孜不倦地学习马列著作的一生。不仅以身作则，他还提醒全党："我党的理论水平，必须承认还是低的，必须提高一步。这样大的党，在许多基本理论问题上或是不了解，或是不巩固，如划阶级就表现了我们党理论水平之低。"所以，"我们在理论上要提高，还要普及。中央委员、政治局委员要当作一个政治任务来注意这个问题，不然就不能说服那些犯错误的同志"。① 他号召党的高级干部注意挤出时间来阅读马列著作，并通过整风运动提高全党的马克思主义理论水平。

以毛泽东为榜样，中国共产党历代领导人都坚持不懈地带领全党特别是党的领导干部提高马克思主义理论素养。刘少奇同志结合自身的理论学习和工作实践还曾经专门写成了《论共产党员的修养》一文，他在文中指出："马克思列宁主义的理论，是我们观察一切现象、处理一切问题的武器，特别是观察一切社会现象、处理一切社会问题的武器。如果我们不能掌握马克思列宁主义的理论武器，我们就不能正确地认识和处理在革命斗争中所遇到的各种问题，就有迷失方向、背离无产阶级革命立场的危险，甚至可能自觉地或者不自觉地成为各种机会主义者，成为资产阶级的俘虏和应声虫。"②

邓小平作为中国共产党第二代领导人走上工作岗位之后，坚持解放思想、实事求是的马克思主义思想路线，带领全党完成了在思想路线、政治路线、组织路线上的拨乱反正，克服了"两个凡是"的错误思想。为了避免一些人错误理解解放思想的含义，邓小平明确指出："我们反复说，解放思想，就是要运用马列主义、毛泽东思想的基本原理，研究新情况，解决新问题。"③ 邓小平同时还提醒全党特别是党的高级干部："不注意学习，

① 《毛泽东文集》第5卷，人民出版社1996年版，第137—138页。

② 刘少奇：《论共产党员的修养》，人民出版社1962年版，第21—22页。

③ 《邓小平文选》第2卷，人民出版社1994年版，第179页。

忙于事务，思想就容易庸俗化。如果说变质，那么思想的庸俗化就是一个危险的起点。”①

作为中国共产党第三代领导人，江泽民在走上领导岗位不久便告诫全党：“党在理论上的提高，是党的领导的正确性、科学性的根本保证。鉴于世界和中国的许多新情况、新问题，鉴于我们党在中国社会主义建设中担负的重大责任和在国际共产主义运动中所处的重要地位，有必要把学习和研究马克思主义基本理论，在马克思主义指导下研究和探讨当代重大的政治、经济、社会理论问题，作为一项紧迫任务，提到全党面前。在党内首先是党的高级干部中，要提倡认真学习和研究马克思列宁主义、毛泽东思想基本理论，特别是学习和研究马克思主义哲学，掌握科学的世界观、方法论。一个缺乏马克思主义理论素养，不善于运用正确的立场、观点、方法分析和解决问题的共产党员，不可能发挥应有的作用，更不可能成为党的合格的领导干部。必须坚决纠正许多领导干部陷入日常事务、放松理论学习、不注意思想政治动态的状况，切切实实地提高全党同志的理论水平和政治敏锐性。”②

作为中国共产党的新一代领导人，胡锦涛也多次强调，肩负伟大历史使命的党，必须比以往任何时候都要更加重视科学理论的学习，特别是要重视用马克思主义理论武装党的领导干部的头脑。胡锦涛指出：“领导干部如果不重视理论学习，不在提高理论素质、理论水平上下功夫，就不可能承担起领导社会主义现代化建设的历史重任，就不可能成为清醒的、有作为的、合格的领导者。”③ 2009 年 9 月，中国共产党第十七届四中全会通过《中共中央关于加强和改进新形势下党的建设若干重大问题的决定》（以下简称《决定》），正式以党的决议的形式明确地将马克思主义理论素养作为选拔任用领导干部的重要依据。《决定》明确提出建设学习型党组织的党建目标，在全党营造崇尚学习的浓厚氛围，积极向书本学习、向实践学习、向群众学习，把理论素养、学习能力作为选拔任用领导干部的重要依据。

习近平走上领导岗位以后马上告诫全党：“马克思主义必定随着时代、实践和科学的发展而不断发展，不可能一成不变，社会主义从来都是在开

---

① 《邓小平文选》第 1 卷，人民出版社 1994 年版，第 316 页。

② 中共中央政策研究室、中共中央文献研究室编：《江泽民论加强和改进执政党建设（专题摘编）》，中央文献出版社、研究出版社 2004 年版，第 104—105 页。

③ 中央文献研究室编：《十四大以来重要文献选编》（上），人民出版社 1996 年版，第 387 页。

拓中前进的。坚持和发展中国特色社会主义是一篇大文章，邓小平同志为它确定了基本思路和基本原则，以江泽民同志为核心的党的第三代中央领导集体、以胡锦涛同志为总书记的党中央在这篇大文章上都写下了精彩的篇章。现在，我们这一代共产党人的任务，就是继续把这篇大文章写下去。坚持马克思主义，坚持社会主义，一定要有发展的观点。我们的事业越前进、越发展，新情况新问题就会越多，面临的风险和挑战就会越多，面对的不可预料的事情就会越多。我们必须增强忧患意识，做到居安思危，懂就是懂，不懂就是不懂；懂了的就努力创造条件去做，不懂的就要抓紧学习研究弄懂，来不得半点含糊。”①

伟大的事业，必须有伟大的理论来指导；领导伟大事业的党，必须有伟大理论的武装；领导伟大事业的党的高层领导人，必须具有一流的理论素养。斯大林和毛泽东都曾经深刻指出：政治路线确定之后，干部就是决定的因素。无产阶级政党的各级领导干部是社会主义事业的方针、政策和路线的制定者和执行者，是完成党的各项任务的组织者和领导者，是党联系群众的纽带和桥梁，因此，只有加强党的干部队伍的马克思主义理论素养的培养，才能发挥领导和促进共产主义事业的历史作用。

二、实践历练

无产阶级政党领袖的马克思主义理论素养不是天生的，而是在学习理论和实践探索中培养起来的。学习理论其实也是学习前人或他人的实践经验。毛泽东曾经深刻指出：“马克思、恩格斯、列宁、斯大林之所以能够作出他们的理论，除了他们的天才条件之外，主要地是他们亲自参加了当时的阶级斗争和科学实验的实践，没有这后一个条件，任何天才也是不能成功的。”② 因此，实践历练对于无产阶级领袖发挥历史作用同样具有重要意义。

首先，只有通过实践历练，无产阶级领袖才能真正在改造客观世界的同时改造自身的主观世界，从而确立起马克思主义的世界观、人生观和价值观。在历史上，由于自身所处历史条件和世界观不同，不同阶级的革命领袖所代表的阶级不同，他们认识社会发展趋势和反映人民群众要求的程度不同，因而他们推动社会前进的作用也就各不相同。奴隶起义和农民战争的杰出领袖以及处于革命时期的剥削阶级的领袖人物，都对历史发展起

---

① 习近平：《习近平谈治国理政》，外文出版社 2014 年版，第 23 页。

② 《毛泽东选集》第 1 卷，第 287 页。

了不同程度的促进作用。但是，由于他们的价值信仰和阶级立场的局限性，这种作用受到极大限制。只有无产阶级领袖，在马克思主义世界观和人生观指导下，把人类最美好的共产主义社会作为自己的价值理想，除了无产阶级和广大劳动群众的利益之外，他们没有任何个人的私利，终生以全心全意为人民服务为己任。正因如此，他们深受无产阶级和广大劳动群众的拥护和爱戴，进而带领他们创造历史。

其次，只有通过实践历练，无产阶级领袖才能真正掌握马克思主义的基本立场、观点和方法，才能真正具备正确领导无产阶级革命和建设事业的本领。正因为如此，通过理论与实践相结合历练才干一直是无产阶级政党培养干部的一个优良传统。比如，中国共产党在社会主义革命、建设和改革的整个历史过程中，都高度重视在实践中历练党的领导干部特别是高级干部的马克思主义理论素养，把提高党的领导干部的马克思主义理论素养与党和国家的兴衰成败、生死存亡结合起来；党的最高领导人总是坚持不懈地带领全党结合党和国家工作中的新情况和新问题与时俱进地学习、坚持和发展马克思主义理论，保证了中国社会主义事业的兴旺发达。作为一个伟大的马克思主义者，中国共产党第一代领导人毛泽东为全党实践历练做出了表率。在战争年代，毛泽东主张把学习理论同研究历史、研究现状结合起来，坚持结合中国革命实际，科学地而不是教条地学习和运用马克思主义，并采用整风运动的形式带领全党提高马克思主义理论素养。解放后，毛泽东又号召全党特别是党的高级干部结合中国社会主义建设的具体情况，沉下心来研读马、恩、列、斯的经典著作，提高正确领导中国社会主义建设的本领。

最后，在国际共产主义运动史上，拥护并追随无产阶级领袖进行实践历练不仅是无产阶级和广大劳动群众提高马克思主义觉悟的重要途径，也是无产阶级领袖发挥历史作用的重要方式。值得注意的是，这种方式一方面有利于无产阶级领袖所掌握的先进思想以及基于这些先进思想所制定的正确路线、方针和政策与革命群众相结合，但另一方面也容易导致无产阶级和广大劳动群众忽视或姑息领袖人物可能犯下或者是已经犯下的错误，从而给无产阶级革命和建设事业带来损失甚至失败。因此，在拥护并追随无产阶级领袖进行实践历练的过程中要学会辩证地对待领袖人物的缺点和错误：一方面，无产阶级和广大劳动群众既要坚决维护、捍卫和追随自己的领袖，又要避免盲目崇拜领袖或无原则地姑息领袖的缺点和错误；另一方面，领袖人物要始终保持谦虚谨慎，活到老、学到老、改造到老的科学态度，善于发扬民主，团结同志，坚持群众路线，牢固树立全心全意为人民服务的人生观和价值观。与此同时，无产阶级政党还需要在实践中不断建立健全科学的领袖人物监督和遴选机制，使党和国家的最高领导权始终掌握在真正具有一流的马克思主义理论素养的人手中，特别是在和平时期，这一点尤为重要。因此，只有学会辩证地对待领袖人物的缺点和错误，发挥追随无产阶级领袖进行实践历练的积极作用，才有利于无产阶级领袖正确领导无产阶级革命事业。

第二章　马克思主义理论素养的内涵及其表现形式

根据《说文解字》的解释，汉字的“理”字本义是指玉石的纹理，可引申为“条理”、“规则”或“规律”；而“论”字本义是指“说话”、“讲解”，一般引申为“阐述”、“解释”或“说明”。根据现代汉语词典的解释，“理”与“论”合在一起的含义就是对事物存在和发展规律的阐释或说明。美国学者肯尼斯·沃尔兹关于理论的含义也有类似陈述，他在《国际政治理论》一书中指出：“经验经常误导我们……理论并不是规律的集合，而是对规律的阐释。理论与规律有本质上的区别。”① 在人类的思想宝库中，迄今已经取得的关于事物存在和发展规律的理论多种多样，无论是肤浅的理论还是深刻的理论，无论是科学的理论还是不科学的理论，它们的功能都是对事物存在和发展规律做出阐释，只不过有的理论正确地阐释了事物存在和发展的规律，有的理论则是不完全正确或错误地阐释了事物存在和发展的规律。但不论阐释某一事物存在和发展规律的理论有多少，真理只有一个。

马克思主义理论是马克思和恩格斯共同创立的，并由其思想继承者不断创新发展的科学阐明自然界、人类社会和思维存在与发展规律的思想体系，是无产阶级和广大劳动群众认识世界和改造世界的强大思想武器，是迄今人类思想史上对人类社会存在和发展规律唯一做出科学阐释的真理。

人们在观察、思考和阐明事物存在和发展规律的过程中，通过学习和实践，能够逐渐形成概念抽象、逻辑思维、制定有效策略和追求价值理想的能力，这种能力就是一般意义上的理论修养，而马克思主义理论修养则专门描述马克思主义经典作家及其思想的后继者们在观察、思考和阐明事

① Kenneth N. Waltz, Theory of International Politics, New York: McGraw - Hill Companies, Inc. p5.

物存在与发展规律的过程中所具有的概念抽象、逻辑思维、制定有效策略和追求价值理想的能力。为了深入理解马克思主义理论素养的内涵，下文将明确界定马克思主义理论素养的概念并分析其表现形式。

第一节 马克思主义理论素养的内涵

最早关注无产阶级政党马克思主义理论素养的人是列宁。早在1902年3月，列宁在分析俄国所谓“经济派”理论的修正主义本质时就明确提出了“理论修养”这个术语，他说：“凡是稍微了解我国运动的实际情况的人，都不能不看到，随着马克思主义的广泛传播，理论水平有了某种程度的降低。有不少理论修养很差甚至毫无理论修养的人，由于看见运动有实际意义和实际成效而加入了运动。”① 1922年2月，列宁又明确提出了无产阶级政党领袖的马克思主义理论素养和工作能力问题。自1921年下半年，列宁注意到自俄共（布）八大以来，党内派系斗争不断加剧，党内分裂的危险不断加重。为了加强党的团结和统一，列宁建议中央酝酿设立总书记这一新职务。由于总书记一职将成为全党的理论和策略的核心，因此列宁在物色总书记这一人选时非常谨慎，并提出这个人选的第一个条件就是必须具有较高的马克思主义理论素养。列宁指出：这个人应该具有较高的马克思主义理论修养、个人素质和工作能力，在党内有相当的威望，并且是一个年轻有为的革命家。②

中国共产党人结合中国革命与建设的实践，从对马克思主义理论重要性和深刻性的不断认识，到明确提出马克思主义理论素养的概念，对马克思主义理论素养的应有内涵做出了孜孜不倦的探索。毛泽东结合中国革命和建设经验，针对马克思主义理论的深刻性和巨大作用曾经指出：“无产阶级运动的伟大的活动家马克思和恩格斯综合了人类认识史上的积极的成果，特别是批判地吸取了黑格尔的辩证法的合理的部分，创造了辩证唯物论和历史唯物论这个伟大的理论，才在人类认识史上起了一个空前的大革命。后来，经过列宁和斯大林，又发展了这个伟大的理论。这个理论一经

① 《列宁选集》第1卷，第311页。
② 高敬增等编著：《四大革命导师传：列宁》，红旗出版社1997年版，第498页。

传到中国来，就在中国思想界引起了极大的变化。”[①] “中国自有科学的共产主义以来，人们的眼界是提高了，中国革命也改变了面目。中国的民主革命，没有共产主义去指导是决不能成功的，更不必说革命的后一阶段了。”[②]

1939 年 7 月刘少奇在延安马列学院做关于《共产党员的修养》的公开演讲，其中提到：“如果不掌握马克思列宁主义这个武器，如果没有马克思列宁主义理论的高度修养，要在革命斗争的一切重要问题上，站稳无产阶级的正确立场；要在情况复杂和变化剧烈的情况下，在需要走迂回曲折道路的时候，都能够确定对无产阶级革命事业最有利的方针政策，都能够代表无产阶级革命斗争的整体利益和长远利益，是根本无法做到的。”[③] 这是中国共产党人第一次公开使用马克思主义理论修养这一术语。1964 年 2 月 25 日，为了加强领导干部特别是高级干部的马克思主义理论学习，中共中央根据毛泽东的指示做出了关于组织高级干部学习马、恩、列、斯著作的批示，第一次在党的文件中明确提出了理论修养这一术语，批示指出：党的高级干部当中的不少人“缺少必要的理论修养，因而不善于总结经验，对党中央和主席的指示的领会，也往往受到一定的限制”。为了解决这方面的问题，党的高级干部“必须下决心挤出一定时间，认真坐下来读书，补一补课”。[④]

然而，从严格的概念上讲，究竟什么是马克思主义理论素养？它又以什么作为表现形式？江泽民 1991 年 7 月 1 日在《在庆祝中国共产党成立七十周年大会上的讲话》中可以说比较全面地触及马克思主义理论素养的内涵及其表现形式。江泽民指出：“我们党的奋斗历史告诉我们，只有把马克思主义的基本原理同中国的具体实际相结合，科学地总结自己的经验，确定符合中国特点的前进道路和战略策略，我们的事业才能不断取得胜利。实现这个结合，关键在于深刻认识和掌握马克思主义，深刻认识和掌握中国的国情，并把两者正确地统一于革命和建设的实践之中。掌握马克思主义，最重要的是掌握它的精神实质，运用它的基本原理和立场、观点、方法观察分析问题。认识中国国情，最重要的是认识对中国革命和建设有重大影响的一切有利的和不利的现实因素，特别是认识中国社会的性质和发展阶段，认识社会主要矛盾和它的变化。在实现两者结合的过程

① 《毛泽东选集》第 1 卷，第 303—304 页。
② 《毛泽东选集》第 2 卷，第 686 页。
③ 刘少奇：《论共产党员的修养》，第 22 页。
④ 沙健孙：《毛泽东论学习马克思主义基础理论》，第 51 页。

中，必须始终坚持党的一切从实际出发、实事求是的思想路线，勇于探索和创新，在实践中检验真理和发展真理；坚持党的群众路线，从群众中来到群众中去，集中人民群众的实践经验和智慧；坚持独立自主地分析和解决中国的问题，找出适合我国情况的前进道路。”①

以上述无产阶级领袖的相关论述为基础，本书认为，从概念上讲，所谓马克思主义理论素养，就是无产阶级政党特别是党的领袖在参加和领导工人阶级和广大劳动群众进行社会主义革命和建设过程中形成的正确学习、理解、应用、坚持和发展马克思主义理论的能力，这种能力可以一般性地归结为马克思主义者科学地认识和改造客观世界与主观世界的能力，特别是科学地认识和改造人类社会以及自身世界观、人生观和价值观的能力。

第二节　马克思主义理论素养的表现形式

人们正确学习、理解、应用、坚持和发展马克思主义理论的能力不是天生的，马克思主义科学的世界观和方法论也不是自然而然地在人们大脑中形成的。人们只有在社会实践中，坚持理论联系实际并采取正确的认识方法，才能通过不断积累，逐渐具备优秀的马克思主义理论素养。一般来说，马克思主义理论素养的表现形式主要有以下六方面：（1）能够理论联系实际地而不是教条地学习马克思主义的能力；（2）养成终生学习马克思主义理论的习惯；（3）准确把握马克思主义理论的核心内容并具备良好的党性修养；（4）正确运用马克思主义基本原理分析和解决实际问题的能力；（5）在实践中坚持和发展马克思主义的能力；（6）牢固树立共产主义理想信念。

一、能够理论联系实际地而不是教条地学习马克思主义的能力

马克思主义科学的世界观和方法论不是自然而然地被人们的大脑所把握的，人们只有在认真看书学习并在实践中坚持理论联系实际的基础上，

① 中共中央文献研究室编：《十三大以来重要文献选编》（中），人民出版社1991年版，第1634页。

遵循从实践到理论，再从理论到实践的多次飞跃，才能真正学会马克思主义科学的世界观和方法论。因此，能够理论联系实际地而不是教条主义地学习马克思主义基本原理的能力就成为马克思主义理论素养之首要表现形式。在俄国工人运动开始之前，马克思和恩格斯就已经创立了工人运动理论，并领导工人阶级的革命运动在许多国家蓬勃发展起来。因此，19 世纪 90 年代俄国工人运动从一开始就是在马克思主义理论指导下开展起来的。这样，是否能够正确学习马克思主义理论就成为俄国工人运动能否顺利发展的关键。列宁通过正确学习和运用马克思主义理论，不仅领导俄国布尔什维克党和工人阶级取得了“十月革命”的伟大胜利，而且为全世界无产阶级及其政党理论联系实际地而不是教条主义地学习马克思主义理论做出榜样。

首先，列宁精通马克思和恩格斯的经典著作。19 世纪 90 年代，马克思和恩格斯的著作在俄国是被严格禁止的，俄国最初的共产主义者能获得的马克思和恩格斯的著作很少，人们主要是学习《资本论》第一卷。《资本论》一书虽然也不易得，但毕竟还能找到，至于马克思和恩格斯的其他著作就很难获得了，甚至大多数俄国马克思主义小组成员连《共产党宣言》都没读过。因此，列宁特别注意收集马克思和恩格斯著作中所能得到的一切。他把能够搞到的马克思和恩格斯的德文著作中最重要的和自己最感兴趣的地方，都译成了俄文以便自己阅读。列宁夫人克鲁普斯卡娅曾经回忆说：“当他于 1893 年来到彼得堡时他对马克思恩格斯的著作已经有了渊博的知识，这一点使当时的我们这些马克思主义者感到非常惊奇。”①

在 1894 年秘密出版的列宁第一部著作《什么是“人民之友”以及他们如何攻击社会民主主义者?》（下文简称《人民之友》）一书中，他就引用了马克思的《共产党宣言》《政治经济学批判》《哲学的贫困》《德意志意识形态》以及恩格斯的《反社林论》和《家庭、私有制和国家的起源》等著作。《人民之友》这一著作，大大地开扩了当时俄国还很少知道马克思和恩格斯著作的马克思主义者的马克思主义理论眼界。在列宁的第二部著作即《民粹主义的经济内容及其在司徒卢威先生的书中受到的批评》中，列宁已经开始引用《路易·波拿巴的雾月十八日》《法兰西内战》《哥达纲领批判》以及《资本论》第二卷和第三卷的内容了。后来侨居国外的生活，使列宁有更多取得马克思和恩格斯著作的机会，列宁便注意收集马

① ［苏］娜·康·克鲁普斯卡娅：《列宁是怎样写作学习的》，人民出版社 1973 年版，第 45—46 页。

克思和恩格斯的全部著作并认真加以研究，使自己成为精通马克思和恩格斯经典著作的人。列宁于1914年为格拉纳特《百科辞典》写的马克思传，再好不过地说明了列宁精通马克思和恩格斯著作的情形。

列宁阅读马克思、恩格斯著作的重要方式是围绕特定问题大量摘录马克思和恩格斯著作的相关内容。在苏联马克思恩格斯列宁研究院中，曾经保存有列宁从马克思和恩格斯著作中摘录下来的大量笔记，表明列宁曾在自己的工作中反复地阅读过这些摘录。列宁不仅摘录马克思和恩格斯的全部学说，而且还研究资产阶级营垒中他的敌人们关于马克思和马克思主义所写的著作，并在同这些敌人的论战中来阐明马克思主义的基本原理。据列宁夫人克鲁普斯卡娅的回忆，列宁经常把"批评家"们的意见仔细地做成概要，选择其中最明显、最典型的东西，并将马克思的言论与之对比，进而指出它们的阶级实质。"列宁常常故意强调某个问题。他认为，声调并不是最重要的：可以说得很粗暴、很激烈，但是重要的是说出问题的实质。他在《致弗·阿·左尔格书信集俄译本序言》中引证梅林①的话时写道：'……梅林说得对，马克思和恩格斯不爱讲什么客气：'他们每次打人从不怎么犹豫，但每次挨打也从不叫苦。''"②

列宁学习马克思和恩格斯著作还特别重视他们走向某一观点所经历的思想历程。克鲁普斯卡娅回忆道："还须指出列宁研究马克思著作的另一个具有重大意义的方面。列宁不仅研究了马克思和恩格斯的著作，研究了马克思的'批评家'评述马克思的著作，他还研究了马克思之走向某一观点所经历的道路，研究了那些曾启发过马克思的思想并把这些思想推向某一方向的著作，研究了——如果可以这样说——马克思主义世界观的来源，还研究了马克思从某一著作家那里吸取了些什么材料，怎样吸取的。"③

其次，列宁重视在实际工作中学习马克思主义理论，并根据革命和建设的实际问题进行理论创新。越是在实际工作的困难时刻，列宁越反复地阅读马克思和恩格斯的著作。无论周围的人多么焦躁不安，列宁总能够静下心来认真阅读马克思和恩格斯的著作，以便从中找到对俄国工人运动最迫切问题的答案。克鲁普斯卡娅回忆说："我记得，往往在最尖锐的党内斗争进行得十分激烈的时候，在国内战争的决定性关头，在国内情况复杂

---

① 弗兰茨·梅林（1846—1919），德国社会民主党左翼杰出的理论家、政论家和历史学家，德国共产党的创始人之一。

② ［苏］娜·康·克鲁普斯卡娅：《列宁是怎样写作学习的》，第48—49页。

③ 同上书，第59页。

的时候，有时一走进弗拉基米尔·伊里奇的办公室，就会看到他面前放着一本打开了的马克思或恩格斯的著作，上面划了记号和着重号。对于迫切的问题他是在深入研究理论当中去寻找答案的。许多同志可能亲身觉察到这一点。比方列宁的第一本著作似乎你很清楚，每一个词、每一个字母似乎你都知道，但是过了几年，生活提出了一系列的新问题，以新的方式提出了这些问题，情况不同了，条件不同了，你再念起一篇非常熟悉的列宁的文章，你会惊奇地从中读到从前没有察觉到的东西"，"所以当生活提出新的问题时，列宁就重新阅读他早就熟悉了的马克思和恩格斯的著作，常常从他们那里找到使他激动不已的问题的回答。"①

列宁在1894年的第一部著作《人民之友》中曾经写道，要做无产阶级思想的领导者，"理论工作和实际工作就会融合为一个工作，德国社会民主党的老战士李卜克内西说得极为中肯，这就是：研究，宣传，组织。不做上述理论工作，便不能做思想领导者……不在工人中间宣传这个理论的结论并帮助他们组织起来，也不能做思想领导者"。② 克鲁普斯卡娅在回忆列宁时说："如果我们看一下列宁本人的著作，我们就会看到，他是一个毕生孜孜不倦地工作的理论家，同时也是一个实际宣传家、组织家。列宁对题目的选择是特别使人注目的。他选定某一题目不单单是因为这个题目有趣，需要探讨，而是因为这个题目在当时对工人运动特别迫切。"③

正因如此，列宁总是紧密联系当时俄国无产阶级革命和社会主义建设中的实际问题进行理论学习和理论创作。在俄国工人运动开始的时候，关于俄国资本主义是否存在以及发展状况问题，就成为对俄国能否发动工人运动具有决定性意义的问题，于是列宁便着手写下《俄国资本主义的发展》这本极其重要的研究著作；1905年革命失败了，俄国广大知识界包括马克思主义知识分子都充满了颓丧的情绪，开始怀疑辩证唯物主义理论本身的正确性，于是列宁又着手写下《唯物主义和经验批判主义》一书；第一次世界大战爆发后，全世界社会民主党都惊慌失措，列宁马上写出《帝国主义和社会主义运动中的分裂》小册子，揭露这次战争的掠夺本质和这次战争的特点，使人们及时了解到社会党人的旧政策对这次战争已经不再适用；当社会主义革命高潮来临的历史时刻，列宁在芬兰则写下《国家与革命》，揭示了资产阶级国家和无产阶级国家的根本区别，揭示了社会主

① ［苏］娜·康·克鲁普斯卡娅：《列宁是怎样写作学习的》，第76页。
② 《列宁选集》第1卷，第78—79页。
③ ［苏］娜·康·克鲁普斯卡娅：《列宁是怎样写作学习的》，第73页。

义革命的实质以及社会主义建设的方向和内容；在生命的最后日子里，当列宁看到党内和国家机关中出现日益严重的官僚主义作风时，列宁又写出了《宁肯少些，但要好些》和《怎样改组工农检查院》两篇针对性文章，论述了苏维埃政权如何改组国家机关，以便能够花最少的人力和物力而最有效地组织有关的工作部门。由此可见，列宁的理论学习和理论研究总是紧密联系实际工作的。

与此同时，列宁在坚持马克思主义理论与俄国实际紧密联系的过程中还结合新情况不断创新和发展马克思主义。1932 年 10 月，克鲁普斯卡娅在总结列宁对待马克思主义的态度和做法时曾经说道："不久以前我们庆祝了苏维埃政权成立十五周年。我们就联想起 1917 年 10 月组织夺取政权的情形。夺取政权并不是自发的，而是经过列宁深思熟虑的，他当时所遵循的是马克思关于如何组织武装起义的直接指示。十月革命把专政交到无产阶级手中，这样一来斗争的全部条件就根本改变了：正因为列宁不是以马克思和恩格斯言论的字句为指南，而是以这些言论的革命内容为指南，他也就善于在无产阶级专政时代，把马克思主义应用到社会主义建设事业上来。"①

第三，列宁向马克思学习批判地观察日常生活。所谓批判地观察生活，就是辩证地、全面地和深入地研究日常生活中具体事物存在的状态和发展的规律，达到见微知著的境界。列宁曾经说道："马克思在《资本论》中首先分析资产阶级社会（商品社会）里最简单、最普通、最基本、最常见、最平凡、碰到过亿万次的关系：商品交换。这一分析从这个最简单的现象中（从资产阶级社会的这个"细胞"中）揭示出现代社会的一切矛盾（或一切矛盾的萌芽）……一般辩证法的阐述（以及研究）方法也应当如此（因为资产阶级社会的辩证法在马克思看来只是辩证法的局部情况）。从最简单、最普通、最常见的东西开始。"② 克鲁普斯卡娅回忆道："马克思主义同善于观察生活、了解生活紧密地联系在一起。……列宁向马克思学习批判地观察生活，分析各种生活现象，识别主要的和次要的，学习把理论和实际结合起来，引导无产阶级参加斗争并把无产阶级组织起来争取斗争的胜利。"③ 对列宁学习马克思批判地观察生活影响最大的是《资本论》一书。根据苏联出版的《列宁全集》第二版和第三版索引的统计，列

---

① ［苏］娜·康·克鲁普斯卡娅：《列宁是怎样写作学习的》，第 58 页。

② 《列宁选集》第 2 卷，第 558 页。

③ ［苏］娜·康·克鲁普斯卡娅：《列宁是怎样写作学习的》，第 64 页。

宁在全部30卷著作中直接引用《资本论》的地方共有185处，引用最多（114处）的是全集的头三卷，因为这个时期需要特别顽强地反复证明马克思主义理论的正确性。马克思的《资本论》教会了列宁批判地观察和研究俄国具体的社会生活特别是俄国资本主义制度的方法。仅在《俄国资本主义的发展》一篇文章中，列宁引用《资本论》的地方就多达51处。①

马克思的《资本论》对列宁学习马克思批判地观察生活的影响，也可以从列宁对马克思《资本论》的精确评价中体现出来。列宁说："《资本论》的成就之所以如此之大，是由于'德国经济学家'② 的这部书使读者看到整个资本主义社会形态是个活生生的形态：有它的日常生活的各个方面，有它的生产关系所固有的阶级对抗的实际社会表现，有维护资本家阶级统治的资产阶级政治上层建筑，有资产阶级的自由平等之类的思想，有资产阶级的家庭关系。"③ 对于列宁学习马克思批判地观察生活的方法，克鲁普斯卡娅还回忆说："列宁自己是把理论和实际紧紧地联结在一起的，并且不是在口头上而是在实际上。理论使伊里奇善于读生活之书。他善于根据某一个一眼看来是件细小而无足轻重的事情，就清楚地看出整个形势，这一点同志们总是感到惊奇。他细心观察生活，在同工人、农民、士兵交谈时，他总是善于了解他们的情绪，他们对某些问题的态度。他善于接近群众，善于用自己的热情的火焰使群众沸腾起来。"④

第四，列宁通过研究马克思、恩格斯分析相似局势的方法来确定俄国革命行动的策略。据克鲁普斯卡娅回忆，"研究马克思分析类似的局势的著作，仔细地分析这些著作，和当时的情况相比较，找出其中的异同点——这就是列宁的方法。"⑤ 在1905年1月后，俄国革命浪潮日益高涨。这时，党应当把工人群众运动引向哪里，党应当采取什么样的策略问题，就迫不及待地提出来了。列宁于是特别细心地研究了马克思关于1848年法国和德国资产阶级民主革命时期的一切著作。经过对比研究马克思和恩格斯的论述，列宁在1905年6、7月间写成了《社会民主党在民主革命中的两种策略》一书。在这部著作里，列宁号召工人群众采取与专制制度进行最坚决的、毫不调和的斗争直至举行武装起义的策略。列宁在《社会民主

---

① ［苏］娜·康·克鲁普斯卡娅：《列宁是怎样写作学习的》，第64页。

② 这里的"德国经济学家"就是马克思。由于马克思的著作在俄国遭到禁止，"德国经济学家"是列宁对马克思的隐蔽性称谓。

③ 《列宁选集》第1卷，第9页。

④ ［苏］娜·康·克鲁普斯卡娅：《列宁是怎样写作学习的》，第76—77页。

⑤ 同上书，第51页。

党在民主革命中的两种策略》一书中写道：必须消灭沙皇制度，“代表会议也忘记了，当政权还在沙皇手中的时候，任何代表的任何决定，都会和德国1848年革命史上有名的法兰克福议会的‘决定’一样，成为无聊而可怜的空话。革命无产阶级的代表马克思曾在他主编的《新莱茵报》上，非常尖刻地讥笑了法兰克福的自由主义‘解放派’，因为他们说了许多漂亮话，通过了各种各样的民主的‘决定’，‘立了’各种各样的自由，而事实上却让政权留在国王手中，并没有组织武装斗争去反对掌握在国王手中的武装力量。当法兰克福的解放派还在那里空谈时，国王却抓住了时机，加强了自己的武装力量，于是反革命便依靠实际的力量，把民主派连同他们的一切美妙的‘决定’打得落花流水了。”① 因此，列宁批评当时主张采取议会形式而不是采取武装斗争的孟什维克和“新火星派”分子②，“这些把马克思主义庸俗化的人从来没有思索过马克思所说的必须用武器的批判来代替批判的武器的话。他们盗用马克思的名义，其实，他们在草拟策略决议的时候完全是在模仿法兰克福的资产阶级空谈家，这些空谈家自由地批评专制制度，加深民主意识，但是不懂得革命时期是行动的时期，是既从上面又从下面行动的时期。”③

列宁还引用马克思的话——“革命是历史的火车头”来强调革命的势不可当的作用，并深入分析了马克思在《新莱茵报》上的言论，解释了什么是无产阶级和农民的革命民主专政，比较了俄国资产阶级民主革命和1848年德国资产阶级民主革命的区别。列宁写道：“可见，只是在1849年4月，在革命报纸出版了几乎一年以后（《新莱茵报》是从1848年6月1日开始出版的），马克思和恩格斯才主张成立专门的工人组织！在此以前，

---

① 《列宁选集》第1卷，第541—542页。

② 1900年12月，列宁与普列汉诺夫等俄国早期马克思主义者在德国莱比锡协力创办了凝聚和领导俄国工人运动的报纸——《火星报》。最初《火星报》的编撰人员由列宁、普列汉诺夫、查苏利奇、阿克瑟尔罗德、马尔托夫、波特列索夫构成，托洛茨基在后期加入。1900年12月24日《火星报》在德国莱比锡首次发行，不久迁往德国慕尼黑继续出版，1902年4月移至英国伦敦出版，1903年之后移至瑞士日内瓦继续出版。该报为俄国社会民主工党制订了正式的纲领草案，并筹备了党的第二次全国代表大会（1903年7月30日至8月23日分别在布鲁塞尔和伦敦秘密召开）。但在党的第二次全国代表大会上，关于党章第一条发生了以列宁为首的布尔什维克（多数派）和以马尔托夫为首的孟什维克（少数派）的分裂，《火星报》也随之发生分裂。以列宁为首的多数派退出编辑部后，《火星报》便成为孟什维克派的喉舌，成为宣扬机会主义和修正马克思主义的工具。1905年《火星报》停刊，一共发行了112期，其中列宁参与编辑的前51期被称为“旧火星报”，52期以后的部分则被称为“新火星报”。“新火星报”时期的编撰人员被列宁称为“新火星派”分子。

③ 《列宁选集》第1卷，第602页。

他们只办了一个和独立工人政党在组织上没有任何联系的'民主派机关报'，这件事实，这件从我们现在的观点看来是骇人听闻的和不可思议的事实，清楚地向我们表明，当时的德国社会民主工党和现在的俄国社会民主工党之间有多么大的差别。这件事实向我们表明，在德国民主革命中所显露出来的运动的无产阶级特征和无产阶级潮流要少得多（因为德国在1848年还落后，在经济方面落后，在政治方面也落后——国家没有统一）。"①

克鲁普斯卡娅谈到列宁这种学习马克思主义理论的方法时说："列宁既研究马克思关于类似我国革命失败后所发生的问题的言论，同时又研究辩证唯物主义和历史唯物主义的问题，向马克思学习如何应用辩证唯物主义的方法去研究历史的发展。他在《致弗·阿·左尔格书信集俄译本序言》中写道，'把马克思和恩格斯有关英美工人运动的言论，同有关德国工人运动的言论比较一下，是大有益处的。如果注意到在德国和英美两国，资本主义处于不同的发展阶段以及资产阶级在各该国全部政治生活中的统治形式各不相同这一事实，那末这种比较的意义就更加重大了……1905年革命提出了一系列新的迫切问题，列宁在解决这些问题的时候，又更深入地思索了马克思的著作。在革命的火焰中锻炼了列宁研究马克思学说的方法（真正马克思主义的方法）。这种研究马克思学说的方法，使列宁取得了与那些曲解马克思主义和阉割其革命实质的现象作斗争的武器。"②

第五，列宁在学习马克思和恩格斯著作的过程中特别反对教条主义的态度。马克思和恩格斯曾经指出他们的学说"不是教条而是行动的指南"，列宁经常重复他们的这句话。列宁用来研究马克思和恩格斯著作的方法、俄国革命的实践以及俄国无产阶级革命时代的全部情况表明，列宁之所以能够做到把马克思、恩格斯的革命理论变为行动的指南，是与他始终坚持反对教条主义分不开的。克鲁普斯卡娅在《列宁是怎样写作学习的》一书中写道："这里我们就直接接触到列宁是怎样研究马克思著作的问题了。这部分地可以从上面这段引文中看到：要弄清楚马克思的方法，学会像马克思那样研究特定国家的工人运动的特点。列宁就是这样做的。对列宁来说，马克思的学说不是教条，而是行动的指南。"③

① 《列宁选集》第1卷，第640—641页。

② ［苏］娜·康·克鲁普斯卡娅：《列宁是怎样写作学习的》，第55—56页。

③ 同上书，第50页。

列宁在1917年《论策略书》中指出："应当善于使公式适应生活"，"任何理论都一样，至多只能指出基本的和一般的东西，只能大体上概括实际生活中的复杂情况。'我的朋友，理论是灰色的，而生活之树是长青的。'"① 在实际工作中，列宁总是极其周密地估计实际情况，根据实际情况而不是凭书本或主观想象来确定马克思和恩格斯的某一种基本思想，在当时具体情况下怎样才能运用和以什么形式运用。"根据弗拉基米尔·伊里奇的活动和著作，可以观察出，他的某种基本思想是怎样产生、怎样经过周密思考并从理论上加以论证的，是怎样从这种思想中得出实际的结论的，又怎样在许多年里顽强地、坚持不懈地实现这一思想，不在困难面前、不在失败面前退却，而是仔细思考失败的原因，设法创造出运用这一思想的更好的、更切合实际的形式的。这就是弗拉基米尔·伊里奇同一切机会主义者的根本的、主要的区别。机会主义者遭到失败而在现实面前退却的时候，就抛弃了事物的本质，认为自己的基本思想已经无用；而弗拉基米尔·伊里奇遭到失败而在现实面前退却的时候，他所抛弃的是当时那种实现基本思想的形式，他退却了，但退却是为了更好地思考，更好地估计实际情况，用另一种形式来重新开始实现这一思想……"②

在对待真理问题上，列宁从来不害怕激烈的争论，但是他坚持争论必须是为了得到真理而不是为了派别利益。列宁要求反驳意见必须针对问题的实质，反对那种不以说明问题而以打派别小算盘为目的的论战。列宁经常使用"吹毛求疵"这一字眼，批评那些不是针对问题实质而是在细枝末节上吹毛求疵的争论。列宁曾经严厉批评那种不以说明问题而以打派别小算盘为目的的论战，指出这是孟什维克惯用的方法，他们从马克思、恩格斯的著作里断章取义地抓出一些字句，撇开说这些话时的具体环境，便以这些字句做掩护，一味地追求派别的目的。"这些人是靠断章取义地摘录一些东西来作为自己的论据，他们抓住关于支持大资产阶级反对反动的小资产阶级的一般原理，不加批判地用来对待俄国的立宪民主党和俄国革命。"③ 列宁在《致弗·阿·左尔格书信集》序言中又尖锐指出："如果谁认为马克思和恩格斯对于英美工人运动的劝告可以简单地直接地应用到俄国来，那他运用马克思主义就不是为了弄清马克思主义的方法，不是为了研究各特定国家工人运动的具体历史特点，而是为了打知识分子的、派别

---

① 《列宁选集》第3卷，人民出版社1995年版，第26—27页。

② ［苏］娜·康·克鲁普斯卡娅：《列宁是怎样写作学习的》，第69页。

③ 《列宁全集》第12卷，人民出版社1987年版，第374页。

组织的小算盘。”①

第六，列宁在学习马克思和恩格斯著作的过程中，特别注意工人运动中出现的修正主义和机会主义并进行深刻的理论批判。俄国“十月革命”胜利后，列宁对俄国思想战线上的新变化以及新生革命政权的国家制度和国家性质都做出了非常深刻的论断，并提醒人们注意修正主义可能导致的资本主义复辟。

一方面，列宁提醒人们注意，正是因为无产阶级革命胜利了，思想战线就会出现不同于以往任何历史时期的激烈斗争。由于《资本论》深刻地揭示了政治与经济、经济基础与上层建筑、社会生活与阶级斗争之间的联系，列宁特别告诫全党同志，要在革命胜利后继续认真学习《资本论》。列宁 1919 年 1 月在全俄工会第二次代表大会上指出：那些说工人阶级可以脱离国家而独立，那些不懂得在无产阶级专政取得胜利的国家里无产阶级的作用的人，对马克思的《资本论》是一窍不通的。列宁在 1922 年的《论战斗唯物主义的意义》一文中又深刻指出，无产阶级的胜利引起了思想战线上特别激烈的斗争，我们必须用对辩证唯物主义的深刻了解来武装自己，才能抵挡资产阶级思想的袭击。“为了达到这个目的，《在马克思主义旗帜下》杂志的撰稿人就应该从唯物主义的观点对黑格尔的辩证法组织系统的研究，即研究马克思在他所写的《资本论》及各种历史和政治著作中实际运用的辩证法。”②

另一方面，列宁深刻揭露了资产阶级反动理论家对待马克思主义的险恶做法以及修正主义者与之本质上的一致性。列宁在《国家与革命》的头一页写道：“马克思的学说在今天的遭遇，正如历史上各被压迫阶级解放斗争中的革命思想家和领袖的学说的遭遇一样。当伟大的革命家在世时，压迫阶级总是不断迫害他们，以最恶毒的敌意、最疯狂的仇恨、最放肆的诽谤对待他们的学说。在他们逝世以后，便企图把他们变为无害的神像，可以说是把他们偶像化，赋予他们的名字某种荣誉，以便‘安慰’和愚弄被压迫阶级，同时却阉割革命学说的内容，磨灭它的革命锋芒，把它庸俗化。现在资产阶级和工人运动中的机会主义者在对马克思主义作这种‘修琢’的事情上正一致起来。他们忘记、抹杀和歪曲这个学说的革命方面，革命精神，把资产阶级可以接受或者似乎可以接受的东西放在第一位来加

① 《列宁选集》第 1 卷，第 723 页。

② 《列宁选集》第 4 卷，第 652 页。

以颂扬。现在，一切社会沙文主义者[①]都成了'马克思主义者'，这可不是说着玩的！那些德国的资产阶级学者，昨天还是剿灭马克思主义的专家，现在却愈来愈频繁地谈论起'德意志民族的'马克思来了，似乎马克思培育出了为进行掠夺战争而组织的非常出色的工人联合会！在这种情况下，在对马克思主义的种种歪曲空前流行的时候，我们的任务首先就是要恢复真正的马克思的国家学说。"[②]

作为马克思主义理论素养的一种表现形式，能够理论联系实际地而不是教条主义地学习马克思主义，实际上并不是一句话所能概括的那么简单，涉及现实中许多具体环节。列宁作为一个具有一流马克思主义理论素养的无产阶级革命家，为后世马克思主义者做出了榜样。

二、养成终生学习马克思主义理论的习惯

养成终生学习马克思主义理论的习惯不仅是一个共产党员特别是党员干部的阶级本色，而且也是共产党员特别是党员干部马克思主义理论素养的根本表现形式之一。马克思主义的创始人马克思、恩格斯是在大量阅读当时人类已经取得的优秀思想成果特别是德国古典哲学、英国古典政治经济学、法国空想社会主义基础上创立马克思主义理论的，两位伟人终生谦虚谨慎的学习作风和学习习惯为后世马克思主义者做出了榜样。继马克思和恩格斯之后，终生学习和探索马克思主义理论也就成为后世无产阶级政党的全体党员特别是党的领导干部马克思主义理论素养的基本表现形式之一。列宁是继马克思、恩格斯之后理论联系实际地学习马克思主义理论的榜样，而中国共产党的最优秀代表——毛泽东，则是养成终生学习马克思主义理论习惯的最杰出代表。

毛泽东的一生，是孜孜不倦地学习马列著作的一生，是无产阶级领袖养成终生学习马克思主义理论习惯的楷模。"毛主席是马克思、恩格斯、列宁、斯大林最忠诚和最优秀的学生，也是马克思主义中国化即创建中国特色马克思主义理论最杰出、最卓著的领导者和实践者。毛泽东由信马列、读马列、研究马列，到运用马列、发展马列，几十年追求、几十年不

---

① 沙文主义是具有资产阶级侵略性的民族主义，因法国士兵沙文狂热地拥护拿破仑一世的侵略扩张政策而得名。社会沙文主义是口头上的社会主义，实际上的沙文主义，它是机会主义在第一次世界大战时期的产物。大战爆发后，第二国际机会主义的首领们"在保卫祖国"的口号下，公然投入资产阶级怀抱，放弃革命斗争，积极支持帝国主义战争，完全堕落成为社会沙文主义者。

② 《列宁选集》第3卷，第112—113页。

解、几十年实践是很值得我们永远学习的。”[①]

毛泽东读的第一本马列主义著作是《共产党宣言》，时间是 1920 年。在此后 56 年里，对这本马克思主义的经典著作，毛泽东不知反复读过多少次，这本书中的精辟论断，他几乎全能背下来。在毛泽东辞世的时候，身旁还放着一本 1963 年印制的大字线装本《共产党宣言》和两本战争年代出版的字很小的、本子很旧的《共产党宣言》。《共产党宣言》是毛泽东一生最爱读的、也是读得遍数最多的一本马列主义经典著作。之所以如此，是因为“这部著作以天才的透彻而鲜明的语言描述了新的世界观，即把社会生活领域也包括在内的彻底的唯物主义、作为最全面最深刻的发展学说辩证法，以及关于阶级斗争和关于共产主义新社会创造者无产阶级肩负的世界历史性革命使命的理论”。[②] 直到 1970 年，毛泽东在号召党内外广大干部和群众学习马列六本书中，《共产党宣言》仍居首位。

《资本论》和《反杜林论》也是毛泽东反复阅读的马克思主义著作。《资本论》是马克思最重要的著作之一，全书共四卷，头三卷是理论部分，第四卷是理论史部分。马克思的《资本论》以剩余价值理论为基础，充分运用他创立的唯物辩证法，阐明了资本主义社会经济运动的规律，揭示了资本主义社会经济的内在矛盾，论证了资本主义灭亡和共产主义胜利的历史必然性，从而把社会主义学说牢固地置于科学基础之上。《资本论》堪称是马克思主义的百科全书和无产阶级进行革命斗争的锐利思想武器。1954 年，毛泽东为适应我国大规模经济建设的需要，重新阅读《资本论》，并兼读《政治经济学批判》《列宁有关政治经济学论文十三篇》等经典作品。根据毛泽东身边工作人员的回忆，到了 70 年代，毛泽东在中南海游泳池会见外宾时，书房里还放有大字本的《资本论》，页面是翻开放着的。[③]

《反杜林论》是恩格斯写于 1876—1878 年间的一部马克思主义哲学著作，它是德国社会民主党党内思想斗争的直接产物，这部著作全面阐述了马克思主义的三个组成部分，书稿得到马克思的赞同，其中第二编第十章《批判史论述》是马克思撰写。《反杜林论》是毛泽东非常喜爱的另一部马克思主义著作。毛泽东在自己的文章中很少成段地引用马克思主义经典作家的原文，但在他著名的《矛盾论》中却大段地引用了《反杜林论》第一编第十二节的“辩证法·量与质”部分。1963 年 8 月，毛泽东为印刷马列

① 徐中远：《毛泽东晚年读书纪实》，中央文献出版社 2012 年版，第 9 页。
② 《列宁全集》第 26 卷，人民出版社 1988 年版，第 50 页。
③ 徐中远：《毛泽东晚年读书纪实》，第 17 页。

著作大字本专门嘱咐有关负责同志，要求封面不用硬纸；在提到《反杜林论》时还建议分装四本或八本，以使每本减轻重量，便于老同志和自己阅读。

除了阅读马克思和恩格斯的著作外，毛泽东对列宁的著作也爱不释手，特别是列宁写的《国家与革命》和《共产主义运动中的“左派”幼稚病》两本著作，它们也是毛泽东几十年里读了又读的马列经典著作。直到生命的最后几年，他老人家对这两本光辉著作还爱不释手，时常翻阅。在这两本著作中，毛泽东向列宁学习殖民地、半殖民地国家进行民主革命以及由民主革命向社会主义革命转变的理论，从中汲取指导中国革命斗争的经验和启示。与此同时，毛泽东也非常喜欢列宁的文风，他在1958年4月6日的一次讲话中称赞道：“列宁的作品，特别是革命时期的著作，生动活泼。他说理，把心交给人，讲真话，不吞吞吐吐，即使和敌人斗争，也是如此。”①

新中国成立后，党的工作重心逐步转移到了经济建设上，毛泽东先后阅读过的马列经济学方面的著作包括《哥达纲领批判》《政治经济学批判》《经济学大纲》《资本论》《帝国主义是资本主义的最高阶段》《列宁有关政治经济学论文十三篇》《马恩列斯论共产主义社会》《苏联社会主义经济问题》《政治经济学教科书》等，其中下功夫最多的是《苏联社会主义经济问题》和苏联《政治经济学教科书》这两部著作。为了学习苏联社会主义经济建设经验，毛泽东在1952年就要求全党高级干部必须立即学习《苏联社会主义经济问题》，因为此书“对于我国即将开始的大规模经济建设有巨大的指导意义”。1958年11月，毛泽东在“郑州会议”上大力倡导中央和全党干部“开展一次读书活动”，并写了《致中央、省市自治区、地、县四级党委委员的信》，信中说：“向同志们建议读两本书。一本，斯大林著《苏联社会主义经济问题》；一本，《马恩列斯论共产主义社会》。每人每本用心读三遍，随读随想，加以分析。”“读时，三五个人为一组，逐章逐节加以讨论，有两至三个月，也就可能读通了。”他要求大家，联系中国社会主义经济革命和经济建设去读这两本书，使自己获得一个清醒的头脑，同时建议：“将来有时间，可以再读一本，就是苏联同志们编的那本《政治经济学教科

① 唐斫编著：《毛泽东与读书学习》，中央文献出版社2004年版，第13页。

书》。”[①] 遵照毛泽东的建议，当时在全党特别是党的高级干部中形成了比较浓厚的读书和讨论氛围。

1959 年 7 月 2 日，毛泽东又在庐山会议的开幕式上说：“有鉴于去年许多领导同志对于社会主义经济问题还不大了解，不懂得经济发展规律，有鉴于现在工作中还有事务主义，应当好好读书。中央、省、市、地委一级委员，包括县委书记，都要读《政治经济学教科书》第三版。时间三至六个月，或一年……现在有些人是热锅上的蚂蚁，要让他们冷一下。去年有一年的实践，再读书更好。学习苏联经验，读苏联《政治经济学教科书》是比较好的办法。”[②] 1959 年底，在读书活动开始后，毛泽东还号召大家在学习中注意“理论创新”：“我们党里有人说，学哲学只要读《反杜林论》、《唯物主义和经验批判主义》就够了，其他的书可以不必读。这种观点是错的”，“任何国家的共产党，任何国家的思想界，都要创造新的理论，写出新的著作，产生自己的理论家，来为当前的政治服务”，“我在第二次国内战争末期和抗战初期写了《实践论》、《矛盾论》，这些都是适应于当时的需要而不能不写的。现在，我们已经进入社会主义时代，出现了一系列的新问题，如果单有《实践论》、《矛盾论》，不适应新的需要，写出新的著作，形成新的理论，也是不行的。”[③]

赫鲁晓夫上台后，中苏关系日渐恶化，为了让高级干部“增强反对现代修正主义斗争的信心和力量”，1963 年 12 月 31 日，中宣部请示毛泽东组织高级干部学习马、恩、列、斯著作，并列出需要学习的各类著作 30 本，其中包括已被苏联否定的斯大林所著《联共（布）党史简明教程》《苏联社会主义经济问题》。对此毛泽东批示说：“很好，可以立即发下去”。为了方便阅读，他还要求中宣部长陆定一将这 30 本书以“大字，线装，分册（一部大书分成 10 册、8 册，小书不分册，中本书仍要分成几册）”的方式印出来，并指示说“希望今年办成。每部印一万份、两万份或者三万份……我急于想看这种大字书”。[④]

针对党的高级干部中存在的假马列主义者，毛泽东曾经严肃做出批评。1970 年 8 月 31 日在党的九届二中全会上，毛泽东针对林彪、陈伯达

① 中共中央文献研究室编：《毛泽东书信选集》，中央文献出版社 2003 年版，第 508—509 页。

② 中共中央文献研究室编：《毛泽东传》，中央文献出版社 2011 年版，第 2001—2003 页。

③ 《毛泽东文集》第 8 卷，人民出版社 1999 年版，第 109 页。

④ 中共中央文献研究室编：《建国以来毛泽东文稿》第 11 册，中央文献出版社 1997 年版，第 25—28 页。

等人的突然袭击，严厉地批判了陈伯达的“天才论”，要求与会的党的高级干部“不要上号称懂得马克思主义，而实际上根本不懂马克思那样一些人的当”，指出“现在不读马、列的书了，不读好了……没有读过，就上这些黑秀才的当”，党的高级干部“不管工作多忙，都要挤时间，读一些马、列的书，区分真假马列主义”，“我劝同志们，有阅读能力的，读十几本。基本开始嘛，不妨碍工作”。①

总之，终生学习马克思主义理论的自觉性是每一个马克思主义者理论成熟的重要标志。毛泽东养成终生学习马列著作的习惯，对后世共产党人特别是中国共产党人终身坚持认真学习马克思主义理论产生了深远的示范意义。邓小平作为中国共产党第二代领导人走上工作岗位之后，提醒全党特别是党的高级干部：“不注意学习，忙于事务，思想就容易庸俗化。如果说变质，那么思想的庸俗化就是一个危险的起点。”② 邓小平还说：“希望党中央能作出切实可行的决定，使全党的各级干部，首先是领导干部，在繁忙的工作中，仍然有一定的时间学习，熟悉马克思主义的基本理论，从而加强我们工作中的原则性、系统性、预见性和创造性。只有这样，我们党才能坚持社会主义道路，建设和发展有中国特色的社会主义，一直达到我们的最后目的，实现共产主义。”③ 江泽民作为中国共产党第三代领导人之后也指出：“我们党历来是重视学习的。每当革命和建设发展到一个重大转折时期，全党面临新的形势和任务的时候，更是特别强调加强学习。70 多年来，我们党的事业取得的每一个发展和每一个胜利，都是同全党的学习进步密不可分的。有几次全党范围的大学习活动，成效尤为明显。”④ 胡锦涛成为中国共产党新一代领导人之后也指出：“各级领导干部必须明白，现在社会各个方面的发展日新月异，人民群众的实践创造丰富多彩，不学习、不坚持学习、不刻苦学习，势必会落伍，势必难以胜任我们所肩负的重大职责，要做合格的领导者和管理者，必须大力加强学习，努力用人类社会创造的丰富知识来充实自己。”⑤ 胡锦涛进一步深刻指出：“我们必须按照建设马克思主义学习型政党的要求，抓紧学习人类社会创

---

① 中共中央文献研究室编：《建国以来毛泽东文稿》第 13 册，中央文献出版社 1998 年版，第 115、126 页。

② 《邓小平文选》第 1 卷，第 316 页。

③ 中共中央组织部编：《毛泽东邓小平江泽民论党的建设》，第 458 页。

④ 江泽民：《论党的建设》，第 146—147 页。

⑤ 2003 年 1 月 28 日，胡锦涛在主持中共中央政治局进行第二次集体学习时发表讲话（http：//politics. people. com. cn/GB/30178/9400083. html）。

造的一切科学的新思想新知识。全体党员、干部都要把学习作为一种精神追求，深入学习和掌握马克思列宁主义、毛泽东思想，深入学习和掌握中国特色社会主义理论体系，牢固树立辩证唯物主义和历史唯物主义世界观和方法论，真正做到学以立德、学以增智、学以创业。全党同志特别是党的各级领导干部都要不断提高思想政治水平，坚定理想信念，增强为党和人民的事业不懈奋斗的自觉性和坚定性，咬定青山不放松，真正做到坚定不移、矢志不渝。”① 习近平走上国家领导岗位以后也告诫全党：“书籍是人类知识的载体，是人类智慧的结晶，是人类进步的阶梯。各级领导干部要深刻认识现代领导活动与读书学习的密切关系，深刻认识领导干部的读书学习水平在很大程度上决定着工作水平和领导水平，真正把读书学习当成一种生活态度、一种工作责任、一种精神追求，自觉做到爱读书读好书善读书，积极推动学习型政党、学习型社会的建设。”②

三、准确把握马克思主义理论的核心内容并具备良好的党性修养

坚持理论联系实际地而不是教条主义地学习马克思主义基本原理，养成终生学习和探索马克思主义理论的习惯，必然形成准确把握马克思主义的基本内容并具备良好的党性修养的外显特征，这一特征就是马克思主义理论素养的第三个表现形式。马克思和恩格斯继承德国古典哲学、英国古典政治经济学、法国空想社会主义的有益成分，创立了马克思主义理论体系。这个理论体系以马克思主义哲学、政治经济学和科学社会主义为核心内容。能否准确把握马克思主义的核心内容并具备良好的党性修养就成为检验马克思主义理论素养高与低的另一项重要指标。

马克思主义哲学是辩证唯物主义和历史唯物主义的统称，是马克思主义理论的最核心部分。马克思主义政治经济学是马克思、恩格斯运用辩证唯物主义和历史唯物主义，研究人类社会发展各个时代的生产关系，特别是资本主义生产关系而创立的无产阶级政治经济学，而科学社会主义则是马克思和恩格斯哲学和政治经济学研究的逻辑结果。马克思和恩格斯将辩证唯物主义彻底地贯彻到关于人类社会的研究之中，使历史唯物主义的发现成为可能，并发现物质资料的生产和再生产是人类社会存在和发展的前

① 2011年7月1日，胡锦涛在庆祝中国共产党成立90周年大会上的讲话，《人民日报》2011年7月2日第2版。

② 2009年5月13日，习近平在中央党校举行的春季学期第二批省部级领导干部进修班暨专题研讨班开学典礼上的讲话（http：//politics. people. com. cn/GB/101380/9400576. html）。

提条件。在此基础上，马克思、恩格斯又专门研究了资本主义社会的商品现象，导致剩余价值的发现，并揭示了资本主义生产的性质及其运动规律，为社会主义从空想变为科学奠定了理论基础。因此，辩证唯物主义堪称整个马克思主义理论的哲学基础与核心内容。而列宁不仅强调了把握马克思主义哲学基础的重要意义，而且明确将辩证唯物主义概括为马克思主义政党的党性所在。

列宁曾经深邃地指出，如果没有可靠的哲学基础，就无法对付资产阶级思想的侵袭和资产阶级世界观的复辟。1922 年列宁在《论战斗唯物主义的意义》一文中写道："我们必须懂得，任何自然科学，任何唯物主义，如果没有充分可靠的哲学论据，是无法对资产阶级思想的侵袭和资产阶级世界观的复辟坚持斗争的。为了坚持这个斗争，为了把它进行到底并取得完全胜利，自然科学家就应该做一个现代的唯物主义者，做一个以马克思为代表的唯物主义的自觉拥护者，也就是说应当做一个辩证唯物主义者。为了达到这个目的，《在马克思主义旗帜下》① 杂志的撰稿人就应该从唯物主义的观点对黑格尔的辩证法组织系统的研究，即研究马克思在他所写的《资本论》及各种历史和政治著作中实际运用的辩证法。……根据马克思怎样运用他从唯物主义来理解的黑格尔辩证法的例子，我们能够而且应该从各方面来阐明这个辩证法，在杂志上登载黑格尔主要著作的节录，用唯物主义观点来加以解释，引用马克思运用辩证法的实例，以及引用现代史尤其是现代帝国主义战争和革命提供得非常多的经济关系和政治关系方面辩证法的实例来加以评注。依我看，《在马克思主义旗帜下》杂志的一些编辑和撰稿人应该形成一种'黑格尔辩证法唯物主义之友协会'。现代的自然科学家从做了唯物主义解释的黑格尔辩证法中，可以找到（只要他们善于去找，只要我们能学会帮助他们）自然科学革命所提出的种种哲学问题的解答，而崇拜资产阶级时髦的知识分子在这些哲学问题上却往往'跌入'反动的泥坑。"② 列宁的这段论述表明，他是把辩证唯物主义视为马克思主义思想的核心内容来看待的。不仅如此，列宁还特别强调无产阶级政党特别是党的领导成员和理论工作者必须培养辩证唯物主义的哲学素养，并把这一素养称为无产阶级政党的党性。列宁指出："唯物主义本身包含有所谓党性，要求在对事变做任何估计时，都必须直率而公开地站到一定

---

① 《在马克思主义旗帜下》是 1922 年 1 月至 1944 年 6 月在莫斯科出版的一种有关哲学和社会经济学的月刊。

② 《列宁选集》第 4 卷，第 608—609 页。

社会集团的立场上。”①

世界上有各种各样的政党，都有自己的党性，都有自己的忠诚党员以及组织观念强的党员，因此仅仅是对党忠诚和良好的组织纪律性还不是无产阶级政党的党性的本质体现。马克思主义政党真正不同于其他政党的本质在于其坚持辩证唯物主义世界观和方法论。马克思和恩格斯在《共产党宣言》中公开声明，他们的理论是专门为无产阶级革命运动服务的，共产党是一个根据马克思主义理论建立起来的政党，辩证唯物主义是共产党的基本世界观。斯大林也曾经指出：“辩证唯物主义是马克思列宁主义党的世界观。”② 这说明，辩证唯物主义世界观和方法论是除了无产阶级政党以外任何其他政党所不具有的，共产党人坚持辩证唯物主义是共产党所独具的特点，是共产党员与任何其他政党的党员相区别的特点，是共产党员党性的根本表现。

关于辩证唯物主义与党性原则的一致性，毛泽东也曾经结合中国革命中存在的主观主义、教条主义错误思想深刻指出：“粗枝大叶、自以为是的主观主义作风，就是党性不纯的第一个表现；而实事求是，理论与实际密切联系，则是一个党性坚强的党员的起码态度。”③ 关于党性的这种思想，毛泽东在《改造我们的学习》一文中说得更确凿透彻。在指出主观主义态度的危害以后，毛泽东说：“这种反科学的反马克思列宁主义的主观主义的方法，是共产党的大敌，是工人阶级的大敌，是人民的大敌，是民族的大敌，是党性不纯的一种表现。大敌当前，我们有打倒它的必要。只有打倒了主观主义，马克思列宁主义的真理才会抬头，党性才会巩固，革命才会胜利。我们应当说，没有科学的态度，即没有马克思列宁主义的理论和实践统一的态度，就叫做没有党性，或叫做党性不完全。”那么，共产党员如何才能加强自己的党性修养呢？毛泽东接着指出：“而要这样做，就须不凭主观想象，不凭一时的热情，不凭死的书本，而凭客观存在的事实，详细地占有材料，在马克思列宁主义一般原理的指导下，从这些材料中引出正确的结论。这种结论，不是甲乙丙丁的现象罗列，也不是夸夸其谈的滥调文章，而是科学的结论。这种态度，有实事求是之意，无哗众取宠之心。这种态度，就是党性的表现，就是理论和实际统一的马克思列宁主义的作风。这是一个共产党员起码应该具备的态度。”④ 很显然，毛泽东

---

① 《列宁全集》第1卷，人民出版社1984年版，第379页。

② 《斯大林选集》（下卷），人民出版社1979年版，第424页。

③ 《毛泽东文集》第2卷，第361页。

④ 《毛泽东选集》第3卷，第801页。

上述陈述完全是站在辩证唯物主义的立场上强调党员的党性原则的，是把辩证唯物主义与党员党性原则同等对待的。

辩证唯物主义及其在历史观中的体现——历史唯物主义凝聚了马克思主义理论最基本的立场、观点和方法，马克思、恩格斯、列宁、斯大林和毛泽东的论述明确告诉我们，辩证唯物主义世界观和方法论就是无产阶级政党的党性原则，共产党员没有辩证唯物主义的科学态度，就没有党性。因此，准确把握马克思主义理论的核心内容——辩证唯物主义，就把握了马克思主义理论最基本的立场、观点和方法，从而能直接地反应党员干部的马克思主义理论素养和党性修养水平。

四、正确运用马克思主义基本原理分析和解决实际问题的能力

正确运用马克思主义基本原理分析和解决实际问题的能力就是正确运用马克思主义基本立场、观点和方法来分析与解决实际问题的能力，是马克思主义理论素养的第四个表现形式。能否正确运用马克思主义基本立场、观点和方法来分析和解决实际问题最突出地体现了一个人的马克思主义理论素养。

正确运用马克思主义的基本原理分析与解决实际问题的能力，首要的一点就是能够始终坚持无产阶级立场，捍卫人民群众的利益，走群众路线。

马克思和恩格斯在《共产党宣言》中公开声明，自己的理论是专门为无产阶级革命运动服务的，还明确指出："过去的一切运动都是少数人的或者为少数人谋利益的运动。无产阶级的运动是绝大多数人的、为绝大多数人谋利益的独立的运动"，"共产党没有任何同整个无产阶级的利益不同的利益"，"共产党人为工人阶级的最近的目的和利益而斗争，但是他们在当前的运动中同时代表运动的未来。"① 任何真正的马克思主义政党无不站在无产阶级立场上，代表无产阶级和广大劳动群众的根本利益。列宁在评价《共产党宣言》时也指出："马克思的学说直接为教育和组织现代社会的先进阶级服务，指出这一阶级的任务，并且证明现代制度由于经济的发展必然要被新的制度所代替，因此这一学说在其生命的途程中每走一步都得经过战斗，也就不足为奇了。"②

① 《马克思恩格斯选集》第1卷，第283、285、306页。
② 《列宁选集》第2卷，第1页。

中国共产党在创立和发展中始终坚持无产阶级立场，并在革命和建设中逐渐提出了全心全意为人民服务的根本宗旨。早在1938年10月毛泽东就在《中国共产党在民族战争中的地位》中指出："共产党员无论何时何地都不应以个人利益放在第一位，而应以个人利益服从于民族的和人民群众的利益。因此，自私自利，消极怠工，贪污腐化，风头主义等等，是最可鄙的；而大公无私，积极努力，克己奉公，埋头苦干的精神，才是最可尊敬的。"① 1939年12月，毛泽东又在《纪念白求恩》一文中写道："白求恩同志毫不利己专门利人的精神，表现在他对工作的极端负责任，对同志对人民的极端热忱。每个共产党员都要学习他。……我们大家要学习他毫无自私自利之心的精神。从这点出发，就可以变为大有利于人民的人。一个人的能力有大小，但只要有这点精神，就是一个高尚的人，一个纯粹的人，一个有道德的人，一个脱离了低级趣味的人，一个有益于人民的人。"② 1944年9月，毛泽东在《为人民服务》一文中又指出："我们的共产党和共产党所领导的八路军、新四军，是革命的队伍，我们这个队伍完全是为着解放人民的，是彻底地为人民的利益工作的。……因为我们是为人民服务的，所以，我们如果有缺点，就不怕别人批评指出。"③ 1945年4月，毛泽东在《论联合政府》中明确指出："全心全意地为人民服务，一刻也不脱离群众，一切从人民的利益出发，而不是从个人或小集团的利益出发；向人民负责和向党的领导机关负责的一致性，这些就是我们的出发点。……应该使每个同志明了，共产党人的一切言论行动，必须以合乎最广大人民群众的最大利益，以最广大人民群众拥护为最高标准。"④

新中国成立前后，毛泽东和后世党的领导人继续倡导全心全意为人民服务的马克思主义政党的基本政治立场。1949年3月毛泽东告诫全党："夺取全国胜利，这只是万里长征走完了第一步。如果这一步也值得骄傲，那是比较渺小的，更值得骄傲的还在后头。在过了几十年之后来看中国人民民主革命的胜利，就会使人们感觉那好像只是一出长剧的一个短小的序幕。剧是必须从序幕开始的，但序幕还不是高潮。中国的革命是伟大的，但革命以后的路程更长，工作更伟大、更艰苦。这一点现在就必须向党内讲明白，务必使同志们继续地保持谦虚、谨慎、不骄、不躁的作风，务必

① 《毛泽东选集》第2卷，第522页。
② 同上书，第660页。
③ 《毛泽东选集》第3卷，第1004页。
④ 同上书，第1096页。

使同志们继续地保持艰苦奋斗的作风。”① 1957年7月毛泽东指出：“所谓正确处理人民内部矛盾问题，就是我党从来经常说的走群众路线的问题。共产党员要善于同群众商量办事，任何时候也不要离开群众。党群关系好比鱼水关系。如果党群关系搞不好，社会主义制度就不可能建成；社会主义制度建成了，也不可能巩固。”② “官气是一种低级趣味，摆架子、摆资格、不平等待人、看不起人，这是最低级的趣味，这不是高尚的共产主义精神。以普通劳动者的姿态出现，则是一种高级趣味，是高尚的共产主义精神。”③

刘少奇在《论共产党员的修养》一书中也深刻指出：“在一些共产党员中，有一种比较流行的想法：就是认为坚定而纯洁的无产阶级的共产主义的立场，对于一个共产党员了解和掌握马克思列宁主义的理论和方法，是没有关系的。他们认为一个人的无产阶级立场虽然不很坚定，思想意识虽然不很纯洁（即还残留着非无产阶级的思想意识），也可以彻底了解和真正掌握马克思列宁主义的理论和方法。他们认为，只靠书本学习，只靠书本知识，就可以掌握马克思列宁主义的理论和方法。这种想法是不对的。马克思列宁主义是无产阶级的革命的科学，是工人阶级建设社会主义和共产主义的科学。只有彻底站在无产阶级立场的人，以无产阶级的理想为理想的人，才能彻底了解和掌握它。没有坚定纯洁的无产阶级的立场和理想，是不能彻底了解和真正掌握马克思列宁主义这门科学的。……这也就是说，一个共产党员要有比较好的马克思列宁主义的理论修养，就必须有崇高的无产阶级的立场。”④ 在建设有中国特色社会主义伟大实践中，中国共产党人继往开来，依然把坚持无产阶级立场和捍卫人民群众利益作为立党之本、执政之基。

邓小平在论述中国特色社会主义理论的过程中，反复强调中国改革开放必须坚持一切从人民利益出发，始终热爱人民、关心人民、服务人民，甘为人民公仆。1980年8月，邓小平在《党和国家领导制度的改革》中特别指出：“社会主义现代化建设的极其艰巨复杂的任务摆在我们的面前。很多旧问题需要继续解决，新问题更是层出不穷。党只有紧紧地依靠群众，密切地联系群众，随时听取群众的呼声，了解群众的情绪，代表群众

① 《毛泽东选集》第4卷，第1438—1439页。

② 中央文献研究室编：《建国以来毛泽东文稿》第6册，中央文献出版社1992年版，第547页。

③ 《毛泽东文集》第7卷，第378页。

④ 刘少奇：《论共产党员的修养》，第18—21页。

的利益，才能形成强大的力量，顺利地完成自己的各项任务。”① 1994年3月江泽民走上国家领导岗位不久便指出：“我们各级领导干部、尤其是中青年干部，一定要像邓小平同志要求的那样，把‘人民拥护不拥护’、‘人民赞成不赞成’、‘人民高兴不高兴’、‘人民答应不答应’，作为各项工作的出发点和归宿。一定要经常深入群众，深入基层，认真向实践学习，向群众学习，坚决防止、克服脱离群众的官僚主义和形式主义。”② 同年12月，江泽民又强调：“领导干部在选人用人的问题上，一定要有很强的党性观念，要有很宽阔的胸怀，真正做到选贤任能。看干部，要看政治立场、政治品质，第一位的是政治合格。政治立场对不对，政治品质好不好，不是看他嘴上怎么说，而是要看他实际上怎么做”，“全心全意为人民服务，立党为公，执政为民，是我们党同一切剥削阶级政党的根本区别……八十年来我们党进行的一切奋斗，归根到底都是为了最广大人民的利益。”③ 2001年7月江泽民又强调：“我们党始终坚持人民的利益高于一切。党除了最广大人民的利益，没有自己特殊的利益。党的一切工作，必须以最广大人民的根本利益为最高标准。”④ 2008年12月胡锦涛在纪念党的十一届三中全会召开30周年大会上也明确指出：“我们坚持全心全意为人民服务的根本宗旨，坚持立党为公、执政为民，通过改革发展为人民群众造福，实现好、维护好、发展好最广大人民的根本利益。”“我们把实现好、维护好、发展好最广大人民的根本利益作为党和国家一切工作的出发点和落脚点，坚持发展为了人民、发展依靠人民、发展成果由人民共享，优先发展教育，大力促进就业，不断提高城乡居民收入，加快建立覆盖城乡居民的社会保障体系，加快发展医疗卫生事业，切实加强社会管理，加强生态文明建设，努力使全体人民学有所教、劳有所得、病有所医、老有所养、住有所居。我们要始终按照民主法治、公平正义、诚信友爱、充满活力、安定有序、人与自然和谐相处的总要求，大力发展社会事业，促进社会公平正义，努力形成社会和谐人人有责、和谐社会人人共享的生动局面。”⑤

坚持无产阶级立场和捍卫人民群众的利益，在实际工作中就直接表现

① 《邓小平文选》第2卷，第342页。

② 江泽民：《学习学习再学习》，《求实》1994年第13期，第5页。

③ 江泽民：《论党的建设》，第151—152页。

④ 《江泽民文选》第3卷，第280页。

⑤ 中共中央文献研究室编：《十七大以来重要文献选编》（上），中央文献出版社2009年版，第799—804页。

为坚持走群众路线。群众观点是历史唯物主义的基本观点。群众路线既是无产阶级政党的一个优良传统，也是无产阶级政党的一个政治优势。保持党同人民群众的血肉联系是新型无产阶级政党区别于其他任何政党的一个根本标志。马克思、恩格斯指出：“历史活动是群众的活动，随着历史活动的深入，必将是群众队伍的扩大。”① 列宁也指出：“没有千百万觉悟群众的革命行动，没有群众汹涌澎湃的英勇气概，没有马克思在谈到巴黎工人在公社时期的表现时所说的那种‘冲天’的决心和本领，是不可能消灭专制制度的。”列宁还指出：“我们需要的是新型的党，另一种性质的党。我们需要的是能够经常同群众保持真正的联系的党，善于领导这些群众的党。”“新政权是大多数人的专政，它完全是靠广大群众的信任，完全是靠不加任何限制、最广泛、最有力地吸引全体群众参加政权来维持的。”② 斯大林走上领导岗位之后也指出：“布尔什维克只要一脱离群众和失去同群众的联系，只要染上官僚主义的毛病，他们就会丧失任何力量，而变成空架子”，“领导者可以上台下台，而人民还是人民。只有人民是永存的。其他一切都是暂时的。所以，应该善于珍视人民的信任。”③ 在领导党和国家建设的整个过程中，斯大林为全党做出了联系群众、与群众同甘共苦的表率。

毛泽东不仅是伟大的无产阶级革命家、战略家，而且是伟大的马克思主义者和理论家。在长期的革命和建设中，他十分注重把马克思列宁主义的基本原理与中国革命实践相结合，经过实践—认识—再实践—再认识的多次反复逐渐形成了适合中国国情的科学指导思想。在建党、建军和建政的过程中，他一直高度重视保持党、军队和政权的无产阶级性质，深刻论述党、军队和政权必须全心全意为人民服务，密切联系群众，与人民群众始终保持血肉联系的极端重要性，并为此始终不断地进行着认真的实践探索和理论总结，从而形成了关于保持党和政权永不变质的战略思想。这为指导我们党、军队和国家，取得革命、建设和改革开放的辉煌成就建立了永远不可磨灭的功勋。

1944 年 10 月毛泽东在《文化工作中的统一战线》一文中指出：“要联系群众，就要按照群众的需要和自愿。一切为群众的工作都要从群众的需要出发，而不是从任何良好的个人愿望出发。有许多时候，群众在客观上

---

① 《马克思恩格斯文集》第 1 卷，人民出版社 2009 年版，第 287 页。

② 《列宁全集》第 39 卷，人民出版社 1986 年版，第 378 页。

③ 《斯大林文选》，人民出版社 1962 年版，第 147、148、157 页。

虽然有了某种改革的需要，但在他们的主观上还没有这种觉悟，群众还没有决心，还不愿实行改革，我们就要耐心地等待；直到经过我们的工作，群众的多数有了觉悟，有了决心，自愿实行改革，才去实行这种改革，否则就会脱离群众。凡是需要群众参加的工作，如果没有群众的自觉和自愿，就会流于徒有形式而失败。”①

1975 年的 7 月，毛泽东认为，他所亲自发动和领导的“文化大革命”已遇到极大的阻力，且极可能失败；中国党、国家和民族面临资本主义复辟的严重危险。原因在于党和国家已有相当多的干部，开始碌碌无为，得过且过，不少干部为了个人家庭的蝇头私利而放弃党、国家和人民利益的大目标，满足于自己眼前利益而不顾党、国家和民族未来根本利益之风日盛。“他对我们党的干部队伍中‘只成门户私计’私心的顽疾，对党的干部队伍中真懂马列不多的现状，更是深深地忧虑。资本主义复辟的危险和党的干部队伍中的私心、理论素养不高，这正是一个问题的两个方面。党的干部队伍中的私心和理论素养不高同样是结伴而生、相辅相成的。私欲膨胀和理论素养不高发展的最终导向则必然是资产阶级的重新上台。”②

江泽民作为中国共产党第三代领导人，也曾经多次指出：“学习历史唯物论，当前要更多地强调掌握马克思主义的群众观点和党的群众路线。这是坚持党的基本路线，贯彻党的各项方针政策的需要，是改进领导作风、做好各项工作的需要，也是改造世界观、反腐倡廉的需要。关于这个问题，党的十三届六中全会专门做出了决定，这几年来我们也多次强调过。在前几天召开的中纪委第三次全会上，我又强调了这个问题。目的是要进一步引起全党同志的高度重视。”③ 江泽民在庆祝中国共产党成立 80 周年大会上的讲话中，又首次将坚持群众路线与抵制党内形成既得利益集团联系起来，指出：“全党同志要始终坚持一切为了群众、一切依靠群众的根本观点，坚持党的群众路线，深入群众，深入基层，倾听群众呼声，反映群众意愿，集中群众智慧，使各项决策和工作符合实际和群众要求。所有党员干部必须真正代表人民掌好权、用好权，而绝不允许以权谋私，绝不允许形成既得利益集团。”④ 江泽民还说：“八十年的实践启示我们，

---

① 《毛泽东选集》第 3 卷，第 1012—1013 页。

② 李慎明：《忧患百姓忧患党——毛泽东关于党不变质思想探寻》，社会科学文献出版社 2013 年版，第 14 页。

③ 江泽民：《学习学习再学习》，《求实》1994 年第 13 期，第 5 页。

④ 江泽民：《在庆祝中国共产党成立八十周年大会上的讲话》，2001 年 7 月 1 日新华网新闻（http：//news. xinhuanet. com/ziliao/2001 - 12/03/content_ 499021. htm）。

必须始终紧紧依靠人民群众，诚心诚意为人民谋利益，从人民群众中汲取前进的不竭力量。始终保持同人民群众的血肉联系，是我们党战胜各种困难和风险、不断取得事业成功的根本保证。在任何时候任何情况下，与人民群众同呼吸共命运的立场不能变，全心全意为人民服务的宗旨不能忘，坚信群众是真正英雄的历史唯物主义观点不能丢。必须始终把体现人民群众的意志和利益作为我们一切工作的出发点和归宿，始终把依靠人民群众的智慧和力量作为我们推进事业的根本工作路线。”①

胡锦涛在新的历史时期也指出：“人民群众是党的力量源泉和胜利之本。改革开放是人民的要求和党的主张的内在统一，是亿万人民自己的事业。我们坚持一切为了群众、一切依靠群众，从群众中来，到群众中去，把党的正确主张变为群众的自觉行动，坚持尊重社会发展规律与尊重人民历史主体地位的一致性，坚持为崇高理想奋斗与为最广大人民谋利益的一致性，坚持完成党的各项工作与实现人民利益的一致性。我们把人民拥护不拥护、赞成不赞成、高兴不高兴、答应不答应作为制定各项方针政策的出发点和落脚点，一切以是否有利于发展社会主义社会生产力、有利于增强社会主义国家综合国力、有利于提高人民生活水平这‘三个有利于’为根本判断标准，坚持问政于民、问需于民、问计于民，既通过提出和贯彻正确的理论和路线方针政策带领人民前进，又从人民的实践创造和发展要求中获得前进动力。我们尊重人民主体地位，发挥人民首创精神，贯彻尊重劳动、尊重知识、尊重人才、尊重创造的重大方针，坚持全心全意依靠工人阶级，发挥我国工人阶级和农民阶级、其他劳动群众推动我国生产力发展基本力量的作用，又支持新的社会阶层发挥中国特色社会主义事业建设者的作用，使全体人民都满腔热情地投身改革开放伟大事业。”②

习近平同志一方面强调领导干部要“求知善读”，另一方面则要“贵耳重目”。所谓“贵耳重目”就是要“向实践求知，善读社会这部书，进一步加强调查研究，问计于基层，问计于群众，在耳闻、目见、足践之中见微知著、管窥全豹，获得真知灼见，形成正确思路，作出科学判断。学之思之、闻之见之，领导干部对一方的情况就有了话语权”。③

综上所述，为什么人、依靠什么人的问题是任何政党都不可回避的首要问题。始终坚持无产阶级立场、走群众路线，是马克思主义政党正确运

---

① 江泽民：《在庆祝中国共产党成立八十周年大会上的讲话》，2001 年 7 月 1 日新华网新闻（http：//news. xinhuanet. com/ziliao/2001 －12/03/content_ 499021. htm）。

② 中共中央文献研究室编：《十七大以来重要文献选编》（上），第 799 页。

③ 习近平：《之江新语》，浙江人民出版社 2007 年版，第 180 页。

用马克思主义原理分析与解决实际问题的第一个要点。与此同时，正确运用马克思主义原理分析与解决实际问题的另一个要点是：在实际工作中把马克思主义的基本观点特别是阶级观点和阶级分析的方法与实际问题结合起来，把握实际问题存在和发展规律，制定科学的路线、方针和政策，为无产阶级和广大劳动群众的生产和生活服务。

一方面，正确运用马克思主义基本观点和方法分析与解决实际问题，就要在实际工作中坚持用辩证唯物主义和历史唯物主义的基本观点和方法分析和研究问题，制定科学的路线、方针和政策。辩证唯物主义是在自然、社会和思维领域彻底坚持世界的物质性和辩证法。它认为，世界的统一性在于它的物质性，物质是世界所发生的一切变化的基础；物质是运动的，运动是物质的存在形式；物质的运动是绝对的，静止是相对的。辩证法是自然界、人类社会和思维发展运动的一般规律，包括量变与质变规律、普遍联系规律和对立统一规律三大基本规律。在物质与意识的关系中，物质是第一性的，意识是第二性的，物质决定人们的意识，意识对物质具有能动性；人们要认识物质世界的运动规律，必须通过实践，并在实践中证明自己认识的真理性；人的认识能力是无限的，但个人的生命和认识能力又是有限的，这个矛盾要在千百万人的无穷无尽的、连绵不断的世代传承中加以解决。而历史唯物主义不过是辩证唯物主义在人们历史观中的体现，是在人类社会历史发展研究中彻底摆脱唯心主义和形而上学的基本结论和基本方法。历史唯物主义认为，物质资料的生产和再生产是人类社会存在和发展的前提条件。劳动者和生产资料始终是生产的根本因素，两者的结合构成生产力。人们在发展生产力时也发展着一定的相互关系，即生产关系，围绕生产关系的各种关系的总合就构成为社会关系。生产关系和其他社会关系的性质随着生产力的改变而改变。人们首先必需衣、食、住、行，然后才能从事政治、科学、艺术等等。所以每一个历史时代，物质生活资料的生产和再生产以及由此产生的社会结构，是该时代政治和思想的基础。历史活动是群众的事业，群众自己创造自己的历史，但他们是在现实生产力与生产关系的基础上进行创造；与此同时，个人在历史上也具有重要作用，每个时代都需要而且能够创造出代表自己时代的伟大人物。

另一方面，正确运用马克思主义原理分析与解决实际问题，就是要在实际工作中坚持用阶级观点和阶级分析的方法分析和研究问题。阶级观点和阶级分析的方法是马克思主义最基本的观点和方法之一。马克思和恩格斯在《共产党宣言》中指出："至今一切社会的历史都是阶级斗争的历史”，“我们已经看到，至今的一切社会都是建立在压迫阶级和被压迫阶级的对立之上的”，“共产党一分钟也不忽略教育工人尽可能明确地意识到资产阶级和无产阶级的敌视和对立，以便德国工人能够立刻利用资产阶级统治所必然带来的社会的和政治的条件作为反对资产阶级的武器，以便在推翻德国的反动阶级之后立即开始反对资产阶级本身的斗争”。① 列宁也曾经深刻指出，社会的发展呈现出纷繁复杂而又不断更换的图景，似乎是混沌一片、无法把握的。马克思主义给我们指出了一条指导性的线索，使我们能在这种看来扑朔迷离的状态中发现规律性，这条线索就是阶级斗争的理论。他指出，马克思的天才就在于他得出了全世界历史提示的结论，并且彻底贯彻了这个结论，这个结论就是关于阶级斗争的学说。阶级斗争是阶级社会历史发展的基础和伟大动力，因而阶级斗争理论是了解和把握阶级社会发展的钥匙。所以，“必须牢牢把握住社会划分为阶级的事实，阶级统治形式改变的事实，把它作为基本的指导线索，并用这个观点去分析一切社会问题，即经济、政治、精神和宗教等问题”②。正因为如此，要正确运用马克思主义原理分析与解决实际社会问题，即使在目前的社会主义国家，也始终不能放弃阶级分析的正确方法。这是因为：第一，社会主义国家内部思想和意识形态领域的斗争还十分复杂，无产阶级思想与资产阶级思想的对立和斗争依然存在，社会主义国家依然存在资本主义复辟的危险性，放弃阶级观点和阶级分析方法已被苏东剧变的历史证明是完全错误的。第二，在国际上，社会主义国家依然处于资本主义国家的包围之中，国际社会阶级斗争依然存在，以美国为首的西方国家一刻也没有放松对社会主义国家实施“和平演变战略”。社会主义与资本主义两种社会制度还在进行着激烈的较量。正如列宁指出的：“只要存在着资本主义和社会主义，它们就不能和平相处，最后不是这个胜利，就是那个胜利；不是为苏维埃唱挽歌，就是为世界资本主义唱挽歌。”③ 因此，无论是思想意识形态领域，还是现实社会制度领域，只要还存在阶级和阶级对立，阶级观点和阶级分析的方法就不会过时，抛弃了阶级斗争理论和阶级分析方法，就谈不上真正具备马克思主义理论素养。

五、在实践中坚持和发展马克思主义的能力

马克思主义理论是与时俱进的、开放的理论体系，不是僵化封闭的教

① 《马克思恩格斯选集》第1卷，第272、284、306页。

② 《列宁选集》第4卷，第30页。

③ 同上书，第330页。

条，因此，在实践中坚持和创新马克思主义的能力是马克思主义理论素养的又一重要表现形式。在实践中坚持和发展马克思主义，第一个重要问题就是正确对待马克思主义的态度问题，而正确对待马克思主义的科学态度从根本上说就是反对教条主义和思想僵化。

马克思曾经指出："辩证法不崇拜任何东西，按其本质来说，它是批判的和革命的。"① 恩格斯在论述马克思对黑格尔辩证法所做出的变革时也曾明确指出："一个伟大的基本思想，即认为世界不是既成事物的集合体，而是过程的集合体，其中各个似乎稳定的事物同它们在我们头脑中的思想映象即概念一样都处在生成和灭亡的不断变化中，在这种变化中，尽管有种种表面的偶然性，尽管有种种暂时的倒退，前进的发展终究会实现。"② 这种彻底的辩证发展观是马克思主义分析和观察一切问题的基本态度，也是马克思主义科学世界观和方法论的核心。据此，恩格斯说："我们的理论是发展的理论，而不是必须背得烂熟并机械地加以重复的教条。"③ 因此列宁也指出："我们决不把马克思的理论看作某种一成不变的和神圣不可侵犯的东西；恰恰相反，我们深信：它只是给一种科学奠定了基础，社会党人如果不愿落后于实际生活，就应当在各方面把这门科学推向前进。"④

中国马克思主义者的杰出代表毛泽东一生反对教条主义和思想僵化。1945 年 4 月毛泽东曾经在七大上郑重提醒全党："全世界自古以来，没有任何学问、任何东西是完全的，是再不向前发展的。地球是在发展的，太阳是在发展的，这就是世界。停止了发展就不是世界。"⑤ 1960 年初，毛泽东读苏联《政治经济学教科书》时又精辟地指出："我们党里有人说，学哲学只要读《反杜林论》、《唯物主义和经验批判主义》就够了，其他的书可以不必读。这种观点是错的。马克思这些老祖宗的书，必须读，他们的基本原理必须遵守，这是第一。但是，任何国家的共产党，任何国家的思想界，都要创造新的理论，写作新的著作，产生自己的理论家，来为当前的政治服务，单靠老祖宗是不行的。只有马克思和恩格斯，没有列宁，不写出'两个策略'等著作，就不能解决 1905 年和以后出现的新问题。单有 1908 年的《唯物主义和经验批判主义》，还不足以对付十月革命前后发生的新问题。适应这个时期革命的需要，列宁就写了《帝国主义论》、

---

① 《马克思恩格斯选集》第 2 卷，人民出版社 1995 年版，第 112 页。
② 《马克思恩格斯选集》第 4 卷，第 244 页。
③ 同上书，第 681 页。
④ 《列宁选集》第 1 卷，第 275 页。
⑤ 《毛泽东文集》第 3 卷，第 299 页。

《国家与革命》等著作，列宁死了，又需要斯大林写出《列宁主义基础》和《列宁主义问题》这样的著作，来对付反对派，保卫列宁主义。我们在第二次国内革命战争末期和抗战初期写了《实践论》、《矛盾论》，这些都是适应于当时的需要而不能不写的。现在，我们已经进入社会主义时代，出现了一系列的新问题，如果单有《实践论》、《矛盾论》，不适应新的需要，写出新的著作，形成新的理论，也是不行的。”① 这段话充分表明毛泽东对马克思主义者坚持在实践中创新和发展马克思主义的高度重视，也表明毛泽东坚持在实践中创新和发展马克思主义的高度理论自觉和理论素养。

继毛泽东之后，中国共产党后世领导人都把解放思想，实事求是，与时俱进，创新发展，反对教条主义和思想僵化这一科学态度作为全党学习和运用马克思主义理论的基本原则，作为检验党员干部马克思主义理论素养的基本标准之一。邓小平在推动中国改革开放的进程中曾经指出：“马克思主义理论从来不是教条，而是行动的指南。它要求人们根据它的基本原则和基本方法，不断结合变化着的实际，探索解决新问题的答案，从而也发展马克思主义理论本身。”② “一个党，一个国家，一个民族，如果一切从本本出发，思想僵化，迷信盛行，那它就不能前进，它的生机就停止了，就要亡党亡国。”③ 江泽民在总结中国共产党领导革命和建设的历史经验时也指出：“我们党在历史上的一些时期曾经犯过错误，甚至遇到严重挫折，根本原因就在于当时的指导思想脱离了中国的实际。我们党能够依靠自己和人民的力量纠正错误，战胜挫折，继续胜利前进，根本原因就在于重新恢复和坚持贯彻了解放思想、实事求是的思想路线。”④ 胡锦涛走上领导岗位以后，继承了三代中国共产党人坚持和发展马克思主义的优秀传统，曾经强调指出：“坚持一切从实际出发，理论联系实际，实事求是，在实践中检验真理和发展真理，是马克思主义最重要的理论品质。这种与时俱进的理论品质，是150多年来马克思主义始终保持蓬勃生命力的关键所在。”⑤ 习近平作为中国共产党新一代领导人也告诫全党：“马克思主义必定随着时代、实践和科学的发展而不断发展，不可能一成不变，社会主

① 《毛泽东文集》第8卷，第106页。
② 《邓小平文选》第3卷，第146页。
③ 《邓小平文选》第2卷，第143页。
④ 《江泽民文选》第3卷，第283页。
⑤ 中央文献研究室编：《十六大以来重要文献选编》（上），中央文献出版社2005年版，第364页。

义从来都是在开拓中前进的。……坚持马克思主义，坚持社会主义，一定要有发展的观点。”①

在实践中坚持和发展马克思主义，第二个重要问题就是坚持和发展马克思主义的方法问题。在坚持和发展马克思主义的方法问题上，中国共产党人积累了宝贵的经验，这就是一切从实际出发，独立思考，把马克思主义基本原理与具体的实践相结合，解放思想，实事求是，与时俱进。

首先，坚持和发展马克思主义的方法，要学会一切从实际出发，独立思考。邓小平在总结中国改革开放的经验时曾经指出：“我们党的十一届三中全会的基本精神是解放思想，独立思考，从自己的实际出发来制定政策。因为在中国建设社会主义这样的事，马克思的本本上找不出来，列宁的本本上也找不出来，每个国家都有自己的情况，各自的经历也不同，所以要独立思考。不但经济问题如此，政治问题也如此。”② 邓小平的这段论述充分体现了坚持和发展马克思主义的基本方法，那就是一定要从实际出发，独立思考。

其次，坚持和发展马克思主义的方法，就是必须学会正确处理好继承与创新的辩证关系。江泽民在对马克思主义诞生150多年来的历史经验进行长期研究和深入思考后，第一次在马克思主义发展史上提出马克思主义的理论品质问题。2000年6月28日江泽民在中央思想政治工作会议上首次提出：“马克思主义具有强大生命力的奥秘，就在于它具有与时俱进的理论品质。”③ 2001年7月1日，江泽民在庆祝中国共产党建党80周年的重要讲话中又一次强调：“马克思主义具有与时俱进的理论品质。如果不顾历史条件和现实情况的变化，拘泥于马克思主义经典作家在特定历史条件下、针对具体情况作出的某些个别论断和具体行动纲领，我们就会因为思想脱离实际而不能顺利前进，甚至发生失误。这就是我们为什么必须始终反对以教条主义的态度对待马克思主义理论的道理所在。”④ 基于前期对马克思主义与时俱进的理论品质的认识，江泽民又结合时代条件和社会实践的变化，提出中国共产党人在新的历史条件下坚持和发展马克思主义，必须学会处理好继承与创新的辩证关系。江泽民指出：“进行理论创新，必须坚持两个基本要求：一是必须坚持马克思主义的立场、观点和方法，坚持马克思主义的基本原理。这一点，要坚定不移，不能含糊。二是一定

① 习近平：《习近平谈治国理政》，第23页。

② 《邓小平文选》第3卷，第260页。

③ 《江泽民文选》第3卷，第87页。

④ 同上书，第282—283页。

要贯彻解放思想、实事求是的思想路线，坚持勇于追求真理和探索真理的革命精神。这一点，也要坚定不移，不能含糊。这两个‘坚定不移、不能含糊’，始终是检验我们是不是真正的马克思主义者的试金石。”①

第三，坚持和发展马克思主义的方法，就是必须学会以实际问题为中心来研究马克思主义。江泽民曾经指出：“马克思主义的生命力，就是在于它在实践中能够不断创新。马克思主义理论的每一次重大突破，社会主义实践的每一次历史性飞跃，都是马克思主义基本原理与具体实践相结合进行理论创新的结果。马克思、恩格斯、列宁和毛泽东同志、邓小平同志都是理论创新的典范。”② 此后江泽民在《坚持以实际问题为中心研究马克思主义的科学方法》中又明确指出：“坚持马克思主义，关键是要结合实际运用马克思主义基本原理，努力解决存在的实际问题……确立以实际问题为中心研究马克思主义的方法，是我们党一贯倡导的科学方法论。看我们是否真正坚持了马克思主义，关键看是否能运用它来解决中国面临的实际问题，推进党的事业发展。解决的问题越多，就运用得越好。坚持马克思主义，要在解决实际问题的进程中来落实，要用实践的效果来检验。”③

最后，坚持和发展马克思主义的方法，就是必须学会在实际工作中贯彻解放思想与实事求是、与时俱进和创新发展的辩证统一。解放思想与实事求是、与时俱进和创新发展是从两个不同的视角对马克思主义的本质特征做出的高度概括和解释。相比较而言，解放思想与实事求是更是一种思想方法，是一条认识路线，其实质是理论和实际相结合；而与时俱进和创新发展强调的则是一种理论的品格，是理论在历史条件发生变化的情况下能够实现自身不断发展、不断完善的能力。江泽民曾经指出：“坚持马克思主义，绝不能采取教条主义、本本主义的态度，而应该采取实事求是、与时俱进的科学态度，坚持一切从发展变化着的实际出发，把马克思主义看作是不断随着实践的发展而发展的科学。”④ 江泽民进而指出：坚持解放思想、实事求是的思想路线和弘扬与时俱进的精神，是党在长期执政条件下保持先进性和创造力的决定性因素，而要坚持与时俱进，就一定要看到《共产党宣言》发表150多年来世界政治、经济、文化、科技等发生的重大变化，一定要看到我国社会主义建设发生的重大变化，一定要看到广大党员干部和人民群众工作、生活条件和社会环境发生的重大变化，要充分

① 江泽民：《论党的建设》，第537页。

② 《江泽民文选》第3卷，第326页。

③ 同上书，第338—339页。

④ 同上书，第337页。

估计这些变化带来的影响。与此同时，江泽民还强调，坚持解放思想、实事求是，不是抽象的空洞的，不是为了理论创新而理论创新，而是要落实到更好的指导实践上来，落实到发展中国的先进生产力、先进文化，实现和维护中国最广大人民的根本利益上来①。关于在实际工作中贯彻解放思想与实事求是、与时俱进和创新发展的辩证统一，胡锦涛 2007 年 10 月在中国共产党的十七大报告中也强调："实践永无止境，创新永无止境。全党同志要倍加珍惜、长期坚持和不断发展党历经艰辛开创的中国特色社会主义道路和中国特色社会主义理论体系，坚持解放思想、实事求是、与时俱进，勇于变革、勇于创新，永不僵化、永不停滞，不为任何风险所惧，不被任何干扰所惑，使中国特色社会主义道路越走越宽广，让当代中国马克思主义放射出更加灿烂的真理光芒。"②

总之，坚持反对教条主义和思想僵化这一正确对待马克思主义的态度，通过学会一切从实际出发和独立思考、学会以实际问题为中心来研究马克思主义的方法、学会正确处理好继承与创新的辩证关系、学会在实际工作中贯彻解放思想与实事求是、与时俱进和创新发展的辩证统一，就会培养坚持和发展马克思主义的能力，不断提高自身的马克思主义理论素养。

六、牢固树立共产主义理想信念

马克思和恩格斯创立了科学社会主义理论，使当时自发地流行于学者和部分工人群众中的带有幻想性质的共产主义信仰获得了科学的基础，从此对共产主义的信仰就成为工人阶级和其他劳动群众科学的、自觉的信仰，为无产阶级解放运动提供了强大的精神动力和鲜明的斗争旗帜。然而，马克思和恩格斯生活的时代是空想社会主义和宗教神学比较泛滥的时代，"理想"和"信仰"常常是空想社会主义者的流行语或神学家的口头禅。因此，为了强调共产主义信仰的科学性和现实性，为了使共产主义运动与各种宗教救世主义和空想主义划清界限，为了不给别人以歪曲共产主义的口实，也为了不使工人群众对自己的斗争产生误解，马克思和恩格斯强调共产主义者在加强对工人群众进行共产主义科学信仰教育的同时，把"理想"和"信仰"从宗教救世主义和空想主义解放出来，在科学的基础上建立唯物主义者对共产主义的理想和信仰。

① 《江泽民文选》第 3 卷，第 339 页。
② 中央文献研究室编：《十七大以来重要文献选编》（上），第 9—10 页。

在《哥达纲领批判》中，马克思在谈到工人阶级政党对待信仰的态度时曾经明确提出，要把信仰从资产阶级的宗教“信仰自由”中解放出来：“资产阶级的‘信仰自由’不过是容忍各种各样的宗教信仰自由而已，而工人党却力求把信仰从宗教的妖术中解放出来。”① 马克思还十分欣赏德国工人哲学家狄慈根的一段话：“虽然我们社会民主党人是没有宗教信仰的无神论者，但我们并不是没有信仰的。”② 而恩格斯则在《费尔巴哈论》中直接批判了那种认为唯物主义者没有崇高理想和信仰的偏见，并例举狄德罗等18世纪法国唯物主义者，赞扬他们是为追求正义理想而献身的人。在马克思夫人去世时的墓前讲话中，恩格斯还称赞这位伟大女性是“怀着唯物主义和无神论的信念度过自己的一生，而且怀着这个信念与世长辞”。③

继马克思和恩格斯之后，提倡建立共产主义的理想和信仰在列宁和斯大林时期得到了加强，马克思主义理论的科学性被认为是共产主义理想和信仰的现实性根源。列宁是“共产主义信仰”、“社会主义理想”和“社会主义信念”三个术语的最早使用者④。列宁在为《马克思恩格斯通信集》所写的介绍文章中首次使用了“共产主义信仰”这一术语，他写道：“恩格斯当时还不满24岁，家庭环境使他厌倦，因此他急于要离开，他父亲是个专横的、信教的工厂主，对儿子四处参加政治集会，对他的共产主义信仰很生气。”⑤ 列宁在论述无产阶级政党的追求和任务时则开始明确指出，对工人群众进行共产主义理想和信念的教育，是无产阶级政党的重要任务，“它的任务是赋予自发的工人运动以明确的社会主义理想，把这个运动同合乎现代科学水平的社会主义信念结合起来。”⑥ “社会民主工党正是为了这个理想，社会主义的理想而进行斗争的”，⑦ “对于觉悟的工人来说，社会主义是一种庄严的信念”。⑧

在明确提出“共产主义信仰”、“社会主义理想”和“社会主义信念”等术语的同时，列宁还提出了无产阶级政党和工人运动应该不断从坚持马克思主义科学理论中培育共产主义信念的论断。列宁曾说过，“没有革命

① 《马克思恩格斯选集》第3卷，第24页。

② 列宁：《哲学笔记》，中央党校出版社1990年版，第504页。

③ 《马克思恩格斯全集》第50卷，人民出版社1985年版，第371页。

④ 刘建军：《从马克思到邓小平：关于共产主义信仰的基本提法和观点》，《中国人民大学学报》1994年第6期，第59页。

⑤ 《列宁全集》第24卷，人民出版社1990年版，第276页。

⑥ 《列宁全集》第4卷，人民出版社1984年版，第167页。

⑦ 《列宁全集》第15卷，人民出版社1988年版，第152页。

⑧ 《列宁全集》第26卷，人民出版社1988年版，第223页。

的理论，便不会有革命的运动”，但理论何以具有这么大的作用？而且这种作用又表现在什么地方？列宁自己的解释是，革命理论的这种重要作用就在于它不仅能够为革命者提供正确的斗争方法，而且能够为革命者提供信仰或信念。列宁指出：“没有革命的理论，就不会有坚强的社会主义政党，因为革命理论能使一切社会主义者团结起来，他们从革命理论中能取得一切信念，他们能运用革命理论来确定斗争方法和活动方式。”[①] 列宁的这一思想得到了斯大林的高度重视和进一步发挥。斯大林从革命理论能使从事革命运动的无产阶级具有必胜信心这一角度阐述了革命理论与革命信念的内在联系。在《论列宁主义基础》一文中，斯大林写道：“理论如果是在和革命实践密切联系中形成的，那么它就能成为工人运动的极伟大的力量；因为理论，而且只有理论，才能使运动具有信心……”[②] 后来，斯大林又在《论苏联土地政策的几个问题》中重申了上述观点：“理论如果是真正的理论，就能使实际工作者有能力确定方针，认清前途，对工作充满信心，相信我们的事业必定胜利。这一切在我们的社会主义建设事业中具有而且不能不具有莫大的意义。”[③] 从此以后，牢固树立共产主义理想和信念逐渐成为世界无产阶级政党坚持马克思主义科学理论的一种自觉性，成为共产党人是否具有马克思主义理论素养的重要标志之一。

因为共产主义信仰不是宗教救世主义和空想主义脱离实际的幻想，而是共产主义理论的科学性在现实共产主义运动中的体现，因此，牢固树立共产主义理想信念就必须紧密联系自身的思想实际和行为实际。

首先，牢固树立共产主义的伟大理想和信念，就要紧密联系自身的思想实际，在马克思主义指导下改造客观世界的同时，不断改造主观世界，牢固树立正确的世界观、人生观、价值观。具体而言，就是学会用马克思主义理论来指导自身的党性锻炼，牢固树立辩证唯物主义的世界观、全心全意为人民服务的人生观和集体主义的价值观。

世界观是人们对整个世界的根本观点，人生观和价值观都是世界观的派生物，是世界观的反映和表现。归根到底，世上存在两种根本对立的世界观，即唯物主义和唯心主义、辩证法与形而上学的对立，也就是无产阶级世界观和资产阶级世界观的对立。马克思主义世界观就是辩证唯物主义世界观，是无产阶级世界观，是被人类社会实践所证明了的唯一科学的世

---

① 《列宁选集》第 1 卷，第 274 页。

② 《斯大林选集》（上卷），第 200 页。

③ 《斯大林选集》（下卷），第 210—211 页。

界观，是指导无产阶级以及其他劳动群众正确改造客观世界和主观世界的锐利思想武器。“无产阶级要按照自己的世界观改造世界，资产阶级也要按照自己的世界观改造世界。”① 只有确立正确的世界观，人们才会对人生的目的和意义形成正确观点，即正确的人生观和价值观，也才会形成正确的幸福观、生死观、苦乐观、荣辱观，以及权力观、地位观、利益观、政绩观等等。在人们的主观精神领域，世界观是总基础、总开关，是决定其他一切观点和观念的东西。正因如此，作为一个伟大的马克思主义者，毛泽东十分重视无产阶级及其政党成员世界观的改造，并在新民主主义革命和社会主义革命和建设中，提出了世界观改造理论。

毛泽东曾经指出，人们做事情总是与“事在人为”以及自身的世界观紧密联系的。1959 年冬至 1960 年春，毛泽东在组织各级领导干部读苏联《政治经济学教科书》时曾经举例说：“‘事在人为’，在土地改良里是很重要的。自然条件相同，经济条件相同，一个地方‘人为’了，结果就好；一个地方‘人不为’，结果就不好。例如，在河北省内，京汉路沿线的机井很多，津浦路沿线的机井却很少，同样是河北平原，同样是交通方便，但是土地的改良却各不相同。这里可能有土地利于或不利于改良的原因，也可能有不同的历史原因，但是，最主要的原因是‘事在人为’。同在上海，有的养猪养得好，有的却养不好。崇明县，原来说那里芦苇多，不利于养猪，现在却看到芦苇多的条件下不但不妨碍养猪，反而有利于养猪。这些说明养猪多少、好坏这件事，同世界观是密切相关的，同‘事在人为’是密切相关的。”② 因此，毛泽东说：“世界观的转变是一个根本的转变。”与此同时，毛泽东又强调不能用简单粗暴的方式去要求和促成人们世界观的转变，他说：“世界观的彻底改变需要一个很长的时间，我们应当耐心地做工作，不能急躁。”③ “人民内部的思想问题、是非的辨别问题，不可以用强制的方法去解决。企图用行政命令的方法，用强制的方法解决思想问题、是非问题，不但没有效力，而且是有害的。……不能强制人们放弃唯心主义，也不能强制人们相信马克思主义。凡属于思想性质的问题，凡属于人民内部的争论问题，只能用民主的方法去解决，只能用讨论的方法、批评的方法、说服教育的方法去解决，而不能用强制的、压服的方法去解决。”④

---

① 《毛泽东文集》第 7 卷，第 230 页。

② 《毛泽东文集》第 8 卷，第 127、128 页。

③ 《毛泽东文集》第 7 卷，第 225 页。

④ 同上书，第 209 页。

继毛泽东之后，强调世界观改造一直成为中国共产党对广大党员干部和人民群众进行共产主义理想信念教育的优良传统。改革开放伊始，邓小平就提醒党员干部必须警惕资本主义思想的侵入，并明确指出："对马克思主义的信仰，是中国革命胜利的一种精神动力。……马克思主义，另一个词叫共产主义。我们过去干革命，打天下，建立中华人民共和国，就因为有这个信念，有这个理想。"① 1987 年 2 月，邓小平又特别强调要用中国历史教育青年，他说："'文化大革命'带坏了一代人。所以，我们提出要教育人民成为'四有'人民，教育干部成为'四有'干部。'四有'就是有理想、有道德、有文化、有纪律。"② 江泽民走上国家领导岗位之后便指出："共产党员要认真学习马列著作和毛泽东同志的著作，认真学习邓小平同志和其他老一辈无产阶级革命家的著作，认真学习建设有中国特色社会主义的理论、路线、方针和政策。同时，还要努力学习进行建设和改革所必需的科学文化知识。在学习中要坚持理论联系实际，自觉地改造世界观，克服非无产阶级思想，牢固树立共产主义世界观。"③ 江泽民还指出："树立正确的世界观和人生观，无论过去、现在和将来，对于每一个干部和党员来说，都是首要的问题。这个问题不解决，或解决得不牢靠，不论搞革命，还是搞建设，是不可能兢兢业业的，也不可能做出什么成绩来。"④ "以科学的理论武装人，还有一个重要方面，就是要引导广大党员和干部树立正确的世界观、人生观和价值观。……我看一些人栽跟头、犯错误、出问题，大都出在这六个字⑤上。我们的干部要经得起考验，一个重要办法，就是要认真学习，加强修养，树立正确的世界观、人生观、价值观，真正为人民服务，为我们的事业献身。"⑥ 胡锦涛成为国家领导人以后也强调指出："广大党员干部尤其是各级领导干部要牢固树立科学的世界观、人生观、价值观和正确的权力观、地位观、利益观，坚持权为民所用、情为民所系、利为民所谋。"⑦ 习近平走上国家领导岗位后也强调指出："共产党员特别是党员领导干部要做共产主义远大理想和中国特色社会主义共同理想的坚定信仰者和忠实践行者。我们既要坚定走中国特色社

① 《邓小平文选》第 3 卷，第 63、173 页。
② 同上书，第 205 页。
③ 江泽民：《论党的建设》，第 34 页。
④ 同上书，第 169 页。
⑤ 这"六个字"是指"权力"、"金钱"、"美色"。
⑥ 《江泽民文选》第 1 卷，第 501 页。
⑦ 中央文献研究室编：《十六大以来重要文献选编》（下），中央文献出版社 2008 年版，第 535 页。

会主义道路的信念，也要胸怀共产主义的崇高理想，矢志不移贯彻执行党在社会主义初级阶段的基本路线和基本纲领，做好当前每一项工作。革命理想高于天。没有远大理想，不是合格的共产党员；离开现实工作而空谈远大理想，也不是合格的共产党员。”① 这些谆谆告诫，都说明了在新的历史条件下解决世界观问题对于牢固树立共产主义的理想信念的极端重要性和紧迫性。

其次，牢固树立共产主义的理想和信念，就要通过实际行动为实现共产主义而奋斗，用共产主义理想信念团结和带领广大人民群众为实现人类最美好的社会而奋斗。毛泽东从青年时代起就开始探索和研究中国人民的信仰问题，为的就是改造国民信仰，振奋民族精神，引导中国人民走出民族灾难和信仰危机。因此，毛泽东十分注重通过革命行动来践行对马克思主义的信仰，反对把共产主义的理想和信仰仅仅停留在理论、知识和口头上。毛泽东在学生时代就开始研究知识、信仰和行动的关系，提出了“知识—信仰—行动”相统一的人生历练轨迹，主张把人的精神追求落实在脚踏实地的实际行动上。毛泽东认为，为了树立正确的信仰，有必要进行知识和理论探究，但在确立了信仰之后，如果不诉诸于实际行动，就不算真正的信仰。对于马克思主义的信仰也是如此，不能把这种信仰停留在对马克思著作的了解上，而应该在政治的、军事的实际斗争中，以革命的行动加以证实。他说：“有些青年，仅仅在嘴上大讲其信仰三民主义，或者信仰马克思主义，这是不算数的。你们看，希特勒不是也讲‘信仰社会主义’吗？墨索里尼在二十年前也还是一个‘社会主义者’呢！他们的‘社会主义’到底是什么东西呢？原来就是法西斯主义！陈独秀不是也‘信仰’过马克思主义吗？他后来干了什么呢？他跑到反革命那里去了。张国焘不是也‘信仰’过马克思主义吗？他现在到哪里去了呢？他一小差就开到泥坑里去了。”②

毛泽东和其他老一代革命家创建了中国共产党，亲手缔造了人民军队，推翻了帝国主义、封建主义和官僚资本主义三座压在中国人民头上的“大山”，建立了人民当家作主的社会主义新中国，用行动展示了对共产主义的信仰。毛泽东曾经指出：“在中国，事情非常明白，谁能领导人民推翻帝国主义和封建势力，谁就能取得人民的信仰，因为人民的死敌是帝国主义和封建势力、而特别是帝国主义的缘故。在今日，谁能领导人民驱逐

① 习近平：《习近平谈治国理政》，第 23 页。
② 《毛泽东选集》第 2 卷，第 530—513 页。

日本帝国主义，并实施民主政治，谁就是人民的救星。”①

在中国的马克思主义者当中，邓小平也是一位既牢固树立共产主义理想和信念，又强调在实际工作中建设共产主义的领导人。邓小平不仅重视共产主义的理想信念的现实性和可操作性，而且重视用共产主义理想信念团结和带领广大人民群众为实现中华民族伟大复兴而奋斗。邓小平指出：“如果我们不是马克思主义者，没有对马克思主义的充分信仰，或者不是把马克思主义同中国自己的实际相结合，走自己的路，中国革命就搞不成功……对马克思主义的信仰，是中国革命胜利的一种精神动力。”② 邓小平还说：“过去我们党无论怎样弱小，无论遇到什么困难，一直有强大的战斗力，因为我们有马克思主义和共产主义的信念。有了共同的理想，也就有了铁的纪律。无论过去、现在和将来，这都是我们的真正优势。”③

邓小平在讲到共产主义理想信念的时候，总是强调与理想信念共同发挥作用的其他条件，并强调要将马克思主义与中国实际相结合，走自己的路。因此，邓小平指出：“马克思主义的另一个名词就是共产主义。我们多年奋斗就是为了共产主义，我们的信念理想就是要搞共产主义。在我们最困难的时期，共产主义理想是我们的精神支柱，多少人牺牲就是为了实现这个理想。”④ 邓小平还进一步指出：“我们有理想，把马克思主义基本原则同中国实际相结合，所以我们才能取得胜利。革命胜利以后搞建设，我们也是把马克思主义的基本原则同中国实际相结合。”⑤

在邓小平看来，新时期牢固树立共产主义理想信念的重要途径就是用共产主义理想信念团结和带领广大人民群众为实现共产主义而奋斗。邓小平曾经深刻指出：“根据我长期从事政治和军事活动的经验，我认为，最重要的是人的团结，要团结就要有共同的理想和坚定的信念。我们过去几十年艰苦奋斗，就是靠用坚定的信念把人民团结起来，为人民自己的利益而奋斗。没有这样的信念，就没有凝聚力。没有这样的信念，就没有一切。我们共产党人的最高理想是实现共产主义，在不同历史阶段又有代表那个阶段最广大人民利益的奋斗纲领。因此我们才能够团结和动员最广大的人民群众，叫做万众一心。有了这样的团结，任何困难和挫折都能克

---

① 《毛泽东选集》第2卷，第674页。
② 《邓小平文选》第3卷，第63页。
③ 同上书，第144页。
④ 同上书，第137页。
⑤ 同上书，第173页。

服。"[①] 因此，邓小平提出用共同的理想信念团结和教育人民："我们一定要经常教育我们的人民，尤其是我们的青年，要有理想。为什么我们过去能在非常困难的情况下奋斗出来，战胜千难万险使革命胜利呢？就是因为我们有理想。有马克思主义信念，有共产主义信念。我们干的是社会主义事业，最终目的是实现共产主义。这一点，我希望宣传方面任何时候都不要忽略。……我们这么大一个国家，怎样才能团结起来、组织起来呢？一靠理想，二靠纪律。组织起来就有力量。没有理想，没有纪律，就会像旧中国那样一盘散沙，那我们的革命怎么能够成功？我们的建设怎么能够成功？"[②]

在建设有中国特色社会主义道路上，牢固树立共产主义的理想信念，用共产主义理想信念团结和带领广大人民群众为实现中华民族伟大复兴而奋斗，这已经成为中国共产党和中国人民重要的精神家园。1989 年 9 月 29 日，江泽民在庆祝中华人民共和国成立 40 周年大会上的讲话中指出："不能设想，一个没有强大精神支柱的民族，可以自立于世界民族之林。我们要深刻吸取近几年来物质文明建设和精神文明建设一手硬一手软的教训，在努力发展物质文明的同时，切实抓好精神文明建设。"[③] 同年 10 月 12 日，江泽民在会见全国优秀少先队员和少儿工作者代表时指出："要对少年儿童进行共产主义信念、社会主义思想、爱国主义精神的教育，对他们进行革命传统、民族传统教育，只有这样，才能使他们对资产阶级思想的腐蚀具有较强的免疫力，成为国家未来的栋梁之才。"[④] 1996 年 1 月 24 日，江泽民又进一步指出："面对改革开放和现代化建设这场深刻而伟大的历史变革，全党同志必须在改造客观世界的同时努力改造主观世界，坚定社会主义、共产主义的理想信念，坚持全心全意为人民服务的宗旨，发扬为人民利益甘于奉献的精神。这样，我们的党组织才能增强凝聚力和战斗力，我们的党员、干部才能经得起各种风浪的考验，经得起权力、金钱、美色的考验。"[⑤]

最后，牢固树立共产主义的伟大理想和信念，就要脱离片面追求物欲满足的低级趣味，追求基本物质满足基础上的高尚精神境界，特别是党的

---

① 《邓小平文选》第 3 卷，第 190 页。

② 同上书，第 110—111 页。

③ 中共中央文献研究室编：《毛泽东邓小平江泽民论世界观人生观价值观》，人民出版社 1997 年版，第 425 页。

④ 江泽民：《江泽民论社会主义精神文明建设》，中央文献出版社 1999 年版，第 295 页。

⑤ 《江泽民文选》第 1 卷，第 500—501 页。

领导干部，要具备抵制权力腐败和官僚特权主义的自觉性。实现共产主义是一个很长的历史过程，在这个过程中，无产阶级专政是最关键的条件。这就决定了无产阶级政党将长期处于执政地位，这对无产阶级政党执政能力与长期执政的合法性会提出挑战。历史经验表明，无产阶级政党能否自觉加强执政能力建设，保持长期执政的合法性，根本上取决于党的领导干部特别是党的高层领导干部的马克思主义理论素养，取决于党的领导干部能否牢固树立共产主义理想信念，自觉地抵制权力腐败和官僚特权主义。苏联共产党从斯大林执政的后期开始，忽视了领导干部特别是党和国家权力高层接班人的马克思主义理论素养的培养，党和国家的路线、方针和政策逐渐背离马克思主义，官僚特权思想在党内滋生蔓延，领导干部权力腐败猖獗，最终导致亡党亡国的悲剧。而与之相对照，中国共产党历来把党的建设看作是执政兴邦头等重要的事情，长期坚持对领导干部进行马克思主义理论素养的培养，特别是针对党的领导干部进行共产主义理想信念教育，增强领导干部自觉地抵制权力腐败和官僚特权主义，使社会主义事业在中国蓬勃发展。

在新中国成立前夕，中国共产党领导中国人民即将取得解放战争的彻底胜利，毛泽东在1949年3月向全党提出了著名的两个“务必”，特别警醒党员干部不要被胜利冲昏头脑，要继续保持革命本色。毛泽东说：“因为胜利，党内的骄傲情绪，以功臣自居的情绪，停顿起来不求进步的情绪，贪图享乐不愿再过艰苦生活的情绪，可能生长。因为胜利，人民感谢我们，资产阶级也会出来捧场。敌人的武力是不能征服我们的，这点已经得到证明了。资产阶级的捧场则可能征服我们队伍中的意志薄弱者。可能有这样一些共产党人，他们是不曾被拿枪的敌人征服过的，他们在这些敌人面前不愧英雄的称号；但是经不起人们用糖衣裹着的炮弹的攻击，他们在糖弹面前要打败仗。我们必须预防这种情况。夺取全国胜利，这只是万里长征走完了第一步。如果这一步也值得骄傲，那是比较渺小的，更值得骄傲的还在后头。在过了几十年之后来看中国人民民主革命的胜利，就会使人们感觉那好像只是一出长剧的一个短小的序幕。剧是必须从序幕开始的，但序幕还不是高潮。中国的革命是伟大的，但革命以后的路程更长，工作更伟大，更艰苦。”①

中国共产党执掌全国政权以后，使一些官僚主义分子和腐败分子具有了脱离群众、违法乱纪、追求特权享受的便利条件。党内有一部分人，因

① 《毛泽东选集》第4卷，第1438—1439页。

为革命胜利了，革命意志开始衰退，全心全意为人民服务的精神少了，而闹地位、比薪水、争名利等东西多了起来。脱离群众的官僚主义、宗派主义、不关心群众疾苦的特权思想甚至用打击压迫的方法对待群众的现象引起毛泽东的高度重视和沉重的忧虑。为了克服领导干部官僚主义、脱离群众和贪图享乐的思想，毛泽东又提出了“以普通劳动者的姿态出现”的共产主义理想信念的修行方法。毛泽东 1956 年 11 月在中共八届二中全会上指出：“有些干部是老子天下第一，看不起人，靠资格吃饭，做了官，特别是做了大官，就不愿意以普通劳动者的姿态出现。这是一种很恶劣的现象。如果大多数干部能够以普通劳动者的姿态出现，那么这少数干部就会被孤立，就可以改变官僚主义的习气。靠做大官吃饭，靠资格吃饭，妨碍了创造性的发挥。因此，要破除官气，要扫掉官气，要在干部当中扫掉这种官气。谁有真理就服从谁，不管是挑大粪的也好，挖煤炭的也好，扫街的也好，贫苦的农民也好，只要真理在他们手里，就要服从他们。如果你的官很大，可是真理不在你手里，也不能服从你。再说一遍，要是大多数干部扫掉了官气，剩下来的人就是有官气，也容易扫掉了，因为他们孤立了。官气是一种低级趣味，摆架子、摆资格、不平等待人、看不起人，这是最低级的趣味，这不是高尚的共产主义精神。以普通劳动者的姿态出现，则是一种高级趣味，是高尚的共产主义精神。”① 在毛泽东看来，如果新中国人与人之间的关系出现质变，就是国家变色的征兆，因此他特别强调领导干部要联系群众、直接参加生产劳动。1963 年 5 月毛泽东在对《浙江省七个关于干部参加劳动的好材料》的批示中指出：“阶级斗争、生产斗争和科学实验，是建设社会主义强大国家的三项伟大革命运动，是使共产党人免除官僚主义，避免修正主义和教条主义，永远立于不败之地的确实保证，是使无产阶级能够和广大劳动群众联合起来，实行民主专政的可靠保证。不然的话，让地、富、反、坏、牛鬼蛇神一齐跑了出来，而我们的干部则不闻不问，有很多人甚至敌我不分，互相勾结，被敌人腐蚀侵袭，分化瓦解，拉出去、打进来，许多工人、农民和知识分子也被敌人软硬兼施，照此办理，那就不要很多时间，少则几年、十几年，多则几十年，就不可避免地要出现全国性的反革命复辟，马列主义的党就一定会变成修正主义的党，变成法西斯党，整个中国就要改变颜色了。请同志们想一想，这是一种多么危险的情景啊！”② 1965 年 1 月，毛泽东在关于社教蹲

① 李慎明：《忧患百姓忧患党——毛泽东关于党不变质思想探寻》，第 88—90 页。

② 《建国以来毛泽东文稿》第 10 册，中央文献出版社 1996 年版，第 293 页。

点情况报告的批注中写道："官僚主义者阶级与工人阶级和贫下中农是两个尖锐对立的阶级。……这些人是已经变成或者正在变成吸工人血的资产阶级分子，他们怎么会认识足呢？这些人是斗争对象、革命对象。"①为了避免中国改变颜色和党的领导干部成为与人民群众利益对立的阶级，毛泽东甚至不惜冒着身败名裂的风险发动了"文化大革命"。

中国共产党第二代领导人邓小平曾经总结道："'文化大革命'中，林彪、'四人帮'大搞特权，给群众造成很大灾难。当前，也还有一些干部，不把自己看作是人民的公仆，而把自己看作是人民的主人，搞特权、特殊化，引起群众的强烈不满，损害党的威信，如不坚决改正，势必使我们的干部队伍发生腐化。我们今天所反对的特权，就是政治上经济上在法律和制度之外的权利。搞特权，这是封建主义残余影响尚未肃清的表现。旧中国留给我们的，封建专制传统比较多，民主法制传统很少。解放以后，我们也没有自觉地、系统地建立保障人民民主权利的各项制度，法制很不完备，也很不受重视，特权现象有时受到限制、批评和打击，有时又重新滋长。克服特权现象，要解决思想问题，也要解决制度问题。……我们过去发生的各种错误，固然与某些领导人的思想、作风有关，但是组织制度、工作制度方面的问题更重要。这些方面的制度好可以使坏人无法任意横行，制度不好可以使好人无法充分做好事，甚至会走向反面。……制度、组织制度问题更带有根本性、全局性、稳定性和长期性。这种制度问题，关系到党和国家是否改变颜色，必须引起全党的高度重视。"②

总而言之，能够理论联系实际地而不是教条主义地学习马克思主义的能力，养成终生学习马克思主义理论的习惯，准确把握马克思主义理论的基本内容并具备良好的党性修养，能够正确运用马克思主义基本原理分析和解决实际问题并在实践中坚持和发展马克思主义，牢固树立共产主义理想信念，就是具有马克思主义理论素养的表现。这六个方面是彼此联系、相互促进、缺一不可的。马克思主义理论成果总是从探索和掌握这一先进思想的少数先进分子不断向广大劳动群众传播的，总是在实践中通过不断战胜各种错误思想而发展的，这是马克思主义发展与传播的一般规律。这一规律告诉我们，无产阶级政党的领袖首先必须具有一流的马克思主义理论素养，否则就不能正确领导现实中的社会主义事业；这一规律还告诉我们，无产阶级政党领袖的马克思主义理论素养不是从天上掉下来的，也不

---

① 《建国以来毛泽东文稿》第 11 册，中央文献出版社 1996 年版，第 265—266 页。

② 《邓小平文选》第 2 卷，第 332—333 页。

是其自身所固有的，而是凭借对待马克思主义的科学态度，在实践中认真学习和思考，通过自觉地不断克服思想中非马克思主义成分、纠正实际工作中的错误而逐渐培养和提高的。

第三章　列宁的理论素养与苏联党和国家的兴旺发达

列宁1870年4月22日出生在俄国辛比尔斯克省辛比尔斯克市（今乌里扬诺夫斯克州辛比尔斯克市）的一个爱国知识分子家庭。列宁原名叫弗拉基米尔·伊里奇·乌里扬诺夫，1901年他第一次用笔名“列宁”写文章，从此这个笔名也随着列宁不断发表的渗透着真理和智慧的文章，被越来越多的人特别是广大工农群众所熟知、所喜爱。列宁本人也喜欢这个笔名，因此列宁这个名字就一直被沿用下来。

列宁的父亲伊里亚·尼古拉耶维奇·乌里扬诺夫是一位知识分子。他虽然不是一位革命者，但他是一位具有进步倾向的知识分子，厌恶沙皇俄国的专制暴政，崇敬车尔尼雪夫斯基等革命民主主义者。列宁父亲在沙皇政府时期曾经担任辛比尔斯克省国民教育总监，他为教育事业而奔走的热情对孩子们产生了很大影响。列宁的姐姐安娜·伊里尼奇娜·叶里札罗娃回忆父亲时曾说：“他的孩子们，在他出去视察时，常常几星期见不到他，他们在很小的时候就已经领会到，事业高于一切，为事业可以牺牲一切。他生动地讲解在他的活动范围内所取得的进步，在农村涌现出来的新学校以及因此需要同上（当权人物和地主）下（人民的愚昧和偏见）进行的斗争——这些都使他的孩子们如饥似渴地倾记在心里。”①

列宁的母亲玛丽亚·亚历山大罗夫娜是一位医生的女儿，早年丧母，在农村的姨妈家度过自己的童年和青年时代。她没上过正规学校，由姨母在家里用斯巴达的教育方式教养她。她聪明好学，自学了英语和法语，还能讲标准的德语和俄语，她能阅读原文版的《莎士比亚全集》和法国政治家、历史学家阿道夫·梯也尔写的多卷本著作《法国革命史》。由于姨母的严格教诲和她本人的辛勤努力，玛丽亚不仅身体结实、意志坚强、吃苦

---

① 高敬增等编著：《四大革命导师传：列宁》，第3页。

耐劳、贤慧温柔，而且自学通过了学校的考试，获得了当小学教师的资格。

列宁兄弟姐妹五人，他排行第三。姐姐安娜·叶里札罗娃（生于1864年），哥哥亚历山大·乌里扬诺夫（生于1866年），大妹奥丽加·乌里扬诺娃（生于1871年），小妹玛利亚·乌里扬诺娃（生于1878年）。列宁的父亲和母亲和睦相处，为孩子们创造了一个有利的成长环境。列宁的父亲在工作之余经常同孩子们一起玩，他给孩子们讲生动而风趣的故事，要求孩子们不吹嘘、不说假话，孩子们提出的问题，他都耐心通俗地给予解释。列宁的母亲同那些上流社会妇女不同，她不追求穿着打扮，把全身心倾注于家务和对孩子们的抚养上。她勤俭持家，精打细算，对于孩子们的过失从不大声训斥和体罚，而是耐心地说服。她用缝纫机给孩子们做衣服，还指导孩子们办了一份以家庭趣事为内容的手抄杂志《星期六》，父母和孩子们一起兴致勃勃地阅读。这份杂志引起孩子们的极大兴趣，列宁用笔名“库贝什金”在上面发表了不少关于小故事的短文。

列宁的父母非常重视孩子们的教育。列宁5岁时就开始学识字。1877年秋至1878年冬，父母先后从辛比尔斯克教区学校请来三位教师教列宁学习小学课程。由于天资聪颖，列宁进步非常快，许多问题老师一讲他马上就理解了，并常常向老师提出一些十分新奇有趣的问题。在认识了一部分字后，列宁就开始阅读书籍了。超人的天资和勤奋的攻读，再加上讲究科学的学习方法，使列宁轻松地跳过了预备班的学习，1879年夏秋之季，只有9岁半的列宁经考试顺利升入中学。从这时到17岁，列宁一直在辛比尔斯克古典中学读书。他不仅阅读家中父亲的藏书，而且时常去图书馆借阅各种图书和杂志。从童年时代起，列宁在兄弟姐妹中就显得不同凡响：他活泼健壮，意志坚强，精力充沛，具有极高的天赋和领悟能力。不仅如此，列宁还是一个富有同情心，为人真诚善良，极具想象力、创造力和组织才能的孩子。父亲对列宁过人的才智和优秀的思想品德感到欣喜不已，他希望列宁发愤读书，将来成为一个富有理性和博爱精神的杰出的学者和教育家。然而，超出父亲期望的是，列宁不仅成为了一个富有理性和博爱精神的杰出的学者和教育家，而且成为了一个伟大的马克思主义革命家，成为了一个专门为广大工农群众的利益而奋斗并深受他们爱戴的学者和教育家，成为了世界上第一个社会主义制度的缔造者。

第一节　列宁全面系统地学习马克思主义理论

列宁从小养成了读书的习惯，他涉猎的知识范围非常广泛，特别喜爱阅读古典文学名著和诗歌。他最喜欢阅读普希金、莱蒙托夫、果戈里、屠格涅夫、托尔斯泰等俄罗斯优秀作家的文学作品，不仅对书中的人物和细节了如指掌，而且能够大段大段地背诵他们著作中的精彩篇章。这些优秀的文学作品对列宁世界观和价值观的形成产生了巨大的影响。此外，列宁还喜欢阅读俄国革命民主主义者别林斯基、赫尔岑等人的论著，1886 年至 1887 年他认真阅读了车尔尼雪夫斯基的小说《怎么办?》，这些论著进一步激发了他反对沙皇专制制度的革命信念。在这一时期，列宁的言行中经常表现出对现状的强烈不满和一种倨傲抗上的情绪。1887 年 4 月，他在一篇题为《人民生活富裕的原因》的作文中批评了俄国的社会制度，并指出社会中存在着压迫阶级。教语文的校长弗・米・克伦斯虽然是一位思想开明的人士，但仍对列宁的这种思想倾向感到恐慌，并善意地警告列宁不要写这些东西。

青少年时代的列宁，学习勤奋，善于思考，终于在家庭环境的熏陶下，特别是在哥哥亚历山大的影响下，开始了认真学习马克思主义理论并投身于俄国民主革命和社会主义革命的洪流中。亚历山大在 1885 年至 1886 年期间曾经阅读了许多革命书籍，其中有马克思的《资本论》、《黑格尔法哲学批判》和恩格斯的《政治经济学批判大纲》以及普列汉诺夫的《社会主义与政治论争》。亚历山大深受革命思想的影响和熏陶，对沙皇专制制度无比痛恨，义无反顾地走上了铲除俄国暴政，解放俄国人民的革命道路。哥哥的革命思想和革命气概对于列宁走上革命道路并最终成为一个坚定的马克思主义者产生了重大影响。1885 年夏季，列宁读到的第一本马克思主义著作《资本论》就是哥哥放暑假从大学里带回来的。

1887 年 1 月，亚历山大参加了由十个大学生组成的民意党人小组，谋划刺杀沙皇亚历山大三世，但不幸事泄被捕。为了掩护战友，亚历山大在审讯中把一切所谓的“犯罪事实”都揽到自己的身上，并把法庭变成了宣传阵地，义正词严地指出谋杀沙皇的行动是专制制度逼出来的。他在法庭上说：“我可以说，对整个制度的模糊感觉起源于我的少年时代，这种感觉愈来愈成为我的自觉，并增强了我的信念，而这种信念当前指导着我的行动。但是，只是在研究了社会学和经济学之后，这种对制度不满的信念才完全在我身上巩固下来。因而我对于自由、平等、博爱的憧憬形成了严格科学的，也就是社会主义的形式"，"恐怖手段是19世纪创造的一种斗争形式。少数人所以强大，只是由于他们具有精神上的力量，只是由于他们认识到自己比多数人要正确。俄国社会恰恰是处在只有同政府进行决斗它才能够捍卫自己的权利这样的情况下……在俄国人民中，任何时候都能够找到十来个无限忠于自己的思想、痛切地感到自己的祖国处于灾难之中的人，对他们来说，为自己的事业而死不是什么牺牲。这样的人是任何东西都吓不倒的……"①

1887年5月20日清晨，亚历山大和战友们走上绞刑台时，年仅21岁。哥哥的死，深深地刺痛了列宁的心，他开始严肃地考虑自己的终身事业问题。列宁知道，哥哥是为了反抗专制暴政而献身的。但是，仅凭几个热血男儿的勇敢行为就能达到目的吗？"不！我们要走的不是这条道路。"这就是列宁面对残酷的现实和哥哥的鲜血所得出的结论。列宁意识到，要推翻压在俄国人民身上的专制统治，必须唤醒千百万人民群众共同起来斗争，个人恐怖行动是不可能从根本上解决问题的。哥哥亚历山大英勇就义之后，他的兄弟姐妹先后都参加了反对俄国专制制度的斗争，但走的却是与哥哥不同的道路——以马克思主义作为指导思想的革命道路。

虽然受到哥哥这位"国事犯"的牵连，但列宁中学时期出色的学习成绩和好心校长的帮助还是扫除了他升入大学的障碍。1887年8月，喀山大学录取列宁为该校法律系学生。喀山大学是这一地区唯一的一所综合性大学，在这里聚集了上千名来自全国各地的莘莘学子。列宁决心在大学里认真地研究社会科学，以完成他改造社会、拯救人民的美好愿望。入学后，列宁显示了极其强烈的求知欲望和刻苦奋斗的精神，他一下子选修了许多课程，例如：法学原理、罗马法、神学、法学通论和外语等等。1887年9月刚刚入学的列宁就参加了一个革命学生小组和萨马拉—辛比尔斯克同乡会。1887年11月底莫斯科发生了学潮，很快波及其他大城市。12月13日，喀山大学和兽医学院同乡会召开会议，列宁作为萨马拉—辛比尔斯克同乡会的代表参加了会议。莫斯科学生代表在会上做了关于11月学潮情况的报告，会议通过了《告喀山全体大学生书》，同时确定12月16日为学生行动日。12月16日，大学生们纷纷来到喀山大学礼堂参加集会。列宁和其他几位同学站在人群的最前列，激动地同周围同学谈论时局。这次学生集会的目的是要求废除1884年大学生章程和1887年国民教育部长颁布

① 高敬增等编著：《四大革命导师传：列宁》，第21—22页。

的关于禁止“车夫、仆役、厨师、洗衣工人、小商贩以及此类人等”的子女进入完全中学和初级中学的规定，允许建立学生组织，恢复被开除的学生的学籍，惩办镇压学潮的魁首。下午 4 时集会结束，列宁带头把自己的学生证退还给学校当局，以示抗议。喀山市政当局对学潮十分恐慌，前后调集了一个营的军队隐藏在邻近喀山大学的院子里严阵以待，伺机镇压学生运动。12 月 16 日深夜，警察当局奉喀山省省长的命令采取突然行动，逮捕了列宁等人。12 月 17 日，列宁被喀山大学开除了学籍，并在 12 月下旬被流放到喀山省拉伊舍沃县科库尔基诺村。在母亲的请求下，列宁的姐姐安娜因受哥哥的牵连被流放西伯利亚也改判流放到这个村子。这样，不幸中的万幸，列宁的母亲、姐姐和妹妹都陪同列宁来到这个小村子。喀山学潮是列宁革命生涯的开端。在这场运动中，他经受了第一次战斗的考验。

在科库尔基诺村极为艰苦的环境中，列宁没有沮丧和颓唐，而是夜以继日地刻苦攻读。这一时期，列宁不仅阅读了大量俄国革命民主主义作家车尔尼雪夫斯基、杜勃罗留波夫、涅克拉索夫等的作品，而且开始系统地研读马克思的《资本论》第一卷。1872 年春彼得堡出版了《资本论》第一个俄文译本，印刷 3000 册，到 1880 年已在俄国革命者中间广泛传播。列宁的姐姐曾经回忆说：“记得每天晚上我下楼来跟他谈天时，他就热情洋溢地给我讲解马克思学说的基本原理和这一学说所开拓的新天地。他坐在厨房里堆满报纸的炉灶上起劲地做着手势，那情景至今还历历在目。他那朝气蓬勃，信心十足的表情，也使谈话的对方受到巨大的感染。他还善于用自己的话说服人、吸引人。在那个时候，他就善于把自己研究的某个问题、发现的新的道理同别人交流，团结拥护自己的人。他很快就在喀山物色到那些也在研究马克思主义，并怀有革命情绪的拥护自己的青年人。”① 在喀山，列宁利用大量时间认真系统地研究了马克思和恩格斯的著作，同时还研究俄国马克思主义奠基人普列汉诺夫的著作以及英国古典政治学家大卫·李嘉图、历史学家亨利·布克尔、生物学家达尔文等人的著作。1888 年秋，列宁在喀山参加了尼·费多谢耶夫组织的一个马克思主义小组，开始探索俄国革命的新道路。

自 19 世纪 70 年代起，俄国无产阶级在反对地主和资产阶级斗争中迅速成长起来，在罢工斗争中建立了第一批自己的组织。1875 年南俄工人协会成立，1878 年北俄工人协会成立；1883 年秋，普列汉诺夫在瑞士日内瓦创建了俄国第一个马克思主义团体“劳动解放社”。弗多谢耶夫是俄国第

① 高敬增等编著：《四大革命导师传：列宁》，第 32 页。

一批马克思主义者之一，也是俄国第一批马克思主义小组的组织者和领导者之一，列宁所参加的就是以他为首的马克思主义小组。小组有藏禁书的图书馆和简易的印刷所，小组成员秘密地学习和讨论马克思和恩格斯的著作，特别是普列汉诺夫的《社会主义与政治斗争》《我们的意见分歧》等著作。出于保密的需要，小组内的成员彼此单线联系，因而相互不认识。阿·高尔基也是这个小组的成员，他负责各个小组同喀山工人之间的联系，他见过弗多谢耶夫，但当时列宁既没有见过弗多谢耶夫，也没有见过高尔基。在喀山期间，列宁非常注意继承和发扬俄国老一辈革命家的斗争精神和革命传统。1888 年冬季，列宁到彼得堡罗巴甫洛夫斯克拜访了女民意党人玛·切特维尔哥。他虽然反对民意党人个人恐怖的斗争战略，但很赞赏民意党人不怕死的革命斗争精神，特别是他们善于同警察和密探周旋的地下斗争艺术。

投身革命后，列宁在学习和宣传马克思主义的同时，也开始着手创立马克思主义小组。此时，沙皇警察又开始监视他，这使痛失长子的母亲时常感到惶惶不安，她决定赶紧从喀山迁走。1889 年初，列宁母亲用卖掉辛比尔斯克房子所得的钱，在萨马拉省阿拉卡耶夫村买了一处小田庄，不久全家迁居到这个小田庄。7 月 25 日，弗多谢耶夫和他在喀山的马克思主义小组成员被捕，列宁因为已经搬迁而幸免于难。在萨马拉居住 4 年，列宁虽然仍受到警方的监控，但因阿拉卡耶夫村十分偏僻安静，列宁能够安心地在这里学习思考，一方面积极准备大学毕业考试，另一方面继续系统学习马克思主义理论。在母亲的努力下，1890 年 5 月，国民教育司准许列宁以校外生资格参加大学毕业考试。1891 年 3 月到 11 月，列宁以优异成绩通过各科考试，并于 1892 年 1 月获得彼得堡学区管理处颁发的彼得堡大学法律系的甲等毕业证书。列宁在萨马拉期间，学业上收获巨大，除了取得了大学学位，还学会了几种外国语，特别是德语，这为他继续研究科学知识和阅读马克思、恩格斯的原著创造了优越的条件。

萨马拉孤寂而寒冷，但列宁在这里却充分利用一切时间和精力，全面系统地研究了马克思和恩格斯的许多经典著作，在思想上已经成长为一个马克思主义者，逐渐确立了发动工农群众推翻沙皇专制统治、献身劳苦大众解放事业的人生目标。从 1889 年末到 1890 年，列宁深入研究了马克思和恩格斯的一系列经典著作，对《资本论》一书进行了反复的研读，写下了大量的读书笔记。他还经常在当地的革命组织中发表演说，向持各种政治观点的人们讲解《资本论》的理论观点和马克思主义的基本原理。列宁还把《共产党宣言》一书译成了俄文。这部译稿在萨马拉和塞兹兰等地的秘密革命组织中广泛流传，对于提高一大批俄国革命者的政治觉悟和理论水平发挥了重要作用，为科学社会主义在俄国的广泛传播和马克思主义革命组织的建立做出了不朽的功绩。从 1890 年末到 1893 年 9 月，列宁一方面认真研究了马克思和恩格斯的《哲学的贫困》《反杜林论》《德意志意识形态》《英国工人阶级状况》等著作，另一方面认真阅读了作为俄国第一批马克思主义者之一的弗多谢耶夫的《关于 1861 年前收买的农民土地》《文学作品中农奴制改革后的生活》和《论农奴制崩溃的经济原因》等著作。1898 年弗多谢耶夫在西伯利亚流放地病逝，列宁十分惋惜地说："弗多谢耶夫当时在伏尔加河流域和俄国中部的某些地区所起的作用是非常大的。群众在那个时候转向马克思主义，无疑是受了这位非常有才能的，对自己事业无限忠诚的革命家很大的影响。"①

在列宁的影响和领导下，萨马拉于 1892 年成立了第一个马克思主义小组。小组定期组织学习和讨论马克思、恩格斯以及普列汉诺夫的著作，积极宣传马克思主义。列宁在小组专门做过关于马克思的《哲学的贫困》一书的报告。1893 年春，列宁研究了统计经济学家弗·波斯特尼柯夫的《南俄农民经济》一书。该书对农民分化问题论述得非常透彻。列宁对此书划出重点，进行了批注和数学统计。他引用此书资料在萨马拉马克思主义小组做了题为《农民生活中新的经济变动——论弗·波斯特尼柯夫〈南俄农民经济〉一书》的报告，以后又用同一题目写成了一篇论文，这是后世保存下来的列宁的第一篇著述。这篇论文的写成，标志着列宁在思想上已经成长为一个马克思主义者。

萨马拉是列宁革命生涯的重要一站。在这里他终于形成了马克思主义世界观，成长为一位坚定的科学社会主义者。由于萨马拉地方偏僻狭小，工业不发达，工业无产阶级人数很少，没有发动革命斗争的条件。为了施展自己推翻沙皇专制制度、解放无产阶级和劳动大众的远大抱负，列宁决心到当时俄国的政治中心彼得堡去。1893 年 12 月列宁到达彼得堡。在途经莫斯科时，列宁广泛拜访了当地的马克思主义小组成员，并通过他们同彼得堡的马克思主义者建立起密切的联系。在莫斯科，列宁的公开身份是律师助理，但他主要精力集中在建立马克思主义小组、深入工人群众宣传马克思主义、支持工人的罢工斗争，进而把工人组织起来建立工人阶级政党。1894 年 10 月，列宁参加并帮助改组了彼得堡工艺学院学生马克思主义小组，成立一个中心小组。中心小组的每位成员分别领导一个或几个小组，各小组分布在各个工厂，这样就可以更广泛地把马克思主义理论扩散

① 高敬增等编著：《四大革命导师传：列宁》，第 47—48 页。

到广大工人群众中去。这些小组不仅从事理论宣传，而且结合缩短工时、增加工资、争取民主权利等活动内容，进行有力的政治鼓动。列宁的到来给彼得堡无产阶级事业增添了巨大的活力，此时他虽然只有24岁，但已经开始展示无比的革命领导才能。他学识渊博，勇敢机智，对无产阶级革命事业高度负责，以忘我的精神全身心地投入到革命工作中去，在实践中逐渐成为工人阶级的朋友和领袖。

列宁经常参加工人小组的会议，拜会工人小组的领导人，广泛地接触普通工人，详细了解工厂制度和工人做工的情况和生活状况，用通俗易懂的方式向工人群众宣传马克思主义理论。在1894年秋季里，列宁结合《资本论》第一卷向工人小组宣讲马克思主义政治经济学，集中精力对优秀工人进行重点教育，努力把他们培养成无产阶级革命及政党的组织者和领导人。列宁讲授时，没有提纲，因为他对马克思主义理论已有了全面深刻的理解，他用深入浅出的工人语言把深奥的道理讲解得非常清楚，并引导大家发表意见，有时还用激将法与持不同意见者展开辩论。在讲授《资本论》的同时，列宁还组织大家做好调查研究。他列出具体的调查提纲和调查的项目，请小组的成员去找工人们聊天，把调查来的材料记录下来。通过讲课和做调查研究，列宁使工人们逐渐熟悉了马克思主义理论，提高了阶级觉悟。随着工人群众政治积极性的增长，他们对马克思主义的信念和学习的自觉性也进一步提高了。有的工人常常主动抽出时间阅读马克思、恩格斯和普列汉诺夫的著作，讨论各种社会问题。所有这些都有力地推动了俄国工人运动的蓬勃发展。

在列宁来到彼得堡之前，革命宣传活动仅仅局限于小范围的工人研究小组内部。列宁到了以后，情况发生了根本性转变，革命活动变成了根据群众的要求进行广泛的宣传鼓动。彼得堡的工人运动蓬勃地开展起来，无产阶级革命力量迅速增长。在列宁的影响和指导下，彼得堡逐渐成长出一批无产阶级职业革命家，他们忠于革命事业，立场坚定，勇敢顽强，在未来的革命斗争中做出了巨大贡献。

在宣传和指导彼得堡工人运动期间，列宁继续深入研究马克思主义著作。1893年，他对1872年和1885年版的《资本论》第一卷和第二卷俄文版进行了校订。1894年初，他又认真研读了恩格斯德文版《家庭、私有制和国家的起源》，并将其中的某些段落译成俄文。1894年底，他又开始研读《资本论》德文版第三卷。他在该书上划出重点，写出了大量批语和读书札记。在彼得堡，列宁已经锻炼成为一个成熟的共产主义战士和有威望的无产阶级革命领袖。不幸的是，1895年12月20日，列宁和彼得堡“无产阶级解放斗争协会”的大部分战友先后被捕了。然而，列宁并没有被沙皇的监狱所吓倒，而是做好了长期坐牢的准备。他坚持学习马克思主义理论并想方设法与外面的工人运动保持联系，集中精力写作《俄国资本主义发展》一书，并为即将成立的俄国无产阶级政党——俄国社会民主党起草党纲。

从1895年底至1896年6月，列宁在狱中写出了《社会民主党纲领草案》和《社会民主党纲说明》两份重要文献。1897年2月25日，列宁在彼得堡拘留所单人牢房关押14个月后，被沙皇政府流放西伯利亚三年并接受警察监视。5月18日，列宁到达流放地叶尼塞省米努辛斯克州的舒申斯克村。这是一个偏辟荒凉的村庄，离村子600俄里之外才有铁路。虽然身处寒冷边陲，列宁仍坚持学习马克思主义理论，研究俄国无产阶级革命的具体道路，完成了《俄国资本主义发展》的撰写工作，并为俄国无产阶级的建党工作做准备。列宁在这一时期读的书很多，也非常系统。他认真研究了马克思和恩格斯的主要理论著作和其他著名思想家几十本关于哲学、政治经济学的书，其中包括黑格尔、康德等人的哲学著作。在闲暇和困倦的时候，他还喜欢读普希金、莱蒙托夫、涅克拉索夫、列夫·托尔斯泰等俄国优秀作家的作品，对车尔尼雪夫斯基的长篇小说《怎么办?》① 更是爱不释手。

第二节　列宁创立了俄国真正的马克思主义革命政党

19世纪90年代，俄国日益高涨的工人运动迫切需要有马克思主义政党的正确领导。为了加强俄国国内外社会民主主义者的联系，也为了让世界无产阶级和人民群众了解俄国无产阶级的革命斗争，列宁决定出国拜会以普列汉诺夫为首的“劳动解放社”。列宁早已熟悉普列汉诺夫的著作，尤其是对1895年1月出版的《论一元历史观之发展》一书赞扬备至。普列汉诺夫领导的“劳动解放社”成员也很了解列宁，特别是他在1894年春天写的批判民粹派的论著《什么是“人民之友”以及他们如何攻击社会民主主义者?》。

在1895年12月被捕之前，列宁曾于1895年5月以治疗肺炎为名来到瑞士日内瓦，在一家名为兰多利特咖啡馆与普列汉诺夫会面了。列宁与普列汉诺夫亲切而热烈地交流了国内外革命活动的情况和经验，商讨了有关

① 从后来列宁在俄国社会民主革命前夜同样以《怎么办?》为题分析俄国社会民主革命的理论和策略问题，足以看出车尔尼雪夫斯基的小说《怎么办?》对列宁的影响。

俄国革命的许多问题。结束同普列汉诺夫的会谈后，列宁又来到巴黎，在这里他有幸结识了法国和国际工人运动的著名活动家、马克思的学生和女婿保尔·拉法格，就马克思主义的基本原理等问题与他全面交换了意见，并深入考察了法国的工人运动。经过调查研究，他发现法国工人宣传员的文化水平高，接受能力强，待人亲切热情，而这些正是俄国的马克思主义者需要解决的问题。同年 7 月，列宁再次来到瑞士日内瓦，会晤普列汉诺夫和波特列索夫等人。列宁这位俄国工人运动年轻的领导人同普列汉诺夫这位老一辈俄国马克思主义理论家的会晤，使他们有机会就马克思主义理论和俄国工人运动的实际问题充分交换了看法，这对进一步把马克思主义理论同俄国工人运动实践结合起来大有裨益。瑞士之行，列宁对“劳动解放社”有了全面深刻的了解，对相关会谈十分满意。普列汉诺夫也从列宁身上看到了年轻一代俄国社会主义者正在茁壮成长，这使他对俄国革命的胜利更加充满了信心，因此也对会谈感到满意。

在列宁和普列汉诺夫的交谈中，双方在大部分问题上观点一致，但在有些问题上也存在着原则分歧。比如列宁认为，在反对沙皇专制制度的革命斗争中，无产阶级是领导力量，农民则是它的主要同盟者，工农联盟是革命取得胜利的重要保障。而普列汉诺夫对农民的革命作用则估计不足，他认为自由资产阶级是革命的动力，主张无产阶级应当与自由资产阶级结成联盟。这是他们两人存在的重大原则性分歧之一。然而，这些意见分歧在当时并未把两人隔开，相反，共同的理想、一致的马克思主义观点把他们结合成为亲密的革命战友。列宁同普列汉诺夫会谈的一个具体成果就是“劳动解放社”采纳了列宁关于联合出版工人通俗读物的建议，决定由国内提供稿件和资金，由“劳动解放社”负责编辑和出版《工作者》文集，共同致力于加强俄国马克思主义宣传工作，以促进革命高潮的早日到来。

1895 年 7 月下旬至 9 月初，列宁回国途中在德国柏林做了短暂的停留。在这段时间里，他又花大部分时间在普鲁士国立图书馆研读马克思主义著作，闲暇时则深入社会了解德国工人阶级的状况和工人运动的情况，有时也出席德国社会民主党和工人的集会。在柏林期间，列宁很想拜会世界无产阶级革命导师弗里德里希·恩格斯，但这位老人已经身患重病，所以未能会面。1895 年 8 月 5 日恩格斯病逝，列宁立即在柏林写下了题为《弗里德里希·恩格斯》的悼念文章，高度评价了恩格斯：“在他的朋友卡尔·马克思（1883 年逝世）之后，恩格斯是整个文明世界中最卓越的学者和现代无产阶级的导师。”① 同年9月列宁还在柏林附近的沙洛顿堡拜会了马克思的朋友、德国社会民主党资深领导人威廉·李卜克内西，向他虚心请教了马克思主义的有关理论问题。10月，列宁回到俄国，开始为筹建一个以马克思主义理论武装起来的无产阶级政党而奔忙起来。列宁首先决定把俄国分散的马克思主义小组组织起来，形成统一的组织。10月中旬，列宁主持召开了彼得堡革命马克思主义者小组和马尔托夫小组的联席会议，讨论了把各个马克思主义小组合并为一个社会民主主义组织和开展群众性政治鼓动问题。此后不久，列宁又主持召开了彼得堡革命马克思主义者会议，提出这个组织必须按照民主集中制和严格纪律的原则创建。根据列宁的提议，会议决定成立一个中心组，作为这个社会民主主义组织的领导核心。大家一致推举列宁为中心组成员，进入中心组的还有马尔托夫、斯塔尔科夫、瓦涅也夫等人。彼得堡市社会民主主义组织在各个区设立了小组，通过参加小组的革命工人与各个工厂建立起密切的联系，宣传马克思主义，鼓动和组织工人斗争。这些小组就是俄国无产阶级政党基层支部的雏形。11月初，在彼得堡市社会民主主义组织的领导下，彼得堡托伦顿工厂的500名纺织工人开始罢工并取得胜利。这表明，彼得堡市社会民主主义组织已经担负起了俄国无产阶级政党的责任。

为了在工人中间广泛地宣传马克思主义理论，彼得堡市社会民主主义组织加强了报刊的编辑和出版工作。11月末，列宁主持了彼得堡社会民主主义组织成员会议，决定尽快筹备出版该组织的秘密机关刊物《工人事业报》。根据列宁的意见，这绝不是一个狭隘的地方性的报纸，更不是“经济主义”性质的报纸，而是一个把“罢工斗争同反专制制度的革命运动结合起来的报纸”。他号召该组织成员积极为刊物写稿，他本人则身体力行，为创刊号撰写了《告俄国工人》（社论）、《我们的大臣们在想些什么?》、《1895年雅罗斯拉夫里的罢工》等文章，并亲自编辑了该报创刊号的全部稿件。同时，列宁还动员彼得堡市社会民主主义组织成员为国外“劳动解放社”出版的《工作者》文集募捐资金和撰写稿件，他也给普列汉诺夫寄去了几篇文稿。1896年至1899年，《工作者》文集在国外出版，先后出版六期，在1896年春出版的第一、二期合刊上刊登了列宁悼念恩格斯的文章《弗里德里希·恩格斯》。

就在列宁热火朝天地组建政党并积极领导俄国工人运动的时候，1895年12月20日，他和彼得堡市社会民主主义组织的大部分战友瓦涅也夫、扎波罗热茨、斯塔科夫等人先后被捕了。然而，列宁所开创的建党事业并

① 《列宁选集》第1卷，第88页。

没有停止下来。1895 年 12 月 27 日，彼得堡市社会民主主义组织正式更名为“工人阶级解放斗争协会”，这是俄国第一个无产阶级政党的雏形。“工人阶级解放斗争协会”第一次把马克思主义与俄国工人运动相结合，根据马克思主义理论把工人阶级组织起来进行罢工斗争，编写和印发革命传单，把工人改善生活条件与劳动条件的日常经济斗争同反对沙皇专制制度的政治斗争结合起来，从而推动了俄国无产阶级革命日益蓬勃地开展起来。彼得堡“工人阶级解放斗争协会”的成立和它所开展的卓有成效的斗争，有力地推动了俄国其他城市工人运动的开展和社会民主主义组织的成立。莫斯科、基辅、图拉、雅罗斯拉夫里、叶加特林诺斯拉夫等城市先后建立了类似彼得堡“工人阶级解放斗争协会”的社会民主主义组织，马克思主义在俄国工人运动中的影响日益扩大。

1898 年 3 月 1 日至 3 日，俄国社会民主工党第一次代表大会在明斯克市郊的一所木房子举行。参加代表大会的代表来自彼得堡、莫斯科、基辅、叶加特林诺斯拉夫市的“工人阶级解放斗争协会”、《工人报》（基辅）编辑部和“立陶宛、波兰和俄罗斯犹太工人总联盟”（音译为“崩得”），共九人。列宁和马尔托夫被彼得堡“工人阶级解放斗争协会”推举为出席大会的代表，但因流放在西伯利亚未能出席。大会通过了由司徒卢威起草的《俄国社会民主工党宣言》，该《宣言》指出：“俄国无产阶级将摆脱专制制度的桎梏，用更大的毅力去继续同资本主义和资产阶级作斗争，一直斗争到社会主义胜利为止。”但会后不久，出席代表大会的九名代表中有五位被捕。这样一来，俄国社会民工党中央委员会就遭到了破坏，党实际上没有了中央领导机构，只存在一些互不联系的分散的地方党组织。

俄国社会民主工党虽然于 1898 年宣告成立了，但是并没有制定出正式的党纲。当时，在国际工人运动中出现了伯恩施坦修正主义，而它在俄国的变种——经济派，竭力歪曲和篡改马克思主义学说。因此，能否在俄国为无产阶级政党制定出以马克思主义为指导的适合俄国国情的纲领，不仅对俄国无产阶级政党的建设和俄国革命斗争的发展有着重要意义，而且对于欧洲各国无产阶级政党批判修正主义、捍卫马克思主义原则、坚持正确的建党路线，也有着重要意义。1898 年 5 月 19 日，列宁的未婚妻克鲁普斯卡娅同她的母亲一起来到了舒申斯克村。克鲁普斯卡娅向列宁详细介绍了彼得堡和全国各地革命组织开展活动情况以及 1898 年 3 月俄国社会民主工党第一次代表大会召开的喜讯。列宁非常高兴并马上意识到，为了把俄国社会民主工党真正建设成为俄国无产阶级的先锋队，就必须以马克思主义理论作为指导，必须正确地认识俄国国情，正确地规定俄国无产阶级和人民群众的革命任务，为这个政党制定一个真正的马克思主义的纲领。在西伯利亚流放期间，列宁开始探索俄国无产阶级政党的建党理论和建党方法。

早在1895年底至1896年6月，列宁就在彼得堡狱中写出了《社会民主党纲领草案》和《社会民主党纲说明》两份重要文献。在流放西伯利亚期间，列宁又写下了《俄国社会民主党人的任务》《我们的纲领》《我们的当前任务》《迫切的问题》等重要文章，集中论述了无产阶级政党的指导思想、革命任务和加强党的建设的计划。1897年末，列宁写成小册子《俄国社会民主党人的任务》。在这本书中，列宁详细地论述了无产阶级及其政党所面临的基本任务，即社会主义革命和民主主义革命的任务①。关

① 关于社会民主党人的社会主义任务，列宁明确指出：“俄国社会民主党人的社会主义工作，就是在工人中间宣传科学社会主义学说，使工人正确了解现代社会经济制度及其基础与发展，了解俄国社会各个阶级及其相互关系，了解这些阶级相互的斗争，了解工人阶级在这个斗争中的作用，了解工人阶级对于正在没落的阶级和正在发展的阶级、对于资本主义的过去和将来所应采取的态度，了解各国社会民主党和俄国工人阶级的历史任务。同宣传工作紧密相联的，就是在工人中间进行鼓动工作，这个鼓动工作在俄国目前的政治条件和工人群众的发展水平下，自然成为首要的工作。在工人中间进行鼓动工作，这就是说社会民主党人要参加工人阶级的一切自发斗争，参加工人为工作日、工资、劳动条件等等问题而和资本家发生的一切冲突。我们的任务，就是要把自己的活动和工人的实际日常生活问题结合起来，帮助工人理解这些问题，使工人注意到各种极严重的舞弊行为，帮助他们把他们向厂主提出的要求表述得更明确、更切实，提高工人对自身团结的认识，提高作为一个统一的工人阶级，作为全世界无产阶级大军的一部分的全体俄国工人对自己共同利益和共同事业的认识。”关于社会民主党人的民主主义任务，列宁明确指出：“这个工作与社会主义工作有不可分割的联系。社会民主党人在工人中间进行宣传的时候，不能避开政治问题，并且认为，想避开政治问题或者把它们搁置一边的任何做法，都是极大的错误，都是背离全世界社会民主主义的基本原理的。俄国社会民主党人除了宣传科学社会主义以外，同时还要在工人群众中间广泛宣传民主主义思想，竭力使工人认识专制制度的一切活动表现，专制制度的阶级内容，推翻专制制度的必要性，如果不争得政治自由并使俄国政治社会制度民主化，就不可能为工人事业进行胜利的斗争。社会民主党人根据当前的经济要求在工人中间进行鼓动的时候，把这种鼓动与根据工人阶级当前的政治需要、政治困苦和政治要求进行的鼓动密切联系起来，例如进行鼓动反对那种在每次罢工、每次劳资冲突中都出现的警察压迫，反对对工人，作为俄国公民，特别是作为最受压迫最无权的阶级的工人所实施的权利限制，反对每一个与工人直接接触并使工人阶级明显地感觉到自己处于政治奴隶地位的专制制度的重要人物和走狗。在经济方面，没有一个工人生活问题不可以利用来进行经济鼓动，同样，在政治方面，也没有一个问题不可以当作政治鼓动的对象。这两种鼓动在社会民主党人的活动中是互为表里，密切联系的。无论经济鼓动或政治鼓动，都是为发展无产阶级的阶级自觉所必需的；无论经济鼓动或政治鼓动，都是为领导俄国工人的阶级斗争所必需的，因为任何阶级斗争都是政治斗争。无论前一种鼓动或后一种鼓动，都能唤起工人觉悟，组织他们，使他们遵守纪律，教育他们进行一致活动并为社会民主主义理想而斗争，因而也就使工人有可能在解决迫切问题和迫切需要方面试验自己的力量，使工人们有可能从敌人方面争得局部的让步，改善自己的经济状况，使资本家不能不考虑有组织的工人的力量，使政府不能不扩大工人的权利和接受工人的要求，使政府在怀有敌对情绪并由坚强的社会民主党组织所领导的工人群众面前经常胆战心惊。”《列宁选集》第1卷，第140—141、143—144页。

于两个任务的关系，列宁深刻指出："社会民主党人在实践活动方面给自己提出的任务是，领导无产阶级的阶级斗争，并把这一斗争的两种具体表现组织起来：一种是社会主义的表现（反对资本家阶级，目标是破坏阶级制度，组织社会主义社会）；另一种是民主主义的表现（反对专制制度，目标是在俄国争得政治自由，并使俄国政治制度和社会制度民主化）。……俄国社会民主党人自从作为一个特别的社会革命派别出现时起，就始终十分明确地指出他们这一活动任务，始终强调无产阶级阶级斗争的两种表现与内容，始终坚持他们的社会主义任务与民主主义任务的不可分割的联系，而这一联系在他们所采用的名称上就已清楚地表现出来了。"①

1899年秋天，列宁避开沙皇警察的监视，接受"崩得"中央委员会的邀请，参加了俄国社会工党中央机关报《工人报》的编辑工作，并为该报撰稿。他先后为该报写了三篇文章，即《我们的纲领》《我们的当前任务》《迫切的问题》，进一步阐明了建立马克思主义政党的计划。在这些文章中，列宁强调，无产阶级应该努力建立独立的工人政党，党的纲领就是组织无产阶级的阶级斗争并领导这一斗争；目前的任务是摆脱党的地方组织的分散状态，建立统一的党组织；而当前迫切的问题是创办能够正常出版发行的党报党刊。

列宁在《我们的纲领》一文中深刻指出，"没有革命理论，就不会有坚强的社会党，因为革命理论能使一切社会党人团结起来，他们从革命理论中能取得一切信念，他们能运用革命理论来确定斗争方法和活动方式。"列宁接着指出："我们决不把马克思的理论看作某种一成不变的和神圣不可侵犯的东西；恰恰相反，我们深信：它只是给一种科学奠定了基础，社会党人如果不愿落后于实际生活，就应当在各方面把这门科学推向前进。我们认为，对于俄国社会党人来说，尤其需要独立地探讨马克思的理论，因为它所提供的只是总的指导原理，而这些原理的应用具体地说，在英国不同于法国，在法国不同于德国，在德国又不同于俄国。"② 关于社会党人的指导思想，列宁接着指出："目前国际社会民主党正处于思想动摇的时期。马克思和恩格斯的学说一向被认为是革命理论的牢固基础，但是，现在到处都有人说这些学说不完备和过时了。凡自称为社会民主党人并且打算出版社会民主党机关报的人，都应该以明确的态度对待这个不仅只是德国社会民主党人才关心的问题。我们完全以马克思的理论为依据，因为它

① 《列宁选集》第1卷，第140页。
② 同上书，第274—275页。

第一次把社会主义从空想变成科学，给这个科学奠定了巩固的基础，指出了继续发展和详细研究这个科学所应遵循的道路。它揭示了现代资本主义经济的实质，说明了雇用工人、购买劳动力怎样掩盖着一小撮资本家、土地占有者、厂主、矿山主等等对千百万贫苦人民的奴役。它表明了现代资本主义发展的整个过程怎样使小生产逐渐受大生产的排挤，怎样创造条件，使社会主义社会制度成为可能和必然。它教导我们透过那些积习、政治手腕、玄妙的法律和诡辩的学说看出阶级斗争，看出形形色色的有产阶级同广大的贫苦人民、同领导一切贫苦人民的无产阶级的斗争。”① 关于社会党人的纲领，列宁指出：“革命的社会党的真正任务不是臆造种种改造社会的计划，不是劝导资本家及其走狗改善工人的处境，不是策划密谋，而是组织无产阶级的阶级斗争，领导这一斗争，而斗争的最终目的是由无产阶级夺取政权并建立社会主义社会……无产阶级的阶级斗争分为经济斗争（反对个别资本家或个别资本家集团，争取改善工人生活状况）和政治斗争（反对政府，争取扩大民权，即争取民主和争取扩大无产阶级的政治权力）……俄国工人阶级即使得不到其他任何阶级的帮助，也能单独进行经济斗争和政治斗争。”②

在《我们的当前任务》一文中，列宁总结道：“俄国工人运动现在处于过渡时期。西部边疆区、彼得堡、莫斯科、基辅和其他城市工人社会民主主义组织的建立，标志着一个良好的开端，结果是建立了‘俄国社会民主工党’（1898 年春）。俄国社会民主党在迈出了这一大步以后，好像暂时用尽了全部力量，又重新回到过去各地方组织分散活动的状态。党并不是不存在了，它只是在致力于积聚力量，把团结俄国一切社会民主党人的事业放在牢固的基础上。实现这种团结，为这种团结创造适当的形式，彻底摆脱狭隘的地方分散性——这就是俄国社会民主党人当前最迫切的任务。……由于提出了这个任务，下面两个主要问题就特别重要。（1）社会民主党地方性活动必须完全自由，同时又必须成立统一的因而也是集中制的党，这两者应该怎样结合起来呢？社会民主党是从自发的工人运动中汲取全部力量的，这种运动在各个不同的工业中心的表现形式和发生的时间都不同；社会民主党地方组织的活动是党的全部活动的基础。但是，如果这是一些孤立的‘手工业者’的活动，那么严格说来，就不能把它叫作社会民主党的活动，因为这并不是组织和领导无产阶级的阶级斗争。（2）社

① 《列宁选集》第 1 卷，第 273—274 页。

② 同上书，第 275—276 页。

会民主党力求成为一个以争取政治自由为主要目标的革命政党，同时又坚决不策划政治密谋，坚决不‘号召工人修筑街垒’（按照帕·波·阿克雪里罗得的正确说法），或强迫工人去接受某些革命者所拟定的某种袭击政府的‘计划’。”①

列宁认为，要实现党的纲领、完成党的任务，俄国社会民主党人必须集中一切力量创办一个能正常出版和正常发行的党的机关报，因为俄国社会民主党的处境独特，同欧洲其他国家的社会民主党和俄国旧的革命政党大不相同。德、法等国的工人除了出版报纸以外，还有许多公开活动的形式和组织运动的方法，如议会活动、竞选鼓动、人民的集会、参加地方社会团体（乡村的和市镇的）、公开领导手工业者联合会（工会、行业工会）等等，而在俄国无产阶级取得政治自由以前，则必须用革命的报纸来代替这一切。没有革命报纸，决不可能广泛地组织整个工人运动。在《迫切的问题》一文中，列宁指出：“我们在上一篇文章中已经说过，我们的迫切任务是创办一个能正常出版和正常发行的党的机关报……只有把全党机关报创办起来，才能使革命事业中‘做局部工作的人’意识到他是在‘步伐整齐的行列’里行进，他的工作直接为党所需要，他是那根一定要勒死我国专制政府，即俄国无产阶级和俄国全体人民的死敌的链条上的一环。……只有改善党的组织和创办全党机关报，才能使社会民主党宣传和鼓动的内容更加广泛和更加深刻。”②

俄国社会民主工党究竟以什么作为自己的任务和奋斗目标？它应该把自己建设成一个什么样的政党？在这些重大问题上，俄国各地的工人小组和团体没有取得一致的认识。它们如同一盘散沙，分散在全国各地，彼此没有组织上的联系，更没有统一的组织纪律。列宁通过《迫切任务》一文使俄国革命者们认识到，俄国社会民主工党要想迅速结束这种思想混乱、组织涣散和纪律松弛的状态，就必须创办自己的全俄报纸和刊物，以便通过编辑、出版党的报刊，从政治思想上宣传马克思主义，及时批判各种机会主义思潮，用马克思主义理论统一党的思想，从组织上加强各地工人小组和团体的联系。只有这样做，才能把俄国社会民主党逐步建设成为一个有统一的指导思想和严密组织纪律的马克思主义政党。

1900 年 2 月 10 日，列宁流放期满，同妻子和岳母乘坐马车离开舒申斯克村。1900 年 3 月，列宁从彼得堡来到普斯科夫，立即推动创办党刊党

① 《列宁选集》第 4 卷，第 165、167—168 页。

② 《列宁全集》第 4 卷，第 170—174 页。

报工作。3月末4月初，列宁在普斯科夫同马尔托夫和波特列索夫讨论了他起草的《〈火星报〉和〈曙光〉杂志编辑部声明草案》。不久，他又主持召开了革命的马克思主义者与“合法马克思主义者”的联席会议，在会上宣读了关于出版《〈火星报〉和〈曙光〉杂志编辑部声明草案》，解释了草案的重要原则。在列宁的推动下，会议同意了列宁起草的声明草案。4月末5月初，沙皇政府对俄罗斯南方的社会民主党人进行大逮捕，这使列宁认识到，在国内创办党报以及召开俄国社会民主工党第二次代表大会已是无法实现的奢望，必须考虑移至国外。考虑到国外的普列汉诺夫和“劳动解放社”的其他成员在宣传马克思主义中已经积累了丰富经验并在俄国工人运动和革命者之中有较高的威望和影响，所以列宁认为，办党报一定要想法得到他们的大力支持和密切合作，这样才有利于推进俄国工人运动。于是，列宁同波特列索夫商量，决定派波特列索夫出国一趟，一来为出版《火星报》和《曙光》杂志做技术准备，二来把列宁起草的《编辑部声明草案》带给“劳动解放杜”。8月初，列宁和波特列索夫等人又专程来到日内瓦会见普列汉诺夫。列宁、波特列索夫同普列汉诺夫、查苏利奇、巴·阿克雪里罗得就党报的编辑和出版问题进行了认真的磋商及热烈的讨论。最初普列汉诺夫和“劳动解放社”的其他成员对创办党报、党刊的重要意义认识不足，后来他们又在如何办报的问题上同列宁存在不同看法。当时普列汉诺夫已经44岁，而列宁刚满30岁，普列汉诺夫有些轻视这个年轻的革命家，在争论中表现得傲气十足，一心想控制编辑部的领导权。在整个谈判过程中，列宁始终注意顾全大局，在做出重大让步的同时，耐心地说服、劝导普列汉诺夫，使普列汉诺夫对自己的错误有所觉察并逐渐接受列宁的主张，最后终于达成了共同创办报刊的协议。1900年12月24日，第一份全俄国马克思主义秘密报纸《火星报》的创刊号在德国莱比锡城出版，第二期转移到慕尼黑出版。由于警察的迫害，从1902年4月起《火星报》移至伦敦出版，1903年5月又迁到日内瓦继续出版。

在共同开展《火星报》编辑部工作期间，列宁尽力注意处理好与普列汉诺夫的关系，虽然有时也难免出现分歧，但两人在一些重大问题上的观点还是逐渐接近。从1900年12月《火星报》创刊号至1903年11月第51号，列宁在《火星报》上共发表57篇文章，普列汉诺夫发表了38篇。《曙光》杂志也由《火星报》编辑部主编，在斯图加特出版，先后出版四期，列宁和普列汉诺夫分别在这个杂志上发表了5篇和17篇著作。从总体上讲，在编辑出版《火星报》期间，列宁与普列汉诺夫的合作是成功和富有成效的。在俄国无产阶级政党的建设中，列宁和普列汉诺夫等创办的

《火星报》和《曙光》杂志起了巨大的作用。他们积极宣传马克思主义，坚决批判各种机会主义思潮，把俄国社会民主工党置于马克思主义理论的坚实基础之上，用马克思主义理论武装了俄国社会民主工党的广大党员。此外，他们通过遍布国内各地的通讯员，同广大工人群众保持着密切的联系。仅从1900年12月至1902年3月，报上就发表了100多篇反映工人状况的通讯稿。他们还通过各地的代办员，加强俄国社会民主工党各地组织之间的联系，使民主工党逐渐摆脱了组织涣散、纪律松弛的状态，逐渐成长为坚强统一、纪律严格的无产阶级先进队伍。在俄国社会民主工党第二次代表大会召开前，《火星报》和《曙光》杂志实际上成了党的中央机关报刊，充当了俄国社会民主工党思想的指导者和行动的组织者。与此同时，《火星报》和《曙光》杂志的发行还有力地推动了俄国工人运动的发展。1901年至1903年，工人罢工浪潮席卷了俄国全境，彼得堡、莫斯科、巴土姆、罗斯托夫、巴库、第比利斯、敖得萨、基辅、叶加特林诺斯拉夫等城市，成了工人运动最活跃的地区。

党报党刊虽然创办起来了，但统一的俄国社会民主工党正式的党的纲领问题还没有彻底解决。普列汉诺夫虽然早在19世纪80年代就为“劳动解放社”拟定了两个纲领草案，但是他对党的第一次代表大会后党内思想涣散的严重性估计不足，所以没有抓紧制定党纲的工作。1895年底和1896年初，列宁也曾在彼得堡狱中先后写了《党纲草案》和对党纲草案的解释——《党纲声明》，并转送给国外的“劳动解放社”。1899年末，列宁又在西伯利亚流放时起草了第二个党纲草案——《我们党的纲领草案》，并将这个草案转送给国外的俄国社会民主党人。虽然如此，这些党纲都没有经过党内认真讨论和磋商，也没有经过党的代表大会讨论通过。有了党报党刊所凝聚的思想和组织基础后，列宁认为制定一份统一的俄国社会民主党正式的党的纲领的时机已经成熟。

在起草统一的党的纲领的过程中，列宁首先想到了普列汉诺夫。列宁认为，普列汉诺夫为“劳动解放社”拟定的两个纲领虽然存在某些缺点与错误，但却是根据马克思主义原理拟定党纲的可贵尝试。所以这次《火星报》编辑部面临起草党纲的任务时，为了尽量发挥普列汉诺夫的作用，保证在拟定党纲时做到马克思主义理论与俄国的实际相结合，列宁建议《火星报》编辑部委托普列汉诺夫起草党纲的理论部分，列宁起草党纲的土地问题和结尾部分。1901年列宁多次给普列汉诺夫写信，并将刊有恩格斯文章《对1891年的社会民主党纲领草案的批判》的《新时代》杂志寄给了普列汉诺夫。1902年1月，根据列宁的提议，《火星报》编辑部在幕尼黑集体讨论了普列汉诺夫和列宁拟定的第一个党纲草案。普列汉诺夫、列宁、查苏利奇、阿克雪里罗得等参加了讨论会，但他们在党纲草案的一些原则问题上发生了争论。为了制定一个双方都能同意的党纲，《火星报》编辑部成立了一个负责起草新党纲的协商委员会。列宁坚持新党纲草案中要写明无产阶级革命和无产阶级专政的观点。在列宁的坚持下，1902 年 4 月 12 日委员会终于提出了与以前根本不同的新党纲草案。新党纲草案写明了关于无产阶级专政和无产阶级对资产阶级民主革命的领导权的思想，这是一部无产阶级政党的彻底的革命纲领，是一个不同于第二国际各国民主社会主义政党纲领的新党纲。在 1902 年 8 月第四期《曙光》杂志上发表后，新党纲引起各国无产阶级政党的普遍重视。

新党纲公开发表后，召开党的代表大会讨论通过就成了当务之急。1903 年 7 月 30 日俄国社会民主工党第二次代表大会在布鲁塞尔秘密召开。但在开了最初的几次会议之后，出于比利时警察局的干预，大会不得不转移到英国伦敦继续举行，直到 8 月 23 日结束。参加这次大会的代表有 43 名，拥有 51 票表决权，代表着俄国各地的 26 个组织，其中包括：《火星报》组织、“俄国革命社会民主党人国外同盟”、“劳动解放社”、“俄国社会民主党人国外联合会”、“崩得”中央委员会和国外委员会、南方工人社等等。列宁作为俄国革命社会民主党人国外同盟的代表出席了大会，拥有两票表决权。

这次大会的主要任务是建立全俄统一的无产阶级政党，通过党纲、党章并选举党的中央领导机构。首先，与会代表一致通过了《火星报》提出的党纲，列宁坚持的无产阶级专政和无产阶级在俄国民主革命中的领导权被写入党纲。其次，大会讨论党章第一条关于什么样的人可以做党员时，引起了热烈的争论。会上提出了两个互相对立的条文：一条由列宁提出，受到坚定的“火星派”支持；一条由马尔托夫提出，受到机会主义者的拥护。列宁的条文规定：“凡承认党纲、在物质上帮助党并亲自参加党的一个组织的人，都可以成为党员。”马尔托夫的条文虽认为党员必须承认党纲和在物质上支持党，但却不把参加党的一个组织作为党员的必要条件。按照列宁提出的党章条文，俄国社会民主工党能够建设成为一个有严密组织、钢铁般纪律、坚强战斗力的无产阶级政党；而按照马尔托夫的党章条文，只会把俄国社会民主工党变成为一个组织涣散、纪律松弛、成分复杂，因而没有战斗力的一般工人群众组织。在最后表决时，马尔托夫的党章第一条得以通过，但是列宁提出的党章的其余条文，均以多数票获得通过。虽然如此，关于党章第一条的不同意见，还是导致“劳动解放社”的成员第一次在重大原则问题上出现了分歧：普列汉诺夫支持列宁的党章条文，而阿克雪里罗得、查苏利奇和波特列索夫则支持了马尔托夫的党章条文；《火星报》编辑部也第一次分裂了。

根据新党章的规定，大会还产生了党的中央领导机构——总委员会。普列汉诺夫当选为总委员会主席，列宁出任总委员会委员。从这时起，在俄国社会民主工党中，拥护列宁的人因为在选举党中央领导机关时获得多数，因此被称为布尔什维克（意即多数派）；反对列宁的人在选举党中央领导机关时占少数，被称为孟什维克（意即少数派）。布尔什维克信奉和坚持的理论体系称为布尔什维主义，孟什维克信奉和坚持的理论观点称为孟什维克主义。从国际共产主义运动史来看，布尔什维克与孟什维克的分歧不过是马克思主义与机会主义分歧在俄国的继续和发展。

为了两派和好，布尔什维克做了极大的努力，但均因孟什维克没有诚意而未奏效。孟什维克们不但想把《火星报》的编辑大权夺到手，而且还想控制党中央委员会。在布尔什维克与孟什维克斗争激烈、僵持不下的形势下，1903 年 10 月，俄国革命社会民主党人国外同盟在日内瓦召开了第二次代表大会。孟什维克企图利用这次会议攻击布尔什维克，进而全面控制同盟，布尔什维克也准备在会上揭露孟什维克，而普列汉诺夫则期望通过这次同盟代表大会，消除布尔什维克与孟什维克之间的意见分歧。在历史上，俄国革命社会民主党人国外同盟曾经是与经济派决裂的产物，如今却变成布尔什维克与孟什维克斗争的战场。列宁在同盟代表大会上做了关于俄国社会民主工党第二次代表大会的报告，马尔托夫和托洛茨基则诽谤列宁实行“昏馈刚愎的大官的”中央集权制、坚持“官僚主义”等等。普列汉诺夫继续支持了列宁，驳斥了马尔托夫、托洛茨基诬蔑列宁搞“昏馈刚愎的大官的”中央集权制等错误言论。

由于在这次同盟代表大会的代表中孟什维克占了绝对优势，所以大会在孟什维克操纵下，很容易地通过了孟什维克提出的同盟章程，而这个章程的目的是把同盟变成孟什维克控制的一个桥头堡。列宁在会上多次发言，捍卫布尔什维克的建党原则和立场，并带领布尔什维克代表在大会期间三次退出会场。10 月 31 日晚上，列宁等 11 个布尔什维克代表集中在一个咖啡馆开会，商量下一步怎样对付孟什维克破坏党的团结的行动。普列汉诺夫参加了这次会议，但他在这个关健时刻立场发生了动摇，主张进一步与孟什维克实行妥协，并威胁说如果布尔什维克不同意他的意见，他就准备辞职，退出《火星报》编辑部和中央委员会。一段时间以来，普列汉诺夫虽然在原则问题上支持了列宁，但他内心一直充满矛盾，他并不希望与孟什维克彻底决裂。普列汉诺夫没有看清孟什维克与布尔什维克之间的原则性分歧，即机会主义与反机会主义、无政府主义与反无政府主义的分歧的严重后果。他错误地认为，既然德国等欧洲各国社会民主党内部容许各种派别合法存在，那么在俄国社会民主工党内部也应允许各种思潮和派别存在。普列汉诺夫的这种看法，恰恰没有看到德国等欧洲国家的社会民主党没有彻底摆脱资产阶级指导思想的本性，没有意识到无产阶级政党作为工人阶级的先锋队的先进性恰恰体现在能够坚持彻底的马克思主义指导思想。列宁和布尔什维克人对普列汉诺夫向孟什维克妥协的思想进行了耐心的批评和说服工作，但没有能够改变普列汉诺夫的立场。

在马尔托夫分子和普列汉诺夫的双重压力下，列宁于 11 月 1 日致电普列汉诺夫，声明退出《火星报》编辑部，试图用这种方式阻止普列汉诺夫向机会主义者妥协，但普列汉诺夫并没有听从劝告。在列宁退出《火星报》编辑部、党中央委员会里的多数布尔什维克又主张同孟什维克妥协的情况下，普列汉诺夫独掌了《火星报》编辑部大权。为了讨好孟什维克，他不惜违背二大决议，于 1903 年 11 月擅自把以前落选的孟什维克编委波特列索夫、阿克雪里罗得、查苏利奇、马尔托夫补选进《火星报》编辑部，从此《火星报》就由宣传马克思主义的阵地变成了孟什维克鼓吹机会主义的喉舌。

当列宁看到布尔什维克与孟什维克的分裂已不可避免时，便采取了与党内机会主义进行坚决斗争的立场。他一方面揭露马尔托夫分子的机会主义行为，另一方面又批评普列汉诺夫的调和主义立场。1904 年 5 月 19 日，列宁批判孟什维克机会主义路线的新作《进一步，退两步》在日内瓦出版。在这本书中，列宁详细地分析了党的二大和会后机会主义与反机会主义、无政府主义与反无政府主义两条路线斗争的全部过程，明确地指出党内存在着两种截然对立的思想倾向，实际上存在着两个政党。列宁指出："党章第一条引起的比较不大的意见分歧，现在竟有了重大的意义，因为正是这种意见分歧成了少数派（特别是在同盟代表大会上以及后来在新《火星报》上）走向机会主义的深奥思想和无政府主义的空谈的转折点。正是这种意见分歧奠定了火星派少数派同反火星派以及泥潭派结成联盟的基础，这个联盟到选举时已经有了确定的形式，不了解这个联盟，就不能了解在中央机关人选问题上发生的主要的根本的分歧。"①

列宁认为，无产阶级政党应该是工人阶级的先进队伍，必须将自己同

① 《列宁选集》第 1 卷，第 469 页。

整个工人阶级区别开来，保持党的纯洁性、纪律性和先进性。“如果说只有被承认为党组织的那些组织中的成员才能称为党员，那么不能‘直接’加入任何一个党组织的人，也还是能在靠近党的非党组织中工作的。因此，所谓抛弃，如果是指取消工作机会，取消参加运动的机会，那是根本谈不上的。相反，我们容纳真正的社会民主党人的党组织愈坚强，党内的动摇性和不坚定性愈少，党对于在它周围的、受它领导的工人群众的影响也就会愈加广泛、全面、巨大和有效。把作为工人阶级先进部队的党同整个阶级混淆起来，显然是绝对不行的。阿克雪里罗得同志说：‘当然我们要建立的首先是党的最积极的分子的组织，革命家的组织，但是我们既然是阶级的党，就应当想法不把那些也许并不十分积极然而却自觉靠近这个党的人抛在党外。’他这样说，正是犯了上述把党同整个阶级混淆起来的错误（这种错误是我们的整个机会主义经济派的特点）。”①

列宁接着指出：“藐视纪律—自治制—无政府主义，这就是我们那个组织上的机会主义时而爬上时而爬下的梯子，它从一个梯级跳到另一个梯级，巧妙地回避明确说出自己的原则（现在，回想一下党章第一条的争论，就会清楚地看到，马尔托夫同志和阿克雪里罗得同志在党章第一条问题上的错误的发展和加深，必然导向组织上的机会主义。马尔托夫同志的基本思想，即自行列名入党，正是虚伪的‘民主主义’，是自下而上建立党的思想。相反，我的思想所以是‘官僚主义化的’，就是因为我主张自上而下，由党代表大会到各个党组织来建立党。无论是资产阶级知识分子的心理也好，无论是无政府主义的词句也好，无论是机会主义的、尾巴主义的深奥思想也好，都是在对党章第一条的争论中就显露了出来……）。”②

最后，列宁深刻指出：“进一步，退两步……在个人的生活中，在民族的历史上，在政党的发展中，都有这种现象。革命的社会民主党的原则，无产阶级的组织和党的纪律，必定获得完全的胜利，怀疑这一点，即使是片刻怀疑，也是一种行同严重犯罪的意志薄弱的表现。……机会主义在组织工作方面也像在我们的纲领和我们的策略方面一样无能为力地屈从于资产阶级心理，一样不加批判地接受资产阶级民主派的观点，一样削弱无产阶级的阶级斗争的武器。无产阶级在争取政权的斗争中，除了组织，没有别的武器。无产阶级被资产阶级世界中居于统治地位的无政府竞争所分散，被那种为资本的强迫劳动所压抑，总是被抛到赤贫、粗野和退化的

① 《列宁选集》第1卷，第473页。
② 同上书，第516—517页。

‘底层’，它所以能够成为而且必然会成为不可战胜的力量，就是因为它根据马克思主义原则形成的思想一致是用组织的物质统一来巩固的，这个组织把千百万劳动者团结成一支工人阶级的大军。在这支大军面前，无论是已经衰败的俄国专制政权还是正在衰败的国际资本政权，都是支持不住的。不管有什么曲折和退步，不管现代社会民主党的吉伦特派讲些什么机会主义的空话，不管人们怎样得意地赞美落后的小组习气，不管他们怎样炫耀和喧嚷知识分子的无政府主义，这支大军一定会把自己的队伍日益紧密地团结起来。”①

《进一步，退两步》这部著名的著作集中地反映了列宁的马克思主义建党思想。列宁在书中严肃地批判了孟什维克在建党问题上的机会主义观点，捍卫和发展了马克思和恩格斯关于无产阶级政党建设的学说，系统地阐述了俄国布尔什维克关于党的建设的理论和方法。也正是在与孟什维克的无政府主义和机会主义的斗争中，列宁在马克思和恩格斯逝世以后第一次在建党实践中创立了马克思主义科学的党建理论。

第三节　在捍卫真理中展现一流的马克思主义理论素养

一、对俄国民粹主义的批判

俄国民粹派是在19世纪70年代登上俄国历史舞台的，当时是一种小资产阶级社会主义流派。虽然理论是错误的，但因其能够坚决反对沙皇专制制度，仍属于一个革命的派别。然而，到80年代后，一方面由于民粹派遭到沙皇政府的严厉镇压，另一方面由于资本主义经济在农村的发展，使村社社员分化为多数雇农和少数富农，民粹派由小资产阶级的代言人变成富农的卫道士，放弃了反对沙皇制度的斗争。他们上书沙皇，建议沙皇采取改良主义措施，以缓和广大人民群众的不满，这样一来，革命民主主义的民粹派就堕落成为自由主义的民粹派了。列宁走上革命道路后，反思了哥哥作为民粹派一个分支组织成员反抗沙俄专制统治的经验和教训，决定在理论上彻底清算俄国民粹主义的错误。1893年秋天，在一次马克思主义小组会议上，列宁针对民粹派关于市场问题的发言，首先科学地阐述了自

---

① 《列宁选集》第1卷，第525—526页。

然经济被商品经济取代的历史进程，然后用有力的事实说明由于农民的分化和商品经济向农村的渗透，出现了资本主义生产的增长。他还揭示了19世纪俄国正在发展中的资本主义矛盾，从而批判了那种认为资本主义在俄国没有市场所以不能发展的民粹主义理论。列宁这次针对民粹派的第一次公开发言，有理有据、直截了当，在会上产生了很大影响。列宁后来把这次讲演内容整理成文章《论所谓市场问题》，这篇文章使列宁成为当地公认的马克思主义理论权威。

1894年1月，列宁又在莫斯科参加了一次进步大学生组织的秘密会议，俄国著名经济学家和自由主义民粹派思想家瓦·沃龙佐夫也出席了会议并做了一个报告，竭力宣扬俄国没有发展资本主义的条件的陈旧观点，并美化农村的村社生活，鼓吹与沙皇制度妥协。由于沃龙佐夫是一位老练的演说家，与会者中又有许多民粹派分子，因而他的讲话受到了部分人的热烈欢迎。沃龙佐夫发言以后，虽然有几个学生站出来驳斥了他的观点，但都因理论准备不足和缺乏经验而被沃龙佐夫驳得无言以对，十分尴尬。正当主持人要宣布散会时，列宁站出来了。他的情绪有些激动，但精神十分专注，声音高亢而坦然。他先说几句逗笑的开场白，然后把批评的矛头对准了沃龙佐夫。“我们这一代人什么都要详细地知道，这里面也包括确已过时了的、很不像样的、十分荒谬的……整个民粹主义的陈腐的理论，尤其是它的经济理论”，“为避免重蹈覆辙，我奉劝诸位认真研究一下《资本论》作者的全部思想……我认为尊敬的学术报告人对这种辩证法是‘一窍不通的’”。列宁最后讲道：“先生们，让我们认真学习马克思主义理论，这样我们就会懂得更多的东西，在理论和实践中就不会走弯道，不会像过去那样总是犯错误。”① 接下来，列宁与沃龙佐夫等民粹派分子展开了辩论，列宁的讲话赢得了学生们的热烈掌声。经过这场辩论，一些原来信仰自由主义民粹派观点的人开始关注并逐渐接受马克思主义，走上了真正的革命道路。

为了系统批判自由主义民粹派，列宁于1894年写下了《什么是“人民之友”以及他们如何攻击马克思主义?》（以下简称《人民之友》）一书，该书对自由主义民粹派进行了全面而深刻的批判。该书第一编主要批判了自由主义民粹派理论家尼·米哈伊洛夫斯基社会学的历史唯心主义，阐明了马克思主义的历史唯物主义；第二编批判了自由主义民粹派思想家谢·尤沙柯夫的民粹主义经济理论，做出了俄国资本主义必然发展和只有

① 高敬增等编著：《四大革命导师传：列宁》，第63页。

工人阶级才能推翻它的科学结论；第三编批判了自由主义民粹派分子谢·克利文柯的政治观点，指明19世纪90年代民粹派不同于70年代的民粹派，它已由小资产阶级民主主义的革命派，堕落为富农阶级利益的代言人。因此，列宁尖锐指出，90年代的民粹派冒充“人民之友”，实际上是人民之敌。真正的“人民之友”不是民粹派，而是马克思主义者。

列宁在《人民之友》中批判了民粹派的妥协性和落后性之后，阐明了俄国无产阶级的先进性、革命性及其历史使命，规定了俄国马克思主义者在现阶段的革命任务，指出工人阶级是俄国被压迫阶级的代表和革命斗争中的当然领袖。他说：“社会民主主义者把自己的全部注意力都集中在工人阶级身上。当工人阶级的先进代表领会了科学社会主义思想，领会了关于俄国工人的历史使命的思想时，当这些思想得到广泛的传播并在工人中造成一种把他们现时分散的经济战变成自觉的阶级斗争的坚固组织时，俄国工人就能率领一切民主分子去推翻专制制度，并引导俄国无产阶级（和世界各国无产阶级并排地）循着公开政治斗争的大道走向胜利的共产主义革命。”① 列宁进一步指出，俄国马克思主义者的任务就是在无产阶级领导下，建立工农联盟，推翻沙皇专制制度，建立民主共和制度，进而推翻资产阶级统治，建立社会主义和共产主义。而无产阶级为完成这一历史任务，就必须建立自己的政党。他说：“社会民主主义者的政治活动是要促进俄国工人运动的发展和组织，使它脱离目前这种试图分散地、缺乏领导思想地进行抗议、‘骚动’和罢工的状态，而转变为整个俄国工人阶级的有组织的斗争，其目的在于推翻资产阶级制度，剥夺剥夺者，消灭以压迫劳动者为基础的社会制度。这种活动的基础是马克思主义者的共同信念：俄国工人是俄国全体被剥削劳动群众的唯一和天然的代表。”② 显然，在这里列宁已经提出了从资产阶级民主革命发展到社会主义革命的思想。列宁的这部著作是俄国马克思主义者的第一篇宣言，它出版后受到国内外俄国社会民主主义者的热烈欢迎并对俄国工人运动产生了深远影响。

然而，民粹派错误思想虽然遭到列宁的迎头痛击，但并没有在俄国社会民主运动中彻底肃清。列宁认为，民粹派实质上是一个反马克思主义的政治派别，它的理论对工人阶级的革命事业有巨大危害性，它会解除工人阶级的思想武装，涣散革命队伍。因此，只有把它的理论彻底摧毁，才能为俄国无产阶级政党的建立扫除障碍，于是列宁加快了《俄国资本主义的

---

① 《列宁选集》第1卷，第81页。

② 同上书，第79页。

发展》一书的写作工作。列宁委托亲友从彼得堡和莫斯科借阅和购置了大量的书籍与资料，于 1898 年 8 月完成《俄国资本主义的发展》的初稿并着手进行认真修改。1899 年 4 月，列宁的《俄国资本主义的发展》一书在彼得堡出版，很快销售一空，成为当时俄国革命者的一本必读书。列宁在这本书中驳斥了民粹派否认俄国资本主义发展的事实，通过翔实的数据证明了资本主义在俄国的发展，指出了俄国已经具备了建立工人阶级的革命政党并取得反对封建专制斗争胜利的前提条件。在著作中，列宁既驳斥了否认俄国资本主义发展事实的民粹派，也批判了美化资本主义的“合法马克思主义者”。列宁指出，俄国的无产阶级队伍已经空前地壮大起来，工人阶级反对沙皇制度和资产阶级的斗争也日益发展，他们是俄国革命事业的领导者，而广大的农民阶级则是他们可行的同盟者。列宁写道：工人在资本主义社会中要“把一种空泛的迟钝的不满，转变成一种自觉的抗议，把细小琐碎的以及没有什么意义的闹事，转变成为一种争取全体劳动人民解放的有组织的阶级斗争，这种斗争正是从这大规模的资本主义的生存条件中汲取它的力量的，因而可以有把握得到一定的成功”。[①] 列宁《俄国资本主义的发展》一书运用马克思主义政治经济学说分析了俄国资本主义发展状况，是马克思《资本论》的基本思想在俄国的具体运用和发展，正确地阐明了俄国经济发展所要走的道路，为正确制定俄国革命运动的纲领和策略提供了理论依据。

1902 年，以民粹派思想为指导的俄国社会革命党成立了，其成员大都来自一些民粹团体和小组，其主要代表人物有切尔诺夫、布列什柯夫斯卡娅、阿列克森齐也夫等。社会革命党继续坚持民粹派观点，并在国外出版该党的机关报即《革命俄国报》和《俄国革命通报》。社会革命党的理论体系实质上是民粹主义和修正主义大杂烩，他们抹杀无产阶级同小私有者的区别，否认农民内部的阶级分化，反对在资产阶级民主革命中坚持无产阶级的领导权，反对建立无产阶级专政。社会革命党要求全部土地归社会所有，实行“土地社会化”，由公社和地区性的公社联盟按平均使用的原则来支配。他们鼓吹“英雄史观”，认为个人恐怖是同沙皇专制制度做斗争的主要手段，积极组织暗杀沙皇大臣和省长的秘密恐怖活动。

列宁认真研究了社会革命党的纲领和策略后，于 1902 年 6 月 27 日在侨居巴黎的俄国政治侨民会议上作了评价社会革命党人的纲领和策略的报告。6 月末至 7 月，列宁写成《为什么社会民主党应当坚决无情地向社会

① 高敬增等编著：《四大革命导师传：列宁》，第 102—103 页。

革命党人宣战》《革命冒险主义》《谈当前问题（社会民主党人对社会革命党的态度）》《社会革命党人所复活的庸俗社会主义和民粹主义》《一个反社会革命党人的基本观点》等论文和报告，深刻地批判了社会革命党思想理论对俄国革命的消极作用，在国内外都产生了巨大影响。列宁在这些著作和报告中指出，社会革命党人屈从于俄国的民粹主义思潮，轻视科学社会主义理论的作用，不承认阶级斗争的革命原则，企图以恐怖手段代替政治斗争。因此，列宁指出："我国这种以'社会革命派'著名的社会思潮，实际上正在离开而且已经离开了只有现在才有的、国际上唯一的革命社会主义理论——马克思主义。"列宁认为，社会革命党人的纲领"完全离开了革命斗争的立场，而把自己所谓的社会主义降低到最庸俗的小资产阶级改良主义的水平"。①

1903 年 2 月，列宁在巴黎俄国社会科学高等学校做了四次题为《对欧洲和俄国的土地问题的马克思主义观点》的讲演。这所学校是为侨居国外的俄国大学生开办的，学校的领导虽然同情自由主义民粹派和社会革命党人，但迫于学校教员的压力和《火星报》的巨大影响，不得不邀请列宁这位马克思主义理论家来作报告。列宁的报告赢得了学生们热烈的掌声，马克思主义被越来越多的俄国人所接受。1903 年春天，列宁又先后为旅居英法的俄国人作了几场政治报告，同时还向农民讲解《社会民主党人要求什么?》一书，该书于同年 5 月在日内瓦出版，并秘密运回俄国，受到了工人、士兵、教师和大中学生的热烈欢迎。列宁在这部著作中，用通俗易懂的语言向农民讲述了社会民主党人的斗争目标，分析了地主、农村资产阶级、中农、无产阶级和半无产阶级的经济状况与政治态度，阐述了建立工农联盟的伟大意义。他向农民指出，我们要争取的新的、美好的社会制度是："在这个新的、美好的社会里不应该分穷富，大家都应该做工。共同工作的成果不应该归一小撮富人享受，应该归全体劳动者享受。机器和其他技术改良应该用来减轻大家的工作，不应该牺牲千百万人民的利益来使少数人发财。这个新的、美好的社会叫社会主义社会。关于这个社会的学说叫社会主义。为这个美好的社会制度进行斗争的工人联盟就叫社会民主党。"他又指出："俄国的全体工人和全体农村贫民应该左右开弓进行两方面的斗争：一方面同全体工人联合来反对一切资产者；另一方面同全体农民联合来反对农村中当官的、农奴主那样的地主。"②

① 高敬增等编著：《四大革命导师传：列宁》，第 138 页。
② 同上书，第 139 页。

民粹主义虽然在理论上遭到列宁的彻底批判，但其思想滋养下的民粹主义分子及其相关行动却一直存在于俄国革命实践之中，有些时期表现出一些革命性，更多的时期表现出反革命性。在“十月革命”胜利后，国内外反动势力竭力将新生的无产阶级政权消灭在襁褓之中。在苏维埃政权处于内外交困之时，社会革命党人、孟什维克、人民社会党人和其他小资产阶级民族主义者竟然扮演了反革命帮凶的角色，所有这些组织都同外国武装干涉者有联系，社会革命党人甚至发动了反革命武装叛乱。孟什维克和社会革命党人利用年轻的苏维埃国家的困难、饥荒和经济崩溃，在苏维埃政权所控制的地区进行反革命活动。他们积极参加一些反革命地下组织，企图用武力推翻苏维埃政权。1918 年 6 月，全俄中央执行委员会通过一项决议，指出那些竭力破坏苏维埃政权威信并企图推翻它的党派不能继续留在苏维埃内。于是，社会革命党人以及孟什维克分子都被开除出苏维埃。但他们很快就转入地下，仍然继续进行反对苏维埃政权的破坏活动。1918 年 6 月 24 日，左派社会革命党中央通过发动叛乱的决定。1918 年 7 月初，孟什维克和右派社会革命党人公开参加反苏维埃的叛乱。7 月 5 日，左派社会革命党人在全俄苏维埃第五次代表大会上制造爆炸事件；7 月 6 日，左派社会革命党人又在德国大使馆投掷了一颗炸弹，炸死了德国大使米尔巴赫伯爵，企图破坏新生苏维埃政权与德国缔结的和平关系。同日下午，左派社会革命党人发动叛乱，他们向克里姆林宫开炮，逮捕了全俄肃反委员会主席捷尔任斯基和莫斯科苏维埃主席斯米多维奇，并占领电报局、电话局，发布宣言和通电，似乎政权已掌握在他们手中。为了打击左、右派社会革命党人以及孟什维克等反革命嚣张气焰，保卫革命果实，布尔什维克在列宁领导下，用武力彻底击溃了社会革命党人的武装叛乱。

为什么社会革命党走上公开武装叛乱的道路？列宁深刻指出：社会革命党人忠于俄国民粹派的思想体系，与马克思主义不同，在世界观的一些根本问题上有了分歧，到了困难的历史关头必然要表现出来；他们闭着眼睛不看现实，不考虑国内外客观条件，结果铸成大错。列宁在《国际共产主义运动中的“左派”幼稚病》中深刻指出：“俄国孟什维克和社会革命党人（同 1914—1920 年间世界上第二国际的一切领袖一样），一开始就实行叛卖，直接间接地为‘保卫祖国’即保卫本国的资产阶级强盗辩护。后来他们又进一步实行叛卖，同本国的资产阶级联合，同本国的资产阶级一起来反对本国的革命无产阶级。他们在俄国起初同克伦斯基和立宪民主党人结成同盟，后来又同高尔察克和邓尼金结成同盟，正如他们国外的同道者同各自国家的资产阶级结成同盟一样，都是倒向资产阶级一边反对无产阶级。他们同帝国主义强盗的妥协，自始至终都表明他们已沦为帝国主义强盗的同谋者。"①

二、对"合法马克思主义"和"经济主义"的批判

就在列宁潜心研究和大力宣传马克思主义理论，加强俄国无产阶级政党建设的时候，国际工人运动出现了一股修正主义的思潮，对各国的工人运动都产生了消极影响。1895 年恩格斯逝世之后，国际社会主义党人的右翼分子，装扮成马克思主义者，打着马克思主义旗号，肆意歪曲和篡改马克思主义。德国社会主义党人爱德华·伯恩施坦②是其典型代表。

马克思和恩格斯都强调，他们的学说不是教条，而是行动的指南；无论是唯物史观，还是科学社会主义的原理，在具体应用时都要依历史条件的变化而变化。具有欺骗性的是，伯恩施坦恰恰以历史条件变化为理由，对所谓的"哪些方面马克思仍然是正确的和哪些方面他是不正确的"进行思考，基本的立场和态度转向错误的修正主义。正如他自己所宣称的："不仅涉及个别问题，而是涉及马克思主义的基础"，社会民主党需要从整体上和根本上，"检查一下我们迎接这个时代的精神武器"，"必须修改它今天仍然采取的主要是批评的立场的时代"，"提出积极的改良建议"。③伯恩施坦于 1896 年至 1898 年在《新时代》杂志上以《社会主义问题》为总标题，以"个人的观点和传统的观点"为副标题连续发表文章，并于 1899 年 3 月公开发表《社会主义的前提和社会民主党的任务》，系统地阐述修正主义观点。在这些文章中，伯恩施坦自命为"正统"马克思主义者，叫嚣马克思主义已经整体上失去了正确性和实践意义，要对它进行系统的"修正"。他认为：唯物史观"关于历史必然性及其根源"的观点，"带有宿命论音调"；辩证法是马克思学说中的"叛卖性因素"，"是妨碍对事物进行任何推理正确的考察的陷阱"；剩余价值是"一个以假说为根据的公式"，"不能为社会主义或共产主义做出科学的论证"；"社会主义的最终目的"，"对我来说是微不足道的，运动就是一切"；"假定从资本主义社会到

① 《列宁选集》第 4 卷，第 149 页。

② 伯恩施坦于 1850 年 1 月 6 日出生在德国柏林市的一个犹太人家庭，1872 年他成为了德国社会民主工人党的一员，开始与奥古斯特·倍倍尔和威廉·李卜克内西等著名国际工人运动活动家接触。从 1878 年德国颁布反社会党人法后，伯恩施坦在瑞士苏黎世参与筹办党的机关刊物《社会民主党人报》，从 1881 年起担任该报主编；1888 年，由于来自普鲁士的压力，他被驱逐出瑞士来到伦敦，与恩格斯开始有了密切联系。恩格斯逝世后，伯恩施坦于 1896—1898 年在《新时代》杂志上发表了题为《社会主义问题》的一组文章，兜售其修正主义错误观点。

③ 殷叙彝编：《伯恩施坦文选》，人民出版社 2008 年版，第 15—16 页。

社会主义社会有一个飞跃”，完全是一种“空想”；信奉资本主义必然“崩溃”，对社会民主党来说是一条“不归路”；无产阶级是“虚假的阶级基础”，其“革命权”已经消失；社会民主党需要放弃阶级斗争和革命，顺着改良道路“回到朗格去”。[①] 由于与马克思主义创始人之一的恩格斯以及其他早期马克思主义者的密切接触，伯恩施坦的错误观点戴上了“权威性”光环，迷惑了一些对科学社会主义理解不深的人，在国际工人运动中产生了极为消极的影响。

伯恩施坦修正主义出现之后，在国际共产主义运动中引起了很大的震动。但欧洲一些国家的无产阶级革命家和工人运动的领导人并没有立刻认识到伯恩施坦修正主义的危险性。例如，德国社会民主党领导人威廉·李卜克内西认为伯恩施坦主义只是“儿童的愚蠢”和“无害的学说”，没有必要花费时间去批判它；法国工人党领导人保尔·拉法格也只是认为伯恩施坦对马克思主义的“修正”是“理智和疲劳过度”的结果；德国社会民主党理论家弗兰茨·梅林则说：“修正主义在工人群众中从来未能站稳脚跟，它对工人群众的实际运动根本没有产生丝毫影响。”而当时作为《新时代》杂志主编的卡尔·考茨基，甚至一度只允许该杂志刊登伯恩施坦兜售修正主义理论的论文，不许发表批判伯恩施坦的文章。俄国马克思主义理论家、“劳动解放社”领导人普列汉诺夫开始对伯恩施坦的批判也表现得谨小慎微，犹豫不决。但当他看清了伯恩施坦修正主义的巨大危害后，便于 1898 年春末夏初先后在日内瓦和罗马做了《论所谓马克思主义危机》的讲演，第一次正式对伯恩施坦修正主义公开宣战。接着他在 1898 年 7 月《新时代》杂志上发表了第一篇批判伯恩施坦修正主义的论文《伯恩施坦与唯物主义》；同年 10 月在该杂志上发表第二篇批判伯恩施坦修正主义的论文《康拉德·施米特反对卡尔·马克思和弗里德里希·恩格斯》；1899 年 2 月，他又在该杂志上发表批判伯恩施坦修正主义的论文《唯物主义还是康德主义?》。

伯恩施坦修正主义的出现引起了正处在流亡时期的列宁的关注和愤怒，他开始搜集有关书刊和资料，其中包括伯恩施坦本人的著作和对他的一些批判文章，准备向伯恩施坦修正主义宣战。列宁坚决支持普列汉诺夫对伯恩施坦的批判。在 1899 年 7 月 2 日给朋友的信中，列宁谈到 1896 年出版的普列汉诺夫《唯物主义史论丛》一书时说：“《唯物主义史论丛》的作者完全正确，他认为新康德主义是反动资产阶级的反动理论，并且起

① 殷叙彝编：《伯恩施坦文选》，人民出版社 2008 年版，第 143、163、176、318 页。

来反对伯恩施坦。”同年7月9日在给亚·波特列索夫的信中，列宁谈到普列汉诺夫批判伯恩施坦的文章时再次指出：“我非常满意地一再阅读了《唯物主义史论丛》，谈了这位作者发表在《新时代》上的那些反对伯恩施坦和康拉德·施米特的文章（1898—1899年《新时代》第5期，以后各期没有见到），谈了我们的康德主义者（彼·司徒卢威和布尔加柯夫）所称赞的认识论的经院哲学，我坚决站在一元论者这边。”①

与此同时，列宁还决定翻译一些著作，以便让俄国社会民主主义者了解国际上的机会主义和反对机会主义的斗争。1898年3月至8月，列宁把英国工联主义和费边主义理论家悉·维伯和比·维伯夫妇合著的《英国工联主义的理论和实践》一书的第一卷翻译成俄文，并在译稿中增加了脚注。1899年下半年，列宁阅读了考茨基的《伯恩施坦与社会民主党的纲领》一书并写了一篇书评，他在书评中肯定了考茨基对伯恩施坦的严厉批判，批驳了伯恩施坦对马克思主义唯物史观、辩证法和《资本论》的攻击。1899年11月至12月，列宁和克鲁普斯卡娅利用两周时间，把考茨基的著作《伯恩施坦与社会民主党的纲领》自德文译成了俄文。列宁的书评和译稿在米努辛斯克等地的流放者中传阅，对于肃清伯恩施坦修正主义在俄国的消极影响产生了巨大作用。

列宁在批判国际上伯恩施坦修正主义的同时，也反思了俄国最早的修正主义派别——“合法马克思主义”和“经济主义”并与之展开了思想斗争。随着封建经济的解体和资本主义经济的迅速发展，俄国一些资产阶级知识分子，也打出了马克思主义的旗号，在公开出版的报刊上宣传其修正主义的理论观点。他们一味美化资本主义制度，认为资本主义比封建主义进步，应该让资本主义在俄国充分地发展下去，并由此得出取消阶级斗争，取消无产阶级革命和无产阶级专政的错误结论。“合法马克思主义者”也批判自由主义民粹派，曾经和革命马克思主义者共同进行反对自由主义民粹派的斗争，但实质上属于资产阶级自由派。1894年秋季，彼得堡一部分革命的马克思主义者和“合法马克思主义者”召开了一次辩论会。在会上，列宁发表了题为《马克思主义在资产阶级著作中的反映》的演说，批判了“合法马克思主义”理论代表人物司徒卢威的《俄国经济发展问题的评述》一书中的错误观点。列宁这篇演说的基本论点纳入了他后来写的《民粹主义的经济内容及其在司徒卢威先生的书中受到的批评》一文中。

“经济主义”是19世纪俄国工人运动内部出现的一个机会主义派别，

---

① 高敬增等编著：《四大革命导师传：列宁》，第106页。

是国际修正主义和国内资产阶级改良主义思想相结合的产物。它的社会基础是小资产阶级，鼓吹工人运动的根本任务是在资本主义制度下改善物质生活条件的经济斗争，反对无产阶级革命和无产阶级专政。俄国“经济主义”的代表人物包括谢·普罗柯波维齐、叶·库斯科娃、克里切夫斯基和马尔丁诺夫等人。

早在流放生活中，列宁就开始了反对经济派的斗争。1899 年，经济派的代表人物谢·普罗柯波维奇、叶·库斯柯娃等人发表了由库斯柯娃起草的经济派宣言——《信条》。《信条》把马克思主义理论歪曲成为仅仅主张进行政治斗争的理论，从而断定这种理论不适用俄国，并指责俄国马克思主义者“关于独立工人政党的议论，无非是把他人的任务和成绩搬到我国国土上来的结果。俄国马克思主义者现在还处在一种可怜的状态。他们现在的实际任务还很渺小，而他们的理论知识——由于不是用做研究的工具，而是当作活动的公式，——甚至对执行这些渺小的实际任务也没有什么价值”。[①]《信条》还认为，俄国工人阶级同西欧工人阶级不同，身受深重的政治压迫，缺乏有组织的精神传统，因而宣称马克思主义者必须放弃自己的路线，加入到其他所谓自由主义派别中来：“俄国马克思主义者的出路只有一条：参加，也就是帮助无产阶级进行活动斗争，并且参加自由主义反对派的活动。”[②] 总之，《信条》反对无产阶级革命，反对建立无产阶级政党。经济派的这种论调充斥在其喉舌——《工人思想报》、《工人事业》杂志上，他们打着反对“思想僵化”、反对“教条主义”的幌子，主张“批判自由”，宣传修正主义，在报刊上公开表示支持伯恩施坦的观点。列宁认为，经济派的这些主张是十分有害的，它是俄国的伯恩施坦主义，若任其自由泛滥，只能使俄国的无产阶级丧失斗志。

1899 年 7 月，列宁在流放地收到了姐姐安娜·乌里扬诺娃寄来的用化学药水抄写的经济派的《信条》，立即进行了反复的阅读研究，并草拟了《俄国社会民主党人抗议书》（以下简称《抗议书》），联合流放地的革命者签名反对经济派的修正主义言论。《抗议书》批判了经济派对欧洲工人运动以及俄国马克思主义者政治主张的无知和错误评价，批判了经济派主张只进行经济斗争、反对政治斗争的谬论，指出：《信条》作者们对于以往西欧工人运动的看法就是完全不正确的。“马克思主义把工人阶级的经济斗争和政治斗争结合成了一个不可分割的整体，所以《信条》作者们企

---

① 《列宁选集》第 1 卷，第 264—265 页。

② 同上书，第 265 页。

图把这两种斗争形式分开，就是一种最拙劣最可悲地背弃马克思主义的行为。……无产阶级的统一的阶级斗争必须把政治斗争和经济斗争结合起来的信念，则早已深入国际社会民主运动的血肉之中了。其次，历史经验又确凿地证明，当无产阶级没有政治自由或者政治权利受到限制的时候，始终必须把政治斗争提到首位”，“《信条》作者们对于西欧工人运动的现状以及作为这个运动旗帜的马克思主义理论，也持有完全不正确的见解。谈论‘马克思主义的危机’，不过是重复资产阶级下流文人无聊的议论，他们竭力想把社会党人之间发生的任何争论都加以夸大，以促成各社会党的分裂。臭名远扬的‘伯恩施坦主义’，按照广大公众特别是《信条》作者们通常所了解的含义来说，就是企图缩小马克思主义的理论，把革命的工人政党变为改良主义者的党，而这种企图理所当然地受到了大多数德国社会民主党人的坚决谴责。”[①] 为了扩大影响，列宁还把《抗议书》寄给国外的“劳动解放社”。1900 年初，普列汉诺夫在他的《为‘工人事业’编辑部所写的指南》这本批判经济主义的论文集中，转载了《抗议书》。《抗议书》在俄国社会党组织中广泛传播，沉重地打击了经济主义，捍卫了马克思主义学说。

正当 1900—1902 年全国重要城市掀起学生罢课和工人罢工的高潮之时，俄国经济派分子却在彼得堡出版了《工人思想报》，在国外出版了《工人事业》杂志，继续散布经济主义理论，妄图把工人阶级的解放运动引向邪路。1901 年 10 月 5 日在苏黎世召开了俄国社会民主党国外组织“统一”代表会议，会间俄国社会民主主义者国外联合会坚持其经济派立场，列宁立即提议《火星报》和《曙光》杂志编辑部、“社会民主党人”革命组织发表声明，退出会议，成立一个新的统一的组织——俄国革命社会民主党人国外同盟。为了彻底清算经济主义，列宁于 1901 年秋至 1902 年 2 月写出了著名的《怎么办?》，该书于 1902 年 3 月由德国斯图加特市狄茨出版社出版。

在《怎么办?》一书中，列宁首先指出，经济派提出所谓“反对教条主义”和“批评自由”口号的实质，在于歪曲和篡改马克思主义。“所谓反对思想僵化等等的响亮词句，只不过是用来掩饰人们在理论思想发展方面的冷淡和无能。俄国社会民主党人的例子非常明显地说明了全欧洲的普遍现象（这是德国马克思主义者也早已指出了的现象）：赫赫有名的批评自由，并不是以一种理论来代替另一种理论，而是自由地抛弃任何完整的

① 《列宁选集》第 1 卷，第 265—267 页。

和周密的理论，是折衷态度和无原则性。……由此可见，《工人事业》杂志得意洋洋地提出马克思的一句名言——‘一步实际运动比一打纲领更重要’，是多么不合时宜。在理论混乱的时代来重复这句话，就同在人家送葬时高喊‘但愿你们拉也拉不完！’一样。而且上面所引的马克思的这句话，是从他论述哥达纲领的那封信里摘引来的，马克思就在那封信里严厉地斥责了人们在说明原则时所抱的折衷主义态度。马克思写信给党的领袖们说，如果需要联合，那么为了达到运动的实际目的，可以缔结条约，但是决不能拿原则来做交易，决不要做理论上的‘让步’。马克思的意思就是这样。而我们这里却有人假借马克思的名义，来竭力减弱理论的意义！”①

与此同时，列宁还批判了经济派崇拜工人运动自发性的谬论，阐明了革命理论对于工人运动和党的建设的伟大意义。列宁认为，在工人中间存在着两种不同的思想体系：社会主义思想体系和资本主义思想体系，对于社会主义思想体系的任何轻视和任何脱离，都意味着资产阶级思想体系的加强。“对工人运动自发性的任何崇拜，对‘自觉因素’的作用即社会民主党的作用的任何轻视，完全不管轻视者自己愿意与否，都是加强资产阶级思想体系对于工人的影响。所有那些说什么‘夸大思想的作用’，夸大自觉因素的作用等等的人，都以为工人只要能够‘从领导者手里夺回自己的命运’，纯粹的工人运动本身就能够创造出而且一定会创造出一种独立的思想体系。但这是极大的错误。……既然谈不到由工人群众在其运动进程中自己创立的独立的思想体系，那么问题只能是这样：或者是资产阶级的思想体系，或者是社会主义的思想体系。这里中间的东西是没有的（因为人类没有创造过任何‘第三种’思想体系，而且在为阶级矛盾所分裂的社会中，任何时候也不能有非阶级的或超阶级的思想体系）。因此，对社会主义思想体系的任何轻视和任何脱离，都意味着资产阶级思想体系的加强。人们经常谈论自发性，但工人运动的自发的发展，恰恰导致运动受资产阶级思想体系的支配，恰恰是按照《信条》这一纲领进行的，因为自发的工人运动也就是工联主义的、也就是纯粹工会的运动，而工联主义正是意味着工人受资产阶级的思想奴役。因此，我们社会民主党的任务就是要反对自发性，就是要使工人运动脱离这种投到资产阶级羽翼下去的工联主义的自发趋势，而把它吸引到革命的社会民主党的羽翼下来。……资产阶级思想体系的渊源比社会主义思想体系久远得多，它经过了更加全面的加

① 《列宁选集》第1卷，第310—311页。

工，它拥有的传播工具也多得不能相比。所以某一个国家中的社会主义运动愈年轻，也就应当愈积极地同一切巩固非社会主义思想体系的企图作斗争”。①

列宁同时指出，工人运动不能自发地产生科学社会主义，但这并不是说科学社会主义的产生与工人运动无关，科学社会主义是在无产阶级反对资产阶级的阶级斗争发展到一定阶段的产物，只有从外部向工人运动灌输科学社会主义理论，工人运动才能发展成为自觉的革命运动。因此，列宁说：“没有革命的理论，就不会有革命的运动。在醉心于最狭隘的实际活动的偏向同机会主义说教结合在一起的情况下，必须始终坚持这种思想。……社会民主主义运动就其本质来说是国际性的运动。这不仅意味着我们应当反对民族沙文主义，还意味着在年轻的国家里开始的运动，只有在运用别国的经验的条件下才能顺利发展。但是，要运用别国的经验，简单了解这种经验或简单抄袭别国最近的决议是不够的。为此必须善于用批判的态度来看待这种经验，并且独立地加以检验。只要想一想现代工人运动已经有了多么巨大的成长和扩展，就会懂得，为了完成这个任务，需要有多么雄厚的理论力量和多么丰富的政治经验（以及革命经验）。……现在我们只想指出一点，就是只有以先进理论为指南的党，才能实现先进战士的作用”，“阶级政治意识只能从外面灌输给工人，即只能从经济斗争外面，从工人同厂主的关系范围外面灌输给工人。只有从一切阶级和阶层同国家和政府的关系方面，只有从一切阶级的相互关系方面，才能汲取到这种知识。所以，对于怎么做才能向工人灌输政治知识这个问题，决不能只是做出往往可以使实际工作者，尤其是那些倾心于‘经济主义’的实际工作者满意的那种回答，即所谓‘到工人中去’。为了向工人灌输政治知识，社会民主党人应当到居民的一切阶级中去，应当派出自己的队伍分赴各个方面。”②

通过深刻的理论分析，列宁和他的战友们用了整整三年的时间，终于铲除了经济主义这一伯恩施坦修正主义在俄国的变种。经济派的主要刊物《工人思想报》和《工人事业》杂志在1902年相继停刊，经济派错误思想得到彻底清算。反对经济派斗争的胜利，为俄国社会民主工党奠定了马克思主义思想基础。

① 《列宁选集》第1卷，第325—328页。

② 同上书，第311—312、363页。

三、对考茨基帝国主义和平论的揭露和批判

列宁对考茨基的批判，主要是围绕帝国主义问题展开。列宁与考茨基论战的核心问题是：帝国主义是否具有客观历史必然性，它是资本主义发展的一个阶段还是资产阶级政府的一种政策；帝国主义的起源和本质是什么，在第一次世界大战危机不断加深的背景下是否可能“超帝国主义”；无产阶级政党应当采取何种态度，是抓住机遇进行革命，还是支持战争进行改良。列宁深刻感到，如果不从经济方面和政治方面彻底弄清楚帝国主义的实质，如果不以此为基础，那就不能具体地历史地评价当前这场战争，就不能制定无产阶级政党正确的方针路线。

随着第一次世界大战的危机不断加深，工人阶级的群众性组织和革命高潮也蓬勃发展起来。然而，刚起来斗争的群众往往轻信改良主义，而对要求根本改革旧社会的马克思主义纲领则不易理解。改良主义者用内战、饥饿、贫困、经济崩溃等可怕的灾难来恐吓群众，掩盖资产阶级民主这一资产阶级专政的国家形式的实质，同时又通过自己的组织、工会、合作社给群众灌输这样一种思想，即单靠实行一些民主改革就可以结束资本主义。机会主义者竭力证明，资本主义作为整个体系还在继续向上发展，进行社会主义革命为时尚早。有的机会主义者把进步同革命、民主与专政对立起来，硬说无产阶级革命只能损害社会进步和推迟无产阶级的社会解放。有的社会沙文主义者则企图把国家垄断资本主义说成是某种“军事社会主义”或“国家社会主义”。

考茨基在1914年发表了《帝国主义》一文，第二年他又发表了《民族国家、帝国主义和国家联盟》，提出了“超帝国主义”的理论。考茨基发展了社会沙文主义者的反动帝国主义理论，但与社会沙文主义者不同的是：考茨基同马克思主义决裂的方式不是替帝国主义辩护，而是幻想和平的资本主义。他断言，不应当把帝国主义理解成资本主义一个阶段，而应当理解成金融资本采取的“政策意图”。他认为，金融资本不改变实质就能放弃侵略，推行和平政策。“帝国主义就这样为自己挖掘坟墓。它从发展资本主义的手段变成了阻碍资本主义的手段。”考茨基把帝国主义的本质归结为与资本主义生产方式没有必然联系的追求扩张政策的“实力问题”①，认为“帝国主义就其整个本质来说，不仅是对内政策方面的实力问题，而且也是对外政策方面的实力问题。帝国主义的政策正是实力政策，

① 王学东编：《考茨基文选》，人民出版社2008年版，第306、310页。

别无其他"①。

针对考茨基的观点，列宁对相关文献做了大量的摘录、札记、评注，先后有20个笔记本，约65万字。1914年9月，列宁针锋相对地写下《帝国主义论》一文。文章立足对资本主义生产引起的垄断的分析，揭示了帝国主义形成的"自然历史过程"和"自身的矛盾"的结果，指出了潜在的战争危险与革命的关系，从而为俄国十月社会主义革命奠定了理论基础。列宁指出：世界资本主义的确在朝着一个全世界的托拉斯的方向发展。但是，在各国金融资本超帝国主义地联合成一个世界托拉斯之前，帝国主义就必然要崩溃，变成自己的对立物。考茨基用超帝国主义论支持社会沙文主义者，似乎金融资本的统治削弱了世界资本主义经济内部的矛盾和发展的不平衡。其实，在帝国主义阶段，资本主义国家间的矛盾在剧烈增长，并必然导致军事冲突，只有社会主义革命才能解决这些矛盾。因此，"必须给帝国主义下一个尽量确切和完备的定义。帝国主义是资本主义的特殊历史阶段。这个特点分三个方面：（1）帝国主义是垄断的资本主义；（2）帝国主义是寄生的或腐朽的资本主义；（3）帝国主义是垂死的资本主义。垄断代替自由竞争，是帝国主义的根本经济特征，是帝国主义的实质。垄断制表现为五种主要形式：（1）成立卡特尔、辛迪加和托拉斯；生产集中达到了产生这种资本家垄断同盟的阶段。（2）大银行占垄断地位，3至5家大银行支配着美、法、德三国的全部经济生活。（3）原料产地被各托拉斯和金融寡头占据（金融资本是同银行资本融合的垄断工业资本）。（4）国际卡特尔开始（在经济上）瓜分世界。这种国际卡特尔的数目已超过100个，它们控制着整个世界市场，并且"和睦地"进行瓜分（在战争还没有重新瓜分它以前）。资本输出作为一种非常典型的现象，和非垄断资本主义时期的商品输出不同，它同从经济上、从政治和领土上瓜分世界有着密切的联系。（5）从领土上瓜分世界（瓜分殖民地）已经完毕。"因此，"帝国主义是寄生的或腐朽的资本主义，这首先表现在腐朽的趋势上，这种趋势是生产资料私有制下的一切垄断所特有的现象。"②

列宁进一步深刻指出，超帝国主义论的真正意图，是在资本主义仍然是唯一的世界经济体系时，用可以保持持久和平的希望来对群众进行安慰。考茨基使劳动人民离开当代尖锐的矛盾，去注意所谓新的未来的超帝国主义的虚假前景。"考茨基的这种背弃马克思主义的行为，我们已在

---

① 王学东编：《考茨基文选》，人民出版社2008年版，第321页。

② 《列宁选集》第2卷，第704—705页。

《社会民主党人报》和《共产党人》杂志上详细论述过了。我们俄国的考茨基主义者，以阿克雪里罗得和斯佩克塔托尔为首的‘组委会分子’，包括马尔托夫而且在很大程度上也包括托洛茨基，都认为最好避开不谈考茨基主义这一思潮的问题。他们不敢维护考茨基在战时所写的东西，而只是吹捧考茨基或援引几封考茨基的私人信件来敷衍了事。考茨基在这些信件中硬说他属于反对派，而狡猾地试图完全否认自己的一切沙文主义言论。应当指出，考茨基对帝国主义的这种无异于粉饰帝国主义的‘见解’”①。列宁在展望世界发展前途时指出：帝国主义战争所造成的客观条件使全人类陷于非抉择不可的境地：要么让千百万人去送死，整个欧洲文化遭到彻底毁灭；要么是把政权交到革命无产阶级的手中，实现社会主义革命。

事情很快证明，列宁的估计是完全正确的。俄国成功地进行了无产阶级革命，退出了战争。这使资本主义各国的劳动人民坚信：除非进行无产阶级革命，否则无法把千百万人从战争、饥饿和死亡中拯救出来。因此，无论是在以前沙皇帝国疆界之内的各国，还是在西欧各国，无论是各中立国还是遭受战祸的各国（奥地利、德国），都发生了声势浩大的“苏维埃”运动。德国革命一开始就采取了“苏维埃”形式。奥匈帝国也同样。“一切权力归苏维埃”“工业社会化”的口号在欧洲和北美广泛传播。工人们开始行动起来，夺取生产管理权，实行社会化。但同时列宁提醒人们：必须建立无产阶级的专政，否则就不能实现人民政权的理想和把一切生产资料转交给人民。

俄国“十月革命”胜利后，在第二国际的领导人中，又是考茨基第一个反对列宁的理论和政策，反对布尔什维克党。1918 年 8 月至 10 月，考茨基在柏林先后发表了《社会主义的对外政策》《是民主呢还是专政》和《无产阶级专政》三篇改良主义文章，特别是《无产阶级专政》，集中歪曲马克思关于无产阶级专政的革命学说，诽谤俄国社会主义革命的经验，指责无产阶级专政是灾难的根源。考茨基在《无产阶级专政》中批评了马克思主义的最主要的东西——无产阶级专政学说，企图引导工人阶级离开无产阶级革命中的迫切问题，涣散其斗志，使他们沉缅于资本主义可以自然进化到社会主义这种改良主义幻想。考茨基回避对现代资产阶级国家进行阶级分析和批判，提出“一般民主”和“一般专政”的问题，认为民主绝对好于专政，无产阶级专政对建设社会主义是不适用的。考茨基避而不谈西方国家的“民主”政权对革命工人的镇压，却一再强调不消除阶级矛

① 《列宁选集》第 2 卷，第 706—707 页。

盾，民主也会使政治斗争具有和平的形式。按照考茨基的说法，议会制民主造成了一种条件，在这种条件下，无产阶级革命与资产阶级革命不同，将以经济的、守法的和精神上的和平手段来进行，而不是采用暴力的手段。考茨基以学者的面目出现，他竭力使西欧工人相信：无产阶级专政是一种违反自然发展阶段的尝试。他讽刺布尔什维克好像是一个缺乏耐性的孕妇，为了加快分娩而拼命地跳。考茨基还片面地曲解列宁的观点，把布尔什维克描写成不懂马克思经济理论的唯意志论者，盲目地相信意志万能，在俄国经济非常落后、搞社会主义的条件还不成熟的情况下，仍然想立即进行社会主义革命。考茨基把布尔什维克描绘成"篡权者"，说他们强行解散合法的立宪会议，把所有不同意布尔什维克纲领的社会主义党派都排斥出政权，对所有持不同政见的人实行恐怖，建立最落后阶层的专政，把苏维埃从战斗组织变成国家组织。[①]

读了考茨基的上述文献之后，列宁马上确认考茨基已经沦落为无产阶级革命的叛徒，于是列宁在 1918 年 10 月初开始着手写作《无产阶级革命和叛徒考茨基》这一重要的著作。这时，列宁刚刚从枪伤[②]中康复过来，子弹依然留在体内，便以虚弱之躯集中全力在理论上向考茨基机会主义进行坚决的斗争。他夜以继日地赶写这部著作，11 月 10 日该书脱稿，12 月在莫斯科出版。1919 年在德国出版，1920 年和 1921 年分别在保加利亚、英国、阿根廷、美国、拉脱维亚、法国和意大利出版，列宁的声音很快就传遍了欧美各国。

《无产阶级革命和叛徒考茨基》把重点放在无产阶级专政问题上，因为考茨基正是在这个问题上歪曲马克思主义，曲解俄国革命经验和苏维埃政权的实质。考茨基故意把无产阶级国家同资产阶级国家的关系、无产阶级民主同资产阶级民主这个具有历史意义的问题，归结为两种不同方法即民主方法和专政方法的对立，硬说关于过渡时期必须实行无产阶级专政的论断是马克思偶然说到的一个词，并建议以后一般不再使用"无产阶级专政"这一字眼。列宁批判了考茨基的这些谬论。他写道："无产阶级专政"这个公式是在历史上更具体、在科学上更确切地说明了无产阶级"打碎"资产阶级国家机器的任务，而这个任务是马克思和恩格斯在 1852 年至 1891 年这 40 年间、总结了 1848 年革命和 1871 年革命的经验而经常谈论

---

① 王学东编：《考茨基文选》，第 323—326 页。

② 1918 年 8 月 30 日，俄国右翼社会革命党委派恐怖分子芬妮·卡普兰刺杀列宁，两粒子弹打中列宁并造成重创。子弹没有及时从身体中取出，是导致列宁去世的主要原因。

的。列宁揭示了马克思的公式的内容，指出无产阶级的革命专政是由无产阶级采用暴力手段获得和维持的政权，是不受资产阶级社会的任何法律约束的。这个政权之所以必要，是为了挫败阶级敌人的反抗，是为了镇压无产阶级的敌人。①

在《无产阶级革命和叛徒考茨基》中，列宁还揭露了考茨基关于立宪会议优于苏维埃体系的谬论。考茨基鼓吹立宪会议是全体人民的机构，苏维埃只是一个阶级的机构。因此，苏维埃可以作为无产阶级的战斗组织，而不应成为国家组织。列宁则一针见血地指出：考茨基的论断证明他实际上转到了资产阶级方面，马克思早在《共产党宣言》中谈到胜利的工人阶级需要什么样的国家时就说道：国家即组织成为统治阶级的无产阶级。而考茨基，一个自称是马克思主义者的人竟说，已经组织起来并向资本主义进行决战的无产阶级，不应该把自己的阶级组织变成国家组织。这说明，考茨基已经背弃无产阶级的利益，宣扬或维护资产阶级国家的不可侵犯性，他的观点是荒谬绝伦的。②

在驳斥考茨基对布尔什维克党的攻击时，列宁自豪地说：布尔什维主义把“无产阶级专政”的思想普及到全世界，把这个词从拉丁文译成俄文，又译成世界各种文字，并以苏维埃实例表明：甚至一个落后国家中的工人和贫苦农民都能够在极大的困难当中，在同剥削者的斗争中，保持住劳动者的政权，建立起比以往的一切民主都高得多的民主，开始实现社会主义的创造活动。③

列宁的《无产阶级革命和叛徒考茨基》是马克思主义的一部经典之作。该书全面总结了俄国布尔什维克党取得世界历史性胜利的斗争经验，深刻地揭露了考茨基这一无产阶级革命叛徒的反马克思主义的真面目，使他永远失去了在国际共产主义运动中“绝对正确”的盛名，从而也有力地推动了正在发展的世界共产主义运动。

第四节　缔造了世界上第一个社会主义国家

通过长期不懈地认真学习马克思主义理论并在与形形色色的非马克思

① 《列宁选集》第3卷，第592、594—595页。

② 同上书，第618—619页。

③ 同上书，第650—651页。

主义和反马克思主义的理论派别的论战中，列宁成为一个继马克思和恩格斯之后世界上最优秀的马克思主义者。在传播马克思主义、组织工人运动和创立真正革命的马克思主义政党的实践中，列宁也逐渐成为俄国乃至国际共产主义运动的著名领袖。所有这些都为列宁在俄国缔造世界上第一个社会主义国家奠定了理论和实践基础。

1904 年 2 月 6 日，日本对俄不宣而战，突袭俄国在旅顺口的要塞，一场争夺朝鲜和中国东北的帝国主义战争——日俄战争爆发了。不久，驻守旅顺口的俄军向日本投降。战争破坏了俄国经济，暴露了沙皇专制制度的腐朽，加剧了国内阶级矛盾。列宁敏锐地认为，俄国一场人民革命的风暴就要来临了。1905 年 1 月 16 日，因厂方无理开除四名工人，在彼得堡最大的普梯洛夫工厂工人举行了大罢工，参加者达到 1.2 万人。1 月 22 日（星期日），全市各工厂工人纷纷举行总罢工进行声援。沙皇政府立即向彼得堡市调集四万多名士兵和警察予以镇压，打死 1000 多人、打伤 5000 多人，在俄国历史上被称为“流血星期日”。彼得堡的流血星期日进一步激怒了广大人民群众，俄国立即爆发了规模空前的罢工浪潮。仅在 1 月份，罢工人数就达到 44 万，并由经济罢工发展为政治罢工。工人们提出“打倒沙皇专制制度”“不自由，毋宁死”的革命口号。一些城市还爆发了大规模的游行示威，甚至发生了严重的武装冲突。2 月份，在奥廖尔、沃罗涅什利和库尔斯克等省，还爆发了农民运动浪潮，贫苦农民起来夺取地主的土地和牧场，并举行集会和游行示威。

这次工人运动中所爆发的武装冲突，使列宁敏锐地意识到无产阶级武装夺取政权的时代开始了。在日内瓦得知这一消息后，列宁激动地写下了一组评论彼得堡流血事件的文章。列宁在文章中指出：“流血星期日”是一场真正的革命，“革命就是战争。它是历史上所有一切战争中唯一合理的、正当的、正义的、真正伟大的战争。它不像任何其他战争那样，是为了维护一小撮统治者和剥削者的自私利益，它是为了人民群众反对暴君的利益，为了千百万被剥削者和劳动者反对专横和强力的利益而进行的战争”①。列宁在“流血星期日”事件之后，细致地研读了马克思和恩格斯关于革命战争和武装起义的军事著作，思考了武装起义的组织、战略战术及具体技术等问题。这一时期，他对“巴黎公社”的历史经验发生了浓厚兴趣。他校译了“巴黎公社”将军克吕泽烈的回忆录——《论巷战》的俄文译文，以便借鉴“巴黎公社”的历史经验。

① 高敬增等编著：《四大革命导师传：列宁》，第 159 页。

1905年4月25日至5月10日，俄国社会民主工党第三次代表大会在伦敦举行。列宁当选为大会主席，并指导了这次大会的全部工作。这次大会的重大成果是通过了关于武装起义的决议。决议指出：组织无产阶级举行武装起义来直接同专制制度斗争，是党在目前革命时期最主要、最迫切的任务之一。代表大会的另一项重大成果是通过了新党章，列宁在二大上提出的党章第一条第一次正式被党的代表大会确认。新党章第一条写明："凡承认党纲、在物质上帮助党并亲自参加党的一个组织的工作的人，都可以作为党员。"大会还确定了党中央机关报为《无产者报》并选举产生了中央委员会作为党中央的唯一领导机关，代替了原来并存的三个中央机关——党中央机关委员会、党中央机关报编委会和党总委员会。

然而，在关于无产阶级武装起义的策略问题上，俄国社会民主工党第三次代表大会和同期召开的第一次全俄党的工作者代表会议却出现了两条根本对立的策略。布尔什维克主张：革命由无产阶级领导，工人和农民结成联盟，举行武装起义，建立工农民主专政，把资产阶级民主革命进行到底并转变为社会主义革命。孟什维克则主张：革命由资产阶级领导，无产阶级同资产阶级结成联盟，用和平的方法改变沙皇制度，召集杜马一类的代表机关，完成资产阶级民主革命任务。另外，原党总委员会委员普列汉诺夫拒绝参加布尔什维克和孟什维克召开的两个会议。三大闭幕后，普列汉诺夫完全站在孟什维克的立场上，把列宁组织召开的党的三大诬蔑为"擅自行动"，并请求社会党国际局干涉俄国党的内部事务。社会党国际局打着"调停"的旗号，组成仲裁委员会，妄想采取组织干涉的办法，强迫布尔什维克接受孟什维克的机会主义策略。

为了捍卫党的三大的决议，捍卫布尔什维克的革命策略，批判孟什维克的机会主义路线，列宁在1905年6月至7月写成名著《社会民主党在民主革命中的两种策略》。在这部光辉著作中，列宁全面阐释了布尔什维克对革命的性质、前途、动力以及各阶级在革命中的作用和任务等问题的基本观点。他指出：无产阶级能够成为资产阶级民主革命的领导；工农联盟是革命取得胜利的根本保证；人民武装起义是革命胜利的最重要的手段，民主革命将转变为社会主义革命等等。

就在列宁写作《社会民主党在民主革命中的两种策略》的时候，俄国革命的烈火逐渐燃遍了全国各地。以列宁为首的布尔什维克立即深入到群众之中，积极组织和领导工人阶级武装起义。4月末，列宁为《前进报》编辑起草了"五一"劳动节传单，号召工农进行武装起义："我们要发动武装起义，推翻沙皇政府，为全体人民争取自由。工人和农民们，拿起武器吧！”1905年“五一”国际劳动节这一天全国共有200个城市的工人举行了政治罢工，罢工人数达到36万，许多城市的工人还同军警发生了冲突。从5月末开始的伊万洛沃—沃兹涅先斯克城的工人大罢工坚持了72天，为了领导罢工，他们选出由151个代表组成的工人代表苏维埃，这是俄国历史上出现的最早的工人代表苏维埃。6月，罗兹的罢工工人还同沙皇军警进行了三天激烈的街垒战斗。1905年夏天，俄国的欧洲部分近五分之一的县都爆发了农民起义。在工人阶级革命斗争的影响下，1905年6月，停留在敖得萨城附近海面上的沙俄黑海舰队“波将金”号铁甲舰上的水兵们，因不堪忍受压迫和虐待，杀死了一些军官，宣布起义。列宁在1905年7月10日《无产者报》上著文，高度评价“波将金”号铁甲舰起义的历史意义。

到10月份，总罢工的浪潮已经从莫斯科、彼得堡开始扩展到全国所有的工业中心和城市，甚至蔓延到各边疆少数民族地区。参加这次全国总罢工的有2500多个大工厂、200多万人，其中工厂工人100多万、铁路工人70万，另外还有下层职员、店员、学生、律师、医生、工程师等。这次全俄政治总罢工使全部社会生活陷于瘫痪，全国各大城市和工业中心普遍建立了工人代表苏维埃，有些地方还建立了士兵代表苏维埃和工农代表苏维埃。苏维埃这一群众性的政治组织，很快成了领导罢工斗争、准备武装起义的机关。在这样的形势下，为了更好地领导俄国革命运动，11月中旬列宁自日内瓦启程，经斯德哥尔摩返回俄国。11月21日晚上，列宁参加布尔什维克彼得堡委员会扩大会议，阐述了党对工人代表苏维埃应持的态度。他透彻地说明，党应该领导苏维埃，但不能代替苏维埃，党必须在苏维埃中保持自己的独立性。列宁随后又询问了武装起义的准备情况。他特别问到：工人的要求、组织工人战斗队的进展情况、战斗队员会不会使用枪枝、能否制造炸弹以及布尔什维克在军队和农民中的工作现状等等。

1905年12月18日，根据革命形势的发展，莫斯科布尔什维克代表会议建议苏维埃在12月20日宣布总罢工。总罢工爆发的当天参加者就达到了10万人，第二天发展到15万人。政府派遣重兵进行镇压，工人立即构筑起堡垒，同军队武装对峙。12月22日，莫斯科武装起义爆发了，近8000名起义的战斗队员同超过自己数倍的沙皇军队进行了九天的浴血战斗，给反动当局及其军队以沉重打击。但由于在起义的关键时刻，布尔什维克莫斯科委员会遭到破坏，起义失去了领导核心，沙皇政府控制了铁路，再加上以托洛茨基为首的彼得堡工人代表苏维埃对武装起义抱消极态度，彼得堡工人的11月总罢工未能转变为武装起义，沙皇政府得以从彼得堡调来大批军队镇压起义，致使轰轰烈烈的莫斯科12月武装起义遭到失败，其他城市的工人武装起义也先后被沙皇军队镇压下去。

莫斯科工人12月武装起义被镇压下去以后，普列汉诺夫等机会主义者趁机诬蔑武装起义，否定革命的群众运动。在这样的背景下，列宁领导俄国社会民主工党认真总结了莫斯科武装起义的伟大意义和失败的教训，并批判了彼得堡工人代表苏维埃消极对待武装起义的错误。1906年初列宁发表了《莫斯科起义的教训》一文，文章首先肯定了10月全俄政治总罢工和12月武装起义的伟大历史作用："1905年十月斗争和十二月斗争是巴黎公社以后伟大的无产阶级运动，只有发展这种形式的斗争，才能保证未来革命取得胜利，这些斗争的榜样应当成为我们教育新一代战士的工作中的灯塔。"与此同时，列宁又有力地驳斥了机会主义者的奇谈怪论："正好相反，本来应该更坚决、更果敢和更主动地拿起武器，本来应该向群众说明单靠和平罢工是不行的，必须进行英勇无畏和毫不留情的武装斗争。"①

1905年12月莫斯科武装起义失败之后，俄国革命走向低潮。1906年1月18日沙皇政府下达了逮捕列宁的命令。1906年2月底，列宁夫妇辗转逃到芬兰，继续领导俄国的工人运动。为了更好地领导俄国工人运动，列宁在流亡期间进行了深入的理论研究工作。1908年至1909年，列宁阅读了几百种哲学、自然科学著作，特别仔细地研读了马克思、恩格斯、普列汉诺夫、梅林、狄慈根的哲学著作。而在此期间，沙皇白色恐怖下的俄国社会民主工党出现了政治动摇、思想混乱、组织瓦解的严重危机。俄国社会民主工党内部派别林立，主张取消党的"取消派"、主张走第三条道路的"托洛茨基派"、主张布尔什维克同孟什维克妥协的"布尔什维克调和派"联合起来反对以列宁为首的布尔什维克。为了捍卫党的生存和发展，列宁毅然决定走独立建党之路。

经过精心筹备，1912年1月5日至17日，俄国社会民主工党第六次全国代表会议在布拉格召开。与会的20多个党组织的代表，除了两名孟什维克护党派代表外，全部是布尔什维克。会议选出列宁等17人为中央委员会委员，通过了《关于确定代表会议的性质》的决议，指出：俄国社会民主工党的全党代表会议是党的最高权力机关；会议决定在巴黎出版的《工人报》为党中央的正式机关报，并决定公开出版日报——《真理报》。代表会议还通过了列宁提出的《关于取消主义和取消派团》和《关于国外的党组织》两个决议，把孟什维克"取消派"开除出俄国社会民主工党。这

① 高敬增等编著：《四大革命导师传：列宁》，第174页。

样一来，布尔什维克党就形成了一个独立的无产阶级政党，称为俄国社会民主工党（布），此称谓一直延用到 1918 年。1918 年俄国社会民主工党（布）改称为俄国共产党（布），简称俄共（布）。

1914 年，俄国工人罢工斗争又掀起了空前的高潮。5 月份巴库石油工人提出改善生活条件的要求遭到拒绝后，举行了五万人参加的大罢工。7 月普梯洛夫工厂工人举行支持巴库工人罢工的集会，彼得堡各工厂工人也纷纷罢工，最多时达到 15 万人。在莫斯科、里加、哈尔科夫和第比利斯等大城市也举行了有一万至五万人参加的罢工和抗议示威游行。面对日益高涨的革命形势，沙皇当局进行了严厉镇压。7 月 21 日《真理报》被查封，工会和工人俱乐部被捣毁，一些布尔什维克领导人遭到逮捕。

在这种日益紧张的局势下，列宁预感到一场巨大革命风暴又要来临。正在这时，酝酿已久的第一次世界大战爆发了。1914 年 7 月 28 日，奥匈帝国以其皇太子被塞尔维亚人刺死为借口对塞宣战；接着，德国于 8 月 1 日对俄国宣战，3 日对法宣战；英国于 8 月 4 日对德宣战，13 日对奥宣战。英、法、俄等组成“协约国”集团，德、奥、意等组成“同盟国”集团，致使 36 个国家先后卷入这场战争。这场战争是两个帝国主义强盗集团之间，以重新分割殖民地、瓜分国际市场、争夺世界霸权为目的非正义性质的战争。后起的帝国主义国家德国想把英国在近东、法国在北非、比利时在刚果的殖民地据为已有，并占领俄国控制的乌克兰、波兰和波罗的海沿岸国家；奥匈帝国则想迅速实现它对巴尔干半岛的扩张，首先占领塞尔维亚。老牌帝国主义国家英国则企图打败新对手德国，占领土耳其的美索不达米亚和巴勒斯坦；法国想乘机收回早被并入德国版图的亚尔萨斯和洛林地区，并进而占领煤都萨尔；俄国则想击溃德国，称霸巴尔干，夺取奥匈帝国的加里西亚。与此同时，沙皇俄国还想借发动对外战争来缓和国内的阶级矛盾，转移革命人民的视线，镇压国内的工人运动。

8 月 1 日，列宁得到德国对俄国宣战的消息，立即对战争的发展进程及其潜在的革命机遇做出了科学的预见。他指出，战争将是持久的，双方资本家都将迫使自己的政府把战争进行到一方完全衰竭为止；既然日本人在远东打的那场规模较小的战争都在群众中引起了巨大的震动，那么这场发生在距离俄国中心地区很近的大规模战争不可能不导致革命。“战争造成的牺牲愈大，工人群众就愈能看清机会主义者背叛工人事业的行为，愈能看清把枪口转向本国政府和资产阶级的必要性。”①

① 《列宁选集》第 2 卷，第 409 页。

战争爆发后，列宁密切关注着交战国社会民主党对战争的态度，特别是德国社会民主党对战争的态度，因为他们在第二国际布鲁塞尔代表大会上曾经坚决反对帝国主义战争。8 月 4 日，列宁在报纸上看到了各国社会民主党对待战争的态度。德国社会民主党的议会党团在会议中投票赞成德国政府的军事预算，支持本国政府战争；法国社会党也在会议中投票拥护法国资产阶级政府的军事预算，党的领导人茹尔·盖得还出任法国资产阶级“国防政府”的不管部部长[①]；英国工党主席阿·韩得逊就任教育部大臣和不管部部长，积极为帝国主义战争做宣传和组织工作。列宁说：“这是第二国际的末日”，“从今天起我不再是社会民主党的党员了，我是一名共产党员”。[②] 列宁密切关注战争局势发展的同时，开始在理论上深入研究各国社会党人对待世界大战的态度以及应吸取的历史经验教训。

1915 年 8 月 23 日，列宁著名论文《论欧洲联邦口号》在《社会民主党人报》上发表。在这篇文章中，他第一次得出社会主义革命可以首先在少数甚至单独在一个资本主义国家内获得胜利的理论。列宁把这一理论置于资本主义经济发展不平衡的规律基础之上，突破了马克思、恩格斯认为社会主义革命必须同时在几个主要资本主义国家获得胜利的结论，发展了马克思主义的无产阶级革命学说。同年 9 月份，列宁的名著《社会主义与战争》以德文出版。在这部著作中，列宁从战争是政策的另一种手段（即暴力手段）的原理出发，指出目前的战争是资本主义的帝国主义阶段的战争，社会民主党当前的首要任务就是举起革命马克思主义的旗帜，坚决而明确地向工人说明党对帝国主义战争的看法，提出群众革命的口号，即帝国主义战争时代是国内战争时代起点的口号。1916 年至 1917 年初，列宁集中精力从事理论研究，先后完成了《论正在产生的“帝国主义经济主义倾向”》《答波基也夫斯基（尤·波达可夫）》《论对马克思主义的讽刺和“帝国主义经济主义”》等著作。在这些著作中，列宁提出了民族自决、变帝国主义战争为国内战争、使本国政府在帝国主义战争中失败的重要思想。所有这些思想都为俄国无产阶级取得民主革命和社会主义革命的胜利奠定了坚实的理论基础。

第一次世界大战爆发以后，各国工人群众掀起声势浩大的和平反战运

---

① 所谓不管部部长（Minister without Portfolio），是指政府中不专管某一部门事务的部长级官员，是历史上实行内阁制的国家曾经设置的一个部长级职位。不管部部长通常是内阁成员，出席内阁会议、参与政府决策，并常常受首相委托处理某些特殊政务。在英国，不管部部长也称为不管部大臣、国务大臣；在日本，不管部部长称为“无任所相”。

② 高敬增等编著：《四大革命导师传：列宁》，第 231 页。

动。俄国沙皇政府从参加大战一开始，就在经济上加紧了对人民的剥削与掠夺，在政治上进一步加强对人民的压迫。战争深刻地暴露了俄国经济的落后和沙皇政府的专制与腐败，加深了人民群众对沙皇政府的愤恨。布尔什维克党通过各种方式，在工人和人民群众中广泛地开展反对战争、推进革命的宣传工作与组织工作。从 1915 年秋天开始，俄国革命形势逐步高涨，工人罢工、农民运动、士兵逃跑事件频繁发生，大规模的革命风暴正在酝酿之中。

1917 年初，首都彼得格勒①工人的罢工和示威游行连续不断，规模也越来越大。布尔什维克党抓住这个有利的时机，积极进行组织领导，以便及时把政治罢工转变为武装起义。3 月 10 日（俄旧历 2 月 25 日）全市工人进行了总罢工，布尔什维克党发出动员令：立刻举行武装起义。3 月 11 日早晨，武装起义开始了。3 月 12 日彼得格勒的驻军也参加了武装起义。起义队伍迅速推翻了市政府，逮捕了沙皇政府的官吏。当天晚上，彼得格勒工兵代表苏维埃第一次大会隆重开幕，宣告“二月革命”胜利。这次资产阶级民主性质的革命胜利，证明了列宁在俄国 1905 年第一次民主革命时期提出的武装夺取政权策略的正确性，也充分证实了列宁在第一次世界大战爆发后提出的“变帝国主义战争为国内战争”“使本国政府在战争中失败”的口号，给予背叛无产阶级国际主义原则、放弃无产阶级革命斗争的普列汉诺夫等社会沙文主义者以沉重的打击。

3 月 15 日，列宁听到俄国“二月革命”胜利的消息后，立刻准备返回俄国，以便更好地领导俄国革命运动。4 月 16 日下午 3 时 10 分，列宁和克鲁普斯卡娅等 32 位俄国政治侨民从苏黎世坐火车启程回国，当日晚 11 时 10 分到达彼得格勒车站，受到俄国布尔什维克和罢工工人以及起义士兵的热烈欢迎。

1917 年 4 月 17 日，列宁出席了在彼得格勒塔夫利达宫召开的布尔什维克党领导人会议以及全俄工兵代表苏维埃会议的布尔什维克和孟什维克代表的联席会议。在会上，列宁做了《论无产阶级在这次革命中的任务》的报告，这就是著名的“四月提纲”。在“四月提纲”中，列宁首先指出，“这次战争从俄国方面来说，在李沃夫之流的新政府的条件下，无疑仍然是掠夺性的帝国主义战争，因为这个政府是资本主义性质的；在我们对这

① 即沙皇俄国首都圣彼得堡（也称彼得堡）。1914 年第一次世界大战爆发后，俄国出现反日耳曼情绪，沙皇政府遂将彼得堡改名为彼得格勒。1924 年列宁逝世后，苏联为了纪念列宁将彼得格勒更名为列宁格勒。1991 年苏联解体后，经市民投票，恢复圣彼得堡的旧名。

次战争的态度上，决不允许对‘革命护国主义’作丝毫让步。觉悟的无产阶级只有在下列条件下，才能同意进行真正能够证明革命护国主义是正确的革命战争：（1）政权转到无产阶级以及跟随无产阶级的贫苦农民手中；（2）不是在口头上而是在实际上放弃一切兼并；（3）真正同资本的一切利益完全断绝关系。”① 列宁接着指出，沙皇专制制度被推翻后，俄国的资产阶级民主革命就基本完成了，现在要解决的是广大人民群众的和平、土地和面包问题，因此必须及时把资产阶级民主革命转变为社会主义革命。列宁说：“俄国当前形势的特点是从革命的第一阶段向革命的第二阶段过渡，第一阶段由于无产阶级的觉悟和组织程度不够，政权落到了资产阶级手中，第二阶段则应当使政权转到无产阶级和贫苦农民手中。”②

4 月 27 日，布尔什维克彼得格勒市代表会议表示赞同列宁的“四月提纲”，并把它作为指导革命斗争的纲领性文件。为实现从资产阶级民主革命向社会主义革命的转变，列宁认为在政治方面主要是建立无产阶级专政。根据“巴黎公社”的历史经验，结合俄国无产阶级在 1905 年革命和 1917 年革命中创造出“苏维埃”这种革命政权的新形式，列宁认为在俄国“不要议会制共和国（从工人代表苏维埃回到议会制共和国是倒退了一步），而要从下到上遍及全国的工人、雇农和农民代表苏维埃的共和国”。因此，“不给临时政府任何支持；指出它的任何诺言，特别是关于放弃兼并的诺言完全是谎话。要进行揭露，而不是‘要求’这个政府即资本家政府不再是帝国主义政府，这种要求是散布幻想，是不能容许的。……要向群众说明：工人代表苏维埃是革命政府唯一可能的形式，因此，当这个政府还受资产阶级影响时，我们的任务只能是耐心地、系统地、坚持不懈地，特别要根据群众的实际需要来说明他们的策略的错误。”③

列宁的“四月提纲”遭到孟什维克和少数布尔什维克的反对。普列汉诺夫也专门发表了攻击“四月提纲”的文章，题目是《谈谈列宁的提纲以及为什么有时梦话值得注意》。他认为列宁的“四月提纲”既不符合俄国的实际情况，又违背了马克思主义的原理，是在说“梦话”。但是，大多数布尔什维克和广大工人群众很快就理解并且接受了列宁的主张，并投入到新的革命斗争中去。

1917 年 5 月 3 日、4 日彼得格勒爆发了有 10 万工人和士兵参加的游行

---

① 《列宁选集》第 3 卷，第 13—14 页。

② 同上书，第 14 页。

③ 同上书，第 14—15 页。

示威。5 月 7 日至 12 日，列宁领导召开了俄国社会民主工党（布）第七次全国代表会议。参加会议的有 151 名代表，代表着八万名党员。列宁被选为大会名誉主席并以“四月提纲”为基础向会议作了报告，他提出的一些决议草案被会议通过。列宁在这些报告和决议中坚持民主革命向社会主义革命过渡的总方针，既反对“左倾”冒险主义，也反对第二国际以及孟什维克的右倾机会主义观点，即认为俄国是经济落后国家，不能首先开始社会主义革命。在这次会上，列宁、季诺维也夫、加米涅夫、米柳亭、诺根、斯维尔德洛夫、斯米尔加、斯大林、费多罗夫九人当选为中央委员。

布尔什维克党的第七次全国代表会议后，列宁立即深入到农民、工人和士兵中去宣传党的决议精神，积极做争取工人群众的工作，为即将到来的社会主义革命做准备。1917 年 7 月 1 日，彼得格勒又爆发了 50 万工人和士兵的游行示威，绝大多数群众高呼革命口号：“全部政权归苏维埃!”“打倒十个资本家部长!”列宁本人亲自参加了这次游行示威。这次游行示威表明，首都的绝大多数工人和士兵是跟着布尔什维克走的，群众不仅开始不信任临时政府，而且也开始不信任社会革命党人和孟什维克执行的妥协政策。7 月 16 日，彼得格勒工人和士兵群众再次走上街头游行示威，要求全部政权归苏维埃。以列宁为首的俄国社会民主工党（布）中央考虑到革命时机尚不成熟，首都和外省军队还未做好支持工人起义的准备，不赞成立即举行武装起义推翻临时政府。7 月 17 日清晨，约 50 万工人、士兵和水兵举行示威游行，高呼口号：“全部政权归苏维埃!”“打倒资本家部长!”“要面包，要和平，要自由!”，他们要求苏维埃中央执行委员会立即夺取政权。然而，社会革命党人和孟什维克断然拒绝这个要求，临时政府同社会革命党人和孟什维克相勾结，利用调来的军队和士官向和平示威的工人和士兵群众开枪，造成死伤 400 余人的惨案。紧接着，资产阶级临时政府大肆逮捕布尔什维克革命活动家，查封了《真理报》，解除工人赤卫队武装。7 月 20 日列宁遭到通缉。在这一危急关头，布尔什维克党适时地改变了自己的斗争策略，党组织转入半合法状态，列宁则秘密隐藏起来，继续领导革命斗争。

从第一次世界大战爆发到 1917 年，列宁在领导俄国革命运动的同时，花费巨大的精力从事马克思主义理论的研究工作，先后在报刊上发表了 120 多篇文章和著作。在这一时期，列宁发表的具有划时代意义的著作是《帝国主义是资本主义的最高阶段》。在书中，列宁运用马克思主义政治经济学基本原理，全面分析了帝国主义时代出现的各种新情况，深刻论述了帝国主义的本质和历史地位，为无产阶级在新的历史条件下进行革命提供了理论和策略基础。列宁指出，帝国主义是资本主义的最高阶段，是垄断的资本主义，是寄生的或腐朽的资本主义，是垂死的资本主义。……帝国主义阶段生产的社会性与私人占有之间的基本矛盾，在阶级关系上表现为无产阶级和资产阶级的矛盾、帝国主义与殖民地和半殖民地人民之间的矛盾、帝国主义国家之间的矛盾。这种矛盾空前尖锐化，因而帝国主义一定要灭亡，它是无产阶级社会革命的前夜。① 列宁的这些思想为正在准备社会主义革命的俄国工人阶级提供了强大的理论武器。

1917年8月8日至16日，俄国社会民主工党（布）第六次代表大会在彼得格勒秘密举行。这是一次非常重要的大会，大会一致选举列宁为大会名誉主席，并把列宁的小册子《论口号》发给每位代表。列宁虽然未能参加会议，但他通过斯维尔德洛夫和斯大林指导着大会。大会通过的决议和宣言指出：革命的和平发展和使政权无痛苦地转归苏维埃已成为不可能，因为政权已转到反革命资产阶级手中，无产阶级只有同贫苦农民联合起来，举行武装起义，才能完成社会主义革命的任务。在这次大会上，以托洛茨基为首的孟什维克和走所谓“中间道路的区联派”表示拥护布尔什维克的主张，正式加入了布尔什维克党。而卢那察尔斯基和布尔什维克中的“前进派分子”也重新回到布尔什维克阵营中来，布尔什维克实现了统一和力量的壮大。最后，大会选出21名中央委员和10名候补中央委员。列宁以133票（满票144票）的最高票数当选为中央委员。

通过同志和亲友，列宁同俄国社会民主工党（布）中央保持着紧密的联系，及时指导国内革命运动。9月10日，列宁终于完成了著名的《国家与革命》一书。这是一本系统地论述马克思主义国家学说的伟大著作。在这本书中，列宁全面继承并发展了马克思、恩格斯关于无产阶级革命和无产阶级专政的理论，从理论上批判了机会主义和修正主义者一直迷信的无产阶级可以通过争取议会多数的办法夺取政权的谬论。列宁在著作中非常明确地指出，无产阶级革命必须用暴力打碎资产阶级国家机器，并认为这是马克思主义国家学说的基本点。他科学地分析了国家的阶级本质，指明国家是阶级矛盾不可调和的产物，是阶级统治的工具，它随着阶级的产生而产生并随着阶级的消灭而消亡。国家的基本特征就是由常备军、警察、监狱等构成的一种特殊的暴力机构。在无产阶级夺取政权以前，国家机器都是掌握在剥削阶级手中，以便统治和压迫人民，无产阶级要想获得解放就必须打碎资产阶级国家机器，建立无产阶级专政。《国家与革命》对当

① 《列宁选集》第2卷，第704—706页。

时俄国无产阶级革命产生了重大影响，它成为布尔什维克党领导俄国工人阶级推翻资产阶级临时政府，进行社会主义革命，建立无产阶级专政的锐利思想武器。

随着革命形势的发展，列宁认为发动无产阶级的社会主义革命的时机已经成熟。10 月 14 日列宁写信给中央委员会、莫斯科委员会、彼得格勒委员会以及彼得格勒和莫斯科苏维埃的布尔什维克代表，建议立即举行起义，尖锐地批判了等待苏维埃代表大会决定起义与否的策略。10 月 16 日，俄国社会民主工党（布）中央委员会通过决议，建议列宁立即迁到彼得格勒，以便保持经常和密切的联系。不久，列宁秘密回到彼得格勒。

1917 年 10 月 23 日晚，列宁出席了俄国社会民主工党（布）中央委员会会议并作了关于目前形势的报告。列宁在报告中指出，目前夺取政权在政治上已经成熟，党的当务之急是做好武装起义的军事技术方面的准备。因此列宁建议会议通过决议，把起义提到日程上来。在会议表决时，共有 10 票赞成、2 票反对。季诺维也夫和加米涅夫投了反对票，他们认为俄国工人阶级还没有能力实现社会主义革命；托洛茨基虽然没有公开反对这项决议，但他建议在苏维埃第二次代表大会召开之前不要开始起义，但这次会议还是以 10 比 2 的绝对优势通过了这项决议，并成立了以列宁为首的七人政治局，对起义进行政治领导。这七人除列宁外，还有托洛茨基、季诺维也夫、加米涅夫、斯大林、索柯里尼柯夫和布勃诺夫。10 月 25 日，彼得格勒苏维埃成立了以托洛茨基为首的布尔什维克领导武装起义的指挥机关和战斗机关——革命军事委员会。10 月 29 日晚上，在列宁领导下，举行了俄国社会民主工党（布）中央委员会扩大会议，决定号召一切组织、全体工人和士兵全面加紧准备武装起义，并成立了党领导武装起义的军事革命总部，成员包括布勃诺夫、捷尔任斯基、斯维尔德洛夫、斯大林、乌里茨基。

然而，事情并不顺利。10 月 31 日季诺维也夫和加米涅夫公开在孟什维克的《新生活报》上发表声明，反对俄国社会民主工党（布）中央委员会关于武装起义的决定。这实际上等于把党组织武装起义的秘密暴露给敌人。列宁当天就写了《给布尔什维克党党员的信》，列宁在信中气愤地说："过去我同这两个从前的同志关系很密切，如果我因此犹豫起来，不能坚决地谴责他们，那我认为这是自己的耻辱。我直率地说，我不再把他们两个当作同志了，我要尽力向中央和代表大会提出，无论如何要把他们两人开除出党。”[①] 11 月 1 日，针对季诺维也夫和加米涅夫暴露武装起义秘密的行为，列宁再次写了《给俄国社会民主工党（布）中央委员会的信》。11 月 2 日，党中央委员会讨论了列宁的信，严厉谴责了季诺维也夫和加米涅夫两人的反党行为，接受加米涅夫辞去中央委员的请求，并禁止他们二人发表任何反对中央委员会方针的声明。就在同一天，临时政府司法部部长马利扬维奇指示彼得格勒高等法院检查官立即执行逮捕列宁的命令。

11 月 2 日夜至 11 月 3 日凌晨，列宁在秘密住所会见了俄国社会民主工党（布）中央局军队领导人，大家交流并商讨了彼得格勒武装起义准备工作的进展情况。期间又有人建议推迟起义。列宁坚决反对推迟起义，认为这样会给敌人以喘息的机会。列宁主张加快起义的准备，要重视赤卫队指挥员的军事训练。列宁还详细地询问了指挥员的军事素养和准备情况，要他们钻研作战艺术。

11 月 6 日，列宁写了《给中央委员的信》，建议一定要在当晚推翻临时政府，夺取政权。列宁反驳了托洛茨基等人推迟起义时间的主张，指出：推迟发动就等于死亡，“历史不会饶恕那些拖延时刻的革命者，他们本来在今天可以获得胜利（而且一定能在今天胜利），却要拖到明天去，冒着丧失许多、丧失一切的危险。”[②] 在列宁的建议下，俄国社会民主工党（布）中央委员会开始实施列宁制定的武装起义计划，并把各地段组织领导起义的任务分配给各中央委员。著名的“十月革命”终于爆发了！1917 年 11 月 6 日（俄旧历 10 月 25 日）深夜至 7 日清晨，大约有 20 万名赤卫队员和革命士兵参加了这次具有划时代历史意义的武装起义。

11 月 6 日 24 时，革命军事委员会委员斯维尔德洛夫命令波罗的海舰队把载有战斗部队的军舰从赫尔辛福斯开往彼得格勒。11 月 7 日 1 时 25 分，赤卫队和革命士兵占领了邮政总局。凌晨 2 时，占领了尼古拉车站、波罗的海车站、中央发电站。3 时 30 分，“阿芙乐尔”号巡洋舰在尼古拉耶夫桥旁抛锚，把巨大的炮口对准临时政府的最后堡垒——冬宫。战斗部队 6 点钟占领了国家银行；7 点钟占领了中央电话局，冬宫与外部的电话通讯全部被切断；9 点钟占领了通往冬宫的各条要道，临时政府已孤立无援；10 点钟彼得格勒工兵代表苏维埃军事革命委员会签发了列宁起草的《告俄国公民书》，并印成传单散发到各地。《告公民书》宣布：“临时政府已被推翻。国家政权已转到彼得格勒工兵代表苏维埃的机关，即领导彼

① 高敬增等编著：《四大革命导师传：列宁》，第 271 页。
② 同上书，第 272 页。

得格勒无产阶级和卫戍部队的军事革命委员会手中”，“废除地主土地所有制，实行工人监督生产，成立苏维埃政府，所有这一切人民为之奋斗的事业都已有了保证。工人、士兵、农民的革命万岁！”① 下午5点钟，攻打冬宫的包围圈缩得越来越小，封锁了冬宫的一切出口。彼得格勒工兵代表苏维埃革命军事委员会向盘踞在冬官的临时政府发出最后通谍，限下午6点20分前无条件投降，但克伦斯基政府没有放下武器。于是，列宁下达了攻打冬宫的命令。晚上9点，“阿芙乐尔”号巡洋舰打响了进攻的炮声，赤卫队员和革命士兵向冬宫发起了猛烈进攻，保卫冬宫的士官生驾驶的六辆装甲车中的五辆向起义者投诚，赤卫队员和革命士兵冲进冬宫，与顽固的敌人展开了激烈的争夺战。晚上10点45分，全俄苏维埃第二次代表大会在斯莫尔尼宫隆重开幕，此时攻打冬宫的战斗仍在进行之中。出席大会共有670名代表，其中布尔什维克390名、社会革命党人193名、孟什维克国际主义派14名、无党派代表36名。孟什维克和右派社会革命党人诬蔑布尔什维克组织武装起义是玩弄“军事阴谋”，声明拒绝参加大会而退出会场。卢那察尔斯基代表布尔什维克党团在大会上宣读了列宁起草的《告工人、士兵和农民书》，宣布临时政府已被推翻，全部政权归苏维埃。

11月8日早晨2点钟，冬宫被占领了，“十月革命”取得了彻底胜利。同日晚上9点，全俄苏维埃第二次代表大会召开第二次会议。列宁在大会上做了关于和平与土地问题的报告。大会通过了列宁起草的《和平法令》，宣布完全废除一切侵略性条约，建议各交战国人民及其政府立即就缔结普遍的、公正的民主和约问题进行谈判。大会通过了列宁起草的《土地法令》，无偿没收地主的一切土地，把全部土地交给人民。大会还选举了新的全俄苏维埃中央执行委员会，共选出委员101名，其中布尔什维克62名，左派社会革命党人29名，其他党派10名。加米涅夫当选为全俄苏维埃中央执行委员会主席。

这次大会还组建了新的政府机构——人民委员会。大会任命列宁为人民委员会主席，即政府总理。各部部长称“人民委员”。李可夫为内务人民委员，米柳亭为农业人民委员，施略普尼柯夫为劳动人民委员，安东诺夫、克雷连柯和德宾科为陆海军人民委员，诺根为工商业人民委员，卢那察尔斯基为国民教育人民委员，斯切潘诺夫为财政人民委员，托洛茨基为外交人民委员，洛莫夫为司法人民委员，泰奥多罗维奇为粮食人民委员，格列博夫为邮电人民委员，斯大林为民族事务人民委员。

① 高敬增等编著：《四大革命导师传：列宁》，第275页。

俄国苏维埃政权的建立标志着世界上第一个无产阶级政权诞生了，伟大的马克思主义者列宁亲手缔造了世界上第一个社会主义国家，十月社会主义革命不仅宣告了无产阶级和广大劳动人民寻求自身彻底解放的时代的到来，而且为世界被剥削和被压迫民族指明了获得独立和解放的道路。毛泽东在 1957 年曾经评价道："我们中国人正是沿着十月社会主义革命的道路取得今天的胜利和成就的。中国人民一贯把中国革命看做是伟大的十月社会主义革命的继续，并且以此为莫大的光荣。"①

第五节　新经济政策理论：在实践中创新和发展马克思主义

列宁是一流的马克思主义理论家，但他从来不把马克思主义当作僵化的教条。不是用理论去裁量实践，而是根据马克思主义基本立场、观点和方法，实事求是地研究具体情况，使理论适应实践并随着实践的发展而发展。俄国是一个经济、政治、文化和社会比较落后的农业国，显然不具有马克思主义经典作家设想的社会主义建设条件——高度发达的资本主义。面对这种新情况，列宁并没有纠结于马克思主义经典作家的判断，而是领导苏维埃国家在探索社会主义建设规律的过程中，提出社会主义建设的新经济政策理论，在实践中丰富和发展了马克思主义理论。

通过社会主义改造过渡到社会主义并在新制度下开展社会主义建设是最初列宁根据马克思、恩格斯论述而提出的社会主义建设的一般途径。早在"十月革命"胜利前，列宁就在 1917 年 9 月写成的《国家与革命》一书中指出：无产阶级夺取政权以后，社会发展分为三个阶段：第一个阶段是由资本主义阶段进入社会主义阶段的过渡时期，第二个阶段是共产主义社会的初级阶段即社会主义阶段，第三个阶段是共产主义社会高级阶段。列宁认为，社会主义阶段的经济制度应该是：剥夺资本家，生产资料归社会所有；全体公民变为一个大"辛迪加"，即整个国家的工作者和职员，实行按劳分配；对社会生产实行计算和监督，国家职能由政治职能变为管理职能，"整个社会将成为一个管理处，成为一个劳动平等、报酬平等的

① 《人民日报》，1957 年 11 月 6 日第 2 版。

工厂。”①

“十月革命”胜利后，列宁领导布尔什维克立即在俄国建立起基本的社会主义新制度。1917年10月26日，全俄工兵代表苏维埃第二次代表大会通过了列宁起草的《和平法令》《土地法令》和《关于成立工农政府的决定》，宣布土地国有化和世界上第一个工农无产阶级政府成立。《土地法令》公布两天后，列宁又针对工厂企业的管理，起草了《工人监督条例草案》，规定“对一切产品和原材料的生产、储藏和买卖事宜均应实行工人监督”。一个月后，列宁又提出“工业国有化”“银行国有化”“国家垄断对外贸易”“用强迫参加消费合作社的办法使消费集中”“同奸商行为作斗争”等苏维埃社会主义经济政策。1917年11月，列宁又领导制定了一系列重要法令，这些法令涉及的主要内容包括：根除军队中的一切不平等现象，加强军队中的民主建设；放宽婚姻法和离婚法；强调法律上的男女平等；取消私有财产；实行八小时工作制；吸收工人参加管理等等，这些都是俄国前所未有的社会新制度。

1918年1月，列宁受党中央委托，起草了新时期《党纲草案草稿》《苏维埃政权的当前任务》和《科学技术工作计划草稿》。在《党纲草案草稿》中，列宁提出以下设想：用社会主义方式组织全国范围内的生产，用有计划的分配彻底地代替贸易，交易必须首先依法通过消费生产公社进行，普遍劳动义务制要逐步推行到不使用雇佣劳动而靠自已经营维持生活的小农中去，对产品的全部生产和分配普遍实行计划和监督，采取各种措施向公共伙食过渡。在《苏维埃政权的当前任务》中，列宁提出了无产阶级在夺取政权之后要把主要力量转向社会主义经济建设的思想，初步拟定了俄国社会主义改造和建设的方针和措施。在《科学技术工作计划草稿》中，列宁则强调了科学技术专家的重要性，指出没有各种学术、技术和实际工作领域的专家的指导，就不可能实行社会主义，“共产主义就是苏维埃政权加全国电气化”，只有当国家实现了电气化，为工业、农业和运输业打下现代大工业的技术基础的时候，社会主义才能得到最后的胜利。

关于社会主义建设，列宁一直认为，在俄国这样一个经济和文化落后的国家建设社会主义，由于特殊的历史条件，无产阶级掌握政权以后，尤其需要尽快地转向经济和文化建设，大力发展社会生产力，追赶发达国家，使社会主义具有坚实的物质和文化基础。1918年3月，苏维埃与德国的“布列斯特和约”刚一签订，列宁就立刻提出把党和国家的工作重心转

① 《列宁选集》第3卷，第202—203页。

向社会主义经济建设，通过创造性的社会主义方式组织全国范围内的社会生产。列宁在《怎样组织竞赛?》一文中写道："现在最主要的任务之一，也许就是最主要的任务，是尽量广泛地发扬工人以及一切被剥削劳动者在创造性的组织工作中所表现的这种独创精神"，"社会主义不仅不窒息竞赛，反而第一次造成真正广泛地、真正大规模地运用竞赛的可能，把真正大多数劳动者吸引到这样一个工作舞台上来，在这个舞台上，他们能够大显身手，施展自己的本领，发现有才能的人"。"现在当社会主义政府执政时，我们的任务就是要组织竞赛。""这就是每个工兵农代表苏维埃、每个消费合作社、每个工会或供给委员会、每个工厂委员会或一般工人监督机关的主要经济任务。"① 列宁在1918年5月撰写的《论"左派"幼稚性和小资产阶级性》一文中还写道："为了把问题说得更清楚，我们首先来举一个最具体的国家资本主义的例子。大家都知道，这个例子就是德国。那里有达到'最新成就'的现代大资本主义技术和服从于容克②资产阶级帝国主义的有计划的组织。如果把这些黑体字删掉，不要军阀的、容克的、资产阶级的、帝国主义的国家，同样用国家，然而是另一种社会类型、另一种阶级内容的国家，苏维埃国家，即无产阶级国家来代替，那你们就会得到实现社会主义所需要的全部条件。……没有建筑在现代科学最新成就基础上的大资本主义技术，没有一个使千百万人在产品的生产和分配中严格遵守统一标准的有计划的国家组织，社会主义就无从设想。……同时，无产阶级若不在国家内占统治地位，社会主义也是无从设想的，这也是一个起码的常识。"③

在"十月革命"前后的理论与实践探索中，列宁不提商品、货币等概念并制定以计划分配代替贸易的政策，坚持的正是马克思、恩格斯关于社会主义社会是没有商品和货币的社会的最初设想。正当列宁领导苏维埃直接向社会主义过渡之时，国内外反动势力的武装干涉和战争引发的城乡粮食短缺对新生革命政权提出了严峻挑战。为了帮助俄国境内的反革命势力打败苏维埃政权，1918年3月，美国、英国、法国和日本帝国主义者开始

---

① 《列宁选集》第3卷，第375、377—378页。

② 容克是德语Junker一词的音译，即当时普鲁士的贵族地主阶级。容克从16世纪起就利用农奴劳动经营大庄园经济，并长期垄断普鲁士军政要职，掌握国家领导权。为适应资本主义生产关系的发展，普鲁士在19世纪前半期进行了一系列改革。这就为封建经济转变为资本主义经济创造了条件。在以大地产为基础的容克农场中越来越多地使用雇佣劳动和农业机器，但容克仍保留某些封建特权。

③ 《列宁选集》第3卷，第524—526页。

武装干涉苏维埃。残酷的战争给俄国人民带来了贫穷与饥饿，大批青年人牺牲在战场上，肥沃的土地在战火硝烟中变为焦土瓦砾，许多乡村荒无人烟，老人、儿童和妇女常因饥饿和营养不良而死去；少数地主和投机商人把粮食囤积起来，伺机高价出售，通过各种途径破坏新政权的政策措施。为了击溃国内外反动势力的武装干涉，保卫新生苏维埃政权，列宁领导布尔什维克和苏维埃在饥荒笼罩的情况下，组建征粮队，在全俄实行战时共产主义政策。这一政策首先是在农村实行严格的余粮收集制，它要求农民除去食用、种子和饲料以外，交出所有余粮，苏维埃政权则向农村提供一定的商品作为交换；其次是推行劳动军事化管理，把整个苏维埃建成一个实际上的军营，生产和消费由苏维埃政府统一安排，重点对企业生产实行严格的集中制管理；最后是提倡全国发扬共产主义革命精神，开展群众性的“星期六义务劳动”活动，等等。

苏维埃战时共产主义政策虽然是在极度贫困、经济破坏和残酷战争的形势下实行的一种非常措施，但同时也具有向社会主义“直接过渡”的性质①。在“十月革命”和苏维埃政权建立初期，列宁在估计国家发展道路时，基本上是从“直接过渡”到社会主义这种设想出发的。列宁“直接过渡”思想体现在：强调生产资料公有制，由国家统一组织生产和分配；强调直接用产品交换代替商业贸易，取消商品和货币。这些正是马克思、恩格斯关于社会主义的构想。列宁“直接过渡”思想随着国内战争的发展而不断发展，后来形成了战时共产主义经济制度，并被写到俄共（布）第八次代表大会通过的党纲中。

1918 年初至 1920 年底，苏维埃战时共产主义政策在打败协约国和高

---

①　苏维埃战胜国内外反动势力的武装干涉后，战时共产主义政策日益暴露出与当时俄国经济、社会和文化发展状况不相适应的弊端，列宁在分析当时俄国城乡经济社会的实际情况并总结相关经验后，果断停止了战时共产主义政策，并推行以发展国家资本主义为核心的新经济政策，对于恢复俄国经济、治愈战争创伤、提高生产力水平发挥了积极作用。列宁逝世后，斯大林领导苏维埃逐渐停止了新经济政策，大力推行工业化和农业集体化，战时共产主义政策的许多做法被重新采用，生产和消费实行高度计划，行政手段成为管理国家经济、政治、社会和文化生活的主要手段。这种经济模式在二战前和二战后初期，都曾经取得了巨大成就，但在冷战中后期开始，这种经济模式日益暴露出弊端，其特征是经济发展缓慢、思想教条僵化，最后在戈尔巴乔夫“改革”中逐渐被抛弃，俄罗斯作为苏联的继承者实行彻底的资本主义市场经济。苏维埃这一经济模式发展变迁的历史过程，也确实给所有在经济、文化落后国家建设社会主义的无产阶级政党提出了一个根本性问题是：在无产阶级专政条件下，如何保证不可避免地增加资本主义因素的市场经济与社会主义相结合的问题。这一问题不是本书研究的主攻方向，这里主要是提出问题，但本书认为国家政权在规避市场经济消极因素的问题上应该发挥关键作用，马克思主义执政党只有经常反思并践行国家政权的无产阶级性质，才能切实保证市场经济的社会主义方向。

尔察克、邓尼金和尤登奇等白卫分子的过程中发挥了巨大作用，使苏维埃政权渡过难关，战胜了国内外反动势力的武装干涉，国家迎来了宝贵的和平，全面社会主义建设提到议事日程。但随着战争结束，战时共产主义政策却遇到了新问题。比如，为了开展建设，托洛茨基继续在乌拉尔地区推行战时共产主义政策，他把原来的作战部队改成劳动大军，并把当地农民也编入劳动大军，但这却引起了红军战士和农民的极大不满，他们以开小差、怠工、破坏生产等多种手段进行抵制。之所以如此，主要是因为他们对余粮收集制不满。托洛茨基根据乌拉尔地区的实际情况，向中央提出了停止战时共产主义政策并施行用粮食税代替余粮收集制的改革方案。当时，托洛茨基的改革方案没有被列宁和党中央接受，列宁认为这是历史的倒退，并担心丧失社会主义原则。这样，战时共产义主义政策仍在继续执行。然而，广大农民对战时共产主义政策特别是对余粮收集制的不满逐渐成为全国性问题，许多农民写信或上访，表达他们的不满情绪。这些农民提出了一个共同要求就是废除余粮收集制，改行粮食税。针对这种情况，列宁亲自调查研究苏维埃俄国的经济状况，接见上访农民。列宁发现，农民的不满情绪确实很大并日益增长，继续推行战时共产主义政策有在政治上造成工农联盟破裂的危险。基于调查研究，列宁开始酝酿改革战时共产主义政策并重新考虑苏维埃社会主义经济建设的现实途径问题。

1921 年 3 月，俄共（布）召开第十次代表大会，这是一次具有历史转折意义的大会。3 月 8 日，列宁在代表大会上作了关于以实物税代替余粮收集制的报告，论证了从战时共产主义向新经济政策过渡的必要性。列宁指出，这首先是一个政治问题，因为它的实质是工人阶级同农民的关系问题，新经济政策的最重要的任务是巩固工农联盟，加强无产阶级专政；工人同农民不仅应该结成政治联盟，而且必须结成经济联盟，只有这样，社会主义才能取得胜利。用实物税代替余粮收集制和发展商品流通，将会激发农民的积极性，提高劳动生产率。这样，农业产量才能提高，才能改善对城市的供应，保证大工业所需的粮食、燃料和原材料，归根结底，才能保证无产阶级专政的巩固。①

列宁还深刻指出，工农联盟这一形式是由具体的社会条件和党在社会主义建设某一阶段所面临的任务决定的。在国内战争的战火中，无产阶级和农民的军事政治联盟，对于击溃苏维埃政权的内外敌人、对于保卫社会主义革命成果，具有头等重要意义。但战争结束后，国家转入和平建设时

① 《列宁选集》第 4 卷，第 444、457 页。

期，原来的工农联盟的形式就不适合了。为了恢复被战争破坏的经济和建设社会主义，必须建立城乡劳动者之间的经济联盟。用实物税代替余粮收集制，让农民能够支配自己的剩余产品，出卖这些产品并换取日用必需品，这些措施就是这种经济联盟的基础。1921 年 4 月 9 日，列宁在俄共（布）莫斯科市支部书记及支部负责人代表会议上作了关于粮食税的报告。他指出：做出这种改变的主要原因是农民经济十分困难，许多地方几乎完全破产；而苏维埃政权只有从农民那里才能得到必需的粮食和原料，国民经济才能得到恢复和发展。在议论粮食税时不可忘记，工农之间经济关系的实质，是工人为国家和农民生产一切必需品，通过铁路和船舶运送给农民，同时从农民那里取得剩余的农产品；粮食税是达到这个目的的一种过渡办法，这种办法可以鼓励农民的生产积极性，并且使小工业也恢复起来。制定这个政策的根据是：俄国农村已经中农化，要提高农民经济的生产率，就必须帮助中农发展经济。既然存在小私有经济和贸易自由，就会产生资本主义。但是，在工人国家掌握了工厂、运输业和对外贸易的情况下，这种资本主义是不可怕的。① 列宁这一思想显然已经突破马克思、恩格斯关于社会主义建设的学说。

俄共（布）十大闭幕后，战时共产主义逐渐向新经济政策过渡。在确定了农业领域新经济政策之后，列宁又领导党和苏维埃在工业和财政领域采取了租让制和引进外资等新举措。1921 年 4 月 11 日，列宁在全俄工会中央理事会上作了关于租让制的报告。列宁指出，党纲首先讲到无论如何要增加产量，如果不善于实行租让政策，不善于把外国资本吸收进来，就做不到这一点，就根本谈不上改善俄国经济状况，那就表明在经济上没有一点求实精神。列宁十分肯定地指出，社会主义共和国不同世界发生联系是不能生存下去的。外国资本家到俄国来承租企业就意味着发展资本主义，但这些被承租的企业的所有权仍属于苏维埃国家，而工人和农民却会由于产品的增加而得到好处。②

1921 年 4 月 21 日，列宁写了《论粮食税》，从理论上阐述了苏维埃施行新经济政策的根据和具体措施。论文的第一部分“关于俄国现时经济”完全摘录了 1918 年 5 月写的《论“左派”幼稚性和小资产阶级性》一文内容，以此说明俄国的经济特征、经济基本成分没有改变的事实，而新经济政策正是从这种客观条件产生出来的。论文的第二部分“论粮食税、贸

① 《列宁全集》第 41 卷，人民出版社 1986 年版，第 149 页。
② 高敬增等编著：《四大革命导师传：列宁》，第 471 页。

易自由、租让制”则指出1918年在估计恢复经济和社会主义改造期限时的错误，而实际期限比估计的要长，特别是在国民经济遭到战争破坏的情况下，这就使期限更长了。列宁指出：革命成功后俄国依然存在五种经济成分，即宗法经济、小商品经济（这里包括大多数出卖粮食的农民）、私人资本主义、国家资本主义、社会主义。“俄国幅员如此辽阔，情况如此复杂，社会经济结构中的所有这些不同的类型都互相错综地交织在一起。特点就在这里。试问，占优势的是哪些成分呢？显然，在一个小农国家内，占优势而且不能不占优势的是小资产阶级自发势力，因为大多数甚至绝大多数耕作者都是小商品生产者。”[①] 然而俄国从这种小资产阶级的资本主义无论走向国家大资本主义或者走向社会主义究竟要经历多久呢？是不是直接过渡呢？列宁指出：“上面所引的1918年的论断，在估计期限方面有许多错误。实际期限比当时估计的要长。这是毫不足怪的。可是我国经济的基本成分仍然和从前一样。农民中的‘贫民’（无产者和半无产者）在很多场合下变成了中农。因此，小私有者的、小资产阶级的‘自发势力’加强了。而1918年至1920年的国内战争，特别加剧了我国的经济破坏，阻碍了我国生产力的恢复，其中受害最深的就是无产阶级。加之，1920年的歉收，饲料缺乏，牲畜死亡，这就更严重地阻碍了运输业和工业的恢复……结果，1921年春天形成了这样的政治形势：要求必须立刻采取迅速的、最坚决的、最紧急的办法来改善农民的生活状况和提高他们的生产力。……要做到这点，就非认真改变粮食政策不可。这种改变就是用粮食税来代替余粮收集制，而这种代替是与交完粮食税之后的贸易自由，至少是与地方经济流转中的贸易自由相联系的。”[②] 列宁在文章中还第一次使用“战时共产主义政策”来概括国内战争时期所采取的一整套措施，并充分肯定战时共产主义的历史功绩。列宁指出，“‘战时共产主义’是战争和经济破坏迫使我们实行的。它不是而且也不能是一项适应无产阶级经济任务的政策，它是一种临时的办法，因此必须改变战时共产主义政策，用粮食税代替余粮收集制，帮助恢复小工业，因为小工业不需要机器和大批的原料、燃料和粮食的储备，却能够立刻帮助农民提高生产力。”[③]

1921年10月29日，列宁在莫斯科省委第七次代表会议上，又专门作了关于新经济政策的报告。在报告中，列宁对苏维埃政权成立以来的整个

---

① 《列宁选集》第4卷，第490页。

② 同上书，第500—501页。

③ 同上书，第502—503页。

经济政策做了回顾，并将其分为两个时期：一个是从1918年初到1921年春，另一个是从1921年春开始以后的时期。列宁说，从布尔什维克1917年底到1918年初所做的各种声明可以发现，那时认为，发展道路既可能是比较短的，也可能是漫长而艰辛的。但是，在估计可能的发展道路时，我们多半都是从直接过渡到社会主义建设这种设想出发的。列宁继续说：1918年3、4月间，我们就已把斗争的重点转向经济任务。当时设想不必经过一个旧经济适应社会主义经济的时期就直接过渡到社会主义，后来在国内战争中，在资产阶级强迫我们直接进行社会主义建设的试验之后，到1921年春天，情况已经很清楚：不是直接进行社会主义建设，而是要在许多经济领域退向国家资本主义。但在1921年秋天回过头来看，还是觉得不够，我们不仅要退回到国家资本主义，而且还要从原来设想的社会主义产品交换退回到商品买卖。[①] 列宁接着又指出：我们计划把商品交换这一形式固定下来，"在全国范围内，或多或少要按照社会主义方式用工业品换取农产品，并通过这种商品交换来恢复作为社会主义结构唯一基础的大工业。结果怎样呢？现在你们从实践中以及从我国所有的报刊上都可以清楚地看到，结果是商品交换失败了。所谓失败，是说它变成了商品买卖。如果我们不想把脑袋藏在翅膀下面，如果我们不想硬着头皮不看自己的失败，如果我们不怕正视危险，我们就必须认识到这一点。我们应当认识到，我们还退得不够，必须再退、再后退，从国家资本主义转到由国家调节买卖和货币流通。商品交换没有得到丝毫结果，私人市场比我们强大，通常的买卖、贸易代替了商品交换。你们要努力适应这种情况，否则买卖的自发势力、货币流通的自发势力会把你们卷走的！"[②] 列宁在这里实际上已经触及市场经济问题。列宁提出搞商品买卖、货币流通，不少人表示强烈的怀疑，但列宁认为，这些人是幼稚的：既然俄国存在五种经济成分，商品买卖就是不可避免的。既然有商品买卖，资本主义的发展就是无可争辩的。面对这样的经济现实，列宁认为苏维埃有两条道路可供选择：第一条道路是完全禁止、堵塞一切私人的非国营的交换的发展，即商业的发展，即资本主义的发展，而这种发展在有着千百万小生产者存在的条件下是不可避免的；因此列宁认为，走这条道路，那就是干蠢事，就是自杀。第二条道路是不去试图禁止或堵塞资本主义的发展，而努力把这一发展纳入国家资本主义的轨道。列宁认为第二条道路是一条现实可行的道路。因

① 《列宁选集》第4卷，第596—598页。
② 同上书，第604—605页。

此，列宁明确主张走第二条道路，将资本主义作为提高生产力的手段和方式，通过私人资本主义来促进社会主义，即利用小生产和社会主义之间的中间环节来向社会主义过渡，这个中间环节就是以国家资本主义为主的资本主义。

在这次会上，列宁还详细评述了苏维埃国家资本主义的三种形式：第一，租让制，即同外国资本家订立书面合同，其基础是大工业；租让制获得成功，就会使苏维埃国家获得具有现代先进资本主义水平和规模的大企业。第二，合作制，即作为一种商业形式的小商品生产者合作社，其基础是小生产；合作制获得成功，就会把小经济发展起来，并使小经济比较容易地在相当期间内、在自愿联合的基础上过渡到大生产。第三，代购代销制，即国家把作为商人的本国资本家的商品购买过来，再通过国家的渠道销售出去。列宁最重视、论述最多的是租让制这种国家资本主义形式。在列宁的亲自关注下，美国药品和化学制剂联合公司于1921年10月29日与苏维埃政府的代表签订了第一个租让合同。

实行租让制，归根到底是为了使苏维埃国家得到实实在在的利益，这是列宁始终坚持的一个根本点。因此，只要对发展生产力和提高人民生活有好处，列宁就领导党和人民去实践。当然，对于外国资本家到俄国来承租，列宁的头脑是清醒的：外国资本家需要的是市场，想嫌更多的钱，而不是为了帮助苏维埃俄国，所以他们在谈判中往往要价太高。于是列宁指出在新经济政策时期社会主义建设的重要体现就是：苏维埃政府在与外国资本家谈判过程中，要进行讨价还价的斗争。[①] 在列宁的领导下，苏维埃政府与英国、美国、德国等国家的资本家陆续签订了租赁合同，开启了苏维埃国家资本主义与国际发达资本主义之间资金、技术和劳动的合作。列宁利用租让制引进外资和技术，推进了本国的社会主义建设事业，这在马克思主义发展史上是一个了不起的创举。

租让制的实行遇到了来自各方面的阻力。在工农群众中，有不少人认为实行租让制是出卖俄国，他们表示宁愿再受三年饥寒，承担三年义务，也不愿“把我们的亲娘俄国用租让的办法卖掉”。还有人担心，苏维埃俄国经济困难，不能满足人民的需要，外国资本家会不会借机煽动人民反对苏维埃政权？俄国资本家会不会同外国资本家联合对抗苏维埃政权？租让企业中的俄国工人会不会带来从内部瓦解和破坏苏维埃政权的危险？“左派共产主义者”指责说，在生产中恢复资本家的领导，实行劳动纪律并不

① 高敬增等编著：《四大革命导师传：列宁》，第475页。

能真正提高劳动生产率，反而会削弱无产阶级的阶级主动性、积极性和组织性。实行劳动纪律有使工人阶级受奴役的危险，它将不仅激起落后阶层，而且激起无产阶级先锋队的不满。“工人反对派”则反对向外国资本家实行租让，认为应该把企业租给俄国工人。与此同时，在俄共（布）内部还产生一种颓丧情绪。许多党员认为从商品交换退回到商品买卖是历史的倒退，共产党员居然要把最平常、最庸俗、最微贱的商业任务提上工作日程，让人万念俱灭，共产主义没有了。为了达到破坏租让制的目的，一些流亡国外的立宪民主党人一方面挑唆外国资本家不来承租，宣称承租者不能从中得到好处；另一方面则煽动国内人民反对租让制，宣称布尔什维克要把俄国分成几部分拍卖给外国资本家，指责实行租让制就是允许外国人掠夺俄国的财富，损害人民的利益和权利，污辱了民族感情。孟什维克也反对列宁所倡导的租让制，指责说，苏维埃的政策与真正的无产阶级性质背道而驰，日益公开地走上与资产阶级妥协的道路而带有明显的反工人的性质；在工业国有化的幌子下实行培植工业托拉斯的政策，在恢复国家生产力的幌子下取消八小时工作制，实行计件工资和“泰罗制”①，这个政策会使无产阶级丧失经济方面的基本成果，变成资产阶级剥削的牺牲品。②

列宁对于党内和群众中存在的对于租让制的错误理解进行了耐心的解释和说服工作，而对于反对苏维埃政权而借机煽动的反动派则进行了深刻的批判。对于党内和群众中存在的关于租让制的错误认识，列宁指出，租让制根本谈不上把俄国出卖给资本家，苏维埃实行的是租让，每一个租让合同都受到一定期限、一定协议的限制；实行租让后，俄国可以引进外国资本，买到外国生产资料和生活资料，学到先进的科学技术，发展生产，改善人民生活；党内“左派共产主义者”的言论则落入了孟什维克以及资产阶级的挑拨的圈套，暴露了“左派共产主义者”在政治上的幼稚性和小资产阶级性；而“工人反对派”的观点也是行不通的，如果把企业租给俄

① “泰罗制”是美国现代管理科学奠基人弗雷德里克·泰罗（Frederick Winslow Taylor，1856—1915）在 20 世纪初期提出的关于提高企业劳动生产率的科学管理的理论与规则体系，这套理论与规则体系被人们称为“泰罗制”。“泰罗制”的主要内容包括制定工作定额、实施标准化管理、实施刺激性的付酬制度以及强调雇主与工人合作的“精神革命”等等。苏维埃俄国建立不久，列宁认为苏维埃共和国必须借鉴资本主义在科学和技术上的一切宝贵成就，因此积极主张把能够提高劳动生产率的“泰罗制”引进社会主义生产和建设中来，并将“泰罗制”的理性思想发展到了极至。苏维埃俄国不仅对宏观经济实行计划控制，规定农、轻、重工业的比例，而且把微观经济也纳入政府计划管理范围。“泰罗制”在有效提高苏维埃企业劳动生产率的同时，也限制了企业生产经营的自主权和运行活力。

② 高敬增等编著：《四大革命导师传：列宁》，第 478—479 页。

国工人，苏维埃就要保证供给各种资金和物资，但苏维埃却连自己的重点企业都不能保证供应；如果把企业租让给外国资本家，他们就可以把所有必需物资都从国外运来，这对于俄国发展国民经济是有利的；党内对共产主义悲观失望的情绪是极其危险的，是对经济文化落后国家建设共产主义的艰巨性和复杂性缺乏科学认识的结果，这种情绪不利于恢复正常的经济关系和振兴社会主义大工业基础，必须加以克服。对于立宪民主党人和孟什维克的煽动破坏活动，列宁则进行了针锋相对的斗争。列宁指出，这些指责苏维埃政权的人，就是同反动派一起进行帝国主义战争的人，是打算解除武装、镇压工人革命的人，是用漂亮词句欺骗工人、维护资产阶级统治的人，这些人居然打起反对资产阶级复辟的旗帜，真是绝大讽刺。因此列宁号召工人群众识破他们的阴谋诡计，以更有成效的工作驳斥他们。①由于列宁在党内和群众中反复解释利用资本主义的必要性，在阐明实行租让制的好处的同时，又反击了阶级敌人的造谣诽谤，使大多数党内同志和党外群众逐渐认识到实行租让制的必要性，俄共（布）十大通过了实行租让制的决议。1921 年以后，随着新经济政策不断深入贯彻，租让制也日益深入展开。

然而，利用资本主义，实行租让制，的确是一把双刃剑——既有利于恢复和发展经济，提高生产率，但又有某些副作用。列宁清醒地认识到，商品买卖、粮食税制和租让制不可避免地要使苏维埃商品生产分化为资本所有者和劳动力所有者，分化为资本家和雇佣工人，重新恢复资本主义雇佣奴役制，因为这种制度不是从天上掉下来的，它是从商品经济中自发生长起来的。列宁给自己提出的另一个重要的问题是："能不能在一定的程度上给小农恢复贸易自由、资本主义自由而不至于因此破坏无产阶级专政的根基呢?"通过周密思考，列宁认为"能够"，问题的关键在于掌握分寸。1920 年 12 月 6 日，列宁在俄共（布）莫斯科积极分子大会上作关于租让制的报告时曾经专门论述了利用资本主义的副作用问题。列宁指出，苏维埃俄国采取一些利用资本主义的措施以后，对发展经济有很大好处，但的确可能产生一些消极后果：首先，存在资本主义国家控制苏维埃俄国国民经济、干涉内政、恢复资本主义的危险；其次，帝国主义国家可能派遣特务来收集情报，搞破坏括动；第三，会带来资本主义习气，使人民受到腐蚀。因此列宁认为，租让不是和平，而是战争的新形式。在新形式战争中，苏维埃必修清醒地看到危险，但又不要因为危险而因噎废食，而是

---

① 高敬增等编著：《四大革命导师传：列宁》，第 479 页。

要进行斗争并争取胜利。列宁的斗争办法是：运用无产阶级专政机关识破国内外敌人，打击他们的颠覆活动；加强共产主义宣传，抵制资本主义影响。列宁说："租让制在经济上对我们有很大好处。当然，它们在建设一些工人村时，将带来资本主义习气，腐蚀农民。但是应该加以注意，应该处处用自己的共产主义影响加以抵制。"①

在反对苏维埃政权的势力中，有想用武力推翻苏维埃政权的死硬派，也有主张与苏维埃政权和解、用和平手段战胜苏维埃政权的所谓"路标转换派"。"路标转换派"是20世纪20年代出现的，主要是由流亡国外的俄国资产阶级知识分子组成的政治派别。这一名称来源于1921年在布拉格出版的《路标转换》文集。所谓"路标转换"，其基本含义就是由武装斗争反对苏维埃政权，转而在表面上支持苏维埃政权，但实际上达到使苏维埃政权和平演变为资本主义的目的。在"路标转换派"等资产阶级人物眼里，列宁的新经济政策不是建设社会主义，而是向资本主义的演变，因此认为和平演变苏维埃政权的时机到了。"路标转换派"的代表人物乌斯特里亚洛夫把他们的策略讲得十分透彻：承认苏维埃政权，"绝不是无条件地接受布尔什维主义或者与它完全和解，只是彻底改变战胜它的方法；在国内战争中没能用武力战胜布尔什维主义，在国内和平的条件下将要通过演变的方式把它消灭……不管苏维埃政权的代表人物自己怎么说，它内部从本质上发生演变的过程无疑已经开始；我们当前的共同任务，就是促进这一过程的发展，逐渐使苏维埃政权蜕化成资产阶级共和国，实现所谓的'民族复兴'，逐渐使苏维埃政权蜕化成资产阶级共和国。"②

1921年11月7日，乌斯特里亚洛夫在《生活新闻》上发表《革命的黄昏》一文，纪念"十月革命"四周年。他对当时的俄国做了如下描述："十月革命"进入第五年时，与它最深入的时候有本质的不同。过去是"立即实行共产主义"，现在则恢复私有制，鼓励"小资产阶级自发势力"，把国家资本主义说成是现实成就的顶点；过去是"立即实行世界革命"，现在则把"面向世界资本主义的方针"提上日程，放弃反对世界资本主义的极端斗争方法；过去是好战的无神论，现在盛行"同教会妥协"；过去是不可遏止的国际主义，现在"要考虑爱国情绪"；过去是最正统的反军国主义，如今红军已成为革命的骄傲。而在其他"路标转换派"眼里，苏维埃俄国已经和平演变了。他们在一系列文章中大肆宣扬，声称苏维埃俄

① 《列宁全集》第40卷，第77页。

② 高敬增等编著：《四大革命导师传：列宁》，第482页。

国实行新经济政策，就是在演变，“掌权的还是原来的人，但他们本身已经不是原来的样子了”，“革命的黄昏正在到来”。他们还把苏维埃政权比喻为小萝卜：“小萝卜，外表是红色，里面是白色。红皮这块十分惹人注目的招牌是有用的，因为它对人们具有特殊的吸引力，它能‘给人留下深刻的印象’。内瓤即实质是白色的，而且随着果实的生长、成熟，越来越白。它自发地、本能地变白。”①

面对国内外敌对势力利用租让制和平演变苏维埃政权的图谋，列宁保持了高度警惕。早在苏维埃政权初期，列宁就在《苏维埃政权的当前任务》一文中指出：“必须坚持不懈地发展苏维埃组织和苏维埃政权组织。现在有一种使苏维埃成员变为‘议会议员’或变为官僚的小资产阶级趋势。必须吸引全体苏维埃成员实际参加管理来防止这种趋势。”② 1920 年春天，随着新经济政策逐步施行，列宁在俄共（布）九大上提出了在不流血的战争中获得胜利的问题。列宁指出：“现在我们面临一个极复杂的任务：在流血的战线上获胜之后，还要在不流血的战线上获得胜利。这场战争更加困难，这条战线是最艰巨的战线。我们向全体觉悟工人公开说明这一点。我们打赢了火线上的那场战争之后，还要打一场不流血的战争……他们想把和平的经济建设变成对苏维埃政权的和平瓦解。帝国主义者老爷们，对不起，我们是有戒备的。”③ 国内外反动势力对苏维埃政权主动提出租让制感到兴奋，以为这是一个有利于他们的时机，战场上没能得到的东西可以通过和平手段获得了；以为苏维埃俄国同资本主义国家签订租让合同，说明共产主义已经破产。但列宁在 1920 年 11 月 21 日俄共（布）莫斯科省代表会议上明确指出，这只不过是敌对分子的妄想：“那些曾经因为我们采取的恐怖手段或者因为我们的整个制度而对我们发动战争的列强，明知同我们建立贸易关系会增强我们的力量，现在却不得不违心地走上这条道路，这正是俄罗斯苏维埃共和国在物质上和精神上战胜了全世界资本家的最好不过的证明。”④

1922 年 3 月 27 日，列宁在俄共（布）十一大上代表中央作政治报告，又专门谈到“路标转换派”妄图促进苏维埃政权和平演变的问题。列宁指出，“路标转换派”认为苏维埃俄国改行新经济政策是向资产阶级政权蜕变，“正在滚进通常的资产阶级泥潭”，这是阶级敌人说的真话，它道出了

① 高敬增等编著：《四大革命导师传：列宁》，第 482—483 页。

② 《列宁选集》第 3 卷，第 504 页。

③ 《列宁选集》第 4 卷，第 126—127 页。

④ 高敬增等编著：《四大革命导师传：列宁》，第 481—482 页。

苏维埃政权所面临的危险，这对于无产阶级政党来说有好处，它可以成为警钟，比那些谎话强。因此列宁号召党和苏维埃必须警钟长鸣，在利用资本主义发展社会主义经济、提高生产力水平的过程中，坚持不懈地加强和巩固无产阶级新生政权。[①]

实践证明，在战胜国内外反动派武装干涉后，列宁领导布尔什维克和苏维埃国家推行的新经济政策，是从当时俄国实际情况出发的正确的社会主义建设道路，它不仅以最快的速度恢复了遭受战争严重破坏的国民经济，而且巩固了以工农联盟为基础的工人阶级政权。列宁在推行新经济政策的过程中，高度警惕“路标转换派”等资产阶级反共势力的和平演变图谋并加强无产阶级政权建设、“处处用自己的共产主义影响加以抵制”的策略是完全正确的，在保持党和国家不变颜色的基础上实现了借助资本主义发展社会主义的目的。

总之，列宁从小在家庭环境的熏陶下，特别是在哥哥的影响下，开始学习马克思主义理论并投身于俄国民主革命和社会主义革命的洪流中，终于成为一个伟大的马克思主义者。列宁以锲而不舍的精神认真系统地钻研了马克思主义经典的科学理论，牢固地树立起共产主义理想信念。在对国际伯恩施坦的修正主义、考茨基的机会主义以及它们在俄国的变种——民粹主义、工联主义、合法马克思主义和经济主义等错误思想的批判中，捍卫了马克思主义，展示了自身一流的马克思主义理论素养。在1914—1917年帝国主义战争期间，在几乎所有欧洲的社会民主党和社会党人都染上了流行的民族主义狂热并替本国的帝国主义尽忠效劳的时候，甚至在第二国际及其主要成员——普列汉诺夫、考茨基等人都抵挡不住社会沙文主义浪潮的时候，只有列宁坚持马克思主义最彻底的革命立场，领导俄国共产党掀起反对社会沙文主义的坚决斗争。列宁凭借一流的马克思主义理论素养，为俄国无产阶级政党制定了继马克思和恩格斯逝世之后第一个真正的马克思主义纲领，亲手缔造了俄国革命的社会民主党——布尔什维克，并领导俄共（布）和俄国工人农民通过民主革命和社会主义革命，建立了世界上第一个社会主义国家——苏维埃社会主义共和国联盟。

① 《列宁选集》第4卷，第678—679页。

第四章　斯大林的理论素养与“斯大林模式”的伟大成就

1879 年 12 月 21 日，斯大林出生在沙皇俄国格鲁吉亚第比利斯省的哥里镇，父亲维萨里昂·朱加施维里和母亲叶卡捷琳娜·朱加施维里都是农奴的子女。年轻时，维萨里昂的农奴身份在沙皇废除农奴制后获得解放。他从乡下来到镇里打工，给人修鞋，虽然外表粗鲁，但却是个爱思考的人，他计划自已开一个鞋铺。可是像他这样刚刚摆脱农奴身份的人，要过上好日子还只是梦想。维萨里昂经常受到有钱人的欺压，每当苦闷和忧愁来袭，不是抓起酒瓶，就是对老婆拳脚相加。而作为一个农奴的女儿，叶卡捷琳娜与她同时代的广大劳动妇女一样，从出生起就必须接受命运的安排：同一个农奴结婚，终生依赖这个农奴，为他生儿育女。可是命运却不想满足她的这个小小愿望，连着生了三个孩子都夭折了，斯大林是她的第四个孩子，取名叫约瑟夫·朱加施维里（后改名为斯大林，“斯大林”在俄文中的意思是钢铁）。她常常去附近的哥里大教堂做祷告，希望上帝保佑她的孩子有个光明的前程，将来成为一名神甫。

斯大林在哥里镇度过了无忧无虑的童年，格鲁吉亚的民间故事和传说影响了他的幼小心灵。这些民间传说和故事记述着著名的高加索强盗，这些人常常是普通百姓心目中的英雄，他们或反抗沙皇的统治，或带领农奴起义，或杀富济贫，对贫穷和受蹂躏的人宽宏大度，而对统治者和富人却嫉恶如仇。他们常常是斯大林和小伙伴儿们玩“强盗游戏”时模仿的榜样。

1888 年斯大林进哥里东正教小学读书。在学校，斯大林是班里最优秀的学生。他学习很用心，异常聪颖，能轻松地朗读课文；尽管瘦小，但在操场上玩耍时，他的敏捷和胆量都超过其他孩子。斯大林有一股坚持不懈的劲儿，无论是学习，还是扔石子、爬山，他总能达到自己既定的目标。1894 年 6 月，斯大林以优异成绩毕业于哥里教会小学，获得奖状和证书，并于这年秋天进入第比利斯东正教中学学习。第比利斯东正教中学在格鲁吉亚乃至整个高加索都是一所重要的学校，它是当地知识分子的主要培养基地，在信奉东正教的格鲁吉亚人心目中有很高的威望。第比利斯东正教中学在斯大林的一生中举足轻重，正是从这里斯大林走上了革命道路。

第比利斯中学宛如一座兵营，校园生活由修道士们严格管理，老师讲的一切都是不容置疑的，对某种自然现象和神学课本上的内容提出任何批评都被看作是亵渎神明。学校不允许学生到非教会的图书馆去借书，只有经过修道士认可的作品才能阅读，违犯了校规就要被禁闭。作为一个贫寒子弟，斯大林靠学习成绩出色才被推荐到这所重点学校里来，因此无比珍惜这个机会。在入学头两年里，他在老师的眼里仍然是个好学生，虽然有点孤僻，但能干、勤奋、听话。第一年在全班名列第八名，第二年名列第五名。他脑子反应快，记忆力强，对祷文及《圣经》的韵律和诗意总是兴趣盎然。

然而，随着斯大林知识量的增加，他逐渐感受到老师所讲的已经满足不了他对知识的渴求。于是不断扩大阅读范围，从最初的文学作品逐渐扩大到历史、经济、自然、哲学等领域，其中包括关于法国大革命方面的书和巴克尔的《英格兰的文明史》、杜冈·巴拉诺夫斯基的《英国的周期性危机》、尼·季别尔的《大卫·李嘉图和卡尔·马克思的社会经济学著作》、勒图尔诺的《所有制的演变》、达尔文的《人类的起源》、斯宾诺莎的《伦理学》及费尔巴哈的《基督教的本质》等等，这些著作对斯大林的思想发展起了重要作用。而这时的斯大林也已经不再是刚入学时那个孤僻、沉静的约瑟夫，而是成了同学中的主要辩论者。他比许多同学知道得多，能够准确地提出论点，并能顽强而又巧妙地为自己的论点辩护，在同学中小有名气。高年级的同学不仅欣赏他的才能，也为他的刻苦钻研精神所感动，主动与他交谈，为他提供他们弄到的书刊，更使他视野开阔、见识大增。

1896 年上半年，斯大林与流放到外高加索的俄罗斯秘密的马克思主义小组成员建立了联系，这对他产生了很大影响，使他对秘密流传的马克思主义著作发生了兴趣。贫困的家境，东正教中学严酷、侮辱人的校规及耶稣教会的教学方法，主观的才能、努力向上的人生志向和不停地探索精神，所有这一切都促使斯大林去研究马克思主义。

1898 年 8 月，斯大林加入了麦撒墨达西社。该社是一个马克思主义学习小组并已经集体加入了俄国社会民主工党。斯大林在这里结识了亚历山大·楚卢基泽和弗拉基米尔·克茨霍韦利。楚卢基泽于 1895 年加入该社。

他才华横溢，已是该社颇有名望的马克思主义宣传者和成熟的马克思义理论家。他用格鲁吉亚文为第比利斯两家大型进步刊物《犁沟报》（麦撒墨达西社社刊）和《维利亚》撰稿，大力宣传和普及马克思主义。楚卢基泽对无产阶级的历史作用、政党、知识分子、民族问题及唯物史观等问题都有精僻的论述，但由于积劳成疾于1905年6月病逝，年仅29岁。克茨霍韦利也先于斯大林加入该社，是一个不知疲倦、富有事业心的实干家。克茨霍韦利是斯大林的校友，在哥里教会小学和第比利斯东正教中学上过学。1893年12月他因参加了一次大规模罢课而被东正教中学开除，之后他来到基辅这个古老的政治文化中心，这里比第比利斯开化得多。他在那里坐了三个月牢，出来后又在那里待了几年，并参加了当地社会民主主义小组的活动。这些小组都同流亡瑞士和英法等国的俄国社会民主运动的领袖们有联系。在这里他学到了更多的马克思主义，逐渐坚定了对共产主义的信念并熟悉了地下工作之道。1897年克茨霍韦利返回第比利斯，秘密创办印刷所，印刷列宁创办的《火星报》及其他书刊，千方百计宣传马克思主义。不久克茨霍韦利被警察逮捕，于1903年在狱中遇害，时年27岁。

楚卢基泽和克茨霍韦利是斯大林的良师益友和政治上的引路人。就在斯大林参加麦撒墨达西社这年，该社分裂成两派：多数派和少数派，两派的分歧表现在一系列问题上，例如，如何对待合法马克思主义、工人运动的战略和策略及民族主义还是无产阶级国际主义等。斯大林根据自己当时所掌握的马克思主义理论，认为少数派的立场更有道理，于是他选择了少数派。这是斯大林参加俄国社会民主工党遇到的第一次党内重大路线分歧，第一次在两种思想斗争中做出自己的正确选择。入社后斯大林开始接受组织交给的工作：负责第比利斯铁路工人的一个小组的学习。他后来回忆起这次活动时说：在工人同志的住处接受了做实际工作的第一课，在这些同志中我受到了第一次战斗的革命洗礼，成了革命事业中的一名学徒。①此后克茨霍韦利又让他负责几个工人小组的学习，给工人讲课，而且由他自己拟定讲课提纲。这时的斯大林不仅学习马克思主义理论，而且在亲身实践这个理论。理论与实践相结合产生了质的飞跃，他对马克思主义理论的正确性、对共产主义的科学性更加确信不疑，对自己选择的革命道路也更加一无反顾。1899年5月29日，斯大林被第比利斯中学开除，理由是“无故不参加考试”。从此斯大林便结束了学生时代，开始了一个马克思主义职业革命家的生涯。

① 刘文涛等编著：《四大革命导师传：斯大林》，红旗出版社1997年版，第14—15页。

第一节　在革命的办报生涯中学习和宣传马克思主义理论

在斯大林成长为一个伟大的马克思主义者的过程中，他在青年时期创办马克思主义报刊的经历发挥了非常重要的作用。正是在办报过程中，斯大林不仅宣传了马克思主义，而且培养和锻炼了自己的马克思主义理论素养。

一、创办《斗争报》

离开学校后，1899 年 12 月底，斯大林在第比利斯地球物理观测站获得观测员职位。这个工作需要昼夜值班，在规定的时间间隔用仪器观测数据，月工资 20 个卢布，工作时间不超过半年者只给五个左右卢布。尽管薪水微薄，斯大林还是很喜欢这个工作，在这里他第一次有了自己的房子。他的房间陈设简朴，但桌子上总是堆着一摞一摞的书。其中普列汉诺夫和列宁的书居多，也有一些不知从哪儿搞到的非法小册子。不值班时多是读书，有些书读了一遍又一遍，不停地写读书笔记。第比利斯地球物理观测站的宿舍很快成了革命者的避难所。斯大林、当时非法待在第比利斯的弗拉基米尔·克茨霍韦利和他的弟弟瓦诺·克茨霍韦利以及第比利斯社会民主党组织的其他成员，经常聚集在这里。他们畅谈读书体会，讨论普列汉诺夫和列宁的文章和著作，都更赞成列宁的理论观点，觉得列宁的观点更明确、更接近实际。他们也谈《犁沟报》，批评它的资产阶级民族主义倾向，批评它愈来愈脱离日益发展的革命运动。每当这时他们总是梦寐以求有自己的秘密刊物，于是大家决定创办一份自己的报纸。

1901 年 9 月，斯大林、克茨霍韦利和楚卢基泽共同创办了《斗争报》并在巴库出版，这是第比利斯社会民主党组织秘密出版的第一份报纸。自 1898 年麦撒墨达西社分裂为多数派和少数派以来，该社的刊物《犁沟报》一直被多数派把持，成为多数派宣扬修正主义观点的工具。少数派在一些马克思主义基本问题和俄国革命运动的策略上与多数派意见相左，但苦于没有自己的宣传阵地。几年来，最令斯大林等人魂牵梦绕的就是有一张属于他们自己的报纸，而现在这个愿望终于变成现实，那种激动的心情和千言万语都化作《编辑部的话》，刊登在《斗争报》创刊号上。《编辑部的话》针对当时国际国内社会民主主义运动中、特别是多数派在他们的刊物上修正马克思主义的做法，指出：《斗争报》要以社会民主主义的原则和革命的斗争方式来衡量每一个运动，从而避免伯恩施坦之流的一切呓语；报纸的任务是，必须对一切有关工人运动的问题经常给以明确的答复，解释各种原则性的问题，从理论上说明工人阶级在斗争中的作用，并以科学社会主义的光芒照耀工人所遇到的每一种现象；格鲁吉亚的社会民主主义运动并不是一个单独的运动，它和全俄的运动携手并进，是服从于俄国社会民主党的[①]。

二、创办《无产阶级斗争报》

斯大林领导创办的第二份报纸是在1905年至1907年俄国第一次革命高潮期间的《无产阶级斗争报》。通过《无产阶级斗争报》，斯大林与列宁和布尔什维克的国外中央建立了密切联系。在办报期间，斯大林除了参加各种形式的辩论会外，还在报刊上发表文章，批评孟什维克等非马克思主义的错误观点。1905年5月，斯大林出版了《略论党内意见分歧》小册子，遵循列宁《怎么办?》一文的思想，认为工人运动必须与社会主义相结合，实践活动和理论思想必须融合为一；提出社会民主党的责任就是使自发的工人运动走上社会民主主义道路，并把社会民主主义意识灌输到这个运动中去，毫不倦怠地同一切阻碍实现这些任务的人做斗争。[②]《略论党内意见分歧》受到布尔什维克中央的关注。同年7月18日，列宁委托妻子克鲁普斯卡娅写信给高加索社会民主工党联合委员会，要求把斯大林的这本小册子寄去，并要求经常给他们寄去《无产阶级斗争报》。斯大林《略论党内意见分歧》这本小册子还分别用格鲁吉亚文、亚美尼亚文和俄文印刷，在整个高加索各布尔什维克组织中传播，使先进工人们从这本小册子中了解了党内分歧，认识了列宁和布尔什维克的立场。

三、创办《巴库无产者报》和《汽笛报》

1907年6月，斯大林被党组织派到巴库去工作。斯大林到达巴库后的第一件事就是与那里的布尔什维克一起办报。1907年6月20日，斯大林主编的布尔什维克秘密报纸《巴库无产者报》出版。根据巴库工人运动的实际情况，斯大林与其他社会民主党人一起发起创办了巴库石油工会的布

---

① 刘文涛等编著：《四大革命导师传：斯大林》，第24—25页。

② 《斯大林选集》（上卷），人民出版社1979年版，第35—40页。

尔什维克合法机关报《汽笛报》，1907 年 8 月 12 日该报出版。《汽笛报》的创刊号社论提出，为了顺利地同敌人做斗争，粉碎“穿着新朋友外衣”的资本家奴仆们的狡猾计划，维护工人自身的利益，工人必须拥有自己的机关报。斯大林在《汽笛报》上发表了题为《应当抵制协商会议!》《必须作好准备!》等文章，强调布尔什维克的当前任务是在工人运动中发展劳资之间势不两立的意识，使工人团结起来，抵制资产阶级的欺骗性协商会议。[①]《汽笛报》出版到 1908 年 6 月 1 日后虽被孟什维克篡夺，但该报在布尔什维克出版期间对巴库工人运动的指导作用、对工人的宣传鼓动作用、对资本家的揭露和抨击作用是任何其他报纸无法替代的。

四、创办《真理报》

从 1910 年起，斯大林作为俄国社会民主工党中央委员会特派员，到高加索地区和彼得堡组织领导革命工作。1912 年 4 月，斯大林在彼得堡同俄国革命活动家巴图林、奥里明斯基和波列塔耶夫等共同筹备创办《真理报》[②]，这是斯大林领导创办的俄国社会民主工党的一份最重要报纸，其影响深远。在斯大林的具体领导下，1912 年 4 月 22 日《真理报》正式出版。斯大林在创刊号上发表了《我们的目的》一文，文章开宗明义提出办报的目的和方针：目的是捍卫工人阶级的利益；方针是对敌人势不两立，在内部互相忍让，因为社会民主党工人中间的意见分歧在所难免，但在受剥削并毫无权利上是一致的，所以无产阶级要在斗争中团结起来。文章还提出，只要工人不仅同情报纸，而且积极参与办报，同心协力，只要报纸在同广大群众的接触中吸取力量，前进道路上的任何荆棘都不足畏惧。[③]

就在《真理报》创刊当日，斯大林第五次被捕，但他在 9 月 12 日又

---

① 刘文涛等编著：《四大革命导师传：斯大林》，第 41 页。

② 《真理报》最初由俄国社会民主工党领导人托洛茨基于 1908 年 10 月 3 日创办于维也纳，针对俄国工人发行。早期的《真理报》为避免沙皇政府的新闻管制，全部在国外刊印，再偷运入俄。《真理报》在国外并没有得到很好发展。1912 年 4 月 22 日，斯大林等人创办彼得堡《真理报》后，维也纳《真理报》于同日宣告停刊。1918 年 3 月 3 日，《真理报》编辑部随苏维埃政府一同迁至莫斯科，从那时起，《真理报》就正式成为俄共（布）、联共（布）和苏共的中央机关报。1991 年 8 月 22 日，俄罗斯总统叶利钦下令解散共产党和《真理报》编辑部，从此传统意义上的《真理报》不复存在。另外，俄共（布）、联共（布）和苏共是苏联共产党在不同时期的简称：1903 年俄国社会民主工党分裂为多数派（称为布尔什维克）和少数派（称为孟什维克），列宁领导的多数派称为俄国社会民主工党（布尔什维克），简称俄共（布）；1925 年俄共（布）改称为苏维埃社会主义共和国联盟共产党（布尔什维克），简称联共（布）；1952 年联共（布）又改称为苏联共产党，简称苏共。

③ 刘文涛等编著：《四大革命导师传：斯大林》，第 59 页。

逃回彼得堡，继续主编《真理报》，并在报上发表了《彼得堡工人给自己的工人代表的委托书》（简称《委托书》）和《谁胜利了?》等重要文章。《委托书》分析了国内形势，认为俄国处在必将到来的群众运动的前夜，这场运动也许比1905年的运动更加深入；运动的先锋和领导阶级是工人阶级，同盟者是农民；杜马讲坛是组织和教育广大无产阶级的讲坛之一，第四届杜马的社会民主党人和工人代表要团结一致，在杜马讲坛高举工人阶级的旗帜，说明工人阶级的最终目的，注意同广大群众经常接触并从中吸取力量。《委托书》和《谁胜利了?》两篇文章都受到列宁的赞扬，列宁还提议让全俄国的工人都学习《委托书》。[①]

在学习和宣传马克思主义理论的革命办报生涯中，斯大林的马克思主义理论水平有了很大提高。除了《略论党内意见分歧》外，斯大林在这一时期还写下了《俄国社会民主党及其当前任务》《无产阶级和无产阶级政党（论党章第1条）》《无政府主义还是社会主义?》等重要著作，不仅深刻而正确地理解了列宁的建党思想，而且在列宁领导的布尔什维克与孟什维克的斗争中，旗帜鲜明地站在列宁一边，反对马尔托夫等人的错误主张。斯大林不仅积极阅读列宁的著述，而且努力阅读马克思主义经典作家和其他马克思主义者的著作，这一点从《无政府主义还是社会主义?》一文的旁征博引中可窥见一斑。《无政府主义还是社会主义?》是斯大林最早期的重要哲学论文，在这篇文章里，斯大林不仅引用过马克思、恩格斯的《反杜林论》《路德维希·费尔巴哈和德国古典哲学的终结》《共产党宣言》《哥达纲领批判》《路易·波拿巴的雾月十八日》《法兰西阶级斗争》《法兰西内战》《哲学的贫困》《德国的革命和反革命》《家庭、私有制和国家的起源》等，还引用了克鲁泡特金的主要著作以及波尔·路易的《法国社会主义史》等等[②]。

第二节　在革命斗争实践中历练马克思主义理论素养

斯大林出生于一个贫苦的农奴家庭，从小倔强不屈的性格与现实生活

① 刘文涛等编著：《四大革命导师传：斯大林》，第58页。

② 姜长斌主编：《斯大林政治评传：1879—1953》，中共中央党校出版社1997年版，第28—29页。

中处处遭受沙皇专制压迫的经历，使他在学习文化知识的过程中逐渐明白了无产阶级和广大被压迫劳动者进行革命的道理。他在革命生涯中确立起劳动人民的阶级情感，在颠沛流离的流亡生涯中坚持不懈地学习和研究马克思主义理论，在党内复杂的思想斗争中遇到了自己革命的领路人——列宁，从此自觉地成为列宁的追随者，在革命斗争实践中不断历练马克思主义理论素养，并在列宁的启发下成为马克思主义民族问题理论家，进而成为列宁主义理论的捍卫者和继承者，在国际共产主义运动中首次带领苏联党和人民探索了社会主义建设的“斯大林模式”并取得伟大成就。

一、在革命运动中确立起劳动人民的阶级情感

从19世纪末20世纪初参与组织第比利斯工人罢工运动开始，斯大林在革命生涯中逐渐确立了劳动人民的阶级情感和共产主义的理想信念。

1898年至1900年，在第比利斯社会民主党组织中形成了以西尔韦斯持尔·吉布拉泽（后来成为孟什维克）、楚卢基泽、克茨霍韦利、斯大林、谢夫·朱格利、米·博乔里泽、扎·乔德里什维利为核心的领导小组，他们成为推动第比利斯秘密社会民主党组织发展的主要力量。领导小组每个成员都负责领导许多工人小组，斯大林当时领导八个。1900年4月，斯大林第一次负责组织筹备了第比利斯工人庆祝“五一”劳动节的活动。当时在格鲁吉亚“劳动节”是非法的，从来没有庆祝过。这天清晨，近500名工人怀着激动的心情，高举着红旗与自制的马克思和恩格斯的画像，以及写着格鲁吉亚文、俄文及亚美尼亚文的横幅标语一路向第比利斯郊外的山沟里集会。在集会上斯大林发言说，我们的力量已很强大，明年我们可以在第比利斯大街上，而不是在山沟里庆祝我们劳动人民的节日，我们的红旗一定要插在市中心，这样暴君就会感到我们的力量。[①] 演说结束后，经斯大林提议，与会者一致通过决议：明年“五一”节庆祝活动要在第比利斯的大街上举行。活动结束了，与会者高唱《马赛曲》后匆匆散去。这是斯大林第一次在公开的集会上发表演说。

1900年夏天，库尔纳托夫斯基来到第比利斯，他在西伯利亚流放时已成为马克思主义者。库尔纳托夫斯基的到来给这里的工人运动注入了新的活力，当地社会民主党人很快就被他的魅力所征服。这不仅是因为他给人们带来了令人激动的信息，如列宁准备创办全俄第一份马克思主义秘密报纸《火星报》等，更主要是因为他不屈不挠的斗争精神、丰富的斗争经

① 刘文涛等编著：《四大革命导师传：斯大林》，第20页。

验、传奇的人生阅历，尤其是他对马克思主义的深刻理解和提出问题、解决问题的能力。斯大林对他更是佩服不已，希望自己也能具有像库尔纳托夫斯基那样的马克思主义理论水平和丰富的斗争经验。经过一段时间的接触，斯大林也给库尔纳托夫斯基留下很好的印象，他认为斯大林是当地最可信赖的工人运动领袖之一。

1901 年初，在库尔纳托夫斯基领导下，第比利斯社会民主党人决定发动当地工人举行“五一”节大游行。第比利斯暗探局察觉了游行领导者的踪迹，于 3 月 21 日逮捕了负责筹备第比利斯“五一”节游行示威的库尔纳托夫斯基和其他一些社会民主党人，斯大林碰巧躲过逮捕，不得不与其他党组织成员转入地下工作。斯大林等转入地下后的第一件事就是继续筹备“五一”节游行示威，完成被捕同志们未竟的工作。4 月 22 日，斯大林亲自领导 2000 名工人聚集在索尔达特市场举行游行示威。虽然遭到警察严密监视和暴力冲击，工人们还是勇敢机智地打出了一面红旗，高喊“乌拉!”口号，在大街上奔跑。这次游行示威震撼了整个高加索地区。几星期以后，《火星报》报道说，4 月 22 日，星期日，在第比利斯发生的事件对整个高加索都具有历史意义——这一天标志着高加索公开革命运动的开始。这次游行示威活动也令斯大林兴奋不已。“工人们深明大义的开阔胸怀、英勇顽强的斗争精神、机智果敢的斗争方式无不使他为之肃然、鼓舞，他感到与工人在一起其乐无穷，‘为这些人牺牲生命也值了’。”①

1901 年 11 月 11 日，第比利斯的一些社会民主党小组联合召开代表会议，选出了俄国社会民主工党第比利斯委员会，斯大林当选为该委员会委员。11 月底，第比利斯委员会派斯大林到高加索的第三大城市巴统建立社会民主党组织。巴统位于黑海岸边，与土耳其接壤。该市是 1878 年俄土战争后落入俄国人手中的，当时是仅次于巴库和第比利斯的高加索第三大城市、俄国的一个工业中心、多民族聚居区，连接巴库和巴统的外高加索铁路于 1883 年建成通车。到 1901 年巴统已有大工业企业十多家，工人近 5000 人。在斯大林来这里之前，巴统的工人运动像俄国当时许多地方的工人运动一样，处于初级阶段——无组织的自发状态。此时麦撒墨达西社的多数派已在该城活动，他们反对工人成立非法组织，不主张进行政治斗争，只满足于进行一些文化教育方面的工作。而沙皇政府的官员和资产阶级民族主义者则极力在各民族工人中制造纠纷，唆使格鲁吉亚人和亚美尼亚人反对俄罗斯人，又在俄罗斯人与土耳其和希腊人之间制造事端。

① 刘文涛等编著:《四大革命导师传：斯大林》，第 23 页。

斯大林一到巴统就同先进工人建立联系，召集先进工人开会，提议在各工厂组织可靠工人建立政治小组，并给工人上课。斯大林朴实、平易近人、善解人意，一下子就能抓住工人的心。他的政治头脑、勇气和胆识也激励着工人，成了工人们的精神支柱。他讲的课明白易懂：社会上有哪些阶级？工人阶级的状况是由谁造成的？沙皇和资本家如何联合起来剥削和压迫工人，无产阶级在同压迫他们的人的斗争中不单是要反对一个资本家，首先要反对专制制度，推翻这个制度才能获得解放。听他讲课时工人们觉得斯大林与以前的宣传者（麦撒墨达西社的多数派）迥然不同，这些人只是讲天文地理，教他们认字，而斯大林讲的内容让他们感到新鲜，而且亲切。斯大林每次上完课，工人们总是恋恋不舍地围着他问这问那。有一次，工人发现斯大林的鞋子坏了，悄悄凑钱帮他买了双新鞋。斯大林眼眶湿润了，他无论如何不肯收下。他说：“我的鞋虽然破了，但还可以凑合穿，你们中间有的人的鞋破得更厉害，等你们都穿上新鞋了，我再穿你们买的鞋。”[①] 这件小事，反映了斯大林衷心热爱工人们，工人们也衷心热爱斯大林，在斯大林与工人之间已经建立起深厚的阶级感情。

在斯大林领导巴统工人运动期间，还有一件事对于斯大林坚定无产阶级情感和共产主义信念产生了重要影响。斯大林用来印刷传单的印刷机秘密设在一个女主人名叫杰斯彼涅·莎帕塔娃的工人家里。莎帕塔娃是个开朗热情、敢做敢为的女性。她懂得俄语、亚美尼亚语、希腊语和阿塞拜疆语，不但帮助斯大林印刷传单，而且印好的传单也由她拿出去交给可靠的人，再散发到各工厂。由于警察查到风声，莎帕塔娃被传唤到警察局。警察向她展示着传单，逼迫她说出印刷机和斯大林的下落。虽然警察对她软硬兼施，百般凌辱，但她始终没有透露斯大林半个字。莎帕塔娃在审问时被警察打成重伤，从此一病未起，并于 1904 年 12 月病逝。斯大林对莎帕塔娃为保护他和宝贵的印刷机而遭到的迫害感到非常悲痛，这更加坚定了他为工人阶级而战、推翻一切剥削制度的信念。

1908 年 11 月初，斯大林在巴库第二次被捕并被判流放沃洛戈达省。巴库工人得知斯大林要被送到流放地，看到他还穿着单衣裤，大家凑钱帮他买了短皮衣和皮靴等物品。开始时斯大林拒不接受，他说工人们自己也很困难，经工人们好说歹说他才含泪收下。在未来的革命生涯中，斯大林对工农的阶级情感逐渐渗透到人格中去。“斯大林有个特点就是不喜欢同知识分子交往，而乐于同一些文化水平不高、心直口快的工农或与他身世

① 刘文涛等编著：《四大革命导师传：斯大林》，第 26 页。

相仿的人在一起。这时他平心静气，也近人情；而同知识分子在一起时，他则显得拘谨，沉默寡言或不理不睬。在狱中也一样，他能同各种犯人聊天、交往。后来在内战时期，当某些部队、通常是骑兵部队不听驾驭、沉于暴力和酗酒时，列宁就说最好是把斯大林派到那儿去，他懂得怎样和这一类人讲话。”①

二、在流亡生涯中坚持学习和研究马克思主义理论

斯大林是苏共历史上被反动派逮捕次数最多的高层领导人。在斯大林的一生中，从 1902 年至 1913 年，总共被捕七次，遭流放六次，从流放地逃回五次②。在每一次被捕和流放生涯中，斯大林都凭借坚定的毅力坚持学习和研究马克思主义理论，这对他逐渐成为一名优秀的马克思主义理论家和革命家也产生了重要影响。

1902 年 4 月 5 日，斯大林在巴统被捕，这是他第一次被捕。斯大林被囚禁在巴统监狱长达一年的时间。在监狱中，斯大林每天起得很早，抓紧时间读书，也常参与狱友们的辩论。当时正值俄国革命初期，以什么样的思想指导革命，在具体的运动中采取什么样的策略等等问题，除了列宁之外没人能讲得清楚，大家都在探索。在当时能真正认识到列宁思想的价值及其对当时俄国革命运动的指导作用的人不多，但斯大林却是其中之一。③1903 年 7 月，斯大林作为政治犯被判处从巴统流放到伊尔库茨克省的巴拉干县新乌达村。斯大林从巴统出发，经过漫长旅途最后到达流放地新乌达村，这时已是 1903 年 11 月 27 日。这一时期，俄国社会民主工党第二次代表大会召开了，代表大会通过的党纲、党章体现了渴望摆脱阶级压迫的全体劳动人民的根本利益，但在党章第一条问题上，代表大会选举的中央委员会分裂成多数派（即布尔什维克）和少数派（即孟什维克）。在这次党内重大思想斗争中，斯大林通过认真学习马克思、恩格斯和列宁的著作，坚定地站在了列宁领导的布尔什维克一边，批评了马尔托夫、普列汉诺夫

① 刘文涛等编著：《四大革命导师传：斯大林》，第 49 页。

② 根据刘文涛等编著的《四大革命导师传：斯大林》，笔者统计结果是，从 1902 年至 1913 年，斯大林总共被捕七次，遭流放六次，从流放地逃回五次。而根据俄文版《苏联小百科全书》第 10 卷记录，从 1902 年至 1913 年，斯大林总共被捕八次，遭流放七次，从流放地逃回六次（最后一次即 1913 年被流放后，未再逃跑，直到 1917 年 2 月革命爆发后获释）。参见姜长斌主编：《斯大林政治评传：1879—1953》，中共中央党校出版社 1997 年版，第 25 页。由于刘文涛等编著的《四大革命导师传：斯大林》有斯大林各次被捕流放的详细记录，因此本文采认此版的说法，特此说明。

③ 刘文涛等编著：《四大革命导师传：斯大林》，第 31 页。

等人脱离实际、不讲原则的机会主义立场。

1908年3月25日，斯大林第二次被捕，被判流放到沃洛戈达省。在被流放前，斯大林被关在巴库监狱七个多月。这个监狱拥挤不堪，看守得不是很严。斯大林在监狱里始终与俄国社会民主工党巴库委员会、《巴库无产者报》、《汽笛报》保持联系，为委员会出主意想办法，给报纸写文章，号召工人们自觉地走上同资本家斗争的道路，抨击资本家及其帮凶，批评革命低潮时期的机会主义和近期的工作任务。斯大林在监狱里把布尔什维克团结起来同孟什维克和社会革命党人辩论。在辩论中斯大林有时作为报告人，有时作为报告人的反对派。一个年轻的社会革命党人曾回忆说，“前额并不发达的小脑袋柯巴（指斯大林）把马克思的《资本论》全装进去了，马克思主义是他的本行，在这方面他是不可战胜的，他懂得如何引用马克思的适当的公式来证明任何论点。”[①] 斯大林在狱中坚持学习理论、思考问题，并经常与狱中同志们一起读书，传阅报纸，讨论问题。在这所监狱里死囚与其他犯人吃住在一起，刑场就在监狱的院子里，死囚往往是晚上在众目睽睽之下被带到院子里绞死，这时牢房里都能听见被绞死者的叫喊和呻吟声，许多犯人都吓得神情恍惚，而斯大林却能酣然大睡，他的精神如此坚强令同牢房的难友们惊异不已。同年11月9日，斯大林启程前往流放地，1909年2月27日到达，6月24日成功逃离，返回巴库继续从事革命工作。

1910年3月下旬，斯大林在巴库第三次被捕。鉴于斯大林坚持参加革命并两次从流放地逃走，高加索总督因此做出决定，除流放索利维切戈茨克一年外，五年内禁止斯大林在高加索居住。斯大林于10月29日到达流放地，11月就与列宁取得联系，得到列宁在生活上的关怀和理论上的指导。斯大林给国外的党中央写信，谈他对列宁与普列汉诺夫联盟及托洛茨基与马尔托夫等人的联盟的看法，认为列宁的联盟是有原则性的联盟，而托洛茨基的联盟则是腐朽的、没有原则性的东西。斯大林在信中提出，党内意见分歧问题不是在辩论中，而是在工作中，在运用原则过程中解决。斯大林在信中还正确地提出在国内成立“中央委员会俄国分部”的建议，以消除各地互相隔离、灰心丧气的状况[②]。1911年5月28日至6月4日，俄国社会民主工党在巴黎召开中央委员会会议，会议讨论了关于召开中央全会、党代表会议和关于中央委员会国外局等问题，斯大林在这次会议上

① 刘文涛等编著：《四大革命导师传：斯大林》，第48页。

② 同上书，第50页。

被缺席指定为筹备召开全党代表会议组织委员会委员。

斯大林第三次被捕没有逃跑，直到 1911 年 6 月 27 日流放期满释放，但他被禁止在高加索、省会和各工业中心居住。斯大林虽然秘密来到彼得堡并用化名申报了户口，但他早已被作为重要政治人物受到秘密监视。在筹备党的代表会议期间，刚刚结束流放生涯不到三个月即 1911 年 9 月 9 日斯大林第四次被捕了。斯大林在狱中继续坚持学习马克思主义理论并从事革命工作，起草了《俄国社会民主工党第比利斯组织领导小组宣言》，指出反革命胜利使许多人脱离革命，放弃先前的口号和信仰，这种“换毛”过程在知识分子集团中表现得特别突出，而工人阶级尽管蒙受重大的牺牲，仍然忠于自己的革命职责；工人阶级不应同资产阶级做任何交易，不应为某种“立宪保证”而丢掉民主共和国的旗帜，还要警惕工人阶级队伍中有资产阶级思想的人，这些人是资产阶级对工人阶级影响的传播者，他们抛弃党的纲领，要取消不合法的工人阶级政党；为了在未来的斗争中领导人民群众，工人阶级应当有自己紧密团结、坚强巩固的无产阶级组织。①

1912 年 1 月 5 日至 17 日，俄国社会民主工党第六次全国代表会议在布拉格召开。在代表会议上，斯大林被任命为刚成立的中央委员会俄国局成员，并缺席补选为中央委员会委员。这两项任命意味着斯大林已经从一名党的地方工作者成为中央领导人，这是斯大林革命生涯中的重大转折，也是党对斯大林革命生涯、马克思主义理论水平和共产主义信仰的肯定。代表会议闭幕后，列宁亲自委派也是在这次代表会议上被任命为中央委员会俄国局委员的奥尔忠尼启则到流放地会见斯大林，向他传达了布拉格代表会议的决议。这使斯大林万分激动，革命热情更加高涨，并在 1912 年 2 月 29 日成功逃回彼得堡。

斯大林刚刚逃回彼得堡不到两个月，就在他领导创办的《真理报》创刊这一天，即 1912 年 4 月 22 日，他第五次被捕了，并判处流放三年。这对此时已负责多项革命工作的斯大林来说是难以忍受的，特别是他极为重视的《真理报》编辑工作，斯大林刚到流放地不久便逃回彼得堡，马上恢复《真理报》主编和其他重要工作。

1913 年 2 月 23 日斯大林在出席彼得堡布尔什维克组织在卡拉什尼科夫交易所大厅为《真理报》募捐举行的音乐会上，由于奸细告密再次被捕，这是他第六次被捕，并被判流放图鲁汉斯克边疆区四年，由警察公开监视，这是斯大林最后一次流放，前五次流放中斯大林逃走四次，这次他

---

① 刘文涛等编著：《四大革命导师传：斯大林》，第 51—56 页。

也曾几次准备逃走，以列宁为首的党中央也曾几次专门开会研究斯大林等人的逃跑问题，但由于奸细告密，再加上警察监视特别严密，流放地又远在边疆，天寒地冻，交通不便，斯大林这次一直待到流放期满。

斯大林被流放的库雷卡村在北极圈内 80 多公里，邮件要每隔一个多月步行到很远的地方去取。这里夏季短暂，多蚊虫；冬季漫长严寒，多暴风雪，气温一般在零下 50 多度，而且在短暂的夏季还要为漫长的冬季储备食物。在这里能活下来已经很难，而对于斯大林这个生长在南方的人来说更是难上加难。但即使在这样艰难的处境下，斯大林不仅没有屈服，而且顽强地生活下去并坚持学习马克思主义理论。在斯大林的小房间里，桌子上摊满了书，堆着一摞摞报纸，他的思想一点也没有脱离现实生活，依旧十分紧张地工作着。斯大林一到流放地就开始研究民族问题，并于 1913 年初冬写了一篇关于民族问题的文章，托人转给列宁指正。1916 年 2 月，他还曾经致信列宁，拟将小册子《马克思主义和民族问题》与《论民族文化自治》一文做些补充后用文集的形式发表，请列宁对此发表意见。

斯大林来到库雷卡村三个月后，第一次世界大战爆发了。第一次世界大战掀起了俄国工人运动新高潮。各地方党组织全力组织各种集会、会议和罢工运动，提出“打倒战争！”“打倒沙皇政府！”“俄国革命万岁！”等口号。8 月下旬，列宁在布尔什维克伯尔尼支部会议上第一次作了关于党对待帝国主义战争的态度的报告——《革命的社会民主党在欧洲大战中的任务》，后来列宁又以该提纲为基础写成俄国社会民主工党中央委员会关于第一次世界大战宣言——《战争和俄国社会民主党》，首次提出了帝国主义战争转变为国内战争，领导和发动工农群众开展武装斗争的指示。①

1914 年底斯大林在流放地看到列宁关于战争的提纲后异常高兴和激动，因为提纲证明了他关于战争的思想是正确的，在评价复杂的历史局势方面他准确无误地采取了列宁的正确立场。1915 年 2 月底，斯大林在给列宁的信中明确地批判了在战争问题上采取机会主义路线的普列汉诺夫和坚持护国主义路线的国际社会民主党人。“二月革命”的胜利结束了斯大林的流亡生活。1917 年 3 月 12 日，斯大林和其他革命者一起从流放地返回彼得格勒。三天后斯大林被选为俄国局正式成员，并同加米涅夫一起接管了《真理报》工作。回到自己被捕前的工作岗位，斯大林夜以继日，把自己在流放期间的大量研究和思考心得写成文章，并在《真理报》上发表，比如《论工兵代表苏维埃》《论战争》等，从 1917 年 3 月到 10 月这短短

---

① 《列宁选集》第 2 卷，第 403—410 页。

的七个月时间里，斯大林在《真理报》等报刊上发表论文60多篇。“他的文章写得朴实、简洁、浅显易懂，工农大众乐于接受。正因为如此，斯大林的名字在人们心目中所占的分量愈来愈大”，“他那尖锐的笔锋、闪电般的创作速度已反映出了他在政治理论水平和写作方面的优势”。[①]

1917年4月3日，列宁取道德国返回祖国，斯大林终于迎来与列宁经常交往的机会并在协助和捍卫列宁的过程中得到列宁的信任，成为列宁和中央委员会的秘密联络员。在协助列宁组织和领导俄国“十月革命”的工作中，斯大林的理论素养得到更全面的历练，逐渐成为一名优秀的马克思主义理论家。

三、在列宁的启发下成为马克思主义民族问题理论家

斯大林在学习和接受马克思主义理论并在俄国革命斗争实践中，发现在许多知名的俄国马克思主义者比如普列汉诺夫、列宁、马尔丁诺夫、马尔托夫和托洛茨基等人中，只有列宁的思想和主张最符合俄国革命的实际情况，他的政治信仰、理论思考和阶级要求也与列宁的学说不谋而合。因此，斯大林在革命生涯中成为列宁坚定的支持者和追随者，在政治立场和理论路线上热心追随列宁的学说，并自认为是列宁的学生。

民族问题是斯大林自参加革命以来最关注的问题之一，他一生中关于民族问题的专著就有40多篇。因为从小生活在多民族聚居地区，斯大林参加革命后对各种形式的狭隘的民族主义认识得更为透彻。1904年9月1日斯大林在《无产阶级斗争报》第七号发表了《社会民主党怎样理解民族问题?》一文，这是斯大林公开发表的第一篇关于民族问题的文章。在这篇文章中，斯大林通过学习党纲关于民族问题的论述，结合格鲁吉亚当时在这方面存在的问题，详尽阐发了社会民主工党关于民族问题的理论和纲领，批驳了联邦主义者狭隘的民族观，提出俄国社会民主工党不仅要把俄罗斯的无产者集合在自己的旗帜下，而且要把一切民族的无产者都集合在自己的旗帜下，反复强调要千方百计地消除耸立在无产者之间的民族壁垒，认为这是俄国无产阶级胜利的必要条件。在这篇文章中，斯大林已经开始学会运用马克思主义的辩证法来分析革命问题。

1905年12月12日至17日，斯大林以俄国社会民主工党高加索联盟代表的资格出席了在塔墨尔福斯举行的全俄布尔什维克第一次代表会议，在这次会议上，斯大林第一次见到了列宁。1912年12月底到1913年初，

① 刘文涛等编著：《四大革命导师传：斯大林》，第74页。

斯大林又秘密到克拉科夫参加在那里举行的俄国社会民主工党中央委员会和党的工作者会议。会议重点总结了1912年俄国工人运动的经验，讨论了革命高潮、罢工和党的任务、秘密组织的建设、社会民主党杜马党团、党的报刊等问题。会议结束后，斯大林应列宁之邀继续留在克拉科夫，从这里斯大林真正开始在列宁指导下研究民族问题。

列宁一直关注民族问题，并力求从理论与实践相结合上解决这一问题。列宁夫人克鲁普斯卡娅曾经回忆说，1913年克拉科夫会议时，伊里奇就民族问题与斯大林同志谈了很多，他很高兴遇到了真正关心这一问题、研究这一问题的人。[①] 1913年1月，斯大林从克拉科夫来到维也纳，在这里待了近一个月，除了组织在巴黎印刷列宁写的关于克拉科夫会议的通报外，还在列宁指导下写了《马克思主义和民族问题》一文。斯大林的文章写完后交给列宁，列宁做了些改动，便推荐给《启蒙》杂志，发表在1913年第3—5期上，最初题名为《民族问题和社会民主党》。列宁对这篇文章予以高度评价。1913年12月，列宁在《论俄国社会民主工党的民族纲领》中说，近来，在马克思主义的理论文献中，对社会民主党民族纲领的原则都进行过阐述，在这里首先要提出的是斯大林的文章。列宁在1913年写给加米涅夫、高尔基以及其他人的信中，也都称赞斯大林的文章写得很好。列宁的鼓励对斯大林终生研究马克思主义民族理论产生了很大影响。与此同时，以这篇文章为主，包括在这以前和在这之后，即“十月革命”后斯大林关于民族问题的文章，确定了斯大林在马克思主义民族问题理论中的地位。[②]

“十月革命”胜利后，斯大林在全俄苏维埃第二次代表大会上被任命为民族事务人民委员。在处理民族事务工作中，斯大林表现得相当出色。当时在俄国1.4亿人口中，有6500万人是非俄罗斯民族，他们大多处于政治、经济、文化都相当落后的状态，有的少数民族甚至还处于原始部落阶段。改变这些地区的面貌是非常艰巨的任务，这对于急于求成的人来说是不愿去做的。可是斯大林不同，他与边疆少数民族有一种特殊的感情，他懂得他们的语言，熟悉他们的生活习惯，有极大毅力去组织和领导那里的人民。1918年4月，斯大林以民族事务人民委员的名义，在《真理报》上发表《当前任务之一》一文，创造性地提出了发展落后边疆地区政治、经济和社会的方法：在边疆地区实行高度自治，建立地方学校、法院、行政

① 刘文涛等编著：《四大革命导师传：斯大林》，第59—60页。

② 同上书，第61页。

机关和教育机关等，在社会政治工作中使用地方的、边疆地区劳动群众所熟悉的语言，把人民从资产阶级束缚下解放出来。斯大林提出的这项政策不仅在俄国，而且在世界上还是第一次，是斯大林的一项重要理论创新。“从民族事务人民委员部的建立，到各个边疆少数民族纷纷成立自治共和国的两年中，斯大林不仅表现出具有政治理论家的素养，而且还有脚踏实地的革命干劲。……因此，列宁把斯大林看作是自己得力的助手。在各种民族代表团面前，他总是说：‘同斯大林谈谈吧。他清楚这个问题。他了解情况。同他讨论这个问题吧。’”① 列宁的话，足以体现出斯大林关于民族问题的理论水平。

在轰轰烈烈的革命斗争实践中，斯大林的马克思主义理论素养得到了全面历练，成为了一名优秀的马克思主义理论家。比如，1925 年 5 月，斯大林曾经要秘书协助他建立一个私人图书室。当着秘书的面，斯大林竟然能够不假思索地、信手拈来地抓起笔，仅用不到 15 分钟就开出了一份涉猎广泛的书单：第一类是不按作者而按内容分类的书，包括哲学、心理学、社会学、政治经济学、财政、工业、农业、合作社、俄国史、外国国别史、外交、外贸和内贸、军事、民族问题、各国革命史、文艺批评、政论杂志、自然科学杂志、回忆录等 32 种图书；第二类是按照作者单独列出的书包括列宁、马克思、恩格斯、考茨基、普列汉诺夫、托洛茨基、布哈林、季诺维也夫、加米涅夫、拉法格、卢森堡和拉狄克 12 人的著作；第三类是其他著作均按作者分别（但从分类中剔除：各类教科书、小杂志、反宗教的陈词滥调）。② 这份书单表明，此时的斯大林已经成为一位精通马列主义著作、知识渊博的理论家。后来根据朱可夫和英国首相丘吉尔的回忆录，两人的一个共识就是：“斯大林确实是一位才思敏捷、反应迅速、具有超群记忆力的人物，是一位具有独立见解的、真正的革命家和理论家。”③ 优秀的马克思主义理论素养为斯大林在列宁逝世后深刻而全面地阐述列宁主义、在党内思想斗争中捍卫和继承列宁主义奠定了坚实的理论基础。

---

① 刘文涛等编著：《四大革命导师传：斯大林》，第 91 页。

② 沃尔科戈诺夫：《斯大林》第 1 册，1991 年俄文版，第 395—396 页。转引自姜长斌主编：《斯大林政治评传：1879—1953》，第 18—20 页。

③ 姜长斌主编：《斯大林政治评传：1879—1953》，第 21 页。

第三节 在党内思想斗争中捍卫和继承列宁主义

1924年1月21日，俄国伟大马克思主义理论家、无产阶级革命导师、世界上第一个社会主义国家的缔造者——列宁因病逝世。列宁逝世后，俄共（布）立即面临一个非常尖锐的问题，即列宁之后的党和苏维埃社会主义国家将向何处去？具体地说，党和国家将遵循什么样的理论以及由谁来代替列宁的理论权威继续领导党和苏维埃社会主义建设事业？

这个问题之所以非常尖锐，不仅是因为俄共（布）高层存在分裂风险，而且还因为俄共（布）面临着两个非常重要的现实问题：一是俄共（布）实际上还是一支非常年轻的、对列宁学说了解极少的队伍，能否有效地对这支队伍进行系统的列宁学说教育，是一项关系到列宁的理论和思想能否被理解并坚持下去的重大现实问题；二是列宁亲自缔造的苏维埃社会主义国家比俄共（布）更年轻、更不成熟，新经济政策刚刚实行两年，社会主义建设道路虽然已由列宁初步探索，但许多理论问题和实际问题远远没有解决，后继者如何理解列宁的新经济政策则关系到苏维埃社会主义国家的前途命运。这两个重大现实问题与党的团结问题归结在一起，对列宁的后继者们提出的紧迫任务就是：必须深刻而全面地总结列宁主义思想，用列宁主义思想教育全党并把全党团结统一在列宁主义旗帜之下，带领全党和全国人民继续坚持社会主义道路，特别是坚持列宁开创的社会主义建设的新经济政策。

就第一个现实问题而言，当时的情况是：1917年“二月革命”后，布尔什维克党从地下转入公开时只有2.4万人（这些人即后来被称作“列宁近卫军”的老布尔什维克），由于革命高潮和执掌政权时代的到来，1917年7月六大时布尔什维克党员人数猛增至24万人，1918年3月七大时增至近30万人，1919年八大时增到30多万人，1920年九大时增至60多万人，1921年十大时增到70多万人。由于党员队伍的迅速扩大，纯洁性受到严重冲击，于是俄共（布）十大决定进行清党。此后党员人数一度有所下降，但在1922年十一大时党员总数仍有50余万人，1923年十二大时党员总数减至不足40万人。1924年1月初列宁逝世后，俄共（布）中央决定大量吸收新党员（特别是产业工人），党的队伍又迅速膨胀。1924年5

月十三大时，正式党员已达到73.6万人、预备党员达到12.7万人，共计86万多人；1925年12月十四大时，党员人数达到109万人。① 与此同时，经过三年残酷的国内战争，到1925年11月，在革命前入党的老布尔什维克人数已经锐减到8500人，占党员比例不到1%。

党的队伍迅速膨胀，导致涌入党组织的大批党员多为缺乏革命斗争经历、没有理论准备、文化水平普遍很低的工农群众，其中农民占相当大比重。特别是在1918年至1920年国内战争期间入党的党员中，到1925年时已有相当部分成为了省级、市级、区级领导人，在党内已拥有了相当大的影响。以后来成为苏共最高领导人的赫鲁晓夫为例，他1894年生于俄罗斯南部库尔斯克的一个偏僻乡村，上过两三年小学，1909年15岁时成为顿巴斯一家工厂的学徒工，1918年24岁时加入布尔什维克党，1919年参加红军，由普通士兵升为连的政治指导员，后成为布琼尼领导的红军第一骑兵军团所属步枪师政治部的宣传鼓动员，1922年从前线回到原工作地点，立即成为鲁钦科夫煤矿副经理，并被提名去另一煤矿任经理。他要求去工人学校学习两年后，在1925年就已经担任了区委书记，直到他后来成为莫斯科市委书记、中央委员、党的总书记，他的革命经历和文化理论水平一直都很低。赫鲁晓夫只是当时千百万年轻布尔什维克的一个较典型例子。他投身革命并加入党组织可能是出于朴素的阶级感情，但他对马克思主义和列宁的学说，只是有很肤浅、很零碎的了解。诸如赫鲁晓夫这类的广大党员亟需接受科学社会主义的理论教育，可以肯定地说，对他们进行什么样的理论路线教育，将会从根本上决定他们对党的事业的态度和作用。再比如，1934年12月1日刺杀联共（布）中央委员基洛夫的凶手尼古拉耶夫，就是1924年1月列宁逝世后于4月份应召入党的。他当时是产业工人，并且受过六年教育，算是工人中的“知识分子”了。但此人入党后不停地要官、要待遇，违犯党纪政纪，最后发展为对党对社会严重不满，走上了犯罪道路。当然，尼古拉耶夫的例子不能说明列宁逝世后应召入党的党员都是不合格的，他们中绝大多数人是怀着对列宁的崇敬和对社会主义的真诚向往而加入俄共的，但他们确实亟待提高无产阶级觉悟，亟须用马克思列宁主义的理论武装他们的头脑。

就第二个现实问题而言，当时的情况是：1921年春实行新经济政策以后，苏维埃经济从根本上呈现出勃勃生机，工农业生产开始得到迅速恢

① ［苏］波斯别洛夫主编：《苏联共产党历史》，上海人民出版社1974年版，第243、286、319、338、360、370、399、407、417页。

复。恢复速度最快的是农业。尽管1921年和1924年两度遭到严重干旱，但是到了1925年，总播种面积已接近第一次世界大战之前的水平，达到99.3%。1920年苏维埃国家通过强征手段从农民手中得到的粮食为36700万普特（1普特=16.38公斤），1921年改行粮食税后为13000万普特，1922年为42960万普特，1923年为39720万普特，1924年为27470万普特，1925年为49600万普特，农民生活水平显著改善，户均耕地及耕畜均明显增加。[①] 与此同时，城市职工的实际收入也大幅度增加，从1921年第1季度到1922年第4季度，全俄职工平均收入增加了近两倍，有的地区（如彼得格勒）增加三倍多，如按工时工资计算，1925年已是1913年的116.9%了。工业劳动生产率随着报酬制度的改革也大有改观：1920年人均产出率只相当于1913年的20%，而到1926年已基本达到战前水平。[②]

总的说来，新经济政策的效果是非常好的。当然，也出现了一些新问题，比较突出的是工农产品价格剪刀差、失业现象和理论上尚无法解释的社会新阶层问题，即如农村中的所谓新“富农”和城市中的“耐普曼分子”（即私营工商业者）。由于新经济政策当时还只是马克思主义学说史上的崭新理论和实践，是从战时共产主义政策轨道上的急剧转折，党内很多人包括党内核心领导人都不能理解这一政策的现实合理性，只是简单地把新经济政策看作是历史的“倒退”。这就需要列宁的继任者们能够深入研究列宁的著作并及时总结新经济政策的实践经验，不断把新经济政策思想深化、升华，使之向社会主义建设路线上转变。因此，如何总结、继承并发展列宁关于建设社会主义道路的科学思想，实际上已经成为俄共（布）和广大工农群众的现实需要了。

在这种背景下，俄共（布）高层领导人在总结和阐释列宁学说的过程中开始了一场激烈的思想斗争。这场思想斗争，一方面反映着列宁去世后党和国家领导权的争夺，即谁能够最深刻、最全面地总结和阐释列宁主义思想，谁将成为党内新的理论权威，进而成为列宁的接班人，取得党和国家的最高领导权；另一方面则检验着俄共（布）高层领导人的马克思主义理论素养，即只有具有优秀马克思主义理论素养的领导人才能做到最深刻、最全面地总结和阐释列宁主义思想，并能够真正继承和发展列宁开创的俄国社会主义事业。当时，俄共（布）高层的主要领导人是季诺维也夫、加米涅夫、托洛茨基、斯大林、布哈林五人，他们都具有一定的马克

① 姜长斌主编：《斯大林政治评传：1879—1953》，第206页。

② 姜长斌主编：《苏联早期体制的形成》，黑龙江教育出版社1988年版，第306—307页。

思主义理论素养并能够对党的理论和路线产生重大影响。

首先挑起这场党内思想斗争的是托洛茨基①。早在列宁病重不能视事期间，托洛茨基在1923年10月8日就给俄共（布）中央委员会和中央监察委员会写了一封措词非常尖锐的信，指责党的领导机关“脱离群众”、“官僚化”，说“在第十二次代表大会以前基本上就已形成而在代表大会以后完全形成和固定下来的那个制度比起战时共产主义最严酷时期的制度来，距离工人民主制要远得多”。② 在托洛茨基的支持下，同年10月15日，一批过去的“左派共产主义者”、民主集中派、工人反对派（其中不少人是中央委员或党和政府中的高级干部）联名给中央政治局写信，即“四十六人声明”，其中不仅涉及列宁的建党学说，而且直接批评列宁的新经济政策和还在比较坚定地执行列宁新经济政策的政治局多数派（斯大林属于多数派），把当时新经济政策实施中出现的诸如工农产品价格剪刀差、失业、新富农等经济问题同党内官僚主义问题搅为一团，说“目前形势极端严重，我们（为了我们党的利益，为了工人阶级的利益）不得不公开告诉你们：继续执行政治局多数派的政策，将给全党带来严重的危害。今年7月底开始的经济和财政危机和由此而产生的一切政治（包括党内的）后果，无情地暴露了党的领导在经济方面，尤其是在处理党内关系方面很不称职……”③

1924年1月，托洛茨基又在俄共（布）召开第十三次代表会议期间，汇编了一本名为《新方针》的小册子。在小册子中，托洛茨基不仅从头到尾都或明或暗地攻击、贬低党的其他主要领导人，突出他个人的作用，而且从“左”的方面抽象地、似是而非地为马克思主义和列宁主义下定义，从根本上否定列宁的新经济政策。关于马克思主义和列宁主义，他说：“马克思主义是进行历史分析和确定方向的方法，而不是事先准备好的一大堆决议。列宁主义是这种方法在特定历史时代的应用。列宁主义正是这

① 托洛茨基1879年10月26日出生，祖先是犹太人，1897年加入俄国社会民主工党，一生多次被捕、流放。他于1901—1903年因景仰列宁而与列宁接近，但从未真正虚怀若谷地追随过列宁。托洛茨基在1917年“二月革命”以前，一直是游离于布尔什维克与孟什维克之间，列宁因此曾经批评他是“犹大什卡”（俄罗斯文学作品中爱说谎话、伪善的人物形象）。十月武装起义和国内战争时期，托洛茨基功勋卓著，特别是在红军建设问题上深受党内尊重，有一大批高级干部追随他。苏维埃政权建立后，一直在党内担任重要职务，一度成为党内威信仅次于列宁的第二号人物。

② 中共中央马克思恩格斯列宁斯大林著作编译局资料室编：《托洛茨基言论》，三联书店1979年版，第408页。

③ 中共中央马克思恩格斯列宁斯大林著作编译局资料室编：《托洛茨基言论》，第63页。

种历史特点和这种方法的结合，它制定出大胆和自信的政策，列宁为我们树立了急剧转变政策的光辉榜样……作为革命行动体系的列宁主义，就是由思维和经验养成的革命嗅觉，这种社会领域里的嗅觉，如同体力劳动中肌肉的感觉一样。”① 关于列宁的新经济政策，他说：“让我们做一个对我们很不利的历史设想。私人资本迅速发展（如果它可能实现的话）将意味着苏维埃的工业和商业，包括合作社在内，都不能保证农民经济的需要。另外，这还表明私人资本本身正在日益干预工人国家和农民之间的关系，正在要求在经济上，从而在政治上影响农民。不用说，苏维埃工业和农业之间以及无产阶级和农民之间的这种破裂，是无产阶级革命的严重危险，这是反革命可能胜利的征兆。如果刚才提出的经济设想成为事实，那么，将会通过什么政治途径达到反革命的胜利呢？途径很多：不是直接推翻工人政党，就是工人政党逐渐蜕化变质，或者是局部的蜕化变质、分裂与反革命暴乱交错在一起。”②

托洛茨基最早提出“列宁主义”这一术语，是对马克思主义理论发展的贡献，但从他对列宁主义的定义来看，他的理论概括则是主观和模糊的。从本质上说，他并没有认为列宁主义是理论体系，只是认为“列宁的天才创造了（马克思主义的）策略的高级形式”，“马克思主义是进行历史分析和确定政治方向的方法……列宁主义是这种方法在特定历史时代的应用”，“作为革命行动体系的列宁主义，就是由思维和经验养成的革命嗅觉”，“列宁主义首先是现实主义，是从革命行动的观点出发，在量和质上对现实所做的最高评价”，等等。③ 他能看到新经济政策已经和可能给苏维埃社会主义带来的资本主义消极因素，也是正确的，但他却不能从俄国落后的经济、文化和社会条件下建设社会主义的现实困难出发，实事求是地理解新经济政策的现实客观性；他也忽略了在无产阶级专政的条件下苏维埃政权的积极作用，不是在首先看到新经济政策为苏维埃国家带来更大好处的基础上，探索当下和未来规避和消除资本主义消极因素的具体途径，而是抽象地批评新经济政策的风险性，这显然是主观、片面的。

---

① 中共中央马克思恩格斯列宁斯大林著作编译局资料室编：《托洛茨基言论》，第453页。

② 中共中央马克思恩格斯列宁斯大林著作编译局资料室编：《托洛茨基言论》，第445—446页。

③ 与托洛茨基不同的是，斯大林则正确指出列宁主义是马克思主义理论体系中的重要部分：“依据唯物主义的哲学，把恩格斯到列宁这个时期最重要的科学成就概括起来，并从各方面去批判马克思主义者队伍里的反唯物主义的派别，这是一个极重大的任务，而负责完成这个任务的不是别人，正是列宁，——这个事实可以说是列宁异常重视理论的最明显的表现。”（《斯大林全集》第6卷，人民出版社1956年版，第80页。）

继《新方针》之后，1924 年 9 月托洛茨基又出版了另一本小册子：《十月革命的教训》。为了确立自己的领袖地位，托洛茨基在小册子中除了表白自己在“十月革命”中的“决定性”作用外，最主要的是揪住季诺维也夫、加米涅夫乃至斯大林等人以往的缺点不放，说他们在“二月革命”后就支持孟什维克的“革命护国主义”即民族沙文主义，支持民主议会，反对列宁的“四月提纲”，反对十月武装起义，想跟孟什维克、社会革命党（右翼）妥协，等等。只有他和列宁站在一起，他的最后结论是：临到决战的时刻，“（党的）上层中依然出现了一些坚决反对无产阶级革命的有经验的革命者、老布尔什维克，他们在革命最紧要的时期中，大致从 1917 年 2 月到 1918 年 2 月，在所有的基本问题上都采取了实质上是社会民主党的立场。”① 在领袖去世、全党最需要精诚团结并继承领袖精神的关键时刻，托洛茨基从自己的权力私心出发，不断抬高自己、贬低党的其他主要领导人的做法，显然不利于党的团结统一，这表明托洛茨基在精神修养上是不具备一个无产阶级革命家应有的广阔胸怀的。

托洛茨基借助总结列宁主义抬高自己、贬低别人以及“揭伤疤”的做法，首先惹恼了季诺维也夫和加米涅夫②。1925 年 9 月，季诺维也夫出版了一本反击托洛茨基的著作——《列宁主义：列宁主义研究导论》（以下简称《列宁主义》）。为了表明自己诠释列宁主义的权威性，季诺维也夫首先表明自己是与列宁共事最久的俄共领导人，他说由于工作关系，弗拉基米尔·伊里奇从 1907 年到 1917 年这 10 年中的全部重要的手稿都曾经过他的手，还曾事先讨论过等等，就连他的整本《列宁主义》的手

---

① 中共中央马克思恩格斯列宁斯大林著作编译局资料室编：《托洛茨基言论》，第 598 页。

② 季诺维也夫 1883 年 9 月生于乌克兰的一个牧场主家庭，1901 年加入俄国社会民主工党，1902 年在柏林、巴黎、伯尔尼等地从事国际工人运动。1903 年俄国社会民主工党分裂为孟什维克和布尔什维克后，季诺维也夫站在布尔什维克一边并开始与列宁长期合作，自认为是党内地位仅次于列宁的布尔什维克理论家和领导人。加米涅夫 1883 年 7 月出生于莫斯科中产阶级家庭，1901 年加入俄国社会民主工党，1903 年俄国社会民主工党分裂为孟什维克和布尔什维克后，加米涅夫是布尔什维克派。1908 年流亡西欧，在那里同列宁密切合作，1914 年列宁派他回国，但不久被捕并流放西伯利亚。1917 年“二月革命”后回到彼得格勒做党的工作，被选为俄共（布）中央委员。加米涅夫是季诺维也夫的紧密追随者甚至崇拜者，历史上即使季诺维也夫犯错误时也不例外。季诺维也夫和加米涅夫除了在“十月革命”中曾同列宁发生过重大分歧之外，一直都被视为列宁的助手。1919 年共产国际成立后季诺维也夫一直担任执行委员会主席，在俄共（布）中央政治局里也是资格最老的布尔什维克派中央委员（从 1907 年起）；而加米涅夫则在“十月革命”后出任全俄苏维埃代表大会执行委员会第一任主席，1919 年俄共（布）第八次代表大会上当选为中央委员并进入政治局，1922 年曾任苏联人民委员会副主席。从 1919 年开始，加米涅夫逐渐在中央政治局里成为地位仅次于列宁和季诺维也夫的人物，常常主持政治局会议。

稿和清样，也都“经列宁的夫人克鲁普斯卡娅阅读过”①。季诺维也夫的《列宁主义》在当时的理论贡献主要是：明确指出列宁在俄国农民问题上发展了马克思主义。季诺维也夫始终认为列宁是第一个把马克思主义原理引入到“农村人口占多数的国家（俄国）”的人，并“第一次取得了直接胜利”。他说：“理解列宁主义在农民问题上提出的新观点尤为重要。列宁主义关于农民是无产阶级在革命中的可能同盟军的作用的观点是列宁主义最重要的组成部分之一。在一定意义上可以说列宁‘发现’农民是工人阶级在无产阶级革命中的同盟军。这无疑只是列宁主义的一部分，但在目前阶段是相当重要的、有时是决定性的一部分。”② 季诺维也夫对列宁主义的这一发现是很有意义的。应该看到，马克思主义由西方传入东方遇到的第一个最重大的理论与实践问题就是农民问题，如何正确对待农民关系到社会主义革命和建设的成败。列宁提出工人阶级领导农民、与农民结成同盟军，彻底夺取政权并团结农民一道进行社会主义建设的理论，对俄国乃至全世界农民占人口大多数的、资本主义不发达的殖民地半殖民地国家的民族独立和解放运动具有巨大启发意义，比如东方的中国和印度。

季诺维也夫的这本书是1924年至1925年在莫斯科共产主义科学院和红色教授学院讲课的讲义基础上汇集成的。全书总共16章，除第1章导言外，其余15章几乎都是以托洛茨基为靶子进行理论批判的。因此，从总体上看，季诺维也夫的这本书在很大程度上是一部个人成见色彩较浓的论战性著作，并存在着两个致命的弱点：一是对于列宁主义的定义不准确，虽然正确地指出了列宁在俄国农民问题上发展了马克思主义，但对列宁主义的定义却依然忽视了俄国背景。他说：“列宁主义就是垄断资本主义（帝国主义）时代的马克思主义，是帝国主义战争、民族解放运动和无产阶级革命时代的马克思主义。”③ 二是由于过分计较个人得失，对“十月革命”开创的社会主义建设道路问题缺少研究，特别是在关于列宁新经济政策的深远意义问题上，也片面夸大了新经济政策的危险性，与托洛茨基等人一样患有“左派”幼稚病。

---

① ［苏］季诺维也夫著，郑异凡、郑桥译：《列宁主义：列宁主义研究导论》，东方出版社1989年版，第1—2页（作者的话）。

② ［苏］季诺维也夫：《列宁主义：列宁主义研究导论》，第10页。

③ 同上书，第4—5页。

在党内争论中，俄共（布）最年轻的政治局委员布哈林①也提出了自己关于列宁主义的阐释。1924 年 2 月 17 日，布哈林在共产主义科学院发表了长篇演说——《作为马克思主义者的列宁》，最后成为他阐述列宁主义的基本著作。在这本著作中，布哈林对阐述列宁主义的主要理论贡献包括：

第一，明确提出列宁主义是一个理论体系，并且是整个马克思主义理论体系的重要组成部分。他在序言中说："列宁作为理论家是需要有人进行总结的，在未来，当这件工作完成后，当列宁同志在其著述中播撒的无穷无尽的新东西形成一个系统的形态时，列宁的整个巨大身影和作为国际共产主义运动天才理论家才会树立在我们面前。"② 布哈林认为，马克思主义发展经历了三个阶段：一是马克思、恩格斯时代的马克思主义，即商业资本主义和工业资本主义时代的马克思主义；二是模仿者时代的马克思主义，即歪曲和修正马克思主义时代的伪马克思主义；三是列宁主义时代的马克思主义，即马克思、恩格斯本人建立的马克思主义基本原理和基本方法"完全复归"时代的马克思主义。在第三个阶段，列宁主义对马克思主义的"完全复归"不是教条式的复归，也不是"思想总汇"式的复归，在这一意义上，"列宁主义是比马克思的马克思主义更宽阔的领域。在这一特定意义上说，列宁主义是马克思主义界限之外的结论。"③

第二，明确指出了农民问题在列宁主义学说中的重要性，但与季诺维也夫不同的是，布哈林没有把实施新经济政策之后的苏俄农民看作工人阶级的异己力量，而是相反，把工人阶级领导下的农民看作建设社会主义的动力之一。他说："我觉得，谁也没有像列宁那样在农业这一领域中完成了这么多的重要贡献"，"列宁关于工农联盟的学说，关于这两大阶级的关系学说，是列宁对全部马克思主义学说做出特殊贡献的试金石之一"，"将会对千百万殖民地人民发挥最巨大的作用"。在社会主义建设时期，"我们的工业的发展依赖于农业。农民的有支付能力的需求愈大，则我们的工业

① 布哈林 1888 年 10 月 9 日生于莫斯科，父母都是教员。1906 年加入布尔什维克党，1907 年考入莫斯科大学，1909 年和 1920 年曾经两次被捕。在"十月革命"胜利后担任《真理报》主编。布哈林曾在"布列斯特和约"、工会问题上与列宁激烈争论过，但他为人忠厚，不隐瞒自己的观点，在同列宁争论时一向直来直去。当他认识到自己的错误后，就能真心诚意地改正，并虚心向列宁学习。1924 年 6 月布哈林正式当选为俄共（布）中央政治局委员，是当时俄共（布）最年轻的政治局委员，他的主要兴趣一直在理论研究上。

② 《布哈林选集》，俄文版，第 50 页。转引自姜长斌主编：《斯大林政治评传：1879—1953》，第 229 页。

③ 《布哈林选集》，第 61 页。

就发展得愈快”，“工业要得到发展，需要农业取得成就；反之，农业要求的成就，也需要工业得到发展”。[①] 因此，布哈林提出，苏维埃消灭了地主和资产阶级以后，存在的只有农民和工人阶级。无产阶级对农民的政治领导，同时也反映为社会主义工业对农业的领导，但这是一个全新的理论问题，俄共（布）要把农民与工人阶级关系问题作为社会主义建设时期的重要理论研究任务之一。

第三，明确肯定了列宁新经济政策对苏维埃社会主义建设的深远意义。布哈林正确指出，社会主义革命成功后，“我们现应该做的不是破坏，而是建设。这完全是另一个问题，完全是另一个角度。在这里，对于我们来说特别困难的是在这一领域里建立起一般的基本理论……但十分明显的是：这是作为马克思主义继续发展的理论体系中最新的、最重要的东西”，“显然，在破坏路线的理论建设中已经做了许多，而在建设路线方面，在马克思从前的表述中，支撑点却极少”。[②] 布哈林注意到了列宁从 1921 年到 1923 年的思想变化，认为列宁在《论合作社》一文中提出了与《论粮食税》中不同的战略，两个战略虽然是相互联系的，但两者的整个部署根本不同，合作社已经不再是国家资本主义的环节了，而是与社会主义一致[③]。因此，布哈林借用列宁“做生意吧，发财吧！”的说法[④]指出，以前“商人”“做买卖”等等，对于任何革命家来说都是侮辱性的字眼，但现在却要他们“学会经商”、学会解决新经济政策中一系列复杂的理论问题，因为“我们关于向社会主义发展的观念有了很大的改变；但是这种改变决不意味着背离无产阶级的政策，相反地，它说明考虑了巨大的革命经验。我们在新经济政策中第一次找到了小生产者的私人利益和社会主义建设的整个事业之间的正确结合。新经济政策不是对无产阶级路线的背叛，而是唯一正确的无产阶级政策”。[⑤] 布哈林这些阐述实际上触及列宁新经济政策所包含的诸如什么是社会主义、如何建设社会主义等社会主义建设中的根本问题，包含着对列宁思想发展的深刻理解以及对俄国建设社会主义道路的科学预见。

---

① 《布哈林选集》，第 75—77、422—423 页。

② 同上书，第 63—64 页。

③ 国际共运史研究室编：《布哈林文选》上册，东方出版社 1988 年版，第 361—363 页。

④ 1922 年 2 月，列宁在写给司法人民委员部的信中曾经解释过新经济政策的精神实质，其中提到“做生意吧，发财吧！我们允许你这样做，但是我们将加倍严格地要求你做老实人”。参见《列宁全集》第 2 版第 42 卷，人民出版社 1987 年版，第 428 页。

⑤ 《布哈林文选》上册，第 442 页。

布哈林对列宁学说特别是新经济政策的阐述无疑是深刻的，但他关于列宁主义的阐述却存在着一个严重弱点，就是在阐述中依然存在许多“繁琐哲学的东西”。关于布哈林理论中的“繁琐哲学的东西”，列宁在1922年12月曾经评价道：“布哈林不仅是党的最宝贵的和最大的理论家，他也理所当然被认为是全党喜欢的人物，但是他的理论观点能不能说是完全马克思主义的，很值得怀疑，因为其中有某种繁琐哲学的东西（他从来没有学过辩证法，因而——我想——他从来没有完全理解辩证法）。”[①] 在论述列宁主义理论时，布哈林仍然提出许多令人费解的内容，比如他说：“我认为列宁同志对马克思主义宝库所做的最重大、最伟大的贡献可以表述如下：马克思所做的是资本主义发展和革命实践的代数，而列宁不仅有这个代数，有新现象（破坏性的和建设性的方法）的代数，而且还有这些新现象的算术，即从更具体和更实际的角度来看，对代数公式的解释。”[②] 布哈林在演说中多次运用这种阐述方法，甚至去解释列宁关于农民、电气化、节约等问题的观点。布哈林这样的话语，今天的人理解起来是没有问题的，但在当时俄共（布）队伍绝大多数都是文盲的情况下[③]，恐怕就连赫鲁晓夫那样初通文化的党的“骨干”也未必能理解这种“深奥”的比喻，这在当时俄共（布）党员干部亟需学习列宁学说的背景下，对于列宁主义深入人心是不利的，当然也严重地削弱了布哈林的理论影响力。

而面对党内激烈的思想斗争及其背后所掩盖的党和国家最高领导权力之争，斯大林不是没有准备的，也不是软弱无力的。斯大林紧紧围绕全党亟需普及列宁主义思想教育和保持党的团结统一、苏维埃国家的政治稳定等现实问题，以继承和捍卫列宁主义以及列宁所开创的社会主义为根本的出发点，凭借自身优秀的马克思主义理论素养，以广大工农劳动群众通俗易懂的语言，比俄共（布）党内其他任何人都更简明扼要、更深刻、更全面地阐述了列宁主义的概念及其相关理论，捍卫和继承了列宁学说和列宁所开创的社会主义事业，使全党全国人民紧紧团结在列宁主义的旗帜之下，稳定了全国的政治局势，开创了苏维埃社会主义建设的新局面。

1923年12月，针对托洛茨基在给俄共（布）中央委员会和中央监察委员会的信中对党的领导机关的“官僚化”“蜕化”的指责，斯大林指出：“我决不认为老布尔什维克绝对不会有蜕化的危险，正像没有理由断言我

① 《列宁全集》第2版第43卷，第339页。

② 《布哈林选集》，第64页。

③ 根据列宁在1922年12月至1923年3月的《日记摘录》的记载，当时俄共（布）队伍的70%是文盲。参见《列宁全集》第2版第43卷，第356页。

们这里绝对不会发生地震一样。可以而且应当设想，这种危险是可能发生的。但这是不是说，这种危险是现实的已经发生的危险呢？我认为不能这样说。就连托洛茨基本人也没有提出任何材料来说明蜕化的危险是现实的危险。可是我们党内有一些人会使我们党的某些队伍产生真正蜕化的危险。我指的是一部分孟什维克，他们加入我们党是不得已的，而且还没有根除机会主义的旧习气。……托洛茨基怎么会忽视这一类实际存在的危险，而把可能发生的危险，即布尔什维克老近卫军蜕化的危险提到首要地位呢？如果从党的利益出发，而不打算破坏中央大多数即布尔什维克老近卫军的领导核心的威信，那么怎么能闭眼不看现实的危险，而把实际上是不现实的可能发生的危险提到首要地位呢？”①

针对“四十六人声明”发起人之一，即普列奥布拉任斯基②提出的允许党内派别组织存在的“1917—1918 年样式的党内生活”，斯大林指出：“普列奥布拉任斯基是否想到，他实际上是就提议取消同列宁主义有着有机联系的党在新经济政策条件下的路线呢？……普列奥布拉任斯基的提议究竟是什么呢？他的提议不折不扣就是恢复‘1917—1918 年样式的’党内生活。1917—1918 年党内生活的特点是什么呢？当时的特点是：我们党内存在着派别集团，公开进行派别斗争，党处于生死存亡的紧急关头。普列奥布拉任斯基要求至少‘局部地’恢复这种已被第十次代表大会废除的党内制度。党能不能走这条道路呢？不，不能。第一，因为恢复新经济政策施行前即 1917—1918 年样式的党内生活，不符合也不可能符合党在新经济政策施行后即 1923 年条件下的要求。第二，因为恢复过去的派别斗争制度必然会破坏党的统一，特别是现在，在列宁同志不能视事的时候。”③

① 《斯大林选集》上卷，第 166—167 页。

② 普列奥布拉任斯基（1886—1937），俄共（布）“左派共产主义者”集团的主要成员。1903 年加入俄国社会民主工党，属党内布尔什维克派，长期从事反对沙皇专制斗争，曾被逮捕和流放。1917 年俄国“二月革命”发生后，在俄罗斯东部乌拉尔地区开展革命活动并领导该地区布尔什维克党组织。“十月革命”胜利后当选为俄共（布）中央委员，出任苏维埃财政人民委员，历任俄共（布）中央书记、党的机关报《真理报》编辑。他是 1918 年“左派共产主义者”集团的主要成员，俄共（布）第八次代表大会党纲起草委员会成员，第九次党代表大会被选为中央委员，1920 年在党的第十次代表大会后担任中央委员会和人民委员会的财政委员会主席，后改任俄罗斯联邦人民委员部职业教育管理总局主席。1920 年曾与布哈林合著马克思主义通俗小册子《共产主义 ABC》，在向工农群众传播科学社会主义理论方面起了重大作用。从 1923 年起，普列奥布拉任斯基成为“托洛茨基派”的首领之一和主要理论家，1927 年被开除出党，1929 年恢复党籍，但因继续坚持其立场，后再次被开除出党。在 1937 年 1 月公审所谓的“反苏托派中心案件”中遭诬陷，被命令出庭受审。但他拒绝出庭，被作为“人民之敌”处决，1988 年恢复名誉。

③ 《斯大林选集》上卷，第 161—162 页。

列宁逝世刚满五天，即1924年1月26日，斯大林便在全苏苏维埃第二次代表大会上发表了气势磅礴的《悼列宁》，宣誓遵守和执行列宁的遗训，珍惜共产党员的伟大称号，不遗余力地保卫布尔什维克党的纯洁和统一，巩固无产阶级专政，巩固工农联盟，巩固并扩大苏维埃共和国联盟，加强红军建设，按照无产阶级国际主义原则，积极支持西方和东方各国的无产阶级革命运动，加强苏联和全世界劳动人民的团结。[①] 斯大林这个著名演说，表达了布尔什维克党和全国人民继承列宁遗训的坚定不移的革命意志，赢得了广大党员和人民群众的热烈拥护。

1924年2月12日，斯大林又在《真理报》上发表了著名的《论列宁》一文，以通俗易懂的语言、简明扼要地概括了列宁作为伟大的无产阶级革命导师的人格品质：第一，列宁是布尔什维克的山鹰。“（列宁）是一个最高典型的领导者，是一只山鹰，他在斗争中不知恐惧为何物，大胆地引导我们党沿着前人未曾走过的俄国革命运动的道路前进。”第二，列宁具有新式领袖的谦逊品质。“列宁这样朴质谦逊、这样不愿表现自己，至少是不想惹人注目、不摆架子的特点，正是他的最大长处，正是他这种群众的新式领袖，即人类最‘下层’普通群众的新式领袖所具有的最大长处。”第三，列宁演说具有不可战胜的逻辑力量。“当时使我佩服的是列宁演说中那种不可战胜的逻辑力量，这种逻辑力量虽然有些枯燥，但是紧紧地抓住听众，一步一步地感动听众，然后就把听众俘虏得一个不剩。”第四，列宁能够战胜困难不灰心。“‘不因失败而灰心’……这个特点使他能够把一支忠实到底和相信自己力量的军队团结在他的周围。”第五，列宁具有不骄傲品质。“‘不因胜利而骄傲’……这个特点使他能够冷静地估计对手的力量，保证党不遭可能发生的意外。”第六，列宁具有坚定的原则性。“党的领袖们不能不尊重党内多数的意见。多数，这是领袖们不能不重视的力量。列宁对这一点的了解并不亚于党内其他任何领导者。但是列宁从来没有做过多数的俘虏，尤其是当这个多数没有原则立场的时候。在我们党的历史上有过党内多数的意见或党的眼前利益同无产阶级的根本利益相抵触的时候。在这种情况下，列宁总是毫不犹豫地坚持原则，反对党的多数。而且，在这种情况下他不怕独自一人去反对全体，因为他认为——正如他自己常说的那样——‘原则的政策是唯一正确的政策’。”第七，列宁相信群众的创造力。“列宁总是鄙弃那些瞧不起群众，想照书本去教导群众的人。因此，列宁总是不倦地教诲我们：要向群众学习，要理解群众的

① 《斯大林选集》上卷，第169—173页。

运动，要细心研究群众斗争的实际经验。相信群众的创造力。”第八，列宁是革命的天才。“列宁是为革命而诞生的。他真正是组织革命爆发的天才和领导革命的伟大能手。……在革命的转折关头，他真是才华四溢，洞察一切，预见到各阶级的行动和革命进程的可能曲折，他对这些东西简直是了如指掌。……这个特点使他能够制定正确的战略和革命运动转折关头的明确的行动路线。”①

1924 年 4 月到 5 月期间，斯大林在《真理报》上分章节陆续发表了专门阐述列宁主义的著作：《论列宁主义基础》。这部著作首先论述了列宁主义产生的现实条件、同马克思主义的有机联系以及对马克思主义的发展，在强调研究列宁主义的重点是“叙述列宁主义就是叙述列宁在他的著作中所加进马克思主义总宝库的、因而自然和列宁的名字分不开的那些特别的和新的贡献”的基础上，明确定义了列宁主义的概念：“列宁主义是帝国主义和无产阶级革命时代的马克思主义。确切些说，列宁主义是无产阶级革命的理论和策略，特别是无产阶级专政的理论和策略。”然后，这部著作又从历史根源、方法、理论、无产阶级专政、农民问题、民族问题、战略和策略、党、工作作风九个方面系统地阐发了列宁主义的主要内容。首先，关于列宁主义的历史根源，斯大林指出：“列宁主义是在帝国主义条件下，即在资本主义的矛盾已经达到极点、无产阶级革命已经成为直接实践的问题、训练工人阶级去进行革命的旧时期已经达到尽头而转变为直接冲击资本主义的新时期的条件下成长和形成的。”② 其次，关于列宁主义的方法，斯大林总结了四条：一是要在群众革命斗争烈火中实现理论与实践的统一；二是凭借实际行动而不是口号和决议获得无产阶级群众的信任；三是党的全部工作就是教育群众和训练群众进行革命；四是无产阶级政党要进行自我批评，根据自身所犯错误来学习和接受教育。③ 第三，关于列宁主义理论内容，斯大林强调了列宁重视理论的作用，反对“自发”论并肯定无产阶级先锋队在运动中的作用④。第四，关于无产阶级专政，斯大林明确总结了列宁的“政权问题是一切革命的根本问题”的思想，并且“取得政权——这仅仅是事情的开始。在一个国家内被推翻的资产阶级，由于许多原因，在长时间内还比推翻了它的无产阶级有力量。因此，全部

① 《斯大林选集》上卷，第 174—183 页。
② 同上书，第 185—186 页。
③ 同上书，第 194 页。
④ 同上书，第 199—201 页。

问题在于保持政权，巩固政权，使它成为不可战胜的”。[①] 第五，关于列宁主义中的农民问题，斯大林正确指出：“有人以为列宁主义中的基本问题是农民问题，以为列宁主义的出发点是关于农民及其作用和比重的问题。这是完全不对的。列宁主义中的基本问题，列宁主义的出发点，并不是农民问题，而是无产阶级专政、争取无产阶级专政的条件、巩固无产阶级专政的条件等问题。农民问题，即无产阶级在为政权而斗争中的同盟者问题，是一个派生的问题。”[②] 关于列宁主义中的民族问题，斯大林也正确指出，列宁主义把无产阶级革命与被压迫民族的解放运动统一起来，“列宁主义扩大了民族自决的概念，把它解释为附属国和殖民地被压迫民族有完全分离的权利，各民族有成立独立国家的权利。于是就排除了把自决权解释为自治权来替兼并政策辩护的可能。于是民族自决原则就由欺骗群众的工具（在帝国主义战争时期，它无疑是被社会沙文主义者用来做这种工具的）变成了揭露一切帝国主义野心和沙文主义阴谋的工具，变成了用国际主义精神对群众进行政治教育的工具。……如果俄国无产阶级没有得到前俄罗斯帝国内各被压迫民族的同情和援助，那么俄国革命就不会胜利，而高尔察克和邓尼金也就不会被击溃。但是要取得这些民族的同情和援助，俄国无产阶级当时首先必须打断俄国帝国主义的锁链，使这些民族摆脱民族压迫。”[③] 关于列宁主义的战略和策略，斯大林正确指出：“马克思和恩格斯的被第二国际机会主义者埋没了的那些关于策略和战略的英明思想，正是在这个时期被列宁发掘出来重见天日的。但是列宁并不限于恢复马克思和恩格斯的个别策略原理。他还向前发展了这些原理，补充了一些新的思想和原理，把这一切结合为指导无产阶级阶级斗争的规则和指导原则的体系。列宁的《怎么办?》《两种策略》《帝国主义》《国家与革命》《无产阶级革命和叛徒考茨基》以及《共产主义运动中的“左派”幼稚病》等书无疑是加进马克思主义的总宝库、马克思主义的革命武器库的最宝贵的贡献。列宁主义的战略和策略是指导无产阶级革命斗争的科学。”[④] 关于列宁主义的党，斯大林指出：“在第二国际机会主义者统治的时期，无产阶级的基本政治组织并不是党，而是议会党团。大家知道，事实上党在这个时期只是议会党团的附属品和服役者。几乎用不着证明，在这样的条件下，在这样的党的领导下，是谈不到训练无产阶级去进行革命的。”

---

① 《斯大林选集》上卷，第 215 页。

② 同上书，第 226 页。

③ 同上书，第 237、238、241、243 页。

④ 同上书，第 246 页。

在无产阶级革命时期，“要按新的革命的方式去改造党的全部工作，要用夺取政权的革命斗争精神去教育工人，要训练后备军并使他们跟上来，要和邻国的无产者结成联盟，要同殖民地和附属国的解放运动建立巩固的联系，如此等等。如果以为这些新任务可以用那些在议会制度的和平条件下教育出来的旧社会民主主义政党的力量来解决，那就是使自己陷于绝望的境地，遭到必不可免的失败。肩负着这样的任务而仍然以旧的政党为领导，那就是完全解除武装。几乎用不着证明，无产阶级是不能容忍这种情形的。因此，必须有新的党，战斗的党、革命的党。这个党要有充分的勇气，能够引导无产者去夺取政权；这个党要有充分的经验，能够认清革命环境的复杂条件；这个党要有充分的随机应变的本领，能够绕过横在前进道路上的一切暗礁。没有这样的党，就休想推翻帝国主义，就休想争得无产阶级专政。这个新的党就是列宁主义的党。”① 关于列宁主义的工作作风，斯大林通俗易懂而又正确地指出：“这里所指的不是文风。我指的是工作作风……这种作风的特征是什么呢？它的特点是怎样的呢？它的特点有两个：（1）俄国人的革命胆略；（2）美国人的求实精神。列宁主义的作风就是党的工作和国家工作中的这两个特点的结合。”②

1926 年 1 月 25 日，斯大林又写成了阐述列宁主义的另一部重要理论著作——《论列宁主义的几个问题》。全书共分为七个部分：（1）列宁主义的定义；（2）列宁主义的主要问题；（3）关于“不断”革命问题；（4）无产阶级革命和无产阶级专政；（5）无产阶级专政体系中的党和工人阶级；（6）关于社会主义在一个国家内胜利的问题；（7）为社会主义建设的胜利而奋斗。

在“列宁主义的定义”部分，斯大林重申了在《论列宁主义基础》中关于列宁主义的定义并阐述其正确性。他说：“在《论列宁主义基础》那本小册子里给列宁主义所下的众所周知的定义，看来已经得到公认了。……其所以正确，第一在于它正确地指出列宁主义的历史根源，确定列宁主义是帝国主义时代的马克思主义，这正和某些批评列宁的人相反，他们错误地认为列宁主义是在帝国主义战争以后产生的。其所以正确，第二在于它正确地指出列宁主义的国际性质，这正和社会民主党人相反，他们认为列宁主义只适用于俄国一国的环境。其所以正确，第三在于它正确地指出列宁主义同马克思学说的有机联系，确定列宁主义是帝国主义时代的马克思

① 《斯大林选集》上卷，第 260—261 页。

② 同上书，第 272—273 页。

主义，这正和某些批评列宁主义的人相反，他们认为列宁主义不是马克思主义进一步的发展，而仅仅是马克思主义的恢复，是马克思主义在俄国实际情况中的应用。”①

在“列宁主义的主要问题”部分，斯大林也重申了在《论列宁主义基础》中所确定的列宁主义的基本问题即无产阶级专政问题的观点并批判了季诺维也夫的观点，斯大林说：“这个论点完全是从列宁主义定义中得出来的。的确，既然列宁主义是无产阶级革命的理论和策略，而无产阶级革命的基本内容又是无产阶级专政，那么列宁主义的主要问题当然就是无产阶级专政问题，就是阐明这个问题，就是论证这个问题并把它具体化。可是，看来季诺维也夫是不同意这个论点的。他在《纪念列宁》一文里说：‘我已经说过，农民的作用问题是布尔什维主义即列宁主义的基本问题。’可见季诺维也夫的这个观点完全是从他给列宁主义所下的不正确的定义中得来的。因此，这个论点也和他给列宁主义所下的定义一样，是不正确的。”②

在“关于‘不断’革命问题”部分，斯大林明确指出了列宁对马克思、恩格斯不断革命理论的正确理解，批判了托洛茨基的“不断革命”理论，指出了列宁主义正确的不断革命理论和俄国“不断论者”所提出的“不断革命”理论的严格界限，他说：“1924 年的争论以及对列宁著作的详细分析，都已表明俄国‘不断论者’的错误不仅在于他们过低估计农民的作用，而且在于他们过低估计无产阶级领导农民的力量和本领，在于他们不相信无产阶级领导权的思想。……这当然不是说列宁主义过去反对或者现在反对马克思在 19 世纪 40 年代所提出的那个没有带引号的不断革命的思想。恰恰相反，列宁是唯一正确了解并发展了不断革命思想的马克思主义者。在这个问题上，列宁和‘不断论者’不同的地方就在于‘不断论者’曲解了马克思的不断革命思想，把它变成了毫无生气的书本上的玄谈，列宁则接受了原原本本的不断革命思想并把它变成自己的革命理论基础之一。必须记着，列宁远在 1905 年就已提出的关于资产阶级民主革命转变为社会主义革命的思想，就是马克思不断革命论的一个具体表现形式。”③

在“无产阶级革命和无产阶级专政”部分，斯大林总结了列宁主义关

① 《斯大林选集》上卷，第 395—396 页。

② 同上书，第 398 页。

③ 同上书，第 400—401 页。

于无产阶级革命与资产阶级革命相区别的五个特征以及无产阶级专政的三项职能，批判了加米涅夫关于无产阶级专政不能与其他阶级联盟的错误观点。斯大林科学指出：“资产阶级革命的基本任务是夺取政权，并使政权适合于已有的资产阶级的经济；无产阶级革命的基本任务却是在夺取政权以后建设新的社会主义的经济”，“资产阶级革命通常是以夺取政权来完成的；对于无产阶级革命，夺取政权却只是革命的开始，并且政权是用作改造旧经济和组织新经济的杠杆”。① 斯大林接着比较了列宁与加米涅夫关于专政的不同说法：“列宁说：‘无产阶级专政是劳动者的先锋队——无产阶级同人数众多的非无产阶级的劳动阶级（小资产阶级、小业主、农民、知识分子）结成的特种形式的阶级联盟，是建立并巩固社会主义而建立的联盟’”，“加米涅夫在他的一个指示性文件中反对这样了解无产阶级专政。他说：‘专政并不是一个阶级同其他阶级的联盟。’”然后斯大林指出：“加米涅夫的‘专政并不是一个阶级同其他阶级的联盟’这种武断说法是和列宁的无产阶级专政理论毫无共同之点的。……只有不懂结合的思想、无产阶级和农民联盟思想、无产阶级在这个联盟中的领导权的思想的意义的人才会这样说。”②

在“无产阶级专政体系中的党和工人阶级”部分，斯大林总结了党与工会在无产阶级专政中不同的作用及相互关系，特别强调了列宁主义的党的领导是无产阶级专政的一般要求的正确观点，他说：“现在我们需要从无产阶级专政的结构的观点，从其‘机构’的观点，从‘传动装置’、‘杠杆’和‘指导力量’的作用和意义的观点来说明无产阶级专政，这种‘传动装置’、‘杠杆’和‘指导力量’综合起来就构成‘无产阶级专政体系’（列宁），而且无产阶级专政的日常工作就是依靠这些东西来实现的。……杠杆或传动装置就是无产阶级的最广泛的群众组织，不依靠这些组织就无法实现专政。指导力量就是无产阶级的先进部队，就是无产阶级的先锋队，它是无产阶级专政的主要领导力量。……工会是无产阶级的群众组织，它首先在生产方面把党同本阶级联系起来；苏维埃是劳动者的群众组织，它首先是在国家事务方面把党同劳动者联系起来；合作社主要是农民的群众组织，它首先在经济方面，在吸收农民参加社会主义建设方面，把党同农民群众联系起来；青年团是工农青年的群众组织，它的使命就是帮助无产阶级先锋队对新一代进行社会主义教育并培养青年后备军；

① 《斯大林选集》上卷，第402—403页。

② 同上书，第407—408页。

最后，党是无产阶级专政体系中的主要指导力量，它的使命就是领导这一切群众组织。”①

在“关于社会主义在一个国家内胜利的问题”部分，斯大林继承并发展了列宁关于“一国能够取得社会主义胜利”的观点。斯大林区分了“一国社会主义革命胜利”“一国建成社会主义”和“一国取得社会主义最终胜利”三个不同概念，分析了这三个不同社会主义状态实现的条件。斯大林的这个区分，不仅澄清了列宁关于“一国能够取得社会主义革命胜利”的思想，而且把列宁这个思想进一步深化了，既体现了斯大林与时俱进的理论气魄，又体现了斯大林深远的理论预见。关于“一国社会主义革命胜利”的分析，斯大林指出：“从前认为革命在一个国家内胜利是不可能的，以为要战胜资产阶级就必须要有一切先进国家内或至少要有多数先进国家内无产者的共同发动。现在，这个观点已经不合乎实际情形了。现在必须从这种胜利是可能的出发，因为各种不同的资本主义国家在帝国主义环境内发展的不平衡性和跳跃性，帝国主义内部那些必然引起战争的灾难性矛盾的发展，世界各国革命运动的增长——所有这一切都使无产阶级在个别国家内的胜利不仅是可能的，而且是必然的。”② 关于“一国建成社会主义”的分析，斯大林指出：无产阶级夺取政权以后，“我国有两种矛盾。一种矛盾是内部的矛盾，即无产阶级和农民的矛盾（这里是指在一个国内建成社会主义而言）。另一种矛盾是外部的矛盾，即我们这个社会主义国家和其他一切资本主义国家之间的矛盾（这里是指社会主义的最终胜利而言）。第一种矛盾是完全可以用一个国家的努力来克服的，第二种矛盾却需要几个国家的无产者的努力才能解决，——谁把这两种矛盾混为一谈，谁就犯了最粗暴的反列宁主义的错误，谁就是糊涂虫，或者是不可救药的机会主义者。”③ “一国建成社会主义”是什么意思呢？斯大林接着指出：“这就是可能用我国内部力量来解决无产阶级和农民间的矛盾，这就是在其他国家无产者的同情和支援下，但无须其他国家无产阶级革命的预先胜利，无产阶级可能夺得政权并利用这个政权来在我国建成完全的社会主义社会。没有这种可能，社会主义建设就是没有前途的建设，就是没有建成社会主义的信心的建设。要是不相信有可能建成社会主义，要是不相信我国技术落后并不是建成完全的社会主义社会这条道路上不可克服的障碍，

① 《斯大林选集》上卷，第411、41—414页。

② 同上书，第434页。

③ 同上书，第436—437页。

就不能建设社会主义。否认这种可能就是不相信社会主义建设事业，就是离开列宁主义。”关于“一国取得社会主义最终胜利”的分析，斯大林指出：“没有其他国家革命的胜利，社会主义就不可能在一个国家内获得完全的最终胜利，这是什么意思呢？这就是说，没有至少几个国家革命的胜利，就不可能有免除武装干涉因而不可能有免除资产阶级制度复辟的完全保障。否认这一个不容置辩的原理，就是离开国际主义，就是离开列宁主义。”① 斯大林关于“一国取得社会主义最终胜利”这一富有远见的分析，常常被人们忽视。实际上，斯大林的这一观点是马克思列宁主义的基本方法——阶级分析方法在社会主义建设问题上的正确运用。毫无疑问，只要是一国的社会主义建设还处于资本主义的国际包围之中，社会主义在一个国家内获得完全的最终胜利就是谈不上的，资本主义制度复辟就一直是可能的（这已被苏联解体和东欧剧变所证明）；世界上社会主义国家越少，这种资本主义制度复辟的压力就越大。

在“为社会主义建设的胜利而奋斗”部分，斯大林重点分析了苏联社会主义建设中农民经济的发展方向和新经济政策的两重性问题，澄清了农民经济在无产阶级专政条件下的社会主义方向，提醒人们辩证地看待新经济政策的两重性。斯大林指出：“农民经济不是资本主义经济。农民经济按绝大多数农户来说是小商品经济。小商品农民经济又是什么呢？它是站在资本主义和社会主义之间的十字路口的经济。它既可以向资本主义方面发展，像现在资本主义国家里的情形那样，也可以向社会主义方面发展，像在我们国家里，在无产阶级专政下一定要发生的情形这样。……‘新反对派’最严重的错误就在于他们不相信农民这条新的发展道路，看不见或不懂得这条道路在无产阶级专政条件下是绝对不可避免的道路。而他们不懂得这一点，是因为他们不相信我国社会主义建设能够获得胜利，不相信我国无产阶级能引导农民跟着自己走向社会主义。因此，他们也就不懂得新经济政策的两重性，夸大新经济政策的消极方面，把新经济政策解释为主要是退却。因此，他们也就夸大我国经济中资本主义成分的作用，轻视我国社会主义发展的各个杠杆（社会主义工业、信贷系统、合作社、无产阶级专政等等）的作用，因此，他们也就不懂得我国国营企业的社会主义性质，怀疑列宁的合作社计划的正确。”②

斯大林的《论列宁主义基础》和《论列宁主义的几个问题》两部重要

① 《斯大林选集》上卷，第438页。

② 同上书，第448、451—452页。

著作是在列宁去世后俄共（布）党的指导思想和苏维埃社会主义将向何处去的重要历史时刻完成的，对俄共（布）坚持马克思列宁主义的指导思想和苏维埃社会主义建设道路具有重要的历史作用。当时的历史背景是：1924年至1925年，苏联国民经济在列宁的新经济政策下得到迅速恢复，但当时苏联的经济和技术水平还相当落后，面临国内外各种反共反苏势力处心积虑的颠覆破坏，并处在资本主义国家包围和孤立无援的境地，俄共（布）党内的各种反对派有的因机会主义、修正主义的干扰而发表背离马克思列宁主义的思想和言论，有的则因怀疑社会主义能否在一国取得胜利而不时散布投降主义的悲观情绪。在这种背景下，苏维埃社会主义经济建设沿着什么方向发展、能否建成社会主义、苏联依靠什么和从何处着手开始社会主义建设，就成为摆在党和人民面前的最尖锐问题。因此，斯大林于1924年4月至1926年初发表《论列宁主义基础》和《论列宁主义的几个问题》两部专门论述列宁主义的重要著作，不仅统一了全党的思想，而且坚定了人民群众建设社会主义的信心。

与此同时，斯大林对列宁主义思想的总结和阐释也有不足之处，主要是对列宁某些原则性论断和列宁关于社会主义建设道路的初步探索，斯大林的总结和阐述还没有完全揭示列宁观点的本来含义。比如《论列宁主义基础》关于列宁主义的定义，只阐述了列宁主义的时代性和国际性，而忽略了对列宁主义具体性的阐述。斯大林正确指出“列宁主义是帝国主义和无产阶级革命时代的马克思主义”，这是列宁主义的时代性，在这个时代列宁主义具有国际普遍意义；与此同时，列宁主义虽然具有国际普遍意义，但列宁主义首先是俄国化的马克思主义，是马克思主义与俄国具体革命实践相结合的产物，这是列宁主义的具体性。忽视列宁主义的具体性，就很容易把列宁主义推上绝对化和模式化的发展道路，这既不符合列宁的本意，也不利于列宁主义的发展。列宁在评价俄国“十月革命”的国际意义时曾经辩证地指出：“我这里所说的（十月革命）国际意义不是按广义来说的，不是说：不仅俄国革命的某些基本特点，而且所有基本特点和许多次要特点都具有国际意义，都对所有国家发生影响。不是的。我是按最狭义来说的，就是说，所谓国际意义是指我国所发生过的事情在国际上具有重要性，或者说，具有在国际范围内重演的历史必然性，因此必须承认，具有国际意义的是我国革命的某些基本特点。”①

再比如对列宁新经济政策的深远历史意义及其理论升华问题，斯大林

① 《列宁全集》第2版第39卷，人民出版社1986年版，第1页。

的总结和分析还只是初步的。在《论列宁主义基础》中，斯大林完全没有触及列宁的新经济政策；在《论列宁主义的几个问题》中，斯大林能够辩证地对待新经济政策的两重性，但没有认识到列宁的新经济政策应该是苏维埃社会主义建设必须长期坚持的道路，而是在根本上认为新经济政策只是党的权宜之计，是在经济恢复时期不得不采取的“退却”[①]。在这一点上，斯大林没有从根本上超越托洛茨基、季诺维也夫等人跨越历史阶段的“左”的判断。与此同时，斯大林在这场党内思想斗争中没有能够像列宁那样，对待党内意见反对派采取既重批评又重团结的方法，而是把意见反对派的观点全盘否定并展开无情批判，甚至通过“肉体消灭”手段清除党内与自己持不同意见的同志，这是斯大林在处理党内意见分歧问题上的弱点，这一弱点甚至直接导致了苏联在20世纪30年代“阶级斗争扩大化”（也称“大清洗”）的错误[②]。

虽然如此，任何时代的伟大人物都脱离不了时代的局限性。斯大林在总结和阐释列宁主义过程中所暴露出来的不足和弱点，也是其时代局限性而不是斯大林主观品质的反映。相反，斯大林是一位毫无疑义的优秀的马

① 《斯大林全集》第8卷，人民出版社1954年版，第82页。

② 比如，斯大林在《论列宁主义基础》中强调了“党是靠清洗自己队伍中的机会主义分子而巩固起来的”的观点。他说：“党内的机会主义分子是党内派别活动的来源。无产阶级并不是一个和外界隔绝的阶级。农民、小市民、知识分子出身的那些因资本主义的发展而无产阶级化的人不断地流入无产阶级的队伍。同时，无产阶级上层分子又正在腐化，他们多半是资产阶级利用从殖民地得来的超额利润所豢养的工会活动家和议员。”接着引述了列宁的一段话：“列宁说：‘这个资产阶级化了的工人阶层即‘工人贵族’阶层，这个按生活方式、工资数额和整个世界观说来已经完全市侩化了的工人阶层，是第二国际的主要支柱，现在则是资产阶级的主要社会支柱（不是军事支柱）。因为这是资产阶级在工人运动中的真正代理人，是资本家阶级的工人帮办……是改良主义和沙文主义的真正传播者。’”然后斯大林对列宁的话做出了引申，说：“所有这些小资产阶级集团用种种方法钻进党内，把动摇和机会主义的情绪，把腐化和犹疑的情绪带到党内来。他们是派别活动和瓦解现象的主要来源，是涣散党和从内部破坏党的现象的主要来源。”后方有这样的“同盟者”而去和帝国主义作战，就会受到两面夹攻，陷于腹背受敌的境地。因此，对这种分子进行无情的斗争，把他们驱逐出党，是顺利进行反帝国主义斗争的先决条件。主张用党内思想斗争的方法来“战胜”机会主义分子的理论，主张在一个党的范围内来“消除”机会主义分子的理论，是一种腐朽而危险的理论，它有使党麻痹和害慢性病的危险，有使党被机会主义宰割的危险，有使无产阶级丧失革命政党的危险，有使无产阶级在反对帝国主义的斗争中丧失主要武器的危险。“如果我们党在自己的队伍里有马尔托夫之流和唐恩之流、波特列索夫之流和阿克雪里罗得之流，那么我们党就不能走上大道，就不能取得政权和组织无产阶级专政，就不能在国内战争中获得胜利。如果说我们党已经建立了自己内部的统一和自己队伍的空前的团结，那么这首先是因为它及时清洗了机会主义的肮脏东西，从党内驱逐了取消派和孟什维克。无产阶级政党发展和巩固的道路就是把机会主义者和改良主义者、社会帝国主义者和社会沙文主义者、社会爱国主义者和社会和平主义者从党内清洗出去的道路。”（参见《斯大林选集》上卷，第271—272页。）从这里可以看到斯大林后期“大清洗”行动的理论基础。

克思主义者，是列宁主义的忠诚继承者，其马克思主义理论素养是列宁逝世后全党中的佼佼者。正是凭借优秀的马克思主义理论素养，斯大林在这场党内思想斗争中逐渐赢得了全党和全国人民的认可和拥护，继承了列宁所开创的社会主义事业，把全党统一在了列宁主义旗帜之下，稳定了全党和全国的政治局势，把俄国社会主义建设胜利推向前进，探索了社会主义建设的“斯大林模式”并取得了巨大成就。

总之，在列宁逝世后俄共（布）党内这场激烈的思想斗争中，托洛茨基虽然学识渊博，理论素养也不低，但在他关于列宁主义的理论阐述中甚至没有能够阐述清楚列宁主义的基本含义，相反却在自我标榜的动机下不恰当地贬低列宁学说，特别是在列宁去世后全党急需继承列宁思想、团结一致把列宁所开创的社会主义事业继续推向前进的情况下，其理论素养的马克思主义属性是令人怀疑的。季诺维也夫和加米涅夫的马克思主义理论素养只是一般的水平。布哈林是俄共（布）党内公认的理论家，能够谦虚谨慎地钻研马克思列宁主义的思想，但他书生气较浓，理论阐述夹杂着“繁琐哲学的东西”，缺乏辩证法的理论功底；其本人没有权力野心，但也缺乏领导能力，在新生的苏维埃政权面临复杂的国际国内环境下，担当起党内最高理论权威并正确地领导全党和全国人民继续社会主义建设事业也是勉为其难的。相比较而言，斯大林通过长期认真学习马克思、恩格斯和列宁的学说，在艰苦卓绝的革命生涯中，成为列宁理论和政治路线的坚定追随者，历练了领导能力，逐渐培养起自身优秀的马克思主义理论素养，这为斯大林在列宁逝世后深刻而全面地阐述列宁主义、在党内思想斗争中捍卫和继承列宁主义并强有力地领导全党和全国人民，把列宁开创的社会主义事业继续推向前进奠定了坚实的理论基础。

第四节　领导苏联探索并创立了社会主义建设的“斯大林模式”

在党内确立起领导权威后，斯大林开始探索苏联社会主义建设的具体道路。1927 年 12 月联共（布）召开第十五次代表大会，通过了“关于制订发展国民经济的第一个五年计划（1928—1933）”的指示。1929 年 4 月召开的联共（布）第十六次代表大会和同年 5 月召开的苏维埃第五次代表大会正式批准了“一五”计划，这是斯大林主持制定的人类经济史上第一个有计划的经济发展方案，是人类历史上通过计划大规模快速发展经济的第一次伟大尝试，这一尝试在当时情况下极为有效地改变了俄国贫穷落后的经济、政治、文化和社会状态。第一个五年计划的任务用了四年零三个月提前完成。在四年零三个月的时间内，苏联建成了1500多个拥有现代化技术装备的大型工业企业，在苏联历史上首次出现了拖拉机、飞机、汽车、重型机械、机床、化学合成、精密仪器制造等新兴工业部门；1932 年的工业产值是1913 年的234.5%，全国发电量达到173 亿千瓦时，比1913 年增加了6 倍；整个国民收入从1928 年的244 亿卢布增加到1932 年的455 亿卢布，增长了68%；苏联的石油、拖拉机、联合收割机产量位居世界第二位、欧洲第一位，农业机器增加了4.5 倍，使苏联开始由农业国变成工业国，并初步建起了独立的、比较完整的国民经济体系，国民经济各部门所需要的设备大部分实现本国制造。社会主义苏联经济高速向前发展，而资本主义世界却爆发了1929 年至1933 年的大规模经济危机。

第一个五年计划的顺利完成向全世界显示出社会主义经济制度的巨大优越性，使苏联从一个落后的自然经济占优势的国家变成先进的工业化国家，在世界各大国的工业产值序列中跃升为第二位，仅次于美国。苏维埃的实践证明，社会主义的发展速度是有可能赶上和超过资本主义的。斯大林激励人们，俄国实现社会主义，正在为全世界开创一条崭新的发展道路，任何能实现社会主义正义和繁荣的事情都是合理的，苏联人民忍受苦难和牺牲会给他们带来胜利、安全和其他的报偿。与此同时，斯大林也提醒全党：苏维埃是软弱的，如果它不改造自己的经济并建立起工业力量，那么它还会和以前一样听凭西方国家的摆布。1931 年2 月4 日联共（布）召开全苏社会主义工业建设第一次代表会议，与会人员大都感到计划的压力太大，都希望喘一口气，但斯大林却以咄咄逼人的语调解释了赶上和超过西方国家的迫切需要。他说：“人们有时问：不能稍微放慢速度、延缓进展吗？不，不能，同志们！决不能放慢速度！恰恰相反，必须竭力和尽可能加快速度。我们对苏联工人和农民所负的义务要求我们这样做。我们对全世界工人阶级所负的义务要求我们这佯做……旧俄历史的特征之一就是因为它落后而不断挨打。蒙古的可汗打过它，土耳其的别克打过它，瑞典的封建主打过它，波兰和立陶宛的地主打过它，英国和法国的资本家打过它，日本贵族打过它，大家都打过它，就是因为它落后，因为它的军事落后、文化落后、国家制度落后、工业落后、农业落后。大家都打它，因为这既可获利，又不会受到惩罚。”①

1932年1月30日至2月4日，联共（布）召开第十七次代表会议，会议通过了“关于制订发展国民经济第二个五年计划（1933—1937）”的指示，确定了第二个五年计划的基本任务和方针。第二个五年计划的基本政治任务是：彻底消灭国内的资本主义成分，彻底消灭产生阶级差别和剥削的根源，使苏联全体人民成为社会主义社会的自觉而又积极的建设者；基本经济任务是：继续保持工业发展的高速度，完成整个国民经济的社会主义改造，建立社会主义物质技术基础，基本建成社会主义。在第一个五年计划巨大成就的基础上，苏联第二个五年计划进一步加强了国民经济的计划性，这首先表现为国家计划涉及国民经济更多的部门。第二个五年计划为120个工业部门规定了任务，所有的计划都是指令性的，不仅对工业部门，而且对农业发展也规定了直接计划任务。其次表现为在全国范围内配置生产力，进一步调整工业布局，规定各共和国、州和边疆区在完成统一国家计划中的任务。最后，为了使计划更加科学和合理，国家计划委员会吸收了苏联科学院、全国200个科研所和数百名著名学者参加编制第二个五年计划。

当国民经济的技术改造全面展开、大量先进装备和技术不断从国外引进以后，苏联国民经济中已经拥有了世界上最先进的技术设备，此时掌握各项新技术就成为头等重要的任务了。苏联第二个五年计划有针对性地提出了培养千百万熟练工人、工程技术人员和管理干部的计划，以克服第一个五年计划期间常常遇到的情形：新工厂建造起来了，新的机器设备安装好了，却没有足够的工程技术人员去掌握和运用它们。为了改变党和国家中相当一部分领导人只重视机器设备，不爱惜人才的状况，斯大林专门做了题为《论经济工作人员的任务》的演说，提出了“技术决定一切”的口号。他指出：“布尔什维克应当掌握技术。已经是布尔什维克自己成为专家的时候了。在改造时期，技术决定一切。”② 斯大林的这次演说极大地改变了会议代表们的思想，最后大会形成决议：为了实行技术改造和提高劳动生产率必须培养熟练工人、技师和工程师，造就一支无产阶级的、掌握科学技术的知识分子队伍。

从技术上改造国民经济的实践工作，斯大林继承的正是列宁建设社会主义的思想。这一时期苏联各种新式武器、重大技术革新或发明，都是在

① 《斯大林选集》（下卷），人民出版社1979年版，第272—273页。

② 《斯大林选集》（下卷），第275页。

斯大林亲自领导下实施的。斯大林亲自视察工业和农业技术改造方面的详情细节，鼓舞广大工人、技师、企业管理局领导以及发明家和制造家的工作热忱，尤其关注苏联红色海、陆、空三军技术装备，提出要把苏联红军建设成一支使敌人闻风丧胆的强大国防力量。当经济建设中的人才、技术问题不断得到解决的时候，与经济建设相适应的管理干部问题又成为另一个特别重要的问题。1935 年 5 月，斯大林在克里姆林宫举行的红军学院学生毕业典礼上发表讲话，又提出了“干部决定一切”的口号。他说：“度过十分缺乏技术的时期以后，我们就进入了新的时期，进入我认为十分缺乏人才、缺乏干部和缺乏能够驾驭技术并推进技术的工作者的时期。”据此，斯大林指出：“从前我们说：‘技术决定一切’，这个口号曾经帮助我们消灭了十分缺乏技术的现象，在一切工作部门里建立了极其广泛的技术基础，使我们能够用头等技术来武装我们的人才。这是很好的。但这还远远不够。为了把技术运用起来并得到充分利用，就需要有掌握技术的人才，就需要有能够精通并十分内行地运用这种技术的干部。没有掌握技术的人才，技术就是死的东西。有了掌握技术的人才，技术就能够而且一定会创造出奇迹来……毕竟应该了解：人才、干部是世界上所有宝贵的资本中最宝贵最有决定意义的资本。应该了解：在我们目前的条件下，‘干部决定一切’。如果我们在工业、农业、运输业和军队中拥有大量的优秀干部、那么我们的国家就将是不可战胜的。如果我们没有这样的干部，那我们就会寸步难移。”① 斯大林这篇演说大大推动了社会主义建设中另一个极为重要的问题——干部问题的解决，使各级党组织和苏维埃机关工作者头脑中有了人才意识和干部意识并把这种意识贯彻到培养社会主义建设的干部队伍的实际工作中去。

在苏联社会主义工业化过程中，斯大林“技术决定一切”“干部决定一切”的科学论断，对于动员和指导全党和全国人民，形成学习文化、掌握技术、培养人才、爱惜人才的氛围起了重要的作用。在 20 世纪 30 年代的社会主义建设中，这两句口号受到全社会普遍的响应，引起了巨大的劳动热情。据统计，在第二个五年计划实施期间，有几百万人参加基本技术知识学习小组和工厂艺徒学校学习，共培养出 140 万熟练技术工人、为工业和建筑部门训练出 107400 个工程师，中等技术专家有 623000 人。②

与此同时，苏联社会主义建设期间还出现了人类经济史上第一次大规

① 《斯大林选集》（下卷），第 371—373 页。

② 刘文涛等编著：《四大革命导师传：斯大林》，第 303 页。

模的劳动竞赛运动。第一个五年计划期间，突击队运动成为社会主义劳动竞赛的基本形式，启迪了工人的智慧，焕发了工人的劳动热情，对提前完成第一个五年计划起了重要的作用。第二个五年计划实施的头两年，仍然以突击队运动为主要形式，只是比以前更加重视挖掘企业内部潜力，努力经营，推广各种先进经验。两年之后，社会主义劳动竞赛又形成了新的高潮，成千上万的掌握新技术的工人们，打破了旧的劳动生产定额，有时超过定额的几十倍，其中1935年8月开始掀起的“斯达汉诺夫运动”就是典型代表，它是以努力学习和掌握新技术、最大限度地提高劳动生产率为主要内容的群众性社会主义劳动竞赛运动。

1935年8月30日夜间，顿巴斯“中央伊尔米诺”矿井年轻的采煤工斯达汉诺夫和支架工一起用新方法组织劳动，一班内采了102吨煤，超过原有定额13倍。接着其他一些采煤工、电气机车司机、支架工等也响应斯达汉诺夫的主动精神。三天以后，即9月3日，该工段党小组长久卡诺夫一班采煤115吨。9月5日，共青团员康采达诺夫创造了一班采煤125吨的新纪录。9月8日，斯达汉诺夫一班采煤175吨。9月11日矿工伊佐科夫一班采煤240吨。不久，采煤工阿尔秋霍夫又创下了一班采煤310吨的最新记录。挖煤工人的先进纪录，促使挖煤机和电力机车司机也突破了旧定额。在不到一个月的时间，矿井中涌现出一批斯达汉诺夫式的工作者。

“斯达汉诺夫运动”是一场突破旧定额，创造新纪录，大幅度提高劳动生产率的社会主义劳动竞赛运动。这一运动很快在全国各条战线上得到响应。在很短的时间内，从重工业到轻工业、运输业，从工矿企业到国营农场、集体农庄和商业部门，都形成了波澜壮阔的社会主义劳动竞赛的新高潮。除了采煤工人斯达汉诺夫等人外，锻工布瑟京、福斯托夫和韦利克扎宁，铣工古多夫，车工库里亚诺夫，制鞋工人斯梅诺宁，纺织女工叶·维诺格拉多娃和玛·维诺格拉多娃，火车司机克里沃诺斯，农业战线上的杰姆钦科、安格琳娜、保林等人，都是在这个运动中涌现出来的知名人物。在其他加盟共和国也相继出现了大批斯达汉诺夫工作者，先进人物的经验在报纸、杂志和书籍上广为宣传。

1935年11月14日，苏共在莫斯科专门召开全苏“斯达汉诺夫运动”总结大会，出席会议的有来自全国各部门的3000名斯达汉诺夫工作者。斯大林在会上向革新者发表讲话，揭示了新运动的历史根源并指明了它对提高社会主义劳动生产率的重要意义，提醒劳动者要特别注意巩固已经取得的成绩，在各地更广泛地开展这一运动。斯大林在评价“斯达汉诺夫运动”的意义时指出：“不能把斯达汉诺夫运动看作是一个普通的男女工人运动。斯达汉诺夫运动是定会成为我国社会主义建设史册最光荣的篇章之一的男女运动……斯达汉诺夫运动其实是一次深刻的革命运动”，“是只有社会主义才能达到、而资本主义不能达到的那种高度劳动生产率的典范”。“这一运动打破了不高的旧的技术定额，而且往往超过了先进资本主义国家的劳动生产率，这样就使我国在实际上有可能更加巩固社会主义，有可能把我国变成最富裕的国家”，“斯达汉诺夫运动代表着我国工业的未来，它包含着工人阶级未来文化技术高涨的种子，它为我们开辟了达到很高的劳动生产率指标的唯一途径……”斯大林在讲话中还为更好地开展“斯达汉诺夫运动”提出了两项最近的任务：“第一个任务就是要帮助斯达汉诺夫工作者继续开展斯达汉诺夫运动，使它扩大和深入到苏联各州各区去……第二个任务就是要帮助另外一种经济工作人员、工程师和技师改造他们的工作，使他们能领导斯达汉诺夫运动。”① 斯大林在讲话的最后提议，授予斯达汉诺夫工作者最高奖赏。会议开得非常成功，代表们向斯大林热烈欢呼致敬，掌声雷动，雄壮的“乌拉”声震天动地。12 月 8 日，最高苏维埃主席团授予 43 名斯达汉诺夫工作者列宁勋章，授予 97 名斯达汉诺夫工作者劳动红旗勋章。“斯达汉诺夫运动”本身对于探索社会主义建设中的劳动力组合与使用模式具有重要的现实意义，以斯大林为核心的联共（布）中央领导层能够及时科学总结运动的历史根源和现实意义，支持和倡导群众的高昂热情，就使得“斯达汉诺夫运动”具有了更高层次的理论意义和全局意义。“斯达汉诺夫运动”堪称人类劳动史上少有的伟大壮举，只有社会主义生产一线的劳动者才能做到，斯达汉诺夫精神是社会主义建设运动结晶出来的宝贵精神财富。

在两个五年计划和各种“斯达汉诺夫运动”轰轰烈烈展开的同时，苏联工商业中的私营经济被逐渐消灭了；通过全盘集体化运动，农村的富农经济也被消灭了，农民小商品经济变成了农民集体所有制经济，农村普遍建立起集体农庄制度。这样，国家所有制和集体所有制这两种生产资料所有制形式成为苏联社会的经济基础。在种情况下，斯大林宣布苏联从“十月革命”胜利后开始的从资本主义向社会主义过渡的时期已结束，苏联已经建成了社会主义，并强调苏联消费资料的分配按照“不劳动者不得食”的原则分配，在苏联消灭了一切剥削阶级，铲除了人剥削人的现象，社会主义政治阵地和经济阵地已经“彻底巩固”。然而，此时苏联工农业虽然

① 《斯大林选集》（下卷），第 374—378、386—387 页。

取得巨大成就，但人民物质生活水平总体依然很低，过早地消灭经济中的资本主义成分开始降低经济活力。

苏联从第一个五年计划开始形成的社会主义建设模式被人们称为“斯大林模式”。为了使“斯大林模式”的社会主义以法律形式固定下来，1935年2月6日，全苏苏维埃第七次代表大会通过了关于修改宪法的特别决议。代表大会建议苏联中央执行委员会成立一个宪法委员会，负责拟定新宪法草案。2月7日成立了由31人组成的宪法委员会，斯大林任宪法委员会主席，布哈林也是新宪法的主要起草人之一。经过一年多的起草与讨论，1936年5月，宪法委员会完成了新宪法的起草工作。联共（布）中央于6月初召开全会，通过了关于苏联宪法草案的决议，基本内容是：（1）基本上同意苏联中央执行委员会宪法委员会所提出的苏联宪法草案；（2）鉴于这个问题非常重要，全会认为应当召集全苏苏维埃代表大会来审查苏联宪法草案。6月12日，新宪法草案在《真理报》上公布供全民讨论。为审查和通过新宪法，1936年11月25日，全苏苏维埃第八次非常代表大会在莫斯科召开，斯大林在代表大会上作了《关于苏联宪法草案》的报告。斯大林在报告中指出，在1924—1936年这一时期内，苏联经济生活方面的根本变化就是社会主义体系已经在国民经济的一切部门中取得了完全胜利。从工业生产方面来说，“资本主义已经从我国工业范围中完全驱逐出去了。社会主义的生产形式现在是在我国工业中独占统治地位的体系”。“在农业方面，我们现在已经不是处于无数技术落后的个体小农户形式的、富农到处横行的汪洋大海中，而是有了世界上规模最大的、机械化的、用新技术武装起来的生产，即无所不包的集体农庄和国营农场体系。”“现在全部商品流转都已掌握在国家、合作社和集体农庄手中。新的苏维埃商业，没有投机者参加的商业、没有资本家参加的商业，已经产生而且发展了。因此，社会主义体系在国民经济一切部门中的完全胜利，现在已经是事实了。”“这就是说人剥削人的现象已被铲除和消灭，生产工具和生产资料的社会主义所有制已经确立而成为我们苏联社会不可动摇的基础。”① 斯大林在报告中还指出，在1924—1936年这一时期内，苏联政治生活方面的根本变化就是阶级结构的变化：所有的剥削阶级消灭了，只剩下了完全新的摆脱了剥削的工人阶级、集体农庄农民，以及同工人阶级和农民骨肉相连的、完全新的知识分子。

斯大林在总结新宪法草案的意义时指出：“这个文件证明，资本主义

① 《斯大林选集》（下卷），第391—393页。

国家里千百万诚实的人过去和现在所渴望的东西，已经在苏联实现了。这个文件说明，在苏联已经实现的东西，在其他国家里也完全可能实现。由此可见，苏联新宪法的国际意义是怎样估计也不算过高的。”“苏联新宪法对于所有目前进行反法西斯暴行的斗争的人，将是一种道义上的支持和实际上的援助”，新宪法是苏联人民“斗争的总结，是他们为人类解放而斗争的战线上胜利的总结”。“这就会在精神上武装我国工人阶级、我国农民、我国劳动知识分子。这就会推动他们前进，激发他们的理所当然的自豪感。这就会加强他们对自己力量的信心，动员他们去进行新的斗争，争取共产主义的新胜利。”① 1936 年 12 月 5 日，苏维埃第八次非常代表大会批准了新的宪法草案，这一天也被代表大会宣布为苏维埃联盟全民的节日——宪法日。这样，斯大林亲自领导制定的苏联新宪法就诞生了。

新宪法为斯大林社会主义模式的正式确立完成了国家立法程序，它把业已形成的斯大林社会主义模式以立法形式固定下来。在经济上，新宪法规定：苏联的经济基础是社会主义的经济体系和生产工具与生产资料社会主义所有制，生产资料公有制占绝对统治地位，消灭剥削、消灭失业、实行“各尽所能，按劳分配”的原则。在政治上，新宪法规定：各级劳动人民代表苏维埃是苏联的政治基础，各级劳动人民代表苏维埃实行普遍、直接、平等、无记名投票选举，每个苏联公民在苏维埃选举中都享有平等的选举权和被选举权；工人阶级和劳动人民中最积极、最觉悟的公民组成的共产党，是“劳动群众为巩固和发展社会主义制度而斗争的先锋队，是劳动群众所有一切社会团体和国家机关的领导核心”。

“斯大林模式”是苏联 20 世纪 30 年代在斯大林亲自领导下建立起来的社会主义政治经济体制，虽然它对社会主义建设和制度巩固的长期性和复杂性尚缺乏深刻认识，对在落后国家取得社会主义最终胜利所需要的坚实的物质文明、精神文明、政治文明和生态文明基础也缺乏清晰的判断，更多地是在生产关系而不是生产力层面建设社会主义，把社会主义的建成等同于全民所有制和集体所有制的建立，没有澄清社会主义的本质，但它毕竟是整个国际共产主义运动中关于社会主义建设的开创性探索，对全世界社会主义国家制度的建立和发展都产生了深远的影响。

① 刘文涛等编著：《四大革命导师传：斯大林》，第 308—309 页。

第五节 认真研究社会主义经济发展规律

斯大林作为一个优秀的马克思主义理论家，在晚年依然保持着对现实社会主义建设问题的敏感性，其中所关注的一个重要问题就是社会主义经济发展规律问题。1949 年庆祝 70 岁寿辰活动之后，斯大林衰老得很快，他的血压一直很高，突发性眩晕不时发作。正是在这样的健康背景下，从 1951 年 11 月至 1952 年 8 月斯大林发起了关于《政治经济学》教科书文稿的大讨论，并在讨论中亲自完成了一生中最重要的、也是最后的一部著作《苏联社会主义经济问题》。

斯大林写作《苏联社会主义经济问题》的直接原因是 1951 年 11 月至 12 月在联共（布）中央讨论《政治经济学》教科书暂定稿时引起的争论。早在 20 世纪 20 年代末开始，斯大林就非常重视政治经济学方面的科学著作。在斯大林的藏书中，政治经济学方面的出版物占相当大的份量，其中许多书页上都留有斯大林圈划的着重号和黑线以及页边批注。在普及性著作中，他最注意的是波格丹诺夫的《经济学简明教程》。斯大林十分赞赏作者关于建立一部能够调节自然界和社会中发生的一切过程的完善的国家管理机器的主张；斯大林对塞加尔的《政治经济学简明教程》也表现出极大兴趣。

在 1937 年 2 月至 3 月联共（布）中央全体会议上，斯大林曾经提出加强群众政治思想教育的口号，即通过大力加强意识形态工作，在共产党员和全体苏联人民的思想中灌输斯大林提出的关于社会主义和建设社会主义的方法的观点。为了进行政治思想教育，联共（布）中央决定编写社会科学各学科的专门教材。在政治经济学领域，决定由列昂杰耶夫和奥斯特罗维佳诺夫等人负责编写政治经济学教科书。

1938 年初，斯大林收到教科书的第一稿，但他对这个稿子不满意，认为这个稿子的许多地方过于冗长，不符合他的设想。斯大林指出："教科书中不应有任何多余的话，阐述应该一针见血。"① 于是斯大林对两个章节做了修改后，将稿子返给作者修改。教科书第二稿的写作直到 1940 年 4 月才完成，斯大林对这个稿子依然不满意，他对许多页都做了修改，有些地

① 刘文涛等编著：《四大革命导师传：斯大林》，第 515 页。

方还做了大量的增补，同时还将书稿送给一些经济学家进行评审。1940 年 12 月在专家们的共同努力下第三稿写作完成了，但是这一稿还是没有得到斯大林的赞同。1941 年 1 月 29 日斯大林会见创作集体，就教科书的编写发表了自己的看法，他指出：“教科书对问题应该具有独立见解。马克思没有也不可能提供对一切问题的答案。你们如果什么都到马克思那里去找——你们就会碰壁。应该有自己的思想。不能到处去找引文。马克思只是指出了总的道路。对问题要自己去思考。”[①] 斯大林于是又要求创作人员在 3 月 15 日前再把修改稿提交党中央。

此时卫国战争打断了教科书的编写和出版工作。1945 年战争结束后，斯大林决定继续进行该书的编辑出版工作，并且认为有必要重新考虑政治经济学的一系列问题。1946 年在列昂杰耶夫的领导下，专家们对教科书的原定稿进行了重新加工，然后中央鼓动宣传部将加工后的稿子送给 40 多位经济学家征求意见，结果大家一致认为教科书应该从根本上改写。1947 年联共（布）组建了一个庞大的写作班子，其中不仅有经济学家，也有历史学家和哲学家。1948 年，这个写作班子将改写的两个教科书稿本提交给中央。

1950 年 2 月 22 日，斯大林接见了编写教科书的学者，并决定成立一个委员会负责在一个月内把两个未定稿合二为一。4 月 24 日，在斯大林住处举行会议讨论合稿情况，会上提出应当在更大范围内组织对未定稿的讨论。当大家谈到教科书未定稿存在的问题时，斯大林说：“糟糕的是，委员会在理论问题上没有辩论，没有争吵。”[②] 斯大林要求在一年内完成教科书的编写任务，并且于 1950 年 7 月 28 日在《马克思主义和语言学问题》一文中提醒理论界：“马克思主义这一科学是不能停滞不前的——它是在发展着和完备着。马克思主义在自己的发展中不能不以新的经验，新的知识丰富起来——因此，它的个别公式和结论不能不随着时间的推移而改变，不能不被适应于新的历史任务的新公式和新结论所代替。”[③]

1951 年 4 月，委员会将政治经济学教科书新的未定稿编写完毕并提交斯大林，斯大林随即发出了准备讨论的指示。11 月，“十月革命”庆祝活动刚一结束，250 余名科学工作者、高等院校的学者、党和经济工作领导者便云集在联共（布）中央会议厅，讨论他们半年前就收到的教科书未定

---

① 刘文涛等编著：《四大革命导师传：斯大林》，第 515—516 页。

② 同上书，第 516 页。

③ 《斯大林选集》（下卷），第 538 页。

稿。研讨会从1951年11月10日开至12月8日，在马林科夫和苏斯洛夫的主持下共召开了21次会议，之后又按照资本主义和社会主义两个部分讨论了10天。在讨论中，与会人员提出了许多富有创建的观点。

莫斯科财政学院雅科夫列夫直言不讳地说，教科书中存在的缺点正是苏联经济思想状况的真实写照。他甚至大胆地指出，许多年来研究工作者都是等着斯大林来解决一系列重要问题，而不是自己去总结和评估社会主义建设的实践。这在很大程度上是因为不按公式进行思考的学者常常受到“反列宁主义”和“反马克思主义”的指责，学者们也得不到反映国民经济过程动态的原始统计材料。莫斯科合作社学院副教授帕尔采夫和国际关系学院教授米科连科也主张不应把发言仅仅限于分析未定稿。乌克兰苏维埃社会主义共和国科学院经济研究所所长鲁缅采夫的发言颇有见地，他认为教科书的编写所以大费周折是因为作者没有充分了解“劳动群众的物质状况和文化水平不断提高的规律”，而这一规律也像任何别的规律一样“支配着社会主义条件下的生产和分配”，正是应该以这一规律作为整个社会主义政治经济学的方法论的骨架。莫斯科统计局处长雅罗申科提出了消费基金和积累基金的比例问题，他证明，阐明符合社会主义规律的工业生产的第一部类和第二部类的比例应当是经济学的重要使命。[①]

在讨论过程中，涉及教科书的一个重要问题——社会主义的经济规律是什么——逐渐浮出水面。对这个问题，一些专家认为苏维埃国家的政策构成了并决定着这些规律，另一些学者认为社会主义的经济规律具有自发的性质，还有一些人认为经济规律是社会物质生活自然发展的必然结果，而不是人的意识和意志的产物，任何人都不能建立这种规律，也不能取消这种规律。同时在社会主义建设的条件下，这种规律不是作为盲目的力量自动起作用，而是作为被认识的必要性起作用；这种规律只有通过群众的自觉行动，借助于国家的组织作用才能实现。

在讨论中，关于价值规律问题又引起了激烈的争论。有些学者认为，苏联存在着社会分工和两种所有制，决定了苏维埃国民经济中存在商品和价值。而苏联科学院院士斯特鲁米林则不同意这种解释，他证明价值规律是一个永恒的规律。他断言，在社会主义制度下，这个规律的使命是一方面调整交换比例，另一方面调整生产比例。苏联科学院经济研究所首席研究员切尔诺莫尔基克认为，在社会主义条件下不存在价值规律的问题，只存在在制订计划时为确定多种产品的社会劳动消耗而予以考虑的价值范

① 刘文涛等编著：《四大革命导师传：斯大林》，第517—518页。

畴。但是大多数经济学家支持教科书编写组关于在社会主义条件下，价值规律以经过改造的形式发生作用的意见。

上述专家学者们的讨论虽然不乏真知灼见，但总体上还不深刻。实际上，社会主义条件下价值规律问题自苏维埃政权成立以来就是一个一直没有解决的理论问题，因为它涉及在社会主义条件下究竟是利用行政命令方法管理经济还是利用经济方法管理经济的问题。苏维埃政权建立之初，列宁曾经力主并积极探索了社会主义建设的新经济政策，遵循价值规律，自觉发挥商品交换和货币流通的作用，以便调动社会各层面的劳动积极性，尽快提高生产力水平。列宁的新经济政策对于苏维埃政权迅速恢复经济的内战创伤发挥了重要作用。然而，一直以来，联共（布）党内存在着较强的对新经济政策的社会主义性质的怀疑态度和对新经济政策的抵制情绪，其中包括斯大林等高层领导人。1924 年 1 月列宁逝世后，虽然新经济政策得以维持到 1928 年，但苏联社会主义建设的主要经验还是利用行政命令方法管理经济，并逐渐形成了计划经济体制。因此，在发言的学者中几乎没有人怀疑社会主义条件下有计划地发展国民经济的必要性。对于战后一代经济学家来说，计划原则占主导地位的论点更是天经地义的。经济学家们探讨的是如何在计划经济中最大限度地利用价值杠杆的问题。比如，立陶宛党中央鼓动宣传部主任库兹涅佐夫在会上就断言，苏维埃国家在经济生活中的地位是全部社会主义政治经济学的中心点，苏联共产主义建设的速度主要取决于国家管理机关的决心和在动员人民从事忘我劳动方面的工作强度。①

即使如此，这次研讨会毕竟触及社会主义经济发展规律的核心问题——价值规律问题，并且有不少学者都认识到，为实现从社会主义向共产主义过渡的战略方针，必须利用价值关系，加强经济方法对国民经济的影响是适宜的。斯大林一直关注着这次有学者广泛参与并且畅所欲言的讨论。斯大林看了讨论会的材料以后，最后对所讨论的关键问题发表了自己的意见。1952 年 2 月 1 日，斯大林发表了《关于 1951 年 11 月讨论会涉及的经济问题的意见》（以下简称《意见》）。在斯大林享有党内外绝对权威的背景下，《意见》引起了人们的极大兴趣，也引出了许多问题，联共（布）中央收到大量信件和报告，要求对斯大林著作中涉及的 70 多个论点做确切的说明。在这种情况下，斯大林又写了《答亚历山大·伊里奇·诺特京同志》《关于尔·德·雅罗申科同志的错误》和《答阿·弗·萨宁娜

① 刘文涛等编著：《四大革命导师传：斯大林》，第 519 页。

和弗·格·可热尔两同志》三个材料。斯大林为总结经济学研讨会而写的这四个文件加在一起，编成了斯大林的最后一部著作《苏联社会主义经济问题》。

斯大林在这部著作中充分肯定了社会主义经济规律的客观性，并科学提出人们只能发现规律、认识和利用规律，但不能改变、废除或创造规律："某些同志否认科学规律的客观性质，特别是否认社会主义制度下政治经济学规律的客观性质。他们否认政治经济学规律反映不以人们的意志为转移的过程的规律性。他们认为，由于历史赋予了苏维埃国家以特殊作用。苏维埃国家，它的领导人能废除现存的政治经济学规律，能'制定'新的规律，'创造'新的规律。这些同志是大错特错了。显然，他们把这两种东西混为一谈了：一种是科学规律，它反映自然界或社会中不以人们的意志为转移的客观过程；另一种是政府颁布的法律，它是依据人们的意志创造出来的，并且只有法律上的效力。但这两种东西是决不能混为一谈的。马克思主义把科学规律——无论指自然科学规律或政治经济学规律都是一样——理解为不以人们的意志为转移的客观过程的反映。人们能发现这些规律，认识它们，研究它们，在自己的行动中考虑到它们，利用它们以利于社会，但是人们不能改变或废除这些规律，尤其不能制定或创造新的科学规律。"①

与此同时，斯大林还科学地指出了不能将商品生产与资本主义简单等同起来的重要结论。斯大林说："有人说，商品生产不论在什么条件下都要引导到而且一定会引导到资本主义。这是不对的。并不是在任何时候，也不是在任何条件下都是如此！不能把商品生产和资本主义生产混为一谈。这是两种不同的东西。资本主义生产是商品生产的最高形式。只有存在着生产资料的私有制，只有劳动力作为商品出现于市场而资本家能够购买并在生产过程中加以剥削，就是说，只有国内存在着资本家剥削雇佣工人的制度，商品生产才会引导到资本主义。资本主义生产是在这样的场合开始的，即生产资料是集中在私人手中，而被剥夺了生产资料的工人不得不把自己的劳动力作为商品出卖。否则，就没有资本主义生产。"②

但是，斯大林没有同意经济学家们提出的更积极地利用商品货币杠杆的观点，因为这种观点有悖于他对世界发展进程、苏联在这个过程中的地位和作用以及党的对内政策的看法。他写道：计划经济是为了"在资本主

① 《斯大林选集》（下卷），第539—540页。

② 同上书，第548—549页。

义包围中保持我国国民经济的独立性，使我国经济不致于变为资本主义国家的附属品”。“现今的和平运动，其目的是唤起人民群众去为维护和平、防止新的世界大战而斗争。因而，它的目的不是推翻资本主义和建立社会主义——它只限于为维护和平而斗争的民主目的”，“资本主义国家之间战争的不可避免性是仍然存在的。”① 因此，斯大林只是在有限的范围内承认商品和价值规律的作用，他说：“我国的商品生产并不是通常的商品生产，而是特种的商品生产，是没有资本家参加的商品生产，它所涉及的基本上都是联合起来的社会主义生产者（国家、集体农庄、合作社）所生产的商品。它的活动范围只限于个人消费品。显然，它决不能发展为资本主义生产，而且它注定了要和它的‘货币经济’一起共同为发展和巩固社会主义生产的事业服务。所以，有一些同志的意见是完全不对的，他们宣称，既然社会主义社会不消灭商品生产形式，那么在我国似乎就应当恢复资本主义所特有的一切经济范畴：作为商品的劳动力、剩余价值、资本、资本利润、平均利润率等等。这些同志把商品生产和资本主义生产混为一谈，认为既然有商品生产，就应该有资本主义生产。他们不了解，我国的商品生产是和资本主义制度下的商品生产根本不同的。”“在我国，价值规律发生作用的范围，首先是包括商品流通，包括通过买卖的商品交换，包括主要是个人消费的商品的交换。在这里，在这个领域中，价值规律保持着调节者的作用，当然，是在一定的范围内保持着调节者的作用。”②

由此可见，斯大林在观察思考社会主义经济规律问题时，是把计划经济与苏联处在资本主义包围中的客观背景相结合的，并特别强调计划经济对于保证苏联社会主义经济建设安全的重要意义，这无疑是符合当时历史条件的正确结论。但在社会主义商品生产和价值规律问题上，斯大林的理论探索还不够彻底，对商品生产和价值规律在生产资料领域的作用以及资本、利润等经济杠杆对社会主义经济发展的作用还持否定态度，使得斯大林在晚年没有突破主要依靠行政手段进行经济管理的体制机制。但即使如此，斯大林在晚年依然表现出了一个优秀的马克思主义理论家所具有的理论敏感性和探索精神。由于社会主义经济建设的一般规律在短时期内还没有彻底暴露，斯大林未竟的理论和实践探索只能留给苏共后继领导人了，但遗憾的是，从赫鲁晓夫以降的苏共高层领导人虽然认识到苏联政治经济体制改革的必要性，但由于马克思主义理论素养不高，都未能准确把握苏

① 《斯大林选集》（下卷），第565页。
② 同上书，第551—552页。

联社会主义建设道路上所遇到的要害问题，也没有能够根据马克思主义基本原理与时俱进地提出科学的理论回答和对策安排。

第六节 对斯大林晚年在工作中所犯错误的分析

在没有任何先例的条件下，斯大林领导苏联党和人民探索并建立了社会主义政治经济运行和管理模式——“斯大林模式”，取得了社会主义建设的巨大成就和卫国战争的伟大胜利，这是与他所具有的优秀马克思主义理论素养分不开的。与此同时，即使是伟大的马克思主义者，一旦背离了马克思主义，也会犯错误，甚至犯严重的错误。马克思主义者犯错误，不是因为他们掌握了马克思主义，而正是由于他们在处理某些具体问题的时候违背了马克思主义。无产阶级政党的任何领导人，当他不是把个人放在党和群众之中，而是相反地把个人放在党和群众之上的时候，他对于党和国家的事务就会失去全面洞察力，就会陷入理论和实践相脱离的矛盾中，在思想上不可避免地犯下主观性和片面性的错误，这是无产阶级专政的重要历史规律之一。斯大林晚年在工作中所犯个人迷信的错误正是这一无产阶级专政的历史规律的体现。

一、斯大林个人迷信的形成与发展

列宁生前曾经批评斯大林工作方式“太粗暴”，并给党代会写信建议调换斯大林的总书记职务。列宁逝世后，1924 年 5 月俄共（布）十三大专门讨论了斯大林的职务问题。根据《苏共党史》记载，俄共（布）十三大做出的决议是：“各代表团讨论了列宁的信以后，考虑到斯大林的功绩以及他同托洛茨基主义和其他反党集团进行的不调和的斗争，主张让斯大林继续留在总书记的岗位上，但是斯大林应当考虑列宁对他的批评并从中得出必要的结论。”① 在俄共（布）十三大后的第一次中央全会上以及次年的一次中央全会上，斯大林曾经两次提出辞职，但却没有得到党中央的批准。斯大林两次提出辞职表明，他当时还是认真考虑了列宁的批评意见的。在党的高层领导岗位上，斯大林前期的领导作风是谦虚谨慎的，也较

① 《苏联共产党历史》，人民出版社 1960 年版，第 404 页。

好地坚持了集体领导原则，强调党中央要“集体工作，集体领导”，还说“离开集体来领导党是办不到的。在伊里奇逝世以后谁要幻想这点，那是愚蠢的”。斯大林特别强调党中央全会的作用，指出：中央全会是党中央的“最高机关”，“在我们这里全会决定一切，当领袖们开始失常的时候，它就来纠正他们”[①]。这一时期，党的代表大会和中央全会也基本上按期召开。随着斯大林在党内思想和路线斗争中相继战胜了各个反对派，领导苏联人民在社会主义建设中不断取得重大成就，他在党内外的威信不断升高，人民群众出于衷心拥戴也不断给予他越来越高的评价和荣誉。在这样的背景下，斯大林的个人迷信渐渐滋长起来。

斯大林个人迷信开始发生的序幕是1929年12月21日斯大林50岁寿辰的祝寿活动。斯大林的这次祝寿活动，与1920年列宁50岁寿辰的祝寿活动已经有明显的不同。当年人们热烈颂扬列宁时，列宁却中途退出会场，并从办公室打电话，要求尽快结束对他个人的这种歌功颂德的祝寿大会。而斯大林对人们的热烈颂扬，则采取了默认的态度。这次为斯大林搞的祝寿活动，是在斯大林同党内反对派的斗争取得重大胜利的情况下举行的，搞得十分隆重。全苏各地发来敬贺词，《真理报》用八个版面刊载党和国家领导人的祝寿文章，称颂斯大林是列宁的唯一主要助手、是列宁事业的继承人、是活着的列宁。莫斯科的公共场所、建筑物、商店橱窗、机关办公室到处有斯大林的画像或塑像，宣传工具打出“斯大林就是今天的列宁”的旗号。当时还出版了一本题名为《斯大林》的文集，其中包括加里宁、古比雪夫、卡冈诺维奇等领导人的文章和回忆录。书中强调：斯大林是列宁“唯一的最可靠的助手”，在党“所经历的全部重要革命阶段，一切大转折的关头，斯大林始终毫不动摇地和列宁并肩前进”。[②] 所有这些情况表明，人们对斯大林的颂扬已经超出了客观评价的范围，开始充满了个人崇拜的气氛。

虽然如此，斯大林一开始对党内外出现的对他本人的个人崇拜还是采取了抵制态度。他曾经明确提出在党内不要培养珠穆朗玛峰式的人物，并针对当时到处悬挂他的画像曾经理智地认为，这不排除一些别有用心的人通过这种方式来损害他的威信，并指出：“一个阿谀奉承的傻瓜比上百个

① 《斯大林全集》第7卷，人民出版社1958年版，第328页。

② ［苏］罗伊·麦德维杰夫著，赵洵、林英译：《让历史来审判》（上册），人民出版社1983年版，第240页。

敌人能带来更大的危害。”① 1932 年 4 月斯大林在与德国作家埃米尔·路得维希谈论民主集中制原则时还说：“你刚才问我，在我们这里是否由一个人决定一切。我们的工人现在绝不会而且在任何情况下都不会容忍个人专断。在我们这里，最有威望的人只要不再得到工人群众的信任，只要失去了和工人群众的联系，就会完全垮台，就会一钱不值。”因此，斯大林指出，“个人不能决定问题，在每个委员会里，在每个集体组织里，都有发表值得重视的意见的人，也都有发表不正确的意见的人，没有经过集体审查和修改的个人决定中，大约有 90% 是片面的。”② 然而，随着时间的推移和党内外为斯大林歌功颂德的人越来越多，斯大林开始被个人崇拜所遮蔽。他一方面承认人民群众是历史的创造者，承认党必须永远地联系群众，必须发展党内民主，发展自我批评和自下而上的批评，另一方面却又逐渐接受甚至鼓励个人崇拜，实行个人专断，导致党的民主集中制原则遭到破坏，党的方针政策中局部的、暂时的错误得不到及时纠正而演化为全国范围内的和长期的严重错误。

1934 年 1 月联共（布）十七大是斯大林个人崇拜形成的重要节点。当时，苏联的第一个五年计划已经完成，第二个五年计划开始实行，国家工业化和农业集体化也已实现，斯大林在党内的威信空前提高。反对派成员纷纷承认错误，表示拥护党中央的路线。在这种情况下召开的联共（布）十七大被称为“胜利者的大会”而载入史册。这次大会，也成了斯大林个人崇拜形成的标志。在十七大前夕，基洛夫就在列宁格勒作报告颂扬斯大林，说斯大林是“我们所有一切巨大胜利的伟大执行者，党的全部基本工作，都是按照斯大林同志的指示，由斯大林同志发起和在斯大林同志领导下进行的。各个重大国际问题，都是按照他的指示来解决，而且不仅这些大问题，就是那些仿佛是第三等甚至第十等的问题，凡有关我们工人、农民以及一切劳动者的问题，都是他所十分注意的”。③ 在十七大上，赫鲁晓夫、贝利亚等人第一次当选为中央委员，他们在会上热烈颂扬斯大林，称斯大林为“天才的领袖”。斯大林在会上受到一次又一次的经久不息的热烈欢呼。过去党代表大会的欢呼口号都是“党万岁！”“列宁主义万岁！”，而十七大的欢呼口号已变成“斯大林万岁！”原反对派也参加了这种歌功

① ［苏］费·丘耶夫著，军事科学院外国语研究部译：《莫洛托夫访谈录》，吉林人民出版社 1992 年版，第 292 页。

② 《斯大林选集》（下卷），第 300 页。

③ ［苏］亚历山大洛夫等编，唯真译：《斯大林传略》，人民出版社 1953 年版，第 117—118 页。

颂德的大合唱，调子有时比别人还高。比如曾经是托洛茨基反对派重要成员的拉狄克就在《真理报》上发表长篇文章，颂扬斯大林“是列宁最好的学生，是从列宁党脱胎出来的，党的骨就是他的骨，党的肉即是他的肉”。①

联共（布）十七大以后，对斯大林的个人崇拜更加盛行起来。1935 年 7 月，贝利亚在第比利斯作了一个竭力颂扬斯大林的报告，题目是《关于南高加索布尔什维克组织的历史问题》。随后，该报告编印成书公开出版。书中第一次用大量材料详细论述斯大林的政治斗争经历，颂扬斯大林在党的创建和巩固时期的伟大功绩，人为地美化斯大林的形象，把斯大林同列宁并列，强调党有“两个领袖”，从而进一步推动了个人崇拜的发展。1936 年 12 月斯大林领导制定了苏联宪法后，个人威信进一步提高，对斯大林的个人崇拜愈发盛行。不久，斯大林身兼党政军最高职务，实际上形成了以斯大林个人崇拜为特征的个人集权制度。

卫国战争胜利后，对斯大林的个人崇拜也达到了无以复加的地步。一切胜利、一切成就都归功于斯大林，斯大林被说成是“人类最伟大的天才”，是洞察一切、代替一切人思考、绝不会犯错误的“超人”。斯大林自己也愈陷愈深地欣赏个人崇拜，甚至亲自制造和推动个人崇拜。1948 年斯大林亲自修改并批准出版了《斯大林传略》，该书把斯大林说成是没有任何错误的圣人，是“最伟大的领袖”，说“斯大林的每一句话都是代表苏联人民说出的，都是说了就要做的”，“他的指示是社会主义建设事业所有各个部门中的行动指南”，斯大林的逻辑力量所向披靡，无坚不摧，“斯大林是今天的列宁”。②

二、斯大林个人迷信的消极后果

在斯大林执政后期，随着个人迷信发展到登峰造极的地步，其弊病也开始渗透到党和国家政治生活的各个方面。由于个人迷信，斯大林逐渐抛弃了党的集体领导原则，使自己凌驾于党和国家之上，最后形成个人专断的领导体制。斯大林的个人意志代替了党和人民的意志，斯大林的个人智慧代替了全党和全国人民的智慧，致使斯大林在个人崇拜的迷失中犯下了很严重的错误。

1. 苏联形成了斯大林高度个人集权的体制

随着对斯大林个人崇拜的不断升温，产生的一个直接而消极的后果就

① 王正泉主编：《从列宁到戈尔巴乔夫——苏联政治体制的演变》，第 32 页。
② ［苏］亚历山大洛夫等编：《斯大林传略》，第 195—197 页。

是苏联党和国家高度中央集权的政治体制逐渐向斯大林个人高度集权体制方向发展，并最终形成了斯大林个人专断的体制，这一体制的主要特点表现在以下几个方面。

第一，总书记集权。苏共在1922年4月设立总书记一职，本是为了加强书记处的工作，而书记处是党中央日常工作的执行机关，它服从政治局的领导。但到了30年代，总书记实际上由书记处的最高领导变成政治局、组织局乃至全党和全国的最高领导。后来，斯大林更以总书记的身份兼任人民委员会主席和国防委员会主席，集党、政、军大权于一身，形成独特的总书记领导体制。与此同时，党的代表大会和中央全会召开的次数也越来越少。

第二，限制党内民主。斯大林高度个人集权的体制抛弃了列宁曾经提出的党内民主和国家政治生活中的“工人民主制”的方针。1927年12月，联共（布）十五大做出规定，只有在中央做出决议之后，才能在全国就党的政策进行广泛的讨论。1934年的党章又重申了上述规定。中央做出决议后才允许讨论，这其实是取消了党内和国家政治生活中的民主原则，即使实行民主集中制，党员和人民群众要提议改变中央的决议不是完全不可能，也是极为不容易的。

第三，增设党内职能性机构，强化了以党代政。列宁在“十月革命”前后的特殊历史时期和条件下，曾经实行通过党的人民委员直接领导国家工作的制度，不分党政。但在政权得到基本巩固之后，列宁针对党政不分、以党代政的弊端，提出要明确划分党政职权，以消除党对苏维埃机关的“过分频繁的”干预。斯大林高度个人集权的体制不仅没有弱化党政不分的弊端，反而进一步强化了党政不分、以党代政模式的弊端。1934年联共（布）十七大做出决定，在州以上党委设立各种“生产业务部”，规定在党中央设立农业部、工业部、运输部、计划财政贸易部、文化和宣传部等同政府相对口的部门，致使权力进一步向党的机构集中，使党政不分、以党代政的现象更加严重起来。

第四，固定化了干部委派制度。俄共（布）十大曾经做出“排除一切委任制度”的决定，以避免干部管理和任命中的“暗箱操作”等消极现象。斯大林高度个人集权时期的党章和宪法虽然规定党和国家的干部由选举产生，但实际上仍是层层委派，选举流于形式。“十月革命”前后在特定条件下实行的干部委派制，在斯大林执政后期则成了经常的、固定的做法，从而大大强化了个人集权，也为党和国家整个干部体系内对上不对下的“山头主义”、官僚主义和专制作风的发展蔓延提供了体制上的支撑。

第五，国家安全机关凌驾于党和国家之上。为了保证党和国家领导机关的安全，俄共逐渐建立起有效的安全和肃反机构。在列宁时期，为了保证党内民主和国家法制建设，国家安全机关的权力受到严格限制和有效的监督。但在斯大林集权体制下，列宁限制肃反机关特权的做法被改变，国家安全机关迅速膨胀并畸形发展，它直接由斯大林控制，拥有几乎不受限制的地位和无限的权力，包揽从逮捕、侦查、审判、监禁和处决的司法全过程，不受党和国家机关的监督，导致国家安全机关滥用职权，造成大规模镇压和严重破坏法制的恶果。

第六，国家管理机关极度膨胀。由于官僚主义和经济社会的发展，中央和地方国家管理机关也随之膨胀起来。中央的部级单位从 1924 年宪法规定的 10 个发展到 1936 年宪法规定的 25 个，1939 年则发展到 34 个，卫国战争前夕又发展到 43 个，行政管理人员也大幅度增加。随着国家管理机关和相应官员与工作人员数量的不断膨胀，干部队伍良莠不齐，以追求待遇以及其他个人利益为目标的人员大量混入党和国家领导干部队伍，这为苏共官僚特权阶层的形成和发展准备了人员基础。在斯大林时期，由于革命和战争的艰苦磨练与考验，老一辈共产党员的优良传统和作风依然在党内占优势，再加上斯大林对违纪党员干部的严厉制裁，苏共官僚特权阶层并没有形成，也没有腐化变质到动摇苏共执政地位的程度，但从苏共官僚特权阶层最后的演变来看，斯大林个人集权体制确实在体制上庇护了苏共潜在的腐化变质成分的增加。

第七，监察机关的地位明显下降。在斯大林晚年，党的中央监察委员会不再同党的中央委员会平行，而是成为后者的下设机构，其任务也由监督党中央决策变成监督党的决议的执行。与此同时，工会、妇联和共青团的作用也明显削弱，群众监督组织被取消。从 1933 年到 1948 年的 15 年间，苏联都未曾开过工会代表大会。

2. 缺乏集体智慧和民主监督的斯大林个人集权体制导致肃反扩大化并给苏共党和社会主义的威信造成深远而严重的伤害

在个人崇拜和斯大林高度个人集权的体制下，斯大林集党、政、军大权于一身，党内外所有重大问题的处理都由斯大林决定，这就使得斯大林在缺乏集体智慧和民主监督条件下的很多决策不可避免地犯下主观主义和急躁失察的错误，而肃反扩大化就是其中比较严重的错误。

“十月革命”以后，面对尖锐复杂的政治经济形势，布尔什维克党内产生了不同意见和不同派别，党内思想斗争此起彼伏。列宁时期坚持党内民主讨论的重要性，一方面在思想上和政治上同错误思想和政治路线进行坚决的斗争，另一方面在组织上又对党内反对派采取比较宽容的态度。只是在党内思想和路线斗争严重危及到党的团结和统一时，列宁才建议俄共（布）十大正式做出《关于党的统一》的决议，禁止党内派别活动，授权党中央委员会在必要时采取组织清除的措施。

列宁逝世以后，党内思想和路线斗年更加激化起来。斯大林在战胜各个反对派的过程中，经常援引俄共（布）十大的决议，用组织清除这一在非常情况下的措施来对付反对派。由于斯大林同反对派的分歧，既有社会主义革命和建设的路线方针问题，也有党内的民主与集中、书记处的权力、党内机构和官僚主义等问题，因此，随着斯大林在党内斗争中不断对反对派进行组织清除，过激行为在所难免。特别是随着不受监督的权力不断扩大，斯大林往往把党内思想斗争简单地同阶级斗争联系起来，认为党内意见分歧就是阶级斗争的“表现”，把反对派说成是帝国主义或阶级敌人的“代理人”，提出同他们的斗争已不能用“辩论的方法”，而要用“连根拔除和碾碎的方法”①。这样，由于党内斗争的异常激化，更由于斯大林采用镇压和杀头的办法来解决党内思想分歧，逐渐窒息了党内民主，封锁了党的集体智慧，进一步促成了个人崇拜和高度个人集权体制的发展。在这样的背景下，斯大林高度个人集权体制的特别严重的后果首先在国家安全机关的肃反工作中表现出来，造成了苏联在 20 世纪 30 年代中后期和 40 年代持续不断的肃反扩大化恶果。

肃反扩大化即通常所说的“大清洗”，苏联人民一谈起当时执行肃反任务的“克格勃”便毛骨悚然。在 20 年代，无论是出于镇压阶级敌人和敌对势力的破坏的需要，还是为了控制可能引起党的分裂的党内严重思想和路线斗争的目的，苏维埃曾经实施过比较残酷的肃反工作，但这比较能够被人民群众理解和接受。然而，在苏维埃新宪法已经开始实施并且斯大林已经明确宣布苏维埃联盟消灭了剥削阶级的条件下，30 年代中后期的肃反扩大化到杀死上百万人，则是严重伤害党和人民群众血肉联系的错误做法，在党的高层领导人与普通干部之间、在苏共和人民群众之间产生了难以消解的隔阂。

俄罗斯著名历史学家罗伊·麦德维杰夫，曾经是斯大林集权体制的带头批判者，同时又是科学社会主义和苏联共产党的坚决维护者，在苏联解体后成为坚持社会主义方向的劳动人民社会党领导人。他在勃列日涅夫时

① 《斯大林文选（1934—1952）》，人民出版社 1978 年版，第 127 页。

期被作为“持不同政见者”遭到迫害和摧残，而在戈尔巴乔夫时期，正是这位老人在苏联解体前夕的人民代表大会上挺身而出，义正词严地抗议解散苏联共产党的决定。就是这位公正的历史学家1994年在《自由思想》上发表文章还说，“30至40年代在不少真正社会主义事物的背后却隐蔽着人类历史上最血腥、恐怖的专政，斯大林建立的极权制度是前所未有的社会畸形，在那里少量的社会主义成分同国家资本主义、封建主义，在许多方面还同奴隶制度的特点结合在一起。”罗伊·麦德维杰夫经过多年研究和求证，在《让历史来审判》一书中揭示道：“斯大林恐怖的规模之大是无法比拟的。根据最谨慎的估计，1936—1939年受迫害的政治犯不少于四五百万人，其中至少50万人很快就被枪决了（而被枪决的首先是负责干部），其余犯人被判处长期监禁。1937—1938年镇压和枪决活动是如此猖獗，仅仅在莫斯科有时根据法院判决枪杀的，一天就有上千人。1937—1938年在内务人民委员部中央内部监狱路比扬卡平均每天登记的执行枪决数字就有200起之多。”而且，镇压已形成了异常广阔的规模，牵连到各阶层大批的人，“既有反对派领袖、国内战争英雄、政治局委员和杰出的科学家，同时又能看到几万乃至几十万普通的农民、工人、职员、下级军官、工程师和技术人员。”[①] 苏联解体前，1991年6月14日塔斯社也报道：苏联“克格勃”主席克留奇科夫当天在会见受到非法镇压的三个社会团体的代表时，首次公布了20世纪20年代至50年代在苏联受到镇压的总人数：1920年到1953年期间，在苏联约有420万人受到镇压，其中200多万人是在1937—1938年受到镇压的。二战结束后，苏联“克格勃”对不满现状者或“持不同政见者”的镇压和迫害依然继续，关押政治犯的所谓“疯人院”遍布全国各地，受迫害者难以计算，他们当中有的被监禁、劳改、流放、投入精神病院，有的被放逐国外。

苏联之所以会发生大清洗以及对人民群众无端迫害的事情，与斯大林个人崇拜氛围下形成的高度个人集权体制直接相关。在这种体制下，国家安全机关直接听命于斯大林一人的指示，拥有几乎不受限制的地位和权力，再加上国家安全机关工作人员良莠不齐，滥用权力，斯大林简单地把阶级斗争作为处理社会主义国家人民内部矛盾的方法，导致“大清洗”并给苏共党的威信造成深远而严重的危害。虽然被镇压的人中确实有应该镇压的人，但也存在大量冤假错案。惨无人道的“大清洗”、大镇压与社会

---

① ［苏］罗伊·麦德维杰夫著，赵洵、林英译：《让历史来审判——斯大林主义的起源及其后果》（上册），人民出版社1983年版，第240页。

主义毫无共同之处，肃反工作扩大化是苏联人民心中难以消解的痛，严重伤害了人民群众对苏联社会主义和苏联共产党的信仰，也为各种国际反动势力攻击社会主义和共产党提供了口实。

3. 苏共党的理论和指导思想日益僵化

斯大林的个人崇拜导致苏共党的理论和指导思想日益僵化，这除了表现为以斯大林“一言堂”代替党和人民群众的集体智慧外，还表现为苏共高层领导人忽视马克思主义理论学习因而导致马克思主义理论素养总体下降，这一点在后来赫鲁晓夫和勃列日涅夫时期表现得极为明显。

斯大林作为一个优秀的马克思主义理论家，曾经忠实地继承了列宁正确的思想方法，坚持群众路线，尊重社会发展的客观规律，尊重千百万人民群众的创造精神，辩证地对待人民群众与英雄人物在历史发展和社会主义建设中的作用，带领苏联人民取得了社会主义建设的巨大成就。但遗憾的是，虽然斯大林主观上依然重视群众经验和集体智慧，但其晚年对个人崇拜的陶醉还是干扰了党的思想路线和党的理论建设。人民群众和全党的集体智慧没有得到充分有效地总结，苏联社会主义建设中出现的新问题以及自身发展的客观规律也没有取得理论上的科学解释。斯大林逝世后，许多社会主义建设的重大理论问题，需要新一代苏共领导人彻底回归正确的思想路线，从理论上做出正确回答，并及时总结广大党员和人民群众的实践经验，通过改革正确解决现实社会主义建设中存在的问题，与时俱进地探索社会主义自身发展规律。

然而赫鲁晓夫执政以后，由于其本人马克思主义理论素养不高，不仅没有回归党的优良传统、党的指导思想，反而出现背离马克思主义的重大偏差，主观主义和脱离群众的思想方法不断加重，党内唯意志论、思想僵化、教条主义增长蔓延。赫鲁晓夫大权在握后，在党内搞起新的“一言堂”，把党内反对派的意见错误地打成“反党路线”，拒绝吸取来自党内和人民群众的不同但却合理的意见，草率地推动工农业管理体制改革，随意地做出划分工业党组织和农业党组织的错误决策，致使各项改革措施脱离实际，变成缺乏群众基础的“自上而下”的行政命令，导致苏联高度集权的政治经济体制改革初战失败，方向迷失。

勃列日涅夫执政后，苏共党和国家的方针政策与其说是在思想路线上纠正赫鲁晓夫时期的主观主义和唯意志论错误，倒不如说是用更僵化的思想路线代替主观主义和唯意志论的错误思想路线。勃列日涅夫本人缺乏马克思主义理论素养，既不学习也不懂马克思主义理论，却被党的舆论工具打扮成马克思主义理论家，被苏联社会科学院授予社会科学领域最高奖赏——卡尔·马克思金质奖章。他在1970年提出既脱离实际又根本没有什么理论体系内容的所谓“发达社会主义的理论”，竟被吹捧为党的历史上的“理论飞跃”，全党宣传机器炮制出成千上万的“著作”和“文章”大加吹捧，致使苏共的思想路线更加脱离群众，变得主观而僵化不堪。及至戈尔巴乔夫执政，苏共马克思主义的正确思想路线依然没有得到恢复。戈尔巴乔夫等人背离马克思主义根本立场的所谓“人道的民主的社会主义”理论轻而易举地欺骗了党和人民，致使苏共败亡，社会主义事业被葬送。

总之，通过认真学习马克思列宁主义理论和无产阶级革命实践，斯大林从一个农奴子弟逐渐成长为一个无产阶级革命家，成长为世界上第一个社会主义国家的最高领导人，并领导苏联取得了社会主义建设的巨大成就和卫国战争的伟大胜利，这与他所具有的优秀的马克思主义理论素养分不开。在没有任何先例的条件下，斯大林领导苏联党和人民建立了社会主义政治经济运行和管理模式，即“斯大林模式”。这种高度集权的管理体制在初创时期，基本上符合当时特定的历史条件和苏联国情，在历史上曾经起了积极的作用，特别是在战争年代和战后恢复时期，显示了动员能力和困难承受能力强的优点。这种体制的好处是政令统一、指挥方便、标准一致，便于统筹全局，集中全国的人力物力，解决重大的紧急任务，从而保证苏联这样一个幅员辽阔、民族众多的国家走上团结、稳定、发展和繁荣的道路。也正是在这种体制之下，苏联取得了反对外国武装干涉和国内战争的胜利，迅速实现了国家工业化和农业集体化，发展了科学与文化，形成了多民族的比较牢固的联盟，并经受住了反法西斯战争的严峻考验，在战后又迅速恢复了国民经济。与此同时，苏联在特殊历史条件下建立的这种高度集权体制一开始就是与领导人的注意力、理论素养、精神追求等个人特点联系在一起的。随着斯大林陷入越来越深的个人崇拜泥潭，个人崇拜的危害直接通过“斯大林模式”的弊端表现出来。在斯大林高度个人集权体制下，“斯大林模式”被人为地绝对化了，这种在特定历史条件下形成的政治经济体制，不能在新时期随着历史条件的变化而变化，需要后人进行深刻的调整和改革。这里值得注意的是，“斯大林模式”的弊端并不是不可救药的，只要抓住问题的要害，完全可以通过改革加以完善和清除，这已被中国改革开放的经验所证实。

领袖人物是人不是神，功过是非也需要历史地、辩证地看待。斯大林身上同样有着当时历史条件下家庭、社会和时代的影响，他在领导国家的理论和决策中犯有错误甚至罪过，但其错误和罪过首先是在探索世界上第一个社会主义国家建设规律中犯的错误，是一个伟大的马克思主义者、一个忠诚于共产主义事业、对资本主义和帝国主义毫不妥协的无产阶级战士在工作中犯的错误。

第五章　赫鲁晓夫理论素养的缺陷与苏共理论导向和决策失误

赫鲁晓夫于1894年4月17日出生于俄罗斯西部的库尔斯克农村，15岁那年随全家来到乌克兰顿巴斯矿区，先在德国人开的一家工厂里当学徒，后在矿区一家发电厂做金属装配工。1918年他参加了红军，不久成为布尔什维克党党员。国内战争结束后，赫鲁晓夫在顿巴斯矿区工作。在20年代初俄共党内斗争中，赫鲁晓夫曾经站在托洛茨基派一边。根据卡冈诺维奇回忆，1925年他以乌克兰共产党总书记的身份到顿巴斯视察，然后参加了州党代会。这时大会代表赫鲁晓夫来找他说："我在这里工作很困难。原因是1923年至1924年间我支持过托洛茨基分子，但到1924年底，我认识到自己的错误，并且承认了，我甚至被选为区委书记。但是他们对我总是揪住不放……我请求您这位乌克兰中央委员会总书记帮个忙，把我调到别的地方去。"① 卡冈诺维奇见他能坦率地承认错误，便答应考虑他的工作调动问题，不久便把他安排到乌克兰共产党中央机关工作，后来又把他派往基辅，他在那里被选为州委组织部长。1929年赫鲁晓夫萌发了到莫斯科工业学院上大学的愿望，担心入学考试通不过，于是又去找已调到莫斯科工作的卡冈诺维奇帮忙，卡冈诺维奇答应了。赫鲁晓夫入学后，没有认真学习专业知识，便立即投入到学院内反对右倾分子的斗争中去，表现得非常积极，被当时担任莫斯科州委书记并兼任中央委员会书记的卡冈诺维奇提拔为学院党支部书记，并在大学结识了后来对他的政治前途产生重大影响的人——正好也在工业学院学习的斯大林的妻子阿利卢耶娃。阿利卢耶娃是党组织的一个干部，经常与赫鲁晓夫见面，她对赫鲁晓夫的印象很好，常在斯大林面前提到他。当卡冈诺维奇要调赫鲁晓夫到莫斯科市委担

---

① 卡冈诺维奇：《备忘录》（俄文版），瓦格里乌斯出版社1997年版，第565页。转引自张捷：《从赫鲁晓夫到普京》，社会科学文献出版社2010年版，第33页。

任领导职务而同斯大林商量时，斯大林欣然同意，这与阿利卢耶娃常在斯大林面前称赞赫鲁晓夫不无关系。从此赫鲁晓夫受到斯大林的信任和重用，逐渐步入党的最高领导层，并在斯大林去世后成为苏共最高领导人。

但实际上，赫鲁晓夫文化理论素养不高，作为无产阶级政党领袖是不合格的。赫鲁晓夫“就思想观点来说是一个实用主义者，在政治上是一个机会主义者，而在理论上一窍不通，很容易受各种思潮的影响”。[①] 赫鲁晓夫晚年在与剧作家沙特罗夫的谈话中也自己承认：“我没有受过教育，缺少文化。要管理像俄罗斯这样的国家，头脑里应该有两个学院讲授的知识。而我只上到教会小学四年级，没有接着上中学，直接上了大学，没有毕业。经常从一个极端走向另一个极端，前后不一，得罪了许多好人，尤其是得罪了你们当中的人。”[②] 赫鲁晓夫虽然有较强的活动能力，但缺乏一个无产阶政党领袖必须具有的最起码的文化知识、理论素养和理想信念。他的适应能力很强，善于变化，练就一张利嘴，能滔滔不绝地发表煽动性很强的讲话和编造各种故事。他文化水平不高，连一个小学生都应掌握的拼写法也没有学好。在最高领导人岗位上，赫鲁晓夫从不亲自动笔，只进行口授。卡冈诺维奇在回忆往事时说：“现在还有人问我，你举荐赫鲁晓夫后悔不后悔？我回答说，不，我不后悔。我是眼看着他从 1925 年成长为边疆区和州一级重要领导人的。他为我们的国家和党做了有益的事，同时也有错误和缺点，这是谁也免不了的。然而联共（布）中央第一书记的这个‘高位’对他来说太高了……有这样的人，他们一旦登上了高位就头脑发昏。赫鲁晓夫就是这样的人。他身居最高职位后头脑就发起昏来了，便开始胡闹，这对他本人、尤其对党和国家是很危险的，何况他明显地缺乏坚定性和文化理论修养。”[③] 赫鲁晓夫在领导苏联的 11 年中，由于马克思主义理论素养不高，对苏联政治经济体制和社会发展存在的问题不能真正坚持实事求是的思想路线，更不能在理论上搞清楚苏联政治经济体制改革的深层本质、正确的方向和科学的方法，片面评价斯大林引发国内甚至整个社会主义阵营的思想混乱，主观臆断“全民党”和“全民国家”理论，实质上是对马克思主义政党理论和阶级斗争理论的歪曲和背离，不切实际的、唯意志论的改革在总体上演变为背离马克思主义的拙劣行动。

---

① 张捷：《从赫鲁晓夫到普京》，第 44 页。

② 同上书，第 35 页。

③ 卡冈诺维奇：《备忘录》，第 567 页。转引自张捷：《从赫鲁晓夫到普京》，第 33—34 页。

第一节　片面评价斯大林引发国内甚至整个社会主义阵营的思想混乱

1956年2月，苏联共产党召开了第二十次代表大会。大会的议程有四项：（1）苏共中央委员会的总结报告；（2）苏共中央监察委员会的总结报告；（3）苏共第二十次代表大会对1956—1960年苏联发展国民经济的第六个五年计划的指示；（4）选举党的中央机关。苏共二十大本来是一次例行的代表大会，议程中并没有在大会上公开或秘密作关于反对个人崇拜报告的安排，但在会议临终之际，时任苏共中央第一书记的赫鲁晓夫突然决定作了题为《关于个人崇拜及其后果》的秘密报告。

赫鲁晓夫坚持在代表大会上作关于反对个人崇拜的报告，虽然不是大会既定议程，但却有一定的思想和社会背景。思想背景就是苏联党内外一直存在的且没有彻底改造好的资产阶级自由化思想在斯大林去世后，在西方国家“和平演变战略”渗透下开始膨胀，俘虏了苏联党内外一大批人员包括部分苏共高层领导人，这些人逐渐渗透到苏联党政军的领导职位。二战结束后，国际形势和苏联国内形势出现了新变化，以美国为首的西方敌对势力对以苏联为首的东方阵营展开冷战，并在冷战中针对苏联和各社会主义国家推行“和平演变战略”，向这些国家进行资本主义性质的民主、自由和人权等自由主义思想的宣传和渗透，并在这些国家内部培养亲西方的势力和资产阶级自由化思想的代理人。列宁和斯大林在世的时候，坚持马克思主义阶级观点和阶级分析方法，对国际国内无产阶级与资产阶级以及无产阶级意识形态与资产阶级意识形态之间的斗争保持了高度警惕，严厉打击国内外阶级敌人并注意改造党和人民群众思想中的非无产阶级成分。然而遗憾的是，斯大林在晚年忽视了对马克思主义接班人的培养，在个人崇拜的遮蔽下，[①] 使一些不是真正具有马克思主义理论素养的人靠阿谀奉承、见风使舵而混入各级权力部门，甚至最高权力部门。这些靠阿谀

① 由于个人崇拜，斯大林的意志代替了党和人民的意志，斯大林的信任成为干部获得重用和升迁的最重要的条件。逐渐地，一些马克思主义理论素养不高、共产主义理想信念不强的人因为得到斯大林的信任而走上领导岗位甚至党和国家的最高领导岗位。这些人只听命于斯大林，只对斯大林个人负责，不受人民群众的监督，脱离群众，久而久之，他们逐步形成有其特殊利益的集团，自觉不自觉地成为资产阶级自由化思想的主要代理人。

奉承混入苏联领导层的人的世界观、人生观和价值观基本不是马克思主义的，而是资产阶级的，这样苏共就在自己的内部埋下了对抗和否定自己的“种子”，一旦生长环境具备，必然用资产阶级思想修正马克思主义思想，必然把苏联的社会主义引向资本主义，这一点在苏联亡党亡国过程中表现得非常清楚。斯大林去世以后，受西方“和平演变战略”影响，自由主义思潮开始在苏联抬头，这在知识界表现得尤其明显，而苏共领导集团中也有相当多的人在不同程度上接受了资产阶级人道主义与和平主义思想，特别是那些本来就缺乏马克思主义理论素养的人，很容易滑落到资产阶级思想的泥潭中。赫鲁晓夫就是靠阿谀奉承混入苏共高层且马克思主义理论素养不高的人。非马克思主义的世界观使他很快被资产阶级自由化思潮所俘虏，深陷与马克思列宁主义相背离的资产阶级人道主义的泥潭。赫鲁晓夫的秘密报告就是在这样的思想背景下产生的，赫鲁晓夫及其支持者以反对个人崇拜之名否定斯大林，从本质上讲，是以资产阶级思想修正马克思主义思想的外在表现形式。

而赫鲁晓夫秘密报告的社会背景则是：许多在肃反与“大清洗”期间受到伤害的人以及与受到伤害的人相关的人，在斯大林死后开始发泄对斯大林等领导和执行肃反与“大清洗”工作的人的不满，并要求合理的或不合理的平反昭雪。在这样的社会背景下，当时苏共高层领导人的理论和政治敏感性是不强的，没有认识到正确评价斯大林问题的本质及其可能带来的重大影响，也没有能够坚持正确的立场和辩证分析的方法，只是更多地出于个人职务和权力的考虑，简单而草率地对待了这个表面上针对斯大林，而实质上是针对苏共党的领导和社会主义制度的社会潜流，纷纷通过批判或否定斯大林的方式来洗清自己的历史污点或赢取社会威望。

斯大林逝世后不久，马林科夫被任命为苏联部长会议主席并主持苏共中央主席团会议，成为主要领导人。贝利亚被任命为部长会议第一副主席兼内务部部长，莫洛托夫被任命为部长会议第一副主席兼外交部长，领导集团内部形成了以这三人为首的三个派系，当时赫鲁晓夫还只是苏共中央书记处成员。从当时苏联国内情况看，党和国家的一些政策确实需要进行调整和改革，纠正过去的一些错误。苏联新的领导集团虽然在一定程度上认识到这一点，但对于真正需要纠正的、关系苏联社会长远发展的重大问题（比如关于社会主义本质的探索问题、对现实社会主义建设的经验教训科学总结、对党和国家主要领导人的科学评价问题等）并没有清晰的概念，也没有表现出对这些重大问题的理论敏感性。斯大林在世时存在的个人崇拜问题是个需要纠正的重要问题之一，但需要特别谨慎的态度和科学的方法。从斯大林去世到赫鲁晓夫下台，苏共领导层在大约11年里的理论和实践表明，苏共高层领导人不具有领导岗位所需要的马克思主义理论素养，在对待党和国家领袖人物的评价问题上没有能够采取特别谨慎的态度和科学的方法，也没有能够继承斯大林关于社会主义建设的有益探索，在理论上真正搞清楚什么是社会主义、社会主义发展阶段，以及社会主义经济、政治、文化和社会建设规律等重大理论问题，而是基于平庸的理论素养，基本不正确地领导了苏联经济、政治、文化和社会事业。

在斯大林葬礼后的第二天即1953年3月10日，马林科夫就在苏共中央主席团会议上说，苏联社会的许多不正常现象是由个人崇拜造成的，提出“必须停止实行个人崇拜的政策”。[①] 在1953年3月19日以后，苏联报刊开始不提斯大林的名字。1953年4月马林科夫又提议召开一次中央全会讨论个人崇拜问题，并在预先准备的发言稿中写道：“同志们，受苏共中央主席团委托，我认为有必要讲一下一个对进一步巩固和团结党和苏维埃国家的领导来说具有巨大意义的重要的根本问题。我指的是对个人在历史上的作用的错误的、非马克思主义的理解的问题，应当直截了当地说，这样的理解在我们这里得到广泛流传，结果对个人崇拜进行着有害的宣传。用不着证明，这种崇拜与马克思主义毫无共同之处，它本身无非是社会革命党人的观点。”[②] 后来因为这个提议没有得到领导集团内多数人的支持，中央全会没有开成，但上述事实却表明马林科夫反对个人崇拜的积极性。

贝利亚也不甘落后，他提出各种具体建议并开始采取各种行动。他提议颁布大赦令，为“医生案件”[③] 平反，释放一批党政高级官员和各界著名人士（其中包括莫洛托夫的妻子热姆丘任娜），还提出一系列其他方面的改革措施。尽管贝利亚提出的某些建议是合理的，但他表露出推卸自己历史责任的动机却引起了领导集团其他成员的忌讳。当时领导集团内部的

① 张捷：《从赫鲁晓夫到普京》，第2页。

② 尤·茹科夫：《斯大林：权力的秘密》，瓦格里乌斯出版社2005年版，第639—640页。转引自张捷：《从赫鲁晓夫到普京》，第3页。

③ “医生案件”亦称“日丹诺夫案件”，此案因当时列宁格勒市委书记日丹诺夫的去世而起。日丹诺夫曾经是斯大林最信任的理论家，在基洛夫遇刺后长期担任列宁格勒市委书记并兼任中央第二书记。卫国战争胜利后，1948年8月31日，日丹诺夫因长期超负荷工作，积劳成疾，突发心脏病在莫斯科逝世。然而在1953年1月13日突然传出消息说，日丹诺夫是被在克里姆林宫医院工作的犹太医生谋杀的，于是包括沃弗西、叶戈罗夫、维诺格拉多夫等一批著名的医学专家被逮捕，在严刑拷打下，有些医生承认参与了谋杀日丹诺夫的阴谋，这就是所谓的“医生案件”。斯大林逝世后，当年受指控的全部医生均被平反，此时已有两人在狱中死亡。

明争暗斗主要发生在马林科夫和贝利亚之间，与贝利亚在一些问题上发生正面冲突的赫鲁晓夫支持马林科夫，他与其他领导成员进行密谈，指责贝利亚的政治野心和把他留在领导集团内的危险性，说服他们对贝利亚采取行动。1953 年 6 月 26 日在苏共中央主席团的会议上逮捕了贝利亚，7 月 2 日至 7 日中央全会撤销了贝利亚的中央委员职务并将其开除出党，12 月苏联最高法院特别法庭判处贝利亚死刑并立即执行。

因为支持马林科夫清除了贝利亚，于是在马林科夫提议下，赫鲁晓夫于 1953 年 9 月 7 日被苏共中央全会批准为苏共中央第一书记。赫鲁晓夫当上第一书记后，苏共领导集团内部争夺最高领导权的斗争开始转移到马林科夫和赫鲁晓夫之间进行。1954 年 2 月 4 日，苏斯洛夫取得赫鲁晓夫同意，指示全国主要报刊在斯大林逝世一周年之际发表社论，肯定了斯大林在历史上的作用，并提出为"列宁格勒案件"① 的受害者平反，把矛头对准了此案件的主要策划者马林科夫。1955 年 2 月赫鲁晓夫终于迫使马林科夫辞去苏联部长会议主席职务，并在同年 7 月的中央全会上，又在关于对南斯拉夫的政策的争论中击败了莫洛托夫，从而取得了作为苏共主要领导人的地位。为了巩固领导地位，赢取更多的党内外支持，赫鲁晓夫又开始把批判的矛头指向斯大林。1955 年 10 月，赫鲁晓夫第一次提出了关于斯大林问题的议案。同年 11 月 5 日，苏共中央主席团会议讨论了纪念斯大林诞辰 77 周年的问题，赫鲁晓夫提议不再像往常那样开纪念会，只在报刊上发表纪念文章。他的提议遭到了卡冈诺维奇和伏罗希洛夫的反对，却得到布尔加宁和米高扬等人的支持，结果获得通过。12 月 31 日，赫鲁晓夫又在苏共中央主席团会议上提出 30 年代大规模镇压行动问题，在未经充分讨

① "列宁格勒案件"也与日丹诺夫有关。二战结束后，在斯大林身边逐渐形成了两个力量派别：一派是以贝利亚、马林科夫以及后来加入的布尔加宁和赫鲁晓夫为核心，另一派是以日丹诺夫、沃兹涅先斯基、库兹涅佐夫、罗季奥诺夫以及柯西金为核心，这一派也被称为"列宁格勒派"。这两派都把自己人提拔到党和政府中有影响的职位上来，前者控制着莫斯科的党政人事，后者控制着列宁格勒的党政人事。随着斯大林越来越经常地提出党和国家领导人的继承人问题，两派之间的争斗加剧了。1948 年 8 月日丹诺夫去世后，马林科夫接替他成为斯大林倚重的人。1949 年初，斯大林展开反犹太人运动，马林科夫联合贝利亚，趁机说服斯大林相信列宁格勒党组织和来自列宁格勒的干部正在策划一场反对党中央的阴谋。在斯大林默许下，马林科夫开始大批逮捕日丹诺夫在列宁格勒的主要亲信（包括库滋涅佐夫、沃滋涅先斯基、罗季奥诺夫和柯西金等人）和列宁格勒党组织的其他成员。1950 年 9 月，最高法院军事法庭确定沃兹涅先斯基、库兹涅佐夫、罗季奥诺夫三人犯有"叛国罪"并判处死刑，理由是这些人使列宁格勒党组织同中央委员会对抗，图谋建立俄罗斯共产党以便提高俄联邦在苏联的地位并将俄罗斯政府从莫斯科迁往列宁格勒。1956 年 2 月，苏共二十大宣布"列宁格勒案件"是贝利亚等人策划的冤案，并宣布为受害者和列宁格勒党委会恢复名誉。1957 年 2 月，苏共中央监委会决定恢复沃兹涅先斯基等人的党籍。

论的情况下就决定成立以苏共中央书记波斯彼洛夫为首的调查委员会，专门审查有关大规模镇压行动的材料。

1956 年 2 月 1 日，赫鲁晓夫在苏共中央主席团会议上提出要不要向苏共二十大报告 30 年代镇压情况问题。根据会议记录，当时传讯了曾担任特别重要案件侦查员的罗多斯，赫鲁晓夫在罗多斯讲述时不断插话说“有过错的是职位更高的人”，别人也你一言我一语地发表自己的看法。最后，赫鲁晓夫总结说：“斯大林忠于社会主义事业，但是用野蛮的方法做这件事。他消灭了党，他不是马克思主义者，把人身上所有神圣的东西都抹掉了，随心所欲地处置一切。”[①] 最后会议还是决定暂不向代表大会报告 30 年代镇压行动的情况，但提出不要给斯大林以过高的地位，并清理各种关于斯大林的宣传画和书籍，加强对个人崇拜的批判。

2 月 9 日，苏共中央主席团又一次开会，这是决定是否向代表大会作关于反对个人崇拜报告的一次关键性会议。会议听取了以波斯彼洛夫为首的调查委员会的报告。报告中说：1935—1940 年是我国对苏联公民进行大规模镇压的年代，以从事反苏活动罪逮捕了 1920635 人，其中 688503 人被处决。这给与会者以很大震动。赫鲁晓夫乘机再次提出向代表大会报告“大清洗”的事。他说：斯大林当不了领袖这一点可看得很清楚了，如果他把所有人都消灭了，那还是什么领袖？应当勇敢些，讲真话……原因是个人崇拜，权力集中在一个人手中。[②]

2 月 13 日，苏共中央全会终于同意赫鲁晓夫在秘密会议上作关于个人崇拜的报告。2 月 24 日苏共二十大代表大会全部议程结束后，代表们被要求参加秘密会议。根据中外专家学者的研究文献，秘密会议并不是像过去传说的那样在 2 月 24 日午夜举行，而是在 2 月 25 日上午。当时采取了严格的保密措施，代表们都凭特别入场券入场，应邀参加这次代表大会的外国兄弟党代表团的成员大多被拒之门外，反而邀请了一些不是代表的老布尔什维克到会。赫鲁晓夫站在讲台上滔滔不绝地讲了四个多小时。报告结束后，没有按照议事规程组织讨论，也没有让代表们发表意见，而是宣读了一个事先准备好的只有十几行字的关于报告的简短决议就匆匆宣布散会。这次会议的组织者既没有安排录音，也没有安排速记员做记录。

综合不同版本的赫鲁晓夫秘密报告的内容，其开头部分讲了马克思、

① 张捷：《从赫鲁晓夫到普京》，第 8 页。

② 同上书，第 9 页。

恩格斯和列宁关于个人崇拜的论述，接着就开始讲30年代的镇压行动，并将时限延长到50年代初；然后报告讲二战期间斯大林指挥失误、战后年代的镇压行动、苏联和南斯拉夫的冲突以及斯大林在他的“传略”中和其他场合进行“自我吹嘘”的表现；最后是报告结论部分。赫鲁晓夫秘密报告虽然一开头引用马克思主义经典作家关于个人崇拜的话，但是没有用马克思主义的立场、观点和方法对个人崇拜这一社会历史现象做具体分析，更没有讲清斯大林个人崇拜的社会基础和形成过程，而是沿用20年代联共（布）反对派反对斯大林的做法，搬出了列宁于1922年12月24日给代表大会的信和1923年1月4日对这封信的补充，摘引了其中列宁对斯大林的评论；同时赫鲁晓夫又宣读了克鲁普斯卡娅向加米涅夫叙述斯大林如何粗暴对待她的信以及列宁给斯大林的绝交信，从而说明斯大林的为人。而实际情况是：当年列宁给代表大会的信对斯大林、托洛茨基、布哈林、季诺维也夫、加米涅夫、皮达柯夫六人逐个进行了评述，指出了他们的长处和弱点，赫鲁晓夫只引用列宁对斯大林的评论，这无疑是为了给代表们造成列宁只对斯大林不信任的印象。

赫鲁晓夫的秘密报告用将近三分之一的篇幅讲30年代的镇压行动，但却违背马克思主义关于“分析任何一个社会问题时，必须把问题提到一定的历史范围之内”的科学方法，把肃反描绘成一场斯大林为排除异己而残杀无辜的惨剧，避而不谈当时是否确实存在应加以镇压的敌对分子问题，不讲镇压运动究竟错在哪里，也根本不提1938年联共（布）中央采取的纠偏措施和对破坏法制的人的惩治，这就歪曲了历史真相。当时肃反运动犯有扩大化的严重错误，造成了不少令人痛心的悲剧。斯大林把敌情估计得过于严重，没有根据阶级斗争的新特点及时调整政策，有时混淆两类不同性质的矛盾，用处理敌我矛盾的方法处理思想问题和党内意见分歧，没有严格按照法律程序办事，轻易地采取一些极端措施，杀了不少受到怀疑或罪不当诛的人，造成了无法挽回的损失。对这一切斯大林当然应该承担责任，但是造成悲剧的原因单纯用斯大林个人问题来解释，那就把事情简单化了。“这里还有别的因素起了作用：第一，在当时的条件下不大容易做到像在正常情况下那样对各种案件进行深入细致的审查；第二，有一些异己分子混入了执法机关，利用手中掌握的权力肆意破坏法制，草菅人命；第三，在当时的气氛下，有人或为了保全自己，或为了取得信任，或为了得到升迁，进行相互揭发、乱攀乱咬，弄得一时真假难辨。在干部队伍中，尤其在高级干部中，有一批对肃反过于热心的人，他们表现得异常积极，采取了许多过头的做法，这些人对肃反扩大化的错误也负有不可推卸的责任，而那位站在代表大会讲台上理直气壮地指责斯大林的赫鲁晓夫，就是这样的高级干部当中的一个。”①

在秘密报告中，赫鲁晓夫把苏联在苏德战争初期失利的原因归结为斯大林“置若罔闻”、“漫不经心”和“出于自己的多疑，根据诬蔑性的指控杀害了大批部队指挥员和政工人员”，指责斯大林对从各种渠道得到的德军准备发动进攻的情报“置若罔闻”，“漠视明显的事实”，致使敌军在战争一开始就在国境线附近击毁“我国的大量飞机、大炮和其他军事装备，消灭了众多军事干部，打乱军队的指挥，结果我们无力阻止敌军向我国内地推进”。② 而实际情况是，希特勒上台后，以斯大林为首的苏联领导人一直保持高度警觉，并正确估计到战争不可避免。为了弥补苏联与德国的实力差距，斯大林一方面加快国家工业化，积极备战；另一方面则想尽各种办法推迟战争的爆发，甚至通过外交途径与德国签订了互不侵犯条约。在战争前夕，苏联领导人确实从各种渠道得到各种情报，关于德军发动进攻的日期各不相同，一时难以做出准确的判断。当时苏联尚未与英国建立相互信任的关系，因此斯大林对丘吉尔提供的德国将进攻苏联的情报持怀疑态度。斯大林判断，德国在结束西欧的军事行动之前不会东进，希特勒不会在近期入侵苏联，因而没有要求边境驻扎部队立即进入战争准备状态，直到接到德军在 6 月 22 日凌晨发动进攻的报告后，才下达备战和反击的命令，这就使得苏联红军在战争爆发初期处于措手不及、被动挨打的地位，遭受了重大损失。这是斯大林面对复杂军事局面做出的客观上难以完全避免的判断失误，而不是主观上故意“漠视各种情报和信号”不做迎战准备。赫鲁晓夫指责斯大林杀害大批部队指挥员和政工人员，主要是指 1937 年图哈切夫斯基和其他将领被判处死刑案件以及在这之后对部队干部的清洗。实际上，这是事出有因的。图哈切夫斯基当时担任副国防人民委员，握有军事实权。苏联情报部门从不同渠道收到了他与德国军方联系密切并有可能发动军事政变的情报，同苏联保持友好关系的捷克斯洛伐克总统贝奈斯也在 5 月中旬亲笔写信告诉斯大林他从德国了解到的有关情况。斯大林采取果断措施，立即逮捕了图哈切夫斯基等人。图哈切夫斯基在被捕后很快在笔供中承认了犯罪事实，于是军事法庭迅速做出判决，判处图哈切夫斯基和其他

① 张捷：《从赫鲁晓夫到普京》，第 18 页。

② 赫鲁晓夫：《关于个人崇拜及其后果》，转引自张捷：《从赫鲁晓夫到普京》，第 21 页。

七名高级将领死刑。这件事在当时的情况下是完全必要的，如果不对图哈切夫斯基等采取果断措施，万一确有此事而不加以防范，后果是不堪设想的。此事不当之处是过于匆忙地做出死刑判决，如果发现错误就无法补救了。再加上当时担任国防人民委员的伏罗希洛夫等人在清除渗透到部队的外国代理人的过程中搞过了头，原内务人民委员叶若夫以政治不可靠为由从部队中清除了约四万名有经验的指挥员，这些做法确实影响了部队的战斗力，因这些过火行为而仅仅指责斯大林枉杀无辜则是片面的、不符合历史真相的。苏共二十大后莫洛托夫、卡冈诺维奇等人仍然认为图哈切夫斯基等人确实企图发动军事政变，反对为他们平反。一些历史学家也持这样的态度。比如撰写《大元帅斯大林》一书的作者卡尔波夫在充分分析历史资料的基础上说，一开始他曾为图哈切夫斯基辩护，认为他是无罪的，在研究了大量材料后，改变了看法。①

赫鲁晓夫在秘密报告的最后部分提出反对个人崇拜问题，但实际上他本人并不懂得什么是个人崇拜。他虽然说了一些发扬民主和坚持集体领导的话，但在大权独揽后，却又搞起了“一言堂”和对他自己的个人崇拜，这就证明他根本不懂得马克思主义关于个人崇拜的理论。总之，“读了赫鲁晓夫的秘密报告有这样一个印象，觉得它缺乏严谨的结构，叙述混乱，不同段落用以表达的语言也不一样，有的段落简直就是报告人个人在讲他编造的故事，而且有时他个人的感情色彩甚浓。这个报告确实像上面所说的那样，是临时拼凑而成的。这种大拼盘式的和低质量的东西，如果以赫鲁晓夫个人的名义发表，那是他个人的事，也许正代表他的水平和风格，但是他却硬要借用中央委员会的名义，那简直是丢中央委员会的脸。”②

赫鲁晓夫等人为了达到保持住自己的地位和获取党内外支持的目的而片面评价斯大林，给苏联乃至国际共产主义运动带来了严重后果，为国内外敌对势力攻击和丑化共产党和社会主义制度提供了恶劣口实。赫鲁晓夫的秘密报告经过整理和修改后，分发给各级党组织进行传达，批判斯大林个人崇拜的消息迅速传遍了全国，犹如爆炸了一颗威力巨大的原子弹，在党内和社会上造成巨大思想混乱。一方面，过去对斯大林一直抱崇敬态度

---

① ［俄］弗·卡尔波夫：《大元帅斯大林》，社会科学文献出版社2005年版，第108—118页。

② 张捷：《从赫鲁晓夫到普京》，第31页。

的多数人认为赫鲁晓夫的秘密报告是对斯大林的恶毒诽谤，自觉抵制对斯大林的错误批判，在斯大林的故乡格鲁吉亚还爆发了大规模游行示威活动，示威群众与军警发生了冲突，造成几十人死亡和数百人受伤。另一方面，许多人在感到震惊之余，思想上出现很多问题，开始怀疑苏联几十年来走过的道路，对苏联共产党和社会主义的信念发生了动摇；特别是对刚刚走上和正要走上独立生活道路的年轻人产生了特别巨大而深远的影响，其中有的人完全接受了赫鲁晓夫的观点，自称为“二十大的产儿”。这些人后来有的步入政界，有的成为知识界的精英，他们逐渐凝聚成一支在苏联搞资本主义复辟的骨干队伍，戈尔巴乔夫就是其中的一员。与此同时，党和政府中一大批世界观改造不彻底的领导干部、受西方资产阶级自由化思潮影响的知识界精英以及一部分在历次镇压行动中的受害者及其亲属，还有早已被推翻的剥削阶级的那些未改变立场的后代则对以赫鲁晓夫为首的否定斯大林的人的做法表示支持，使批判斯大林的浪潮不断积聚，直到苏联亡党亡国。

二十大闭幕后，苏共中央用各种不同方式向各国共产党和工人党的领导人通报了秘密报告的内容，同样在各国也引起了强烈的反响。特别是在东欧，各个社会主义国家党内斗争加剧，党内自由派加强了活动，在位领导人受到了冲击。比如 1956 年 6 月波兰发生了“波兹南事件”，导致自由派领导人哥穆尔卡重新上台；同年 10 月发生了匈牙利事件，虽然事件在苏联武装干涉下平息下去，但却使资产阶级自由化思想在匈牙利进一步扩散开来。在苏共二十大召开期间，毛泽东领导下的中国共产党中央一直密切注视着事态的发展，并最早深刻指出了赫鲁晓夫秘密报告所掩盖的修正主义实质以及它将对苏联乃至全世界共产主义运动产生的潜在危害和深远影响。赫鲁晓夫作了秘密报告后，毛泽东立即做出反应，指出赫鲁晓夫的报告“一是揭了盖子，这是好的，二是捅了娄子，全世界都震动”①。毛泽东多次召开政治局扩大会议讨论赫鲁晓夫的秘密报告，会上一致认为苏共二十大批判斯大林的个人崇拜具有积极意义，但是赫鲁晓夫在秘密报告中片面评价斯大林是不对的。中国共产党在中央政治局集体讨论的基础上还写成了《关于无产阶级专政的历史经验》一文，经毛主席亲自修改，于 1956 年 4 月 5 日发表在《人民日报》上。文章从正面阐述了中国共产党的立场，在对斯大林的评价问题

① 吴冷西：《十年论战（1956—1966）——中苏关系回忆录》（上册），中央文献出版社 1999 年版，第 6 页。

上，表明了与赫鲁晓夫的分歧，这些分歧后来导致中苏两党关系破裂和60年代的公开论战。

苏共二十大闭幕后不久，以色列情报机构在华沙得到一份波兰出版的赫鲁晓夫秘密报告文本，并于4月初送到美国中央情报局手里，美国高层决策者立刻意识到了这份秘密报告所具有的巨大意识形态的威力。5月底，美国国务院将一副本交给了《纽约时报》，《纽约时报》在1956年7月4日予以刊登。[①] 两天后法国《世界报》也发表了这份报告，然后又被返译成俄语和东欧各社会主义国家的语言在自由电台和自由欧洲电台向这些国家播送。与此同时，报告还被印成小册子广为散发。美国和其他西方国家疯狂传播赫鲁晓夫秘密报告的这场"攻心"战很快就收到了巨大效果，苏联共产党和社会主义制度被丑化，国际上同情和支持苏联的人骤然减少，许多原来靠拢苏联的左派人士开始对苏联持批判态度，西方国家的一些共产党和工人党内部发生了分裂，国际共产主义运动的合法性乃至合理性均遭到有意无意的质疑。

赫鲁晓夫的秘密报告捅了大娄子，引起国内外太多人的反对，这是赫鲁晓夫及其同伙事先没有估计到的。他们一方面担心反对批判个人崇拜的呼声愈来愈高而使他们在党内的地位遭到削弱，担心那些本来就反对这样做的领导人的地位得到加强，对他们形成威胁；另一方面又害怕在秘密报告推动下进一步泛滥起来的自由化浪潮来势过猛，使他们这些依靠共产党员身份和社会主义制度做伪装的人失去权势，于是被迫缓和对斯大林的批判，开始在不同场合正面评价斯大林，并对党内和社会上日益发展的自由化浪潮采取遏制政策。比如1957年11月，赫鲁晓夫在庆祝"十月革命"40周年大会上作报告，在谈到了斯大林问题时辩解道：苏共二十大之所以反对斯大林，原因之一是"不允许用教条主义、书呆子的态度对待马克思列宁主义，要保证以创造性的态度对待我们科学的社会主义的伟大理论"。他说，"党一方面批评斯大林活动的不正确方面，另一方面在过去和将来都同所有在'批评个人迷信的幌子下'毁谤斯大林的人作斗争"。赫鲁晓夫同时赞扬斯大林说，"作为忠心耿耿的马克思列宁主义者和坚强的革命家，斯大林在历史上将占有应有的地位。我们党和苏联人民将记住斯大林并且给予他应有的评价。"[②]

然而，正如前文所说，赫鲁晓夫抛出秘密报告以及苏共高层展开对斯大林的批判是具有深刻思想和社会背景的，只要那些不具有马克思主义理

① ［美］陶伯曼著，王跃进译：《赫鲁晓夫全传》，中国社会科学出版社2009年版，第296页。

② 柯雄：《苏联国内资本主义复辟纪事：1953—1973》，三联书店1975年版，第82页。

论素养并走上修正主义道路的人还处于领导地位，“非斯大林化”的活动就不可能彻底停止。果然，在苏共二十二大上，苏共高层又掀起了第二次反斯大林的浪潮，赫鲁晓夫在总结报告和总结发言里除了重复在二十大说过的一些话外，对斯大林又提出了新的指责。这次对斯大林的批判完全是公开进行的，有许多人参与到对斯大林的批判中，大会在闭幕前还通过了关于把斯大林灵柩移出列宁陵墓的决议。不久斯大林灵柩被移出列宁陵墓，安葬在列宁陵墓后面的宫墙旁。把斯大林遗体移出列宁陵墓的做法，很快在社会上引发了大规模推倒斯大林纪念像和纪念碑的行动，许多以斯大林的名字命名的城市、街道、广场、工厂和农庄纷纷易名。1961 年 11 月 10 日，俄罗斯联邦最高苏维埃做出决定，把斯大林格勒改名为伏尔加格勒，这座举世闻名的、标志着第二次世界大战转折点的英雄城市，从此在苏联地图上再也找不到了。伴随对斯大林新一轮的批判，各种报刊开始出现攻击斯大林、丑化苏联社会主义制度的文学作品，其中索尔仁尼琴的小说《伊万·杰尼索维奇的一天》① 和叶夫图申科的诗歌《斯大林的继承者们》② 经过赫鲁晓夫亲自批准而被发表。苏共二十二大后，“非斯大林化”活动再也没有停止过，每一次“非斯大林化”浪潮的掀起，都意味着反党反社会主义的资产阶级自由化势力的加强。形形色色的反党反社会主义分子都通过批判和丑化斯大林来达到自己的目的，直到苏联亡党亡国。在“非斯大林化”过程中，苏联整个社会的思想氛围逐渐发生了变化，许多人开始不再相信共产党、不再相信社会主义和共产主义，失去了原来对共产主义理想和信仰的追求，玩世不恭和愤世嫉俗的社会心理不断增强，整个社会的思想道德水平明显下降，这些变化为资产阶级自由化思潮泛滥和资本主义复辟创造了思想条件。

---

① 《伊万·杰克索维奇的一天》是苏联的“解冻”文学作品、索尔仁尼琴的成名作，曾经在得到赫鲁晓夫首肯后得以发表。小说叙述了伊万·杰尼索维奇这个小人物在苏联劳改营中的生活经历，以写实的笔触描述了劳动改造营的生活情况，揭露了劳改营践踏人的权利的冷酷现实。比如，食物匮乏和刑期可被随意延长等。小说虽然没有提到斯大林的名字，但是反对斯大林的思想政治倾向是十分明显的。

② 《斯大林的继承者们》也是苏联“解冻”文学作品，是作家叶夫图申科的著名诗歌集，也是在得到赫鲁晓夫首肯后得以发表。诗歌描写的是把斯大林遗体迁出列宁陵墓一事，表达了对斯大林本人及其时代的憎恨，比如诗中写到：我们把他搬出了陵墓，但是怎样才能从斯大林继承者身上，把斯大林搬开？只要斯大林的继承者们还活在世上，我就觉得，斯大林还躺在陵墓里；请求我们的政府，墓碑前的哨兵，要增加一倍、两倍，以免让斯大林和过去同他一道起来。

第二节 抛弃马克思列宁主义的阶级观点和阶级分析方法

阶级观点和阶级分析方法是马克思列宁主义的基本观点和方法。能否深刻而正确地理解和把握马克思列宁主义的阶级观点和阶级分析方法，特别能够反映一个人的马克思主义理论素养。由于以赫鲁晓夫为首的苏共高层领导人马克思主义理论素养不高，他们首先并且不可避免地要在坚持马克思列宁主义的阶级观点和阶级分析方法问题上败下阵来。赫鲁晓夫等人在国内外阶级斗争形势依然严峻的背景下鼓吹“阶级斗争熄灭论”，就是抛弃马克思列宁主义的阶级观点和阶级分析方法。苏共二十大通过秘密报告片面评价斯大林后，以赫鲁晓夫为核心的苏共高层领导人推行修正主义路线的首要表现就是背弃马克思列宁主义的阶级观点和阶级分析方法，并通过两条线索展开：一条线索是酝酿并提出了与国际资本主义“和平共处”“和平竞赛”以及“和平过渡”的所谓“三和”路线，另一条线索则是形成并推行“全民党”和“全民国家”的所谓“两全”理论。

一、背弃马克思主义的“三和”路线

1956 年 2 月，赫鲁晓夫在苏共第二十次代表大会上作总结报告时第一次明确提出了违背马克思列宁主义阶级观点和阶级分析方法的所谓“三和”路线，即“和平共处”“和平竞赛”“和平过渡”。在二十大上，赫鲁晓夫全面阐述了他在对外政策方面的观点，其外交新政策的核心就是“三和”路线，其基本构想是：与西方国家和平共处，避免战争，在和平竞赛中超过美国；西方发达资本主义国家的工人阶级可以通过议会道路和平取得政权，和平过渡到社会主义制度；强调社会主义国家的一致性并谋求美国的认可；对亚非拉地区加强渗透，使之通过和平方式过渡到非资本主义道路，以便把这些国家纳入苏联的战略轨道。赫鲁晓夫提出的“三和”战略的基本目标是对以美国为首的西方阵营以缓和代替全面对抗，从而为苏联赢得外交上的主动权和较大的活动空间。这一战略把美苏之间的和平共处作为所有社会主义国家外交政策的总路线，要求其他社会主义国家的对外政策服从于苏联的国家利益，这实质上是谋求与美国合作主宰世界。赫鲁晓夫的“三和”路线脱离当时国际斗争的现实，不仅没有真正取

得社会主义阵营的战略优势，反而成为社会主义阵营分化瓦解的思想渊源。

为了推行对外求和战略，赫鲁晓夫在1957年6月苏共中央全会上制造了“反党集团”事件，把莫洛托夫、马林科夫、卡冈诺维奇等不同意“三和”路线的人彻底地从党和国家的一切领导岗位上排挤出去。6月全会后不久，赫鲁晓夫又把朱可夫开除出苏共中央，指责他在内外政策上实行“冒险主义”，并由他的亲信马利诺夫斯基出任国防部部长，加强了他对军队的控制。同年11月，赫鲁晓夫在庆祝“十月革命”40周年大会上又提出通过“和平竞赛”在“今后十五年内不仅赶上并且超过美国”的目标，全面执行“和平共处”外交政策。他说，社会主义国家“随着向共产主义的前进”而“不断改变其面貌”，苏共“最主要的”职能是“组织社会生产和领导经济”、“控制劳动量和消费量”、“对劳动人民进行教育”、执行“和平共处”外交政策。[①] 与此同时，赫鲁晓夫在外交上极力向美国靠近。1959年年初，米高扬抵美，为赫鲁晓夫访问美国做准备；6月，赫鲁晓夫在访美前夕单方面撕毁中苏关于国防新技术的协定；9月初，塔斯社又就中印边境事件发表声明，袒护印度；同月15日至27日，赫鲁晓夫访问美国，同艾森豪威尔举行了戴维营会谈，还在联合国大会上提出了“全面彻底裁军”建议。在从美国回苏联途中，赫鲁晓夫来中国参加中国国庆10周年活动，鼓吹美苏和解以及所谓的“戴维营精神”，并公然影射中国领导人“好斗”。

1960年12月，苏联《哲学问题》杂志第12期刊登尼古拉耶夫的一篇文章：《论社会主义国家向共产主义社会自治的发展》。文章说：“随着剥削阶级的消灭，苏维埃国家在发展的第一阶段所实现的、镇压剥削者的反抗的职能消失了、消亡了。随着在起决定性作用的资本主义国家中的社会主义革命的胜利，帝国主义反动势力对我国和社会主义阵营国家实行武装进攻的危险将会消失。因此，保卫国家防止外来敌人的必要性将会消失，国防的职能也将消失。”[②]

1961年10月，柯西金在苏共二十二大上发言，继续坚持“三和”路线，赞扬《苏共纲领》和赫鲁晓夫在大会上的报告是“创造性地发展和丰富马克思列宁主义理论的光辉范例”，说“和平、劳动、自由、平等、博爱和幸福与共产主义不可分割”，苏联“对于任何国际问题，都是从和平

① 柯雄：《苏联国内资本主义复辟纪事：1953—1973》，第82—83页。

② 同上书，第142页。

共处的立场”来处理的，“现在的问题已经不是求得短促的和平喘息时间”，苏联“外交政策的根本目的在于把战争从社会生活中彻底排除出去”。①

从1962年初开始，苏联党刊和其他重要期刊又掀起全面清算斯大林“错误”的风暴，攻击斯大林的军事思想，鼓吹社会主义阵营与资本主义阵营之间无原则的和平。1962年1月30日至2月2日，苏共中央召开全苏高等学校社会科学教研室主任会议。苏共中央主席团委员、中央书记处书记苏斯洛夫在会上作了《苏共二十二大与社会科学教研室的任务》的报告。报告说，斯大林“垄断”理论的“野心”严重地阻碍了社会科学的发展；《联共（布）党史简明教程》一书的特点是“仅仅吹捧斯大林一个人”；《论辩证唯物主义和历史唯物主义》一书“只不过导致了哲学和教学工作的贫困化”；《苏联社会主义经济问题》一书没有提出正确的答复。因此，会议在讨论中苏斯洛夫强调“消除个人迷信的后果是发展理论思想的最重要条件”。2月底，苏斯洛夫又在《共产党人》杂志第三期刊登名为《苏共二十二大与社会科学教研室的任务》的文章，说对斯大林的个人迷信给社会科学的发展造成了不少有害后果，为了推崇斯大林，他的著作、文章和讲话被不恰当地称颂为“天才的”“有历史意义的”。文章还特别指出：“停止颁发列宁奖金和设立斯大林奖金从历史的角度来看，是不公正的，现已由苏共中央完全纠正。”苏斯洛夫文章公开发表三天后即1962年3月2日，苏联最高苏维埃主席团专门发布法令，修改了以斯大林命名的奖金，规定对1957年6月10日法令做如下补充：“允许国际列宁奖金委员会根据1957年以前的‘加强国际和平’奖金获得者的请求，把斯大林奖金获得者的奖状和奖章更换为‘加强国际和平’列宁奖金获得者的奖状和奖章。”②

就在被赶下台前八个月，赫鲁晓夫还在1964年2月苏共中央全会上鼓吹其“三和”战略。他说：“苏联裁减一些军费和武装力量的人数，不是由于经济困难，而是出于明智的考虑，出于对各国人民之间和平的真诚愿望。”③ 实际上，从二战结束到60年代初，东西方两大阵营之间的冷战一直处于剑拔弩张的状态。避免战争、尽最大可能争取和平与发展，当然是所有社会主义国家所需要的，但是这个需要的满足不是由社会主义国家单

① 柯雄：《苏联国内资本主义复辟纪事：1953—1973》，第161—162页。

② 同上书，第171、174—175页。

③ 同上书，第236页。

方面决定的，只能根据东西方两大阵营对峙的全局来定，特别是西方阵营的战略意图和东西方的实力对比状况。在以美国为首的西方阵营正在挖空心思对社会主义阵营实施“和平演变战略”，并在军事、科学技术和文化意识形态领域加紧争夺制高点，准备打赢一场针对苏联和所有社会主义国家的“没有硝烟”的战争的情况下，赫鲁晓夫提出所谓的“三和”路线只能是单方面幼稚的幻想，其结果必然是犯下投降主义的错误，给社会主义阵营带来重大损失。

二、鼓吹“阶级斗争熄灭论”

1957 年 11 月 6 日，赫鲁晓夫在庆祝“十月革命”40 周年大会上的报告中开始鼓吹阶级调和以及作为无产阶级专政机器的国家逐步消亡的论调。他说，“十月革命”的主要的、根本的问题是政权问题。虽然“十月革命”是通过“武装起义来实现的，但是并没有流很多的鲜血”，而且“工人阶级在革命胜利后表现出非常宽大和人道的精神”，甚至某些参加了反革命暴乱的将领，也“获得了假释”。当剥削阶级的残余（资本家、地主、富农）还存在的时候，当他们在国内还有某种影响，并受到外国反革命势力支持的时候，（国内）阶级斗争可能尖锐起来，矛盾就可能成为对抗性的。然而，现在苏联已成为“精神上和政治上一致”的社会，“已经没有剥削阶级”，“剩下的是劳动人民”，“社会主义生产关系巩固”，因此，苏维埃国家先前的“镇压剥削阶级及其国内残余的敌对活动，镇压被推翻的统治阶级复辟资本主义秩序的活动”的职能“就逐渐消逝了”。[①]

随着文艺界“解冻”文学不断升温，赫鲁晓夫开始在意识形态方面公开提出“创作自由不受任何限制”，要文艺工作者“不是根据命令，而是根据自己的信仰”去创作。鼓吹“用新的方式来解释”许多哲学问题和社会学问题，强调党的宣传工作“应集中于经济知识的宣传”。1958 年 10 月 27 日，苏联作家协会决定开除小说《日瓦戈医生》的作者帕斯捷尔纳克，说这部小说恶毒诬蔑社会主义、苏联人民和苏联知识分子。11 月 1 日，塔斯社就小说《日瓦戈医生》的作者帕斯捷尔纳克 10 月 31 日给赫鲁晓夫的信受权发表声明说，如果帕斯捷尔纳克表示愿意到国外去领取发给他的奖金，苏联国家机构方面将不进行任何阻挠。这实际上是公开为一些在“解冻”思潮中揭露苏共和社会主义制度“阴暗面”的作家撑腰打气。1960 年 7 月，苏共领导人接见知识界代表，赫鲁晓夫和苏斯洛夫先后发表讲话，

① 柯雄：《苏联国内资本主义复辟纪事：1953—1973》，第 82—83 页。

在全面建设共产主义的幌子下，继续鼓吹文学艺术自由化。赫鲁晓夫在讲话中说，“苏联文艺工作者从党的政策中看到创作自由不受任何限制的表现”，“斯大林逝世后的时期是整顿和清理的时期”，在苏联“很难区分党员和非党员”，苏联作家、作曲家、画家、电影和戏剧工作者，“不是根据命令，而是根据自己的信仰，用自己的全部创作来捍卫马克思列宁主义思想，为实现马克思列宁主义思想而奋斗”。[①] 赫鲁晓夫这样的讲话无异于天方夜谭，要“创作自由不受任何限制”的、在“解冻”思潮熏陶下的文艺工作者来捍卫和实现马克思列宁主义思想，这不是在捍卫和实现马克思列宁主义思想，而是在削弱和摧毁马克思列宁主义思想，而是在怂恿“打着红旗反红旗”的欺骗行为。

苏共二十二大前夕，苏联理论界继续宣传“阶级斗争熄灭论”。比如库西宁所著《马克思列宁主义原理》一书说，“社会主义社会阶级之间的界限是灵活的，相对的，可以很容易地从一个阶级或阶层转到另一个阶级或阶层，这一切都有助于阶级差别的消失。不仅工人阶级和农民之间的界限是这样，而且这两个阶级（体力劳动者）和知识分子（脑力劳动者）的界限也是这样”。[②] 苏共二十二大通过《苏共纲领》，宣布苏联已经消灭了敌对阶级，已经没有阶级斗争。1961 年 12 月，《真理报》又发表编辑部文章，说在苏联，剥削阶级——地主、富农、资本家“早已消失了”。因此，“同马克思列宁主义的阶级概念本身相联系的主要东西——一个集团的人攫取另一集团的劳动成果的可能性——消失了。”[③]

在这一时期，苏共刻意回避阶级斗争和阶级分析的方法，即使谈到苏联社会存在的阶级，其阶级范畴的涵义也是变了味道的阶级范畴。比如 1963 年 7 月 14 日，苏共中央在给各级党组织和全体共产党员的反华公开信中说，“现在苏联的社会是由工人和农民两个基本阶级，以及知识分子组成的，同时苏联社会没有一个阶级占有可以剥削其他阶级的地位”。“从什么时候起这些寄生分子被认为是阶级呢？是什么阶级呢？是懒汉阶级还是流氓阶级，是盗窃国库者阶级还是寄生虫阶级呢？罪犯在任何社会中也不构成一定的阶级。”“这些分子在社会主义社会中也不构成阶级。这是资本主义残余的表现。”“同这样一些人作斗争并不需要无产阶级专政。全民国家完全能够完成并且正在完成这一任务。”[④] 同年 2 月 12 日，苏联《红

① 柯雄：《苏联国内资本主义复辟纪事：1953—1973》，第 137—138 页。

② 同上书，第 142 页。

③ 同上书，第 164 页。

④ 同上书，第 224 页。

星报》刊登一篇题为《全民国家的军队》的文章则说，“在苏联社会里还有阶级，但这是特殊的阶级。在这些阶级之间没有对立和斗争。再说，现在工人、集体农庄庄员和知识分子之间在政治上没有差别，他们没有什么特殊的、独特的政治利益。由于存在着两种社会主义所有制的形式，在我们各阶级之间还存在着经济上与文化上的本质差别。但是，无论如何也不涉及政治领域，我们完全消除了政治上的差别，苏维埃国家的全体公民在法律上和实际上享有完全平等的政治权利。因此，我们所有的阶级和社会团体是一个统一的力量，因而我们的国家现在是全民的国家。”①

然而，苏联在社会主义建设时期真的没有阶级和阶级斗争吗？这实质上是一个社会主义发展道路上的重大理论与实践问题。列宁曾经精辟指出：“一切关于非阶级的社会主义和非阶级的政治的学说，都是胡说八道。”② 在社会主义革命胜利后，俄共（布）领导工人阶级和其他劳动群众在俄国夺取了政权，并取得了农业集体化、工业国有化的初步胜利，消灭了阶级和阶级剥削的经济基础，但这是否就意味着在社会主义建设时期阶级和阶级斗争就不存在了呢？从整个国际共产主义运动史特别是苏联亡党亡国的教训来看，答案很明显：在共产主义彻底胜利之前的整个社会主义建设漫长历史时期，阶级和阶级斗争都会在不同的历史时刻和不同的范围内以不同程度和不同方式存在着。在这个漫长的历史过程中，大规模的两个阶级对垒式的阶级斗争已经结束，但阶级和阶级斗争还会在不同范围内以不同于以往的形式和内容继续存在。

首先，在社会主义革命胜利初期，代表剥削阶级利益的敌对分子、特务、反革命分子和严重破坏社会主义政治经济秩序的刑事犯罪分子仍然存在，无产阶级必须警惕这些敌视社会主义分子的颠覆活动。

其次，由于现实的社会主义国家在历史上经济、文化和社会发展比较落后，在社会主义制度初步巩固后的社会主义建设时期，虽然剥削阶级被消灭了，但工人阶级和农民阶级、全民经济和集体经济以及城市和乡村之间的差异还将长期存在，两个阶级、两种经济和两个群体之间在基本利益一致的基础上还存在一定的利益冲突，并以人民内部矛盾的形式表现出来，虽然不是对抗性的，但处理不好也会转化为对抗性的矛盾。

第三，由于社会意识具有相对独立性，当它所依赖的社会存在消失之后，它还将保持自身的惯性而相对独立地继续存在和发展，并为它起初所

① 柯雄：《苏联国内资本主义复辟纪事：1953—1973》，第 212 页。
② 《列宁选集》第 2 卷，第 306 页。

依赖的社会存在重新复活保持精神记忆和思想准备；因此，当非无产阶级的社会意识所依赖的、与一定的生产力水平相对应的经济基础和政治法律制度被无产阶级革命消灭之后，非无产阶级的社会意识特别是其中非无产阶级的世界观、人生观和价值观还将长期存在，它们比它们所依赖的社会存在更难于被清除干净，无产阶级社会意识与非无产阶级社会意识之间的对立和斗争也将构成整个社会主义建设和发展过程中阶级斗争的重要内容。因此，列宁在批判资本主义旧制度下形成的错误理论的延续性时曾经深刻指出：在工人阶级和资产阶级旧社会之间并没有一道万里长城。革命爆发的时候，情形并不像一个人死的时候那样，只要尸体抬出去就完事了。旧社会死亡的时候，它的尸体是不能装进棺材、埋入坟墓的。它在我们中间腐烂发臭并且毒害我们。工人还保存着许多资本主义社会的传统心理。工人在建设新社会，但他还没有变成新人，没有清除掉旧世界的污泥，他还站在这种没膝的污泥里面。对此列宁指出："我们从来不是空想家，我们从来没有想用纯洁的共产主义社会中产生和培养出来的纯洁的共产党人的纯洁的手来建设共产主义社会，那是童话。我们要用资本主义的破砖碎瓦来建设共产主义，而且只有在反资本主义斗争中受过锻炼的那个阶级才能做到这一点。你们很清楚，无产阶级不是没有资本主义社会的缺点和弱点的。它为社会主义而斗争，同时也同本身的缺点作斗争。"① 列宁还指出："资本主义旧社会留给我们的最大祸害之一，就是书本与生活实践完全脱节，过去有些书把什么都描写得好得了不得，其实大半都是最令人厌恶的胡言乱语，虚伪地向我们描绘资本主义社会的情景。因此，单从书本上来了解关于共产主义的论述，是极不正确的。现在我们的言论和文章，已经不是简单地重复以前对共产主义所作的那些论述，因为我们的言论和文章都是同日常各方面的工作联系着的。离开工作、离开斗争，从共产主义小册子和著作中得来的关于共产主义的书本知识，可以说是一文不值，因为这种书本知识仍然保持了资本主义旧社会中最令人厌恶的特征，即理论与实践脱节。"② 毛泽东也曾经精辟指出："世界观的转变是一个根本的转变，现在多数知识分子还不能说已经完成了这个转变……由于我国的社会制度已经起了变化，资产阶级思想的经济基础已经基本上消灭了，这就使大量知识分子的世界观不但有了改变的必要，而且有了改变的可能。但是世界观的彻底改变需要一个很长的时间，我们应当耐心地做工

① 《列宁选集》第3卷，第782页。

② 《列宁选集》第4卷，第282—283页。

作，不能急躁。”①

最后，在国际范围内社会主义和资本主义两种社会制度还将长期存在，在全球性共产主义制度建立之前的整个社会主义不断走向成熟的历史时期，资产阶级一天也不会忘记消灭社会主义制度，在用武力干涉失败后，他们已经并且还会继续不断变换方式加紧对社会主义国家进行颠覆渗透与和平演变，促使资本主义制度在社会主义国家复辟。因此，社会主义国家在发展建设的整个历史时期都必须坚持马克思主义的阶级斗争和阶级分析理论，保持对资本主义复辟的警惕性。

实际上，对于从历史上小农经济盛行的社会走出来的苏联而言，人们自私自利的私有观念虽然曾经在列宁和斯大林时期得到改造，但在不到40年的时间内不可能彻底改变上千年的思想积淀，相反其根深蒂固。赫鲁晓夫主观“唯意志论”鼓吹苏联进入“全面建设共产主义”的历史时期，推行缺乏社会主义和集体主义原则强有力指导下的物质利益刺激，其结果不是人们的私有观念和阶级差别都消失了，而是加强了。比如1963年7月4日，阿塞拜疆党中央第一书记阿共多夫在阿塞拜疆党中央全会上作报告时就谈到，该共和国许多集体农庄都有分卖国家土地的现象。在这前后，苏联报纸也透露了很多这方面的情况。比如1963年5月10日《真理报》透露，爱沙尼亚一个区里有许多农庄主席“轻率地将公有土地分给所有想要土地的人，……让热衷于扩大宅旁园地的人去播种各种作物，把土地变成私人园地”；同年7月2日《消息报》报道，“哥萨克营”农场工人每户有一公顷宅旁园地，有的出租、有的雇人耕种；同年8月20日《农村生活报》社论也谈到在吉尔吉斯、哈萨克、俄罗斯联邦都有出卖国家土地和区党委书记等追求个人发财致富，发展私人经济等现象；同年8月25日《东方曙光报》透露，格鲁吉亚有两个管理局所属的各农庄和农场把大量土地分给私人，有的人竟超过规定拥有二点五七公顷宅旁园地；同年10月19日《农村生活报》透露，乌兹别克一个农庄“几乎每个家庭都有超过规定标准二到三倍的宅旁园地”，而当日《经济报》第13期则报道，目前全国从事私人副业的庄员和职工有一千万人。② 由此可见，即使在苏联严格建立起国有经济和集体经济制度下，各地以宅旁园地为主要形式的私人经济依然盛行。宅旁园地经济可能对改善农庄职工的生活水平有积极意义，但同时也反映了苏联社会主义制度下工人与农民根深蒂固的私有观念。

---

① 《毛泽东文集》第7卷，第225页。

② 柯雄：《苏联国内资本主义复辟纪事：1953—1973》，第224页。

三、背离马克思列宁主义的“全民党”和“全民国家”理论

1961年10月，赫鲁晓夫在苏共第二十二次代表大会上还提出了违背马克思列宁主义阶级观点和阶级分析方法的所谓“两全”理论，即“全民党”和“全民国家”理论。在大会报告中，赫鲁晓夫避而不谈苏联社会实际上一直存在的阶级矛盾和阶级斗争新形式，无视正在形成一个与广大人民群众对立的官僚特权阶层的事实，无视资产阶级自由化浪潮的日益扩大，无视在西方敌对势力的鼓励和支持下持不同政见者运动的萌发，抽象空谈苏联已消灭了阶级，无产阶级专政已不必要，无产阶级国家已变为“全民国家”，作为工人阶级政党的共产党已成为“全体人民的党”等背离马克思列宁主义的错误理论。

在斯大林逝世之前，苏共曾在1952年10月召开的第十九次全国代表大会上通过了一个党章，党章对党的阶级性做了明确的规定：“苏联共产党是工人阶级、劳动农民和劳动知识分子中思想一致的共产主义者所组成的自愿的战斗联盟。”并规定：“任何从事劳动、不剥削他人劳动成果的苏联公民，承认党的纲领和党的章程、积极促使它们实现、在党的一个组织内工作并执行党的一切决议的人，都可以成为苏联共产党党员。”① 苏共十九大关于修改党章的报告是赫鲁晓夫作的，他在解释“党员”这一条时还专门提到了苏联共产党的阶级性：党章对党员做出这样的规定，“反映了共产党是由工人阶级、劳动农民和劳动知识分子所组成的这一事实。”② 斯大林逝世以后，苏共二十大和二十一大对党章还没有做实质性的修改。“全民党”这个口号是苏共二十二大提出来的。

1961年10月，在苏共举行的第二十二次代表大会上通过的《苏共章程》和《苏共纲领》中，关于党的性质的论述开始发生变化。新党章公开宣称：“弗·伊·列宁所建立的、作为工人阶级先锋队的共产党，走过了光荣的斗争道路，引导工人阶级和劳动农民取得了伟大的十月社会主义革命的胜利，在苏联建立了无产阶级专政。在共产党的领导下，在苏联消灭剥削阶级，形成并巩固了苏维埃社会在道义上和政治上的一致。社会主义完全地和最终地胜利了。共产党，工人阶级的党，现在成了全体苏联人民的党。”并规定：“任何苏联公民，承认党的纲领和章程，积极参加共产主

① 中共中央党校党建教研室编：《苏联共产党章程汇编》，求实出版社1982年版，第155页。

② 同上书，第180页。

义建设，在党的一个组织中工作，执行党的决议，并且交纳党费的，都可以成为党员。”① 而《苏共纲领》则宣布“苏联进入全面展开共产主义建设时期”，声称要用“二十年基本上建成共产主义社会”，并说“建立起共产主义的物质技术基础”是党的“总路线的基础”；苏联已经消灭了敌对阶级，已经没有阶级斗争。因此，无产阶级专政已经“完成了自己的历史使命”，“国家机器镇压剥削阶级反抗的职能也就消亡了”，“作为无产阶级专政的国家而产生的国家”，已由“阶级统治的工具变为代表全民意志的机构”，“已变为全民的国家”、“全民的组织”，“无产阶级民主已经日益变为全民的社会主义民主”。② 苏共二十二大通过的新党章和新纲领表明，苏共党的指导思想开始正式背离马克思列宁主义，苏共质变已经不可避免。

苏共二十二大提出“全民党”和“全民国家”理论后，苏联重要刊物开始大张旗鼓地宣传“两全”错误理论。1962 年 3 月，《共产党人》杂志第五期刊登署名波文的一篇文章，题目是《从无产阶级专政的国家向全民国家过渡》。文章说，苏维埃国家在它发展的第一个阶段（在 30 年代中期之前），具有鲜明的并为法律所确认的阶级性质，它是无产阶级专政的机构；苏维埃国家发展的第二个阶段（30 年代中期到 50 年代末），社会主义国家开始逐渐改变其性质：它越来越从阶级的国家变成全民的国家，个人迷信延缓了把无产阶级专政的国家变成全民国家的过程；在苏共二十大和二十二大两次代表大会之间，完成了无产阶级专政的国家转变为苏维埃社会主义全民国家的过程，开始了社会主义国家组织发展的第三个阶段，向国家的完全消亡又跨出了一步；随着无产阶级专政的停止，出现了以往历史上没有过的局面：国家终于不再成为阶级的统治工具。③ 同年 4 月 5 日，《真理报》刊登布尔拉茨基的一篇题为《苏维埃全民国家》的文章，文章说，“现在还有人大肆赞扬斯大林的错误观点，并对关于无产阶级专政转变为全民国家的思想持怀疑态度。这些人硬说，在社会主义制度下，虽然剥削阶级已被消灭，但社会内部仍存在阶级矛盾和阶级斗争，由社会主义过渡到共产主义需要对社会关系做一次革命性的破坏。所以无产阶级专政仍作为无产阶级反对自己敌人的斗争工具而保存下来”；文章还说，工人阶级仍保持其领导作用，“但工人阶级不论在选举方面，还是在国家权力

① 中共中央党校党建教研室编：《苏联共产党章程汇编》，第 201—202 页。
② 柯雄：《苏联国内资本主义复辟纪事：1953—1973》，第 157 页。
③ 同上书，第 178 页。

和管理机关中，都不享有任何优先权”。“社会主义民主对整个社会，对所有人都一样，而不论其社会成分如何”，“全民国家是全民的权力机关。人民是权力的唯一源泉，并且是国家一切事务的主宰者。”①

1962 年 4 月 25 日，赫鲁晓夫又在最高苏维埃会议上作关于制定新宪法的报告，他说，从通过现行的宪法时起所发生的变化的事实是：社会主义在苏联取得了完全的和最终的胜利，苏联进入了全面开展共产主义建设的时期，在苏联发展的新阶段，无产阶级专政的国家变成了全民的社会主义国家，而无产阶级民主变成了全民的民主；新的宪法应该是全民的社会主义国家的宪法、正在建设的共产主义的宪法；伟大的共产主义的理想是各国人民的和平、劳动、自由、平等、博爱和幸福，这些对所有人民说来是神圣的原则，应该作为苏维埃社会主义共和国联盟新宪法的基础。② 赫鲁晓夫讲话后，苏联各大媒体纷纷对赫鲁晓夫讲话精神做出响应。

塔斯社评论员阿尔捷莫夫就制定新宪法发表评论，说向共产主义过渡意味着全面发展个性自由，意味着国家职权的逐步消亡，并在越来越深入的程度上由公民的自治组织来执行。新宪法“应该为过渡到社会的共产主义自治而准备条件，这种共产主义自治将代替现在的国家”。③

《武装力量共产党人》杂志第 12 期则刊登了军事科学副博士塔蒙诺夫的一篇名为《论苏军的性质和使命》的文章，文章以“全民国家”思想为指导，指出现阶段苏联军队建设的两个基本问题：一是关于苏军“全民性质”的发展；二是关于现阶段苏军的使命。谈到现阶段苏军的性质时，文章说，斯大林提出的红军三大特点的论断“需要严加修正”，尤其是“红军是确立无产阶级专政的军队，是把工人和农民从地主和资本家压迫下解放出来的工具的论点，已经过时”。“在现代条件下，苏军是无产阶级专政的工具这个老定义已经过时”，“苏军已经成了真正的全民军队”，“无产阶级专政的军队和全民国家的军队，并没有原则区别”。在此基础上，文章认为，苏军发展经历了三个阶段：第一阶段是建军初期。红军的产生和任务，与其说决定于内部条件，不如说决定于外部条件，红军是在不同的社会基础上建立起来的……它的使命不是多数对少数实行阶级压迫。第二阶段是全民军队阶段。到 1936 年，社会主义在苏联已经取得胜利，剥削阶级已被消灭，苏联已经没有互相仇视的对抗阶级，镇压国内被推翻的剥削阶

① 柯雄：《苏联国内资本主义复辟纪事：1953—1973》，第 179 页。
② 同上书，第 180 页。
③ 同上。

级的任务已告完成，这时红军的“性质和使命”便发生了“本质性变化”，“红军按其成分来说，成了全民的、各阶层和各社会集团的军队”。第三阶段是真正的全民军队阶段。第二次世界大战结束后，国际力量对比发生了根本变化，苏联国内也发生了变化，“从国内发展的任务来看，无产阶级专政在苏联已经不再是必要的了”，苏联进入了“全面展开共产主义建设时期”。随着“国家转变为全民国家”，“苏军的性质也将发生新的变化”[①]。这篇文章实质上是鼓吹军队“国家化”“全民化”，是在军队建设领域否定无产阶级专政，否定党对军队的绝对领导。这种背离了马克思主义的错误建军思想，对苏联红军的未来发展产生了极为消极的影响。当1991年8月苏共中央紧急状态委员会调动军队而多数部队以“军队是国家军队，只能听命于总统”为理由不再绝对服从党的指挥之时，人们不难看到“全民党”“全民国家”错误思想对苏联军队的严重腐蚀。

《真理报》也以《人民的战斗先锋队》为题载文说：“在新的历史条件下，由于社会主义在苏联的胜利和苏维埃社会一致的巩固，党本身的性质也发生了变化。党从工人阶级的组织变成了苏联人民的先锋队，变成了全民的党。党的历史道路的必然结果就是这样的。”“其所以必然，是因为就实质和列宁的党为自己提出的目标和斗争任务而言，党在它诞生时起就已成长为一切被压迫和被剥削群众的组织了。”《土库曼火星报》载文说：“共产党是作为工人阶级的政党，即社会上最先进、最革命的阶级的政党而产生的。但是，自从20世纪以来，俄国的工人阶级就已作为全民斗争的领袖，作为革命领导者出现了。因此，那时就已经创造了把布尔什维克党从工人阶级先锋队变成俄国全体劳动人民的先锋队的前提。”“就苏共的目标与劳动人民长期以来的向往相适应这点而言，就所提出的任务符合工农根本利益而言，苏共在其发展的第一阶段里（即推翻剥削者的统治和建立无产阶级专政阶段），就已经是一个全体劳动人民的政党了。”[②]

赫鲁晓夫在苏共二十二大上鼓吹“全民党”和“全民国家”错误理论的同时，还大肆宣扬资产阶级人道主义，提出“一切为了人，为了人的幸福”，“和平、劳动、自由、平等、博爱和幸福”以及“人对人不是仇敌，而是朋友和兄弟”的号召。[③] 根据赫鲁晓夫的讲话精神，苏联《文学与生活报》于1962年9月刊登了古里亚的一篇文章：《我们是人道主义者》。

① 柯雄：《苏联国内资本主义复辟纪事：1953—1973》，第180—186页。

② 同上书，第224—225页。

③ 同上书，第108页。

文章说，在 1937 年，发生过粗暴地破坏列宁民族政策的行为，那是斯大林和对他个人迷信的过错。文章接着引用赫鲁晓夫的说法：斯大林“拔出剑来，对准自己的阶级、自己的党”，“斯大林应该对此负责，即使在死后，要是我们不把所有这一切都说出来，那我们就不是人道主义者”。“人道主义——这就是确定文学作品的永垂不朽的价值的主要的东西”。“没有它，任何文学都不存在”。[①] 就在赫鲁晓夫下台前的几个月，苏联《真理报》于 1964 年 1 月 29 日还报道说，苏共中央意识形态委员会举行会议，讨论了电影问题。会议对反斯大林影片《寂静》《生者与死者》给予了高度评价，并说“任务就在于坚决地揭露我们意识形态的敌人、教条主义者和修正主义者的一切阴谋和伪造、诽谤和谎言；就在于以更大的毅力和热情在创作中确立社会主义现实主义原则，确立我们的意识形态——伟大人道主义的意识形态”。[②]

实际上，就苏联当时所处的社会发展阶段而言，国际国内根本不存在“全民党”“全民国家”。“全民党”这一提法是根本违背马克思主义建党学说的。马克思主义认为，政党是阶级社会的经济和阶级斗争发展到资本主义阶段伴随着资产阶级民主政治的产生而产生的。阶级和阶级斗争的存在是政党产生的基础，世界上任何政党都反映特定阶级的本质特征，代表特定阶级的意志和利益，并以实现该阶级的统治和政治纲领为奋斗目标，因而政党都是阶级的政党。共产党也不例外，她虽然可以代表最广大的劳动群众的意志和利益，但这并不意味着她有超阶级性；共产党只要还存在，她就永远是工人阶级的政党。共产党“没有任何同整个无产阶级的利益不同的利益”，“他们不提出任何特殊的原则，用以塑造无产阶级的运动”。[③] 因此，有政党，就谈不上是全民党，“全民”与“政党”这两个词是不能连在一起的。在阶级和阶级斗争还没有彻底消灭的情况下，“全民国家”当然也是不存在的，无产阶级专政的国家职能也就不能减弱。苏联党和国家在理论上否定马克思主义的阶级斗争观点和阶级分析方法，推行“全民党”“全民国家”理论，不仅为“非斯大林化”制造了理论和舆论基础，而且动摇了苏联党的领导和社会主义大厦的根基。

---

① 柯雄：《苏联国内资本主义复辟纪事：1953—1973》，第 194 页。

② 同上书，第 234 页。

③ 《马克思恩格斯选集》第 1 卷，第 285 页。

第三节　把创新和发展马克思主义的严肃性变为随意性发挥

赫鲁晓夫马克思主义理论素养不高，又不在实际工作中认真学习马克思主义理论和方法，反而喜欢把自己打扮成一个能够领导苏联社会主义事业以及国际共产主义运动的理论家，结果既不能坚持马克思主义的基本原理，又在所谓“反对教条主义”的幌子下把创新和发展马克思主义的严肃性等同于随意性发挥，把背离马克思主义并且早就遭到马克思和列宁批判的修正主义作为对马克思主义的所谓“新发展”，拿来作为苏共在新时期党的指导思想，悄然之间把苏联党和社会主义制度引向了败亡的道路。

一、宣称社会主义制度在苏联彻底巩固论

在苏共二十大上，赫鲁晓夫提出“必须创造性地而不是教条主义地运用革命理论”，并提出社会主义制度彻底巩固论。赫鲁晓夫说：“谁都知道，早在要通过新的苏联宪法（1936 年）的时候，社会主义制度在国民经济一切部门中就已经胜利了、巩固了”，“在那个时候，社会主义社会就已经在我国基本上建成了，从此以后，它就在社会主义生产关系的坚固基础上发展着。因此，断定我们只是奠定了社会主义基础”，就会使人民在“发展前景这样紧要的问题上迷失方向”。①

1956 年 6 月，苏共中央发表《关于克服个人崇拜及其后果》的决议，其中专门批评了斯大林的阶级斗争理论，说斯大林“在 1937 年关于苏联愈向社会主义前进，阶级斗争就愈尖锐的错误公式，给社会主义建设事业、给党和国家内的民主的开展造成了很大的危害”，“成了粗暴地破坏社会主义法制和大规模进行镇压的论据”。②

1959 年 1 月 27 日，苏共举行了第二十一次非常代表大会。赫鲁晓夫在大会上宣称“资本主义在苏联复辟的危险已经没有了”，“社会主义不仅取得了完全的胜利，而且取得了彻底的胜利”。③ 会后，苏共二十一大通过

---

① 柯雄：《苏联国内资本主义复辟纪事：1953—1973》，第 37 页。

② 同上书，第 41—43 页。

③ 同上书，第 106 页。

了赫鲁晓夫所作的《关于1959—1965年苏联发展国民经济的控制数字》的报告，报告提出，社会主义在苏联已取得完全的、彻底的胜利，世界上没有任何力量能够在苏联恢复资本主义；在现在的条件下，社会主义国家组织发展的主要方向是尽力发展民主，国家机关现在所履行的许多职能应该过渡到由社会团体来执行。同年，苏联科学院经济研究所编的《政治经济学教科书》第三版增订本中说："由于集体化的完成，资本主义在经济中的根子被拔掉了。农民分化和产生资本主义因素的过程停止了。过渡时期的基本矛盾——日益成长的社会主义同已被推翻的、但初期还是强大有力的、在小商品生产中还有基础的资本主义之间的矛盾——克服了。谁战胜谁的问题，无论在城市或农村中都被有利于社会主义地解决了。"①

1961年1月，赫鲁晓夫又在苏共中央高级党校等党组织的会议上信誓旦旦地说："现在不仅在苏联，而且在社会主义阵营各国，都已消灭了资本主义复辟的社会上和经济上的可能性。"② 同年7月，苏联《哲学问题》杂志第七期刊登什特拉克斯的一篇名为《论客观规律的发展》的文章。文章说，目前在苏联，"对抗性矛盾消失了"，"生产关系同生产力之间的冲突、阶级之间的冲突的客观基础没有了"，产生社会革命的任何基础"失去了"，"飞跃不是通过社会一部分反对社会的另一部分的斗争来实现，而是通过各个阶级和各个社会集团的共同行动来实现"。③

1962年9月，《共产党人》杂志第14期还发表了题为《科学世界观的形成》的编辑部文章，文章说："社会主义在苏联的完全和最终的胜利，意味着我们的社会是成熟的社会主义社会，在这里，人与人之间和民族与民族之间的社会主义关系发展和巩固了，社会对抗永远消失了，人民在社会政治和思想上的统一形成了。社会主义所有制对生产工具和生产资料的统治、社会主义经济体系在客观上使得社会利益成为社会全体成员的利益，这就把人们团结和联合起来，为所有的人都形成统一的科学世界观创造了社会的、经济的前提。"④

然而，苏联当时的实际情况并非如此，以赫鲁晓夫为首的苏共领导人和理论界的社会主义彻底巩固论完全欺骗了广大党员群众，特别是当苏联二十多年后在政治腐败、经济萧条、社会动乱和民族分裂等社会因素作用下亡党亡国时，人们不仅明白了赫鲁晓夫所谓的社会主义彻底巩固论纯属

① 柯雄：《苏联国内资本主义复辟纪事：1953—1973》，第124页。

② 同上书，第144页。

③ 同上书，第153—154页。

④ 同上书，第195页。

胡诌，而且也不得不深刻反思这样一个问题：在共产党执掌政权的社会主义国家，党的高层领导人在缺乏马克思主义理论素养的条件下对社会主义建设和发展现实做出理论判断并采取相关对策，对社会主义事业的前途命运是一件多么危险的事情！

二、从简单的物质生活层面对共产主义做出庸俗化解释

马克思和恩格斯早就指出，实现共产主义是人类实现彻底解放最深刻、最伟大的社会运动。共产主义社会不仅要建立在物质文明极大丰富的基础上，而且更重要的是要建立在高度发达的精神文明和政治文明基础上。马克思和恩格斯在《共产党宣言》中深刻指出："共产党人的理论原理，决不是以这个或那个世界改革家所发明或发现的思想、原则为根据的。这些原理不过是对现存的阶级斗争、我们眼前的历史运动的真实关系的一般表述。废除先前存在的所有制关系，并不是共产主义所独具的特征。……共产主义革命就是同传统的所有制关系实行最彻底的决裂；毫不奇怪，它在自己的发展进程中要同传统的观念实行最彻底的决裂。……代替那存在着阶级和阶级对立的资产阶级旧社会的，将是这样一个联合体，在那里，每个人的自由发展是一切人的自由发展的条件。"[①] 然而，在赫鲁晓夫执政时期，共产主义社会只被从简单、片面的物质生活层面做出了庸俗化解释。

1959 年赫鲁晓夫在苏共第二十一次非常代表大会上作了《关于 1959—1965 年苏联发展国民经济的控制数字》的报告，宣称共产主义建设就是在人均产品产量上赶超最发达的资本主义国家。他说，苏联现在进入"全面展开共产主义社会建设的时期"，这个时期的主要任务"实际上就是要解决在按人口计算的产品产量上赶上和超过最发达的资本主义国家的任务"，是"在社会主义同资本主义的和平经济竞赛中最大限度地赢得时间"，"大约在 1970 年，就可以超过美国"。[②] 报告在谈到"共产主义建设"的若干理论问题时提出了一些庸俗化并令人费解的结论，比如：（1）只有拥有了非常丰富的产品足以充分满足一切人的需要的时候，当一切人都养成了尽自己的能力去劳动的习惯的时候，共产主义建设就算成功了。（2）在社会主义条件下不存在阶级的不平等，只是还有产品分配上所得份额的不平等。（3）国家消亡问题"就是社会主义国家组织发展成为共产主

① 《马克思恩格斯选集》第 1 卷，第 285—294 页。
② 柯雄：《苏联国内资本主义复辟纪事：1953—1973》，第 108 页。

义的社会自治组织的问题”；社会主义国家组织发展的主要方向是尽力扩展民主，“吸收最广泛阶层的居民来管理国家的全部事务”，吸引“全体公民”参加经济和文化建设的领导工作；国家机关所履行的许多职能应逐渐过渡到由社会团体来履行。（4）资本主义在苏联复辟的危险已经没有了。这意味着，社会主义不仅取得了完全的胜利，而且取得了彻底的胜利。（5）社会主义国家“要大致同时过渡到共产主义社会的高级阶段”。所有国家在向共产主义社会发展中，主要的和有决定意义的是它们的共同规律，而不是这些规律的特殊表现。（6）共产主义就是要使每个人穿得好、住得好，能够学习，自愿地劳动，为社会造福，享受科学、文化和艺术的一切成果。①

1960 年 7 月 16 日，赫鲁晓夫在接见全国知识界代表时又说：“共产主义社会，就是所有的人过最好的生活。要知道每一个人都希望过得更好。甚至鸟儿也要为自己的小鸟寻找美味的食物”，“在社会主义社会里，每一个人，不论他处于何种地位和从事何种劳动，都是献出自己的力量和知识为整个社会的利益服务，因而也就是为作为这个社会成员的自己的个人利益服务。”②

共产主义是人类最高级的社会形态，物质文明、精神文明、政治文明乃至生态文明都高度发达，赫鲁晓夫只是根据眼前的直观感受对共产主义做简单而肤浅的解释，只能是人为地降低共产主义社会的经济、政治、文化和社会的文明标准，把共产主义庸俗化。

三、不切实际地倡导并推行社会团体治国论

在 1959 年年初的苏共第二十一次非常代表大会上，赫鲁晓夫异想天开地提出了要在苏联“全面展开共产主义社会建设”新时期，提出国家的某些职能应该逐渐移交给社会团体。同年 3 月，苏共中央和部长会议公布了《关于劳动人民参加保卫国家社会秩序的决议》，决议指出：“同危害社会的行为作斗争不仅应该由行政机构进行，而主要的方式应该是广泛地吸引劳动人民和社会团体来保卫国家的社会秩序。”苏共中央和部长会议接受了“劳动人民提出的关于在城市和农村建立保卫社会秩序的人民志愿纠察队的许多建议”，并批准了纠察队临时条例草案。根据草案，“纠察队的基

① 柯雄：《苏联国内资本主义复辟纪事：1953—1973》，第 108—113 页。
② 同上书，第 137 页。

本任务是维护社会秩序”，并“采取必要的措施来制止破坏秩序的现象”。[①]

有了苏共中央和部长会议的决议，1959 年 5 月，赫鲁晓夫又在作家协会举行的第三次代表大会上发表讲话，把涉及国家安全和政治法律制度的犯罪问题等同于一般的道德问题和心理卫生问题。他说，“在我们这个没有敌对阶级和敌对集团，整个生活都建筑在同志爱和友谊基础上的社会主义社会里，那些不幸‘给鬼迷了心窍’的人需要更加关心。”他又说，“犯罪，这就是脱离社会上公认的行为准则，常常是由于一个人精神混乱所引起的。”[②]

赫鲁晓夫公开提出关于犯罪的“新理论”后，苏联公检法系统开始做出反应。1959 年 7 月 20 日，苏联最高法院就法院实际运用刑事惩处办法问题做出决议。决议说：目前国家机构的某些职能，其中包括保障社会秩序和遵守社会主义公共生活准则的职能，应当逐渐交由社会团体履行；根据苏共二十一大的决议和 1958 年 12 月最高苏维埃通过的刑事立法基本条例，法院应该关切所选择的处刑方式是否适合犯罪行为的严重程度，应该考虑被审判者的个人特点，应该关切处刑方式是否能够最大限度地促使罪犯改过自新；法院在给特别严重的罪犯或特别危险的惯犯以严厉的处刑的同时，还应对那些对社会来说不构成特别大的危险、并且可以不同社会隔离而走上改正道路的罪犯，不采取剥夺自由的处罚方式；各级法院在社会团体和劳动群众集体要求之下，应考虑将这些人交给社会团体和劳动群众组织实行缓刑和教育改造；对于那些犯法非常小的人，法院应停止刑事审判，交给社会团体处理。[③]

1959 年 10 月 22 日，苏联最高苏维埃法院和检察院的法案委员会又公布了《同志审判会试行条例》草案。草案说：同志审判会的主要任务是防止犯罪和危害社会的行为发生，用说服和社会感化的方法教育人，对任何反社会行为造成不容忍的气氛。同志审判会的职权包括审理有关破坏劳动纪律，非法使用材料、设备和交通工具（没有给国家或组织造成重大损失）的案件。同志审判会也审理其他一些案件，其中包括逃避社会公益劳动、寄生生活方式、没有完成教育孩子的责任、小规模的投机活动、公民之间五百卢布（合新币五十卢布）以下的钱财争执以及双方同意提交同志审判会的一千卢布（合新币一百卢布）以下的钱财争执。草案还规定，同

① 柯雄：《苏联国内资本主义复辟纪事：1953—1973》，第 113 页。

② 同上书，第 115 页。

③ 同上书，第 118 页。

志审判会仅限于公开地审理案件或者从几种有作用的措施中采取一种。同志审判会可以责成破坏者对受害人或集体公开道歉，给破坏者以警告、舆论谴责和社会申斥，处以一百卢布（合新币十卢布）以内的罚款。同志审判会有权向企业、机关和集体农庄领导建议给犯罪者调任为期不超过三个月的低工资工作，建议降职或解雇犯罪者，责成犯罪者用自己的劳动来补偿他招致的损失，责成犯罪者赔偿不超过五百卢布（合新币五十卢布）的损失费。同时同志审判会的最后决定不必向上呈报，如果所通过的决定与案情、法律不符，工会、苏维埃地方执委会有权建议同志审判会重新审理。10月23日，苏联最高苏维埃两院法案委员会又根据苏共二十一大的决议制定并公布《关于提高社会公众在同破坏苏联法律和社会主义公共生活准则的斗争中的作用》的法律草案以及《关于同志审判会的示范章程》草案等文件，其中法律草案说，“尽力扩展民主，吸收全体公民参加经济和文化建设的领导工作以及管理国家的事务，是全面开展共产主义建设时期改进社会主义国家组织的主要方向”，“国家机关的许多职能应当逐步过渡到、而且现在正在过渡到由社会团体来履行。”草案还说，“必须全力发展人民志愿纠察队、同志审判会、社会监督以及其他业余组织的工作，这些组织的使命同国家机关的使命一样，在于预防和制止犯罪行为以及其他破坏法律和社会主义公共生活准则的行为。”①

一时间，无原则地宽大处理犯罪行为成为苏联政府机关和社会的时髦运动。1960年12月，《共青团真理报》曾经载文批评某些司法机关对待重刑事犯过于宽大的现象。文章说，一个杀人犯被判了10年徒刑，但在劳改营只坐了两年牢，后两年改在劳改营自由区，每月可挣1500到1700卢布，一共服刑四年就提前释放，并撤销了前科。同时文章还提到了社会上流行的一种说法：“保护犯法者，现在是时髦的做法，所以我们想跟上生活的步伐。”② 而实际上，赫鲁晓夫鼓吹并推行的社会团体治国论并不符合当时苏联社会发展的实际情况，没有也不可能真正探索社会团体在社会主义民主实现过程中的意义和条件。在公检法系统不切实际地推行社会团体治国论，只能是纵容犯罪，破坏社会主义法治。赫鲁晓夫推行不切实际的社会团体治国论所造成的深远危害，不能不令人联想到为什么苏联到了勃列日涅夫和戈尔巴乔夫执政时期，出现了酗酒成风、黑帮泛滥、犯罪猖獗等严重社会问题。与此同时，苏共虽然提出注意提高社会团体的作用，但工会

① 柯雄：《苏联国内资本主义复辟纪事：1953—1973》，第120—121页。

② 同上书，第141页。

和共青团等社会团体基本上仍然是党政机关的附属机构，官僚主义盛行，并不能真正发挥保护劳动者、代表群众利益的独立作用。

四、人为地将苏共分为工业和农业两个党组织

1962年11月，苏共中央举行全会，讨论发展经济和党对国民经济的领导问题。赫鲁晓夫在会上别出心裁地提出苏共应该按照所谓“生产原则”将州一级以上的党组织划分为工业党组织和农业党组织。赫鲁晓夫说：“旧的党组织形式在某种意义上已成为党领导生产的障碍，从组织上改组中央和地方党的机关对国民经济的领导的必要性已经成熟。”因此认为，“党兼管工农业给挑选干部造成很大困难，因此提出必须把生产原则作为自上而下地建立党的机关的基础，以便保证党对工业、建筑业和农业更具体的领导。”① 报告主张取消现有区党委，建立农业管理局党委和工业生产党委，主张在州和边疆区分设领导工业和农业的党委，苏维埃及其执委会也分成两套。报告建议共和国党中央主席团下设立两个局分管工农业，并强调这两个局有广泛的自治，主席团不要干涉和监督；报告还提出在苏共中央委员会内设立领导工业生产的苏共中央局和领导农业生产的苏共中央局。全会根据赫鲁晓夫所作报告，最后通过了《关于苏联经济的发展和改组党对国民经济的领导》的决议。决议认为，必须以生产原则为基础，自上而下地改组党的领导机构。在现有的边疆区、州的范围内一般成立两个独立的党组织：一个党组织包括工业、建筑业、交通运输业、为工业生产和建筑业服务的学校和科学研究所、设计机构和其他机关；另一个党组织包括集体农庄、国营农场、试验站、农业学校和科学研究所、农业原料加工企业、采购机构和其他与农业生产有关的机关和组织。在边疆区、州党组织中相应地设立：领导工业生产的边疆区、州党委会；领导农业生产的边疆区、州党委会。决议认为，在苏共中央、加盟共和国中央成立中央委员会工业生产领导局和农业生产领导局是适宜的。

而实际上，人为地将苏共分为工业和农业两个党组织绝不是什么理论与实践创新，而是违背马克思主义政党学说的随意性行为。马克思和列宁从一开始就特别强调无产阶级政党在任何情况下都必须团结统一，坚持民主集中制原则，以保持党的凝聚力和战斗力。赫鲁晓夫人为地将苏共分为工业和农业两个党组织，并没有像他所提出的达到克服官僚主义和提高效率的目的，相反却造成了苏共组织涣散、各自为政和机构膨胀的结果，进

① 柯雄：《苏联国内资本主义复辟纪事：1953—1973》，第200—201页。

一步增加了苏联改革的复杂性和艰巨性。

第四节　改革在总体上演变为背离马克思主义的拙劣行动

苏联的社会主义模式形成于20世纪30年代，战后得到了进一步巩固但也趋于僵化。对于苏联政治经济体制存在的弊端，苏共党内早在这种模式开始形成时就曾经有人提出过。经过第二次世界大战的非常时期，由于斯大林个人崇拜不断加强，苏联社会主义模式的原有弊端以及党内存在的不良倾向和思想作风不但没有彻底克服，反而潜移默化地加强了，比如党和国家政治生活中的个人专断和官僚主义以及经济生活中行政命令代替经济规律等问题。因此，二战刚刚结束，苏联理论界有学者提出扩大企业权限、完善经济核算制和加强物质刺激等涉及经济体制改革的问题。在当时的条件下，这些变革思想没有能被苏联最高领导人所接受。斯大林逝世之后，苏联社会内部开始涌动着要求进行经济政治体制改革的呼声。在赫鲁晓夫倡导下，以1956年2月苏共二十大为主要标志，苏联进行了一场理论、制度和程序等都准备不充分的经济、政治和思想领域的改革，这是苏联历史上第一次改革尝试。实践证明，赫鲁晓夫主持的改革最后在总体上演变为背离马克思主义的拙劣行动，造成了国民经济的极大混乱和严重损失。

赫鲁晓夫时期的经济政治体制改革，大致可以分为三个阶段。第一阶段，从1953年斯大林逝世至1956年苏共二十大召开。这期间以思想和文学领域的“解冻”为先导，突破某些所谓“理论禁区”，提出贯彻物质利益原则，首先在农业方面试行改革。当时提高了农产品收购价格，取消农产品义务交售制，实行统一的国家收购制度。在提出尊重集体经济的自主权的同时，放宽发展以宅旁园地和畜牧养殖为主的私人经济，以促进农业和畜牧业的发展。在工业方面也提出一些改革措施，如把一些企业下放给地方、减少企业计划指标、扩大企业经理的权限等等。第二阶段，从1957年至1961年苏共二十二大召开。这期间苏共二十大批判对斯大林个人迷信之后，思想进一步解放，改革的重点是改组工业、建筑业和农业的管理模式。1957年对工业和建筑业的管理进行改组，由部门为主的管理原则改为以地区为主的管理原则，撤消25个联盟和联盟共和国工业部，全国成立

105个经济行政区，将各部所辖企业下放给经济行政区所设的经济委员会管理。1958年又改组农业机器拖拉机站，将农机卖给集体农庄。第三阶段，1961年苏共二十二大进一步提出了经济体制改革原则，如扩大企业权限、加强经济刺激、充分利用各种经济杠杆等。在赫鲁晓夫支持下，1962年《真理报》发表了经济学家利别尔曼关于对企业实行利润刺激原则的建议，在全苏就经济体制改革展开了将近两年的热烈讨论。这是一场影响深远的讨论。但不久，赫鲁晓夫就下台了。

赫鲁晓夫领导的改革是以苏联知识界在斯大林逝世后开始出现一股后来被称为“解冻”的自由化思潮为先导的。关于“解冻”这个名称的由来有不同的说法，但一般认为来源于苏联小说家爱伦堡1954年5月发表的长篇小说《解冻》。小说第一部的故事情节发生在1953年冬至1954年早春，通过主人公之口反复讲到严冬即将过去，“已到解冻时节”，“春天就在眼前”，已听得见“春天的喧闹声”等语句，把斯大林时代喻作严冬时节，“解冻”则映衬斯大林时代的结束。在爱伦堡首次使用“解冻”名称之前，苏联诗人扎鲍洛茨基早在1948年也曾写过《解冻》一诗，表达了希望改变现状的心情，这首诗直到1953年10月才发表出来。虽然扎鲍洛茨基《解冻》一诗比爱伦堡小说《解冻》早发表七个月，也映衬了当时的思想和文化氛围，但其社会影响力以及与时代潮流的契合度不及爱伦堡的小说《解冻》，因此，人们更多地认为苏联的“解冻”思潮和“解冻”文学的中“解冻”称谓主要来源于爱伦堡的小说《解冻》。苏共二十大以后，“解冻”这股自由化思潮迅速从知识界扩散到全社会，形成了不小的声势，淹没了大片马克思列宁主义的思想阵地，影响了愈来愈多的人。“解冻”思潮在文学界影响尤为深远，出现了一批暴露社会生活阴暗面的文学作品，这些作品后来被称为“解冻文学”。赫鲁晓夫领导的苏联改革正是在这样的思想和社会背景下展开的，改革指导思想从一开始就打上了资产阶级自由化的烙印并且越来越背离马克思主义。

赫鲁晓夫作为苏共最高领导人，虽然意识到改革政治经济体制的必要性，但他马克思主义理论素养低，未能正确总结斯大林时期的经验教训，在基本理论问题上犯下修正主义错误，进而对苏联社会发展所处阶段、社会发展基本矛盾、苏联社会主义国家是否还存在阶级和阶级斗争以及无产阶级专政的国家职能等社会主义建设和发展的重大理论问题也认识模糊，从而导致整个政治经济体制改革的方针和策略在根本上缺乏科学的理论基础。没有科学的理论基础，就不可能做出切合实际的决策，也就不可能通过改革有效解决上层建筑与经济基础、生产关系与生产力之间的矛盾，切实完善社会主义政治经济体制机制。在改革基本理论和基本策略皆不对路的情况下，赫鲁晓夫却把主观主义和“唯意志论”在工业和农业改革的具体措施上发挥到了极致。

在工业领域，赫鲁晓夫的主观“唯意志论”主要表现在：经济体制改革只是停留在改组企业领导模式，而没有拿出切实有效的措施发掘、引导和保障企业活力。当时苏联有几十万个国营工业企业，赫鲁晓夫认为中央不能对大量工业企业实行具体而有效的指挥，决定改组领导模式。1953 年至 1956 年，苏联把大约 15000 个企业由全联盟一级部委管理模式改变为加盟共和国部委直接管理，放弃中央统一管理。1957 年上半年苏共中央又通过了《进一步改善工业和建筑业管理组织》的决议，要求按地区原则改组工业和建筑业管理体制，把原先由中央各部门管理企业的模式改为地区管理模式，将全国划分成 105 个经济行政区，每一个经济行政区成立国民经济委员会，联盟中央只保留航空工业部、国防工业部、无线电技术工业部、造船工业部、化学工业部、电工器材工业部、交通建设部和电讯部，其他工业部一律撤销，它们所属企业和部门管理职能统统移交新成立的地区国民经济委员会。这项改革措施在一定程度上调动了地方的积极性，但却引起严重不良后果，不仅破坏了国家对经济的统一宏观管理，而且切断了中央领导经济的渠道。与此同时还造成了“地区割据”，破坏了国民经济的整体协调发展和行业部门内部的横向联系，原先的部门壁垒变成了地区壁垒，不同经济行政区各自为政，全国同一行业企业之间的生产专业化和协作受到严重影响，科技设计机构分散，技术政策难以统一。更为严重的是，地方保护主义泛滥，各经济区乱上基建项目，使基本建设投资分散、战线拉长，基建效益进一步下降。结果全国工业管理陷入一片混乱。为了扭转这种局面，1960 年和 1963 年，赫鲁晓夫又决定再将经济区合并，最后形成 47 个，并在一些加盟共利国和联盟中央设置国民经济委员，协调和监督经济行政区国民经济委员会的活动。

由于赫鲁晓夫领导的苏联经济体制改革基本上没有触及企业内部改革，只是在浅层次改组企业管理机构，给企业换了“婆婆”，造成微观管理原封不动而宏观管理又失去控制的混乱局面。这不仅未能促进生产力的发展，反倒使工业增长速度大幅下降。1951—1955 年，苏工业总产值每年平均增长 13.1%，改革后，1956—1960 年工业年均增长率下降 10.4%，

1961—1965 年又下降 8.6%①，这是以前 40 年苏联历史上前所未有的。1964 年 11 月赫鲁晓夫下台 1 个月后，苏共中央机关报《真理报》发表社论说，1957—1964 年苏联对工业的改革是一次“没有经过周密思考、没有仔细权衡、没有经过实际试验的改组”，结果失败了。②

在农业领域，赫鲁晓夫的主观“唯意志论”主要表现在：

一是为了“向共产主义过渡”，不顾苏联集体农庄的实际情况，盲目合并集体农庄，把集体农庄改为国营农场或并入农场，追求所有制升级。当时苏联农业中存在两种基本所有制即集体农庄的集体所有制和国营农场的全民所有制，此外还同时存在极小部分农庄庄员和国营农场职工宅旁园地和自养牲畜。赫鲁晓夫认为社会主义所有制有高低之分，全民所有制是最高形式，集体所有制次之，个人副业只是个“过渡”，趋势是“自然消亡”，共产主义就是要实行“一大二公”的全民所有制。因此，从 1962 年开始，苏联开始多次合并集体农庄并将之改为国营农场或并入国营农场，结果使 1965 年全国集体农庄数比 1953 年减少近 60%。由于每个农庄平均拥有大约 91500 亩土地，国营农场的规模扩大到几乎难以经营的程度，不仅没有达到提高农产品产量的目的，反而由于乱改组、瞎指挥，严重破坏了农业生产的发展。本来从 1959 年到 1962 年的四年中，苏联农业总产量还能保持年均 1.6% 的增长，合并集体农庄后，1963 年农业总产量比 1962 年下降 10.7%，苏联不得不因为国家粮食储备不足而重新实行配给制，并从加拿大、澳大利亚等国进口粮食，引发群众严重不满情绪。赫鲁晓夫当政初期曾经责怪斯大林限制个人农副业经济，可后来他又出尔反尔，也对个人经营宅旁园地和自养牲畜施加限制，无视个人农副业经济对苏联农业的重要补充（苏联当时个人宅旁园地只占全苏耕地总面积 3%，但所生产的农畜产品却占苏农业总产值三分之一）。③

二是盲目改组农业管理模式。苏联农业在赫鲁晓夫执政后期开始陷入困境，种植业连年完不成生产计划，畜牧业的生产状况则更糟。面对这种形势，赫鲁晓夫在 1961 年 1 月主持召开苏共中央全会讨论“进一步发展农业的措施”，决定改组联盟农业部及各加盟共和国农业部。改组后，从中央到各加盟共和国农业部不再负责制订农业生产计划、组织生产和为集体农庄和国营农场供应农业机械，而是主要致力于农业生产的科学指导、传

---

① 齐向等编：《苏联解体内幕》，吉林人民出版社 1992 年版，第 76 页。

② 同上书，第 76—77 页。

③ 同上书，第 78 页。

播先进经验和推广优良品种等工作。过去区党委和区苏维埃执行委员会直接管理农业，1962 年 3 月赫鲁晓夫又决定在它们之上设置另一级管理机构，管辖两三个区内 20 个至 30 个集体农庄和国营农场。赫鲁晓夫对于农业领域存在的问题，不是从改革农业生产单位的内部管理体制上着手，只是在改组各级党委和行政机构的管理和监督职能上下功夫，跟工业管理体制改组一样，使农业管理工作也陷入混乱。

三是赫鲁晓夫不顾苏联土壤的实际情况，简单否定传统的行之有效的草田轮作制种植模式，强行在苏联各地推广玉米种植，结果不仅破坏了土壤肥力，而且导致苏联整个农业连续多年歉收。1962 年 3 月，赫鲁晓夫在苏共中央全会上作了《共产主义建设现阶段和党在改进对农业领导方面的任务》的报告，在报告中赫鲁晓夫把农业的失败归罪于斯大林时期的草田轮作制，并借机攻击斯大林在农业问题上犯的“错误”，说他支持了草田轮作制，给农业“造成巨大损害”。苏共中央全会就赫鲁晓夫的报告做出决议，决议谴责了草田轮作制，说它“不适宜于社会主义农业”，必须代之以“较集约的农作制”，认为广泛推广种植玉米、甜菜、胡萝卜、豌豆、饲用豆类等高产中耕作物及豆科作物，“这可能根本改进土地利用状况”。[①] 改变传统的草田轮作制后，苏联农业出现大面积歉收。1963 年 9 月，赫鲁晓夫又异想天开地提出在八年内把苏联化肥产量从 1962 年的 1700 万吨增加到 7000 万—8000 万吨，以便增加土壤肥力，结果只是徒有大胆设想，化肥工业实际上未能得到所需的原定投资，迅速增加化肥产量的计划到头来也只是画饼充饥。

赫鲁晓夫工业和农业领域的“唯意志论”改革引发了国民经济的混乱，而涉及政治体制改革的干部更新制度则直接导致改革彻底失败。本来通过选举定期调整干部队伍是有利于克服官僚主义和效率低下的，但实践证明赫鲁晓夫在改革过程中启动的干部更新制度并没有统一的严肃性和恰当的分寸。一方面，更新制度规定了严格的干部任期和更换比例，[②] 另一

① 柯雄：《苏联国内资本主义复辟纪事：1953—1973》，第 177 页。

② 苏共二十二大新的党纲和党章规定：每次例行选举，苏共中央委员及其主席团成员至少更换四分之一，加盟共和国党中央、边疆区委、州委的成员至少更换三分之一，市委、区委、基层党组织党委会和支委会的成员至少更换一半。还规定：苏共中央主席团委员以及设有州的加盟共和国党中央领导机关的成员，连续当选不得超三届，每届任期四年；不设州的加盟共和国党中央、边疆区委、州委以及市委、区委领导机关的成员，连续当选不得超过二届，每届任期两年；基层党组织书记连续当选不得超过两届，每届任期一年；如果超过上述规定长期连续当选，则必须有四分之三以上的投票赞成。除了党的领导机关的成员以外，国家机关和社会团体的各级领导干部也照此办理。参见魏泽焕：《苏共兴衰透视》，广东人民出版社 1998 年版，第 219 页。

方面又规定某些党的活动家，由于享有“公认的威信，具有高度的政治品质、组织者品质和其他品质，可以在更长的时期内连续选入领导机关”，这就破坏了干部更新制度的统一严肃性，实质上是为某些领导干部比如赫鲁晓夫本人的终身制开脱，为赫鲁晓夫利用这一制度排斥异己、个人专断服务。与此同时，大批干部过于频繁地更换和调动，造成干部队伍大起大落，缺乏应有的稳定性和连续性，使领导干部没有足够的时间积累经验；再加上干部变动涉及很多人的切身利益，而对此事又没有事先做好充分考虑和妥善安排，客观上树立大批“政敌”或“反对派”。在这种情况下，即使正确的改革方案，也难以贯彻和取得成功。最后，赫鲁晓夫也被这些“政敌”或“反对派”赶下台，他发动的改革也终于结束。

总之，斯大林逝世前后，正是社会主义和资本主义两种对立的社会制度进行自我调整和彼此较量的关键时期。斯大林领导苏联党和国家取得了社会主义建设和捍卫国家主权的巨大成就。而既有的政治和经济体制在整体上适应社会主义生产力发展的同时，也存在一些弊端。斯大林逝世以后，苏联要在两种社会制度的对立中取胜，苏共领导人就必须自觉地从当时苏联的实际出发，坚持和捍卫马克思列宁主义，在破除个人迷信和教条主义的同时警惕修正主义，坚决而又谨慎地纠正历史错误，在弘扬优良传统的同时积极稳妥地对政治经济体制弊端进行改革。然而由于作为党和国家最高领导人的赫鲁晓夫缺乏应有的马克思主义理论素养和执政水平，认识不到斯大林的评价问题是一个马克思主义发展史上的重大理论和现实问题；在没有对改革进行充分理论论证的情况下，更多地只是从感性认识出发，孤立地抛出一个个具体改革措施而缺乏通盘计划，头痛医头、脚病医脚，致使苏联第一次改革演变成一场在“唯意志论”指导下的闹剧，不仅没有切实解决“斯大林模式”的弊端，反而使苏联改革所需要的良性政治、经济和社会环境变得更加复杂，在缺乏社会主义和集体主义原则强有力指导的物质利益刺激下，整个社会特别是官僚既得利益集团的资产阶级思想意识迅速膨胀，资本主义在苏联复辟的思想和社会基础反而被加强了。总体而言，赫鲁晓夫不仅没有在马克思主义理论创新发展上继往开来，反而使苏共走上背离马克思主义的道路，为苏联亡党亡国埋下了潜在的理论和政治危机。

第六章　勃列日涅夫缺乏理论素养与苏共意识形态和执政危机

列昂尼德·伊里奇·勃列日涅夫1906年12月19日出生在乌克兰第聂伯罗彼得罗夫斯克州卡缅斯科耶村（今第聂伯罗捷尔任斯克市）的一个冶金工人家庭。1921年至1923年在卡缅斯科耶冶金厂做工。1923年至1927年加入共青团，在库尔斯克农田耕作与土壤改良中等技术学校学习。1927年至1930年分别任俄罗斯奥尔沙区科哈诺夫斯基镇的土地丈量员、库尔斯克州一个区的农业管理局农田耕作组组长以及斯维尔德洛夫斯克州比塞特县执行委员会副主席；后在斯维尔德洛夫斯克市任乌拉尔州农业部副部长。1930年进入莫斯科农业大学学习，学习结束后先在斯维尔德洛夫斯克工作，然后回到故乡。1931年加入联共（布）。1935年毕业于第聂伯罗捷尔任斯克函授冶金学院，该校不久改为中等技术学校。毕业后勃列日涅夫曾一度在第聂伯罗捷尔任斯克冶金厂工作。1936年任第聂伯罗捷尔任斯克市苏维埃副主席。1938年任第聂伯罗彼得罗夫斯克州委部长。1939年任第聂伯罗彼得罗夫斯克主管宣传工作的州委书记。1940年任第聂伯罗彼得罗夫斯克负责国防事务的州委书记。

勃列日涅夫在第聂伯罗彼得罗夫斯克州委工作期间，深得乌克兰党中央第一书记赫鲁晓夫的信任。1941年苏联卫国战争爆发后，他被赫鲁晓夫作为“具有丰富的政治工作和组织工作经验的工作者”推荐到军队。在战争时期一直在前线做政治工作，担任过第十八集团军和第四乌克兰方面军的政治部主任，1944年11月被授予少将军衔。战争结束后，1947年任第聂伯罗彼得罗夫斯克州委第一书记。1950年任苏联最高苏维埃代表，同年6月进入苏联共产党中央委员会工作，7月任摩尔达维亚党中央第一书记。1952年任苏共中央委员。1953年斯大林去世后被赫鲁晓夫任命为海军部政治部主任，领中将军衔。

随着赫鲁晓夫开垦荒地计划的实施，勃列日涅夫被调到哈萨克斯坦工作。1954 年任哈萨克党中央第二书记，1955 年任哈萨克党中央第一书记。1956 年调回莫斯科，并在当年苏共第二十次代表大会上被选举为主席团候补委员、中央书记处书记。1957 年 6 月任苏共中央主席团委员。1958 年任苏联共产党俄罗斯联邦局副主席。1960 年 5 月，当选为最高苏维埃主席团主席，直至 1964 年 7 月。1964 年 10 月 14 日在苏共中央全会上当选为苏共中央第一书记（1966 年苏共二十三大后改称总书记），以接替“因年迈和健康状况恶化”而请求解除职务的赫鲁晓夫，从而登上了权力的顶峰。他在苏共总书记的岗位上一直到 1982 年 11 月 10 日去世。

勃列日涅夫领导苏联达 18 年之久，时间之长仅次于斯大林，占苏联整个 74 年历史将近四分之一。应该说，勃列日涅夫执政前期，苏联经济在柯西金改革的拉动下曾经取得比较显著的成就，人民群众生活资料虽然依然缺乏，但生活却很安定而有基本保障，特别是有国家的医疗、住房、教育等社会保障。但勃列日涅夫执政时期却被苏联人民称为“停滞”时期，是苏共党和国家危机四伏的时期，勃列日涅夫的名字也成为保守、落后和腐朽的代名词。勃列日涅夫虽具有相当强的实际工作能力和丰富的机关工作经验，但他思想保守，生活贪图享受，再加上没有受过良好的教育，文化水平不高，理论修养也很差，缺乏开阔的视野和独立的见解，作为党和国家最高领导人有其明显的欠缺。

被称为“所有总书记的助理”的亚历山大罗夫·阿根托夫在回忆录里这样说：勃列日涅夫“不大适合于从事大范围的国务活动，不适合于进行概括，更不适合作理论结论”，勃列日涅夫“是州一级水平的很好的实际工作者，但是对担任伟大的强国和伟大的党的领导人的职位来说，他明显地缺少许多东西。他在内心里（这又是在他身体健康的时候）无疑意识到了这一点。由此而产生了这样的一些品质，例如在做重要决定时特别谨慎，缺乏信心，经常需要听取别人的意见，同时常常摇摆不定，甚至行动上出现矛盾……”①

然而，在特定的条件下，勃列日涅夫谨慎保守、办事比较稳重的思想作风恰恰得到了对赫鲁晓夫的瞎折腾感到厌烦的干部和群众的认可，他对待一般人比较宽厚的性格也博得不少人的好感，这使他获得了广泛的支持，登上了权力的顶峰。按照俄罗斯著名历史学家麦德维杰夫的说法，勃列日涅夫是应“时代的征召”上台的；苏联著名剧作家特列季亚科夫也有

① 《二十世纪的俄罗斯：人民、政权、战争、革命、社会》，［俄］彼得堡大学出版社 2005 年版，第 348 页。转引自张捷：《从赫鲁晓夫到普京》，第 66—67 页。

类似的看法，他这样说道："看来他是一个好人，一个精明的机关工作人员，但是，他当然完全不适于扮演一个强国领导人的角色，是机遇和官僚们的勾心斗角使他成为领导人的。"① 从理论上讲，把一个世界领土最大的国家交给像勃列日涅夫这样的人来领导，可能会在稳定社会秩序、发展生产和提高居民生活水平上一时取得某些成绩，但是由于高层领导人缺乏高瞻远瞩和把握发展方向的能力，不能及时发现社会发展中存在的深层次矛盾，不能根据科学的理论和思想方法分析和解决这些问题，很可能使国家在发展中迷失方向，走上邪路，使社会矛盾在不断积累中转向社会危机。后来苏联党和国家发展的历史命运证明：勃列日涅夫执政时期，苏共经济、政治、社会、意识形态和执政危机的不断加深，最初的根源都在于苏共高层领导人马克思主义理论素养不断下降。

第一节　不读马列导致庸俗的世界观

苏共第一代领导人列宁是一流的马克思主义理论家，第二代领导人斯大林也具有优秀的马克思主义理论素养。列宁和斯大林即使在流亡期间都要坚持学习理论，时刻运用马克思主义的立场、观点和方法研究当时俄国在革命和建设中遇到的新情况和新问题。列宁创造性地发展了马克思主义并用以指导俄国的社会主义革命和社会主义初期建设，斯大林则继承和发展了列宁的思想，结合苏联社会主义建设实际解决了一系列理论问题，保证了苏联的建设沿着社会主义道路前进并取得重大胜利。斯大林逝世后，情况发生了变化。登上最高领导岗位的多是从事实际工作的人，他们原先或者做具体行政工作，或者做技术工作，文化水平不高，马克思主义理论素养也不高。勃列日涅夫的前任赫鲁晓夫是一个连词语拼写法都没有完全学会的领导人，马克思主义理论素养低，而勃列日涅夫文化水平也不高，他既不真懂马克思主义，也不加强对马克思主义的理论学习，结果导致主观世界改造不彻底，形成了庸俗的世界观、人生观和价值观。

一、不学习更不懂马克思主义

对于马克思主义政党的最高领导人来说，掌握马克思主义基本原理，

① 张捷：《从赫鲁晓夫到普京》，第 67 页。

坚持用马克思主义的立场、观点和方法指导自己的实际工作，是一个基本要求，否则便无法把握社会发展的正确方向，很可能把党和国家引导到邪路上去。勃列日涅夫马克思主义理论水平低，认识不到加强学习、提高自己的理论水平的重要性，在领导岗位上几乎从不读书。

葛罗米柯在回忆勃列日涅夫时曾经提到："记得在莫斯科附近的疗养院休养时，我给他（勃列日涅夫）介绍了一本关于列奥纳多·达·芬奇生平的书，甚至把书给了他。他答应读它。但是两个星期后把书还给了我，说：'这本书我没有读。而且我已完全没有读书的习惯了。"[①] 勃列日涅夫自己也承认自己的理论水平不高，不懂马克思主义。根据布尔拉茨基的回忆，1965 年勃列日涅夫在讨论纪念卫国战争胜利 20 周年的报告初稿时曾经说："我很难弄明白这一切。坦率地说，我不是搞这方面工作的。我的强项是做组织工作和了解人的心理。"[②] 他对身边的人强调自己是一个组织者，不是理论家，因此经常要求助手们把发言稿写简单一些。根据阿尔巴托夫的回忆，勃列日涅夫曾经对自己的助手们说："写简单点，不要把我写成一个理论家，否则，不管怎么样，谁也不会相信这是我写的，他们将会嘲笑我的"；他还经常把复杂的、独出心裁的段落勾掉，有时甚至要求删去引自马克思主义经典著作的话，并解释说："有谁会相信我读过马克思著作呢？"[③] 勃列日涅夫承认自己不是理论家，但如果能够坚持认真学习马克思主义理论，努力提高自己的理论素养，仍然不失为一个优秀的无产阶级政党领袖，然而他却并没有注意设法加以弥补，也没有意识到这是自己作为一个国家领导人的重大缺陷，将会给党和国家的事业带来多么大的潜在危险。

那么，勃列日涅夫是否因为工作忙，抽不出时间来学习呢？实际情况不是这样。勃列日涅夫工作确实很忙，他要参加许多会议、出席形形色色的庆典、会见各种各样的人，但并非没有时间学习。他很大部分时间被用来参加各种并不一定需要参加的应酬，用来打猎、开车兜风和其他活动上，而不把这些时间用来读书学习。当年斯大林日理万机，然而每天仍抽出时间读几百页的书。勃列日涅夫的问题不在于没有时间，而在于认识不

---

① 德·沃尔科戈诺夫：《七位领袖》（第 2 部），第 18 页。转引自张捷：《从赫鲁晓夫到普京》，第 91 页。

② 埃·谢马诺夫：《勃列日涅夫——"黄金时代"的执政者》，［俄］维切出版社 2002 年版，第 123 页。转引自张捷：《从赫鲁晓夫到普京》，第 90 页。

③ ［俄］格·阿尔巴托夫：《苏联政治内幕：知情者的见证》，新华出版社 1998 年版，第 162 页。

到加强学习、提高自己理论水平的重要性。

勃列日涅夫在领导岗位上虽然对理论学习不感兴趣，但对会议、活动和各种应酬却乐此不疲，并且特别喜欢别人送给他礼物。当然作为回报，他也喜欢送给别人礼物。曾在苏共中央机关工作过的博尔金曾这样描述当时的情况，他说："外国使团知道总书记的嗜好，纷纷向他赠送厚礼。地方领导人也不甘落后。无须把他们赠送的字画、手笔、各种纪念杯、高档电器等礼品一一列举出来，我也不可能知道得一清二楚。"① 他着重讲了其中的一件礼品——雅库特人赠送的一只喝马奶用的巧伦杯。这可不是一只普通的杯子，而是一件富于民族特色的贵重艺术品。是用罕见的特大象牙磨制出的一只杯子，上面镶有带银托的各种钻石和珍宝。由于工艺复杂，镶嵌和装饰工作由莫斯科首饰厂承担。这件礼品花费了大量人力物力，耗费巨大，历时数月才完成，由当地领导人亲自送给勃列日涅夫。据说，在礼品展览时没有见过这只杯子，勃列日涅夫把它拿回家去了。② 外国人得知勃列日涅夫喜爱豪华轿车后，便一辆接一辆地送上门来，最后他拥有了包括德国的梅塞德斯牌、英国的罗尔斯—罗伊斯牌、法国的雪铁龙牌、美国的林肯牌等名牌轿车。勃列日涅夫既喜欢受礼，也喜欢送礼。博尔金对此也做了描述，他说："勃列日涅夫及其一班人每逢出行，必带大批礼品，从手表到金银饰品、香烟和器皿。中央办公厅主任埃·克鲁奇纳曾向我讲述给地方领导人和外宾送礼的情况，礼品的价值是相当可观的。勃列日涅夫最后一次出行乌兹别克，给共和国所有领导人以及他们的副手、副手的副手、助理、速记员、打字员，甚至给开车的司机，都准备了礼物，为此花费了数十万卢布的经费。"③ 勃列日涅夫作为党和国家的最高领导人，这种慷国家之慨的做法，危害是极大的。上行下效，请客送礼达到了无法控制的地步，不仅浪费了大量国家钱财，而且损毁了党和国家领导人的形象。

勃列日涅夫不仅喜欢送礼和收礼，而且喜欢接受和授予各种勋章和奖章，特别是在他执政后期，对各种勋章和奖章的追求几乎到了疯狂的程度。就所得勋章和奖章的数量来说，勃列日涅夫超过了任何领导人和其他名人。他逝世后为他送葬的队列里，手捧他的勋章和奖章的军官多达44人。根据苏联学者的统计，勃列日涅夫一生获得的各种勋章和奖章的总数

① ［俄］瓦·博尔金：《戈尔巴乔夫沉浮录》，中央编译出版社1996年版，第34页。
② 同上书，第35页。
③ 同上书，第34页。

为200枚，而勋章处登记的数字为114枚，其中包括列宁勋章8枚、金星奖章4枚、金质镰刀和锤子奖章1枚、红旗勋章1枚、十月革命勋章2枚、胜利勋章1枚、卫国战争一级勋章1枚、红星勋章1枚，等等。[①] 由于勃列日涅夫毫不掩饰地表现出对勋章和奖章的浓厚兴趣，他周围的人便投其所好，不断给他授奖，一些社会主义国家的领导人也跟着这样做。在勃列日涅夫60岁生日时，苏共中央还专门通过决议，首次授予他苏联英雄称号和金星奖章。此后，苏共中央还违反最多只能三次授予该称号的规定，又于1976年、1978年和1981年连续三次这样做，授予勃列日涅夫苏联英雄称号和金星奖章，使这个在二战期间没有建立多大战功的政工人员成为唯一的四次苏联英雄称号获得者，从而引起许多二战老战士的不满。勃列日涅夫成为党和国家最高领导人后，认为自己在战争结束后被提升的中将军衔不符合他的身份，于是便在1975年借着和军队干部谈话时说："人们给我写信，他们坚持认为，既然我是最高统帅，那么就应该授予我与这职位相当的军衔……一个中将不可能充当最高统帅……我不知道该怎么办，……社会舆论的压力很大，尤其是军人很有意见……"[②] 这实际上是假借别人的名义要求提高军衔，于是在1975年4月勃列日涅夫被授予大将军衔，一年后，即1976年5月又被授予苏联元帅军衔，终于圆了元帅梦。不仅如此，1978年勃列日涅夫又被授予苏联最高军功勋章——胜利勋章，而此勋章一般是授予战争期间指挥过大战役并取得胜利的杰出统帅的。

勃列日涅夫不仅自己喜欢各种勋章和奖章，而且也喜欢给别人授奖，他几乎给所有政治局委员和其他党政高级干部授过勋。到了晚年，他头脑糊涂到甚至没有弄清一个人的真实身份就要授予勋章的地步。勃列日涅夫这些做法虽然满足了近乎病态的虚荣心，但在客观上却严重损害了无产阶级政党领袖在人们心目中的威望。勃列日涅夫作为党和国家的最高领导人，带头送礼收礼、受勋授勋，严重地败坏了无产阶级政党谦虚谨慎、戒骄戒躁和艰苦奋斗的优良传统和作风，不仅腐蚀了一大批领导干部，而且助长了党的干部队伍玩物丧志、追求享乐、不学无术的风气。

对于马克思主义政党的领导人来说，亲自动手写文章和报告特别是重要的文章和报告是极为重要的事情，因为这不仅仅是做文字表述工作，而且是深入调查研究实际问题和认真学习思考的过程，是一个理论素养不断

---

① 张捷：《从赫鲁晓夫到普京》，第78页。

② 德·沃尔科戈诺夫：《七位领袖》（第2部），［俄］新闻出版社1995年版，第68页。转引自张捷：《从赫鲁晓夫到普京》，第80页。

提高的过程。以列宁为首的第一代苏共领导人大多自己亲自写文章和报告，以斯大林为首的第二代苏共领导人继承了这个传统，正如莫洛托夫回忆斯大林时说的那样：无论是讲话、文章、报告还是命令，都自己动手，没有人替他写，并且“他有自己的一种特殊的文字风格，同谁也混淆不了”[①]。到了赫鲁晓夫和勃列日涅夫时期，列宁和斯大林的优良传统被抛弃，领导人很少自己亲自写东西。曾在苏联解体后担任过接收和保管苏共中央和克格勃档案委员会主席的沃尔科戈诺夫曾这样说过：“除了列宁和斯大林（在一定程度上）外，后来的领袖人物实际上自己什么也不写。我在各种档案馆里见过大量文件，这些文件似乎是属于赫鲁晓夫、勃列日涅夫和其他领袖的。我之所以说‘似乎’，是因为所有这些人只是现成的报告、讲话、发言等等的‘宣读者’，除了千篇一律的批示以及在便条、台历、笔记本上的一些不大通顺的记载外，自己实际上什么也不写。”[②]

勃列日涅夫自己很少写东西，他的数不清的报告、讲话、发言、祝词、贺电等等，基本都是由身边的助手和秘书代笔的，为此他专门设立了一个私人写作班子。到60年代末，参加这个班子的助手、秘书和顾问已达到20多人，其中包括勃列日涅夫的老部下楚卡诺夫和老友戈利科夫，苏共中央科学部部长特拉佩兹尼科夫，总书记助理亚历山大罗夫，世界经济研究所所长伊诺泽姆采夫，美国和加拿大所所长阿尔巴托夫，苏共中央国际部副部长扎格拉金，苏共中央有关部门的专家组组长鲍文、希什林和佩切涅夫等。这些人根据勃列日涅夫的需要起草各种文件，然后送交勃列日涅夫审定，勃列日涅夫认可后就成为苏共最高领导人的观点，从而在党和国家的实际工作中成为具有导向性的思想。根据布尔拉茨基的回忆，他在一次参加讨论纪念卫国战争胜利20周年的报告时发现，勃列日涅夫很不喜欢自己阅读，更不喜欢写东西，所有材料以及给他写的讲话和报告他都要让别人读给他听，勃列日涅夫则半躺在安乐椅里听着别人朗读，自己有时打起瞌睡来。许多这样产生出来的文件全以勃列日涅夫的名义发表，然后收集起来编成文集，以《遵循列宁主义方针》的书名前后共出版了九卷，大量发行，供全党全国人民学习。其中的某些“警句”成为口号，被制成广告式宣传牌，装饰着城市的建筑物。比如当时有两句广为流传的口号（即“经济应当是节约的！”和“我们走上了这条道路，就不会改变！”）是出

① 费·丘耶夫：《莫洛托夫——掌握一半权力的统治者》，［俄］奥尔马出版社2000年版，第618—619页。转引自张捷：《从赫鲁晓夫到普京》，第91页。

② 德·沃尔科戈诺夫：《七位领袖》（第2部），第71—72页。

自写作班子成员鲍文之手，鲍文每逢情绪好的时候就喜欢向人们夸口说："苏联人民每到晚上在城市的宣传广告牌上看到的不是他的，而是我的口号！"①

勃列日涅夫马克思主义理论素养低，自己又不写东西，使得许多身边人的思想和观点成为勃列日涅夫的思想和观点，进而成为苏共中央乃至整个苏共的思想观点，这就使得苏共党和国家的大政方针经常处于背离马克思主义基本立场、观点和方法的极大危险之中。一方面，勃列日涅夫写作班子成员尽管都是各个领域或部门的专家学者，有比较扎实的理论功底和较强的写作能力，但是他们不是领导人和决策者，不了解全面情况，缺乏提出问题和解决问题新思路的信息基础，也缺乏高屋建瓴的理论勇气。他们或者只是把领导人原则性指示敷衍成文，或者揣度领导人的意图进行编造，写出来的东西似乎四平八稳，但往往缺乏对问题深层本质的认识，解决问题的策略也往往貌似合理但却缺乏可操作性和实际效果。时间久了，公式化的倾向就会愈来愈严重，空话、套话、大话、假话连篇，这不仅会败坏文风，而且会使党和国家存在的现实问题越聚越多、积重难返。另一方面，某些专家学者受各种思潮的影响，有时会把一些非马克思主义和反马克思主义的东西作为"新发现"奉献给领导，这些东西经过没有理论鉴别力的领导人的同意后写入各种报告或文件，成为党和国家政策制定的指示或指导思想，就会引发重大理论与决策错误，引发党的指导思想和意识形态混乱，直接危及党的领导地位和社会主义制度。

实际情况恰恰是，勃列日涅夫身边的助手、秘书和顾问们逐渐分化为坚持马克思列宁主义的正统派和崇奉西方民主自由的自由派，属于前者的有戈利科夫、特拉佩兹尼科夫等人，后者的主要代表是伊诺泽姆采夫、阿尔巴托夫、鲍文等人。这两派之间经常发生争论，勃列日涅夫由于缺乏马克思主义理论修养，遇事缺乏主见，于是这两派便展开了争取勃列日涅夫的"心"的斗争，而勃列日涅夫则像"荡秋千"那样，向一边迈出一步，紧接着又向另一边迈出同样的一步，再加上勃列日涅夫不喜欢争论，认为不同意见的争论会影响团结和稳定，于是他总是采取息事宁人的态度，调和矛盾，甚至在重大的原则问题上也采取模棱两可的回避态度，结果不仅问题得不到正确解决，而且还造成很大的思想混乱。

共产党高层领导人自己不写东西，这对马克思主义政党来说是很不正

① 瓦·佩切涅夫：《戈尔巴乔夫的升降起落：目击者所见》，［俄］共和国出版社1996年版，第60页。转引自张捷：《从赫鲁晓夫到普京》，第92页。

常的，对社会主义国家发展方向具有潜在危险性。由于无产阶级政党高层领导人的理论素养和写作能力对党和国家的兴衰成败具有直接的、重大的影响，对无产阶级政党领袖的理论素养和写作能力要求就不能按照普通党员干部的标准。因此，无产阶级政党领袖首先必须是一个优秀马克思主义理论家，涉及党和国家大政方针、社会发展方向以及社会发展某一阶段中的重大问题的文件和文章，无产阶级政党领袖必须在集体智慧的基础上亲自起草和撰写。如果连这样的文章和报告都完全由秘书来写，就可能导致党和国家大政方针偏离正确的轨道，不仅既有的老问题和遇到的新问题得不到有效解决，而且还会削弱无产阶级政党的威信和领导，使党和国家整个事业遭受损失甚至陷入危险之中，苏共后来亡党亡国的教训充分证明了这一点。

二、掩盖不学无术出尽洋相

勃列日涅夫作为苏共第四代领导人，没有受过正规的高等教育，文化水平不高，尽管有较丰富的实际工作经验，但是缺乏理论知识，更谈不上马克思主义理论修养。然而，勃列日涅夫并没有因此加强学习，反而借助权力地位掩盖自己的不学无术，让别人替自己写著作，把自己打扮成马克思主义“理论家”和苏联第一“文学家”，出尽了洋相。

赫鲁晓夫下台前，勃列日涅夫因参与逮捕贝利亚而受到赫鲁晓夫的器重，后来又支持赫鲁晓夫反对马林科夫、卡冈诺维奇、莫洛托夫等人，从而受到赫鲁晓夫的信赖，并得到不断提升。1957 年由苏共中央主席团候补委员升格为正式委员。1960 年出任苏联最高苏维埃主席团主席。1964 年 7 月成为实际上的中央委员会的“第二把手”。勃列日涅夫并不是反对赫鲁晓夫的“宫廷政变”的主要策划者，但他却在事后被推上最高领导人的岗位。勃列日涅夫在最高领导人岗位上并没有自己明确的政治纲领。他凭经验反对赫鲁晓夫的主观主义和唯意志论以及鲁莽轻率的做法，纠正了赫鲁晓夫把党组织分为工业党和农业党以及硬性规定干部按比例定期轮换等做法，但对赫鲁晓夫重大政治和理论错误以及纠正这些错误的重大意义没有明确的概念，对于诸如赫鲁晓夫片面评价斯大林的错误做法一味采取回避态度。勃列日涅夫不懂也不学习马列主义理论，划不清马克思列宁主义与修正主义的界限，再加上受到周围自由派人员的影响，不仅继承了赫鲁晓夫在苏共二十大和二十二大上宣扬的资产阶级人道主义思想以及提出的“全民国家”和“全民党”的错误观点，而且提出了所谓“建成发达社会主义”的理论，无视苏联现实社会存在的各种新老问题，在思想方法上既主观又僵化。

1967年11月3日，勃列日涅夫在庆祝“十月革命”胜利50周年的大会上说：“现在，当剥削阶级早已被消灭，当社会主义胜利已经导致我国社会在思想上和政治上牢不可破的一致的时候，作为无产阶级专政的国家而诞生的苏维埃国家已成为全民国家，已成为工人阶级在其中起领导作用的全体人民的政治组织。”[①] 1970年4月21日，勃列日涅夫在纪念列宁诞辰一百周年的报告中说，工人阶级的目标——共产主义——成了全民的目标，工人阶级的思想体系——马克思列宁主义——成了占统治地位的思想体系，工人阶级的政党——共产党——成了全体人民的政党。[②] 1972年12月21日，勃列日涅夫在庆祝苏联成立50周年的大会上作报告时说，苏联已建成了发达的社会主义社会，“无产阶级专政的国家在完成了自己的伟大历史使命后，逐渐成长为劳动者的全民社会主义国家”[③]。1977年5月24日，勃列日涅夫在苏共中央全体会议上所作的《关于苏联宪法草案》的报告中指出：“随着成熟的社会主义的建立，随着各阶层的思想和政治立场向工人阶级方面转变，作为无产阶级专政职能而产生的我们的国家，已发展为全民国家。”[④] 随后“全民国家”和“全民党”这两个概念又正式写入了苏联宪法。这样，勃列日涅夫便继承了赫鲁晓夫时期的“全民国家”和“全民党”的错误理论，并在赫鲁晓夫错误理论观点基础上，又提出了所谓“建成发达社会主义”的理论。

赫鲁晓夫在苏共二十二大上曾经宣布苏联已进入“全面开展共产主义建设的时期”，将用20年时间建成共产主义。勃列日涅夫虽然没有完全赞同赫鲁晓夫的这一论断，但他在1967年11月3日举行的庆祝“十月革命”胜利50周年大会上所作的报告里却首次提出了所谓的“发达社会主义”的理论，认为苏联已建成了“发达社会主义”，并对它的特点做了简要的说明，说这是“‘各尽所能，按劳付酬’的原则占统治地位的社会”[⑤]。1976年2月24日，勃列日涅夫在苏共二十五大上又指出：“我国已经建成发达的社会主义社会，并在逐渐发展为共产主义社会；我国是一个代表全

---

① 《勃列日涅夫言论》第3集，上海人民出版社1974年版，第193页。
② 《勃列日涅夫言论》第6集，上海人民出版社1975年版，第76—77页。
③ 《勃列日涅夫言论》第8集，上海人民出版社1975年版，第146页。
④ 《勃列日涅夫言论》第13集，上海译文出版社1981年版，第119页。
⑤ 《勃列日涅夫言论》第3集，第190—193页。

国人民利益与意志的全民国家。”① 1977 年 10 月 4 日，勃列日涅夫在苏联最高苏维埃会议上作《关于苏联宪法草案及全民讨论的总结》的报告时又指出：“社会主义基础的建立，即剥削阶级的消灭，在国民经济各部门中公有制的确立，这还不能开始直接向共产主义过渡。胜利了的社会主义应当经过一定的成熟阶段，而只有发达社会主义社会才有可能着手进行共产主义建设。在总结这一过程时我们有权说苏联现在已经建成了发达的社会主义，也就是说，新社会达到这样一个成熟的阶段：根据社会主义内在的和固有的集体性原则对全部社会关系进行的改造即将完成。从这里可以看到社会主义规律发挥作用的广阔天地，以及社会主义在社会生活各个领域中显示其优越性的广阔天地。从这里可以看到社会制度所具有的有机的完整性和活力，以及它在政治上的稳定性和牢不可破的内在统一性。从这里可以看到各个阶级、各个社会集团和各个民族在日益接近，人们在我国结成了历史上崭新的国际主义的社会共同体——苏联人民。”② 1977 年 10 月 7 日，勃列日涅夫的“发达社会主义”理论被写入苏联新宪法。1977 年 11 月 22 日，勃列日涅夫在《通向共产主义道路上的历史里程碑》一文中又对苏联的“发达社会主义”社会做了描述，主要有以下几点：（1）高度发展的生产力；（2）人民的物质生活和精神生活水平大大提高；（3）经济社会化水平大大提高，全民所有制和集体所有制形式不断接近；（4）社会结构发生深刻变化，工人阶级、农民和知识分子日益接近；（5）形成了崭新的、社会的和民族的共同体——苏联人民；（6）无产阶级专政的国家长入全民社会主义国家，劳动群众日益广泛地积极参加国家管理。③

实际上，勃列日涅夫提出的所谓“发达社会主义的理论”，既脱离实际又根本没有什么理论新内容，与当年赫鲁晓夫的说法并没有质的区别。按照勃列日涅夫的说法，只有发达社会主义社会才可能着手进行共产主义建设，而苏联已建成了这样的社会，不言而喻，苏联着手建设的已是共产主义了，这与赫鲁晓夫所说的苏联已进入“全面展开共产主义建设的时期”相比，只有说法的不同和程度上的差别，而他对“发达社会主义”的特征的描述，有的则直接沿用了赫鲁晓夫的说法，比如断定苏联已成为“全民国家”，苏联共产党已经成为“全民党”等等。勃列日涅夫比赫鲁晓夫更脱离实际的是认为社会各个阶级由于相互接近而“差别逐渐消失”，

---

① 辛华编译：《苏联共产党第二十五次代表大会主要文件汇编》，三联书店 1977 年版，第 110 页。

② 《勃列日涅夫言论》第 13 集，第 118—119 页。

③ 同上书，第 405—408 页。

甚至还提出“民族差别也在逐步消失”，正在形成“人的新的历史共同体——苏联人民”，这显然是在赫鲁晓夫错误的理论道路上更进了一步。

对勃列日涅夫如此脱离实际的错误思想，苏联整个理论界基本没有表现出什么理论鉴别力。苏共的宣传机构当时反而对“发达社会主义”理论进行了广泛的宣传，认为这是对马克思列宁主义的发展和创新，是党的历史上的“理论飞跃”。《共产党人》《和平和社会主义问题》等刊物先后发表文章做进一步的阐述，马列主义研究院院长费多谢耶夫提出要把主要精力集中在研究“发达社会主义社会问题”上，全党宣传机器炮制出成千上万的著作和文章大加吹捧。1977 年 11 月苏联科学院把社会科学领域的最高奖赏——卡尔·马克思金质奖章授予勃列日涅夫，以表彰他“在发展马克思列宁主义理论方面取得的特别具有创造性的成就”。勃列日涅夫则欣然接受了。而实际上，勃列日涅夫根本不懂社会主义，也没有马克思主义理论素养。他几乎没有读过马克思的书，对理论不感兴趣，也不认真思考现实社会发展中的问题，却被苏联社会科学院授予社会科学领域最高奖赏——卡尔·马克思金质奖章，真是具有讽刺意味。

勃列日涅夫文化水平不高，缺乏写作能力，自己很少写东西，但却挖空心思把自己装扮成一个优秀的作家。他约请一批作家和记者给他写回忆录，然后署上自己的名字，一夜间成为一个“多产”的作家。帮助勃列日涅夫写回忆录的作家和记者包括阿·阿格拉诺夫斯基、阿·萨赫宁、瓦·古巴列夫以及阿·穆尔津、瓦·阿尔达马茨基、瓦·伊格纳坚科等人，他们写成的回忆录《小地》和《复兴》先后在《新世界》1978 年第 2 期和第 5 期上发表。1978 年 4 月 13 日，勃列日涅夫在政治局会议上提出，希望他的战友们继续支持他发表回忆录，并假借民意说：在会见领导干部、军人和其他同志时，他们都说“这对教育人民来说是非常有益的事”，如果政治局委员们不反对，他将“和一小批同志一起继续写回忆录”。[①] 既然是“对教育人民非常有益的事”，政治局委员们都表示支持。在这之后，《新世界》第 11 期发表了勃列日涅夫第三部回忆录《荒地》，接着这三部回忆录又出了单行本并大量发行和广为宣传。苏联作家协会因此吸收勃列日涅夫为会员，并发给他第 1 号新会员证，于是这位自己从来不写东西的苏共总书记成为苏联第 1 号作家。1980 年这三部回忆录又被授予苏联最高文学奖——列宁文学奖金。

由于长期有写作班子代劳，勃列日涅夫养成了不思考问题的习惯，甚

① 德·沃尔科戈诺夫：《七位领袖》（第 2 部），第 73 页。

至到了麻木不仁的地步，到晚年就连简短的谈话也要事先由别人替他写好，由他宣读，经常闹出笑话来。1981 年秋，在阿塞拜疆加盟共和国成立 60 周年之际，勃列日涅夫来到巴库授勋。秘书班子给他准备了不同会议上讲话的稿子。由于忙中出错，给了他一份在另一次会议上的讲话稿。勃列日涅夫专心致志地和慢条斯理地读了几分钟，完全没有理会后台有人对他的提醒，最后他的助手只好来到台上，扯了扯他的袖子，递给他另一份稿子。这时他才明白过来，笑了笑，对听众说："同志们，这可不是我的过错！……"① 此话刚一出口，便引发台下一阵笑声和掌声。勃列日涅夫得病后，他身边的人不仅照例要给他准备长篇的讲话稿，而且要为他接见各界人士和外宾准备"会话条"，到时候由秘书或翻译根据谈话进展，把这些事先用大号字印好的条子递给他，由他"照本宣科"。根据苏联著名外事翻译家苏霍德列夫的回忆，1979 年 6 月勃列日涅夫在奥地利维也纳与美国总统卡特举行会谈，事先秘书班子估计到卡特对某一个问题可能会有宽泛和具体两种提法，做了相应的准备：如果卡特提的问题比较宽泛，那么勃列日涅夫就需要把整个纸条念完；如果提得比较具体，只需要念前半部分就行了。结果卡特提的问题比较具体，苏霍德列夫把纸条的后半部分划掉，递给了勃列日涅夫。勃列日涅夫念到被划掉的地方突然回过头来大声问翻译："怎么，后半部分不需要念吗？"翻译为了让他能听得见，只好也大声地回答："不需要，列昂尼德·伊里奇。"② 关于勃列日涅夫的这些表现流传开来后，民间给他编排了不少笑话。其中一个笑话说：勃列日涅夫听见有人敲门，赶紧从口袋里掏出会话条，念道："这是谁呀？"另一个广泛流传的笑话说，勃列日涅夫到机场迎接撒切尔夫人，他照着稿子念道："亲爱的和尊敬的英迪拉·甘地夫人！"助手急忙低声提醒他欢迎的是撒切尔夫人。勃列日涅夫不理，又口齿不清地念了一遍。助手急了，想要纠正他，他生气地说："我自己也知道这是撒切尔夫人，但是这里写的明明是英迪拉·甘地夫人！"③

尽管勃列日涅夫通过种种办法满足了自己"马克思主义理论家""作家""文学家"的虚荣心，但客观社会效果却恰恰相反，他在人民群众心目中的威信不仅没有提高，反而招致人民的反感和嘲笑。在 20 世纪 60 年代末及 70 年代，当苏联电台、电视台转播勃列日涅夫冗长的报告或讲话

① 张捷：《从赫鲁晓夫到普京》，第 77 页。

② 瓦·苏霍德列夫：《我的舌头—我的朋友：从赫鲁晓夫到戈尔巴乔夫》，第 334 页。转引自张捷：《从赫鲁晓夫到普京》，第 77 页。

③ 张捷：《从赫鲁晓夫到普京》，第 78 页。

时，几乎没有人听了。在旅馆或医院休息室之类的公共场所，甚至出现当这种转播一开始人们就把电视关掉的现象。“在基斯洛沃德斯克我看到了这样一个场面：在最高苏维埃举行选举的前一天，这个休养地公园里所有的扬声器都在转播勃列日涅夫长达三四个小时的讲话。但是数千在此休养的人照样在公园里散步，对他的声音充耳不闻。”[①] 对于媒体无原则地吹捧勃列日涅夫，有一定分析和批判能力的苏联人民心里很清楚：“说勃列日涅夫是革命家，那是虚有其表；说他是理论家，那是扯淡；说他是演说家，却只会念念别人写的稿子；然而作为权术家，却是十分高超的。对于他的这一真正过人之处，苏联报刊却是一字不提。”[②] 可见，苏联的普通党员和群众对勃列日涅夫完全持一种无所谓的冷漠态度，不是在理论和学识上的尊敬，而是不加掩饰的蔑视。另根据俄罗斯解密的苏联时期的档案资料，直到戈尔巴乔夫执政时期的 1986 年 8 月，苏联出版社系统的图书贸易机构中尚存有大量在 1969 年至 1983 年出版的党和国家领导人的言论集和单本著作，其中勃列日涅夫的 166 部书共计还有 277.9 万册。[③]

三、庸俗的世界观导致享乐主义的人生观和价值观

勃列日涅夫不读马列，放松对自己主观世界的改造，结果形成了庸俗的世界观，并进而形成了享乐主义的人生观和个人主义的价值观。在勃列日涅夫影响下，党的各级干部的官僚主义作风愈来愈严重，许多人受资产阶级思想的侵蚀，革命意志衰退，安于现状，追名逐利，贪图享受，大搞特权，大肆挥霍国家财产，逐渐形成了一个特殊的社会群体，即所谓的官僚特权阶层。

勃列日涅夫本来出身于工人家庭，但在走上领导岗位后却沾染了俄国贵族的习气，爱上了打猎，晚年更是把很大一部分时间花在这上面。他在扎维多沃狩猎场盖了带有冬季花园、游泳池和其他设施的豪华别墅，经常住在那里。他拥有的各种猎枪达一百多支。后来他已无力手握猎枪，但对打猎的兴趣依然未减，便改由他指挥，别人射击。他直到去世前一天还在进行这项娱乐。他特别看重伺候他打猎的职业猎手，居然授予他将军军衔

---

① 舟山选编：《我所了解的勃列日涅夫》，世界知识出版社 1990 年版，第 24 页。

② ［苏］阿·阿夫托尔哈诺夫著，杨春华、张道庆译：《勃列日涅夫的力量和弱点》，新华出版社 1981 年版，第 22 页。

③ 沈志华：《苏联历史档案选编》第 30 卷，社会科学文献出版社 2002 年版，第 367—368 页。

和新设立的所有三个等级的“为祖国服务”勋章。显然，在勃列日涅夫的眼中，为他服务就是为祖国服务。

除了生活上追求享乐外，勃列日涅夫还带头搞权力腐败。担任苏共中央第一书记后，为了维护自己的最高权力，勃列日涅夫比他的前任更精心地编织自己的权力网络，“对上级领导人个人的忠诚”成为选拔干部的原则，从中央到地方形成了一个以勃列日涅夫为核心，由勃列日涅夫的同乡、同学、故友、老同事和家族成员构成的所谓“第聂伯罗帮”，其中也包括后来成为苏共高层领导人的戈尔巴乔夫和叶利钦。随着“第聂伯罗帮”的形成和勃列日涅夫集权政治的建立，一个由对党和人民不负责任的名利之徒构成的阶层——官僚特权阶层也随之形成了。这些人把持着国家的绝大部分权力，马克思主义理论素养日益匮乏，丧失共产主义理想信念，脱离群众，慵懒无为，关心的只是个人的官级和待遇，大肆挥霍国家财物，虽有共产党员的称号，但实际上已经丧失共产党员的党性和品质。他们不仅自己腐朽变质，而且为其亲属谋取各种好处。勃列日涅夫公然带头庇护行为放荡的女儿和嗜酒如命的儿子，把女儿最后的一个丈夫丘尔巴诺夫从一个普通的警官擢升为中将，委以内务部第一副部长的要职；给酒鬼儿子安排了外贸部第一副部长的肥缺；他的一个弟弟也当上了副部长。有了勃列日涅夫做榜样，上行下效，其他许多领导干部也跟着这么做，任人唯亲成为普遍现象。随着苏共脱离群众、党内官僚主义的不断蔓延，苏共官僚特权阶层逐渐成为苏共质变的主体，最终成为执行苏共亡党亡国自我政变的主要力量。根据俄罗斯科学院社会学所1995 年的调查，苏联亡党亡国后，当时在俄总统周围和政府部门任职的政治精英，有 74%—75% 来自苏联时期的干部；而那些发财致富的经济精英，则有 61% 来自苏联时期的干部，特别是共青团干部和经济领导人。①“苏联解体的最大赢家不是持不同政见者，甚至也不是那些黑市倒爷，而是过去党和政府的各级领导成员，他们摇身一变成了今天俄罗斯的新显贵。”②

苏共相当多的掌握党政大权的官僚们并不以享受规定的待遇和特权为满足，他们还利用手中的权力进行贪污盗窃，侵吞国有资产，通过自己领导的企业和事业单位进行半合法的和非法的经营活动，与各种从事非法活

① 王正泉：《特权阶层：苏联解体的致命根源》，《人民论坛》2007 年第 1A 期，第 18—20 页。

② 戴隆斌：《苏联解体：特权阶层的“自我政变”》，《决策》2010 年第 71 期，第 40—42 页。

动的团伙勾结在一起，获取大量利润并成为各种犯罪分子的保护伞，于是腐败现象普遍蔓延开来，成为一大社会公害。不仅在苏维埃联盟层面，许多州和共和国也都在不同程度上存在贪污腐败的现象。以勃列日涅夫为首的很多苏共高层领导人不但不采取坚决措施与之进行斗争，反而在事情牵涉到自己的亲信时进行庇护。例如，克拉斯诺达尔边疆区委第一书记麦杜诺夫被揭发出有严重的滥用职权、行贿受贿的问题，他的错误在中央书记处会议上受到严肃批评后，勃列日涅夫立即打电话安慰自己的这位亲信，叫他“别背包袱”，结果在勃列日涅夫的直接干预下麦杜诺夫没有受到追究，只被调离原有领导岗位到莫斯科当某部副部长了事。

尤其严重的是，社会中许多人共产主义理想信念因而发生了动摇，开始向往西方的自由民主和生活方式。这样的人在知识界为数不少，有人公开站出来反对共产党领导，成为所谓的“持不同政见者”。有人虽然没有把对现实的不满直接表现出来，但开始采取玩世不恭的态度，后来成为戈尔巴乔夫“改革”的支持者和鼓吹者。苏共干部队伍的变化也是惊人的，很多人同样也开始不再相信社会主义，在领导岗位上心里想一套，嘴上讲一套，做的是另一套；他们跟着上面高喊漂亮的口号，为的是保住自己的职位，进一步得到升迁和捞取更多的实惠，等到形势发生变化，他们当中的一些人就公开站出来反对社会主义，成为苏联社会主义制度的掘墓人，戈尔巴乔夫、谢瓦尔德纳泽、叶利钦等人就是这些人的主要代表。当年戈尔巴乔夫就曾受到勃列日涅夫的器重而步步高升，当上了苏共中央政治局委员；谢瓦尔德纳泽则从格鲁吉亚内务部长一下子升任该共和国党中央第一书记，并且成为苏共中央政治局候补委员，进入了最高领导层；叶利钦也在勃列日涅夫的关照下，被破格提拔为斯维尔德洛夫斯克州委第一书记。[①] 应当承认，对当时苏联人民思想情绪的变化和干部队伍的蜕变来说，西方进行的反苏宣传和思想渗透起了一定作用，但是如果作为党的最高领导人能够大公无私、清正廉洁、言行一致，真正表现出一个共产党人的高尚品德的话；如果各级领导干部，都不谋私利，勤勤恳恳地工作，真正为社会主义事业而奋斗的话，那么西方的宣传是起不了多么大作用的。本来，在勃列日涅夫执政初期，经过柯西金领导的经济改革，被赫鲁晓夫搞乱了的苏联社会主义事业一度出现了转机，但是好景不长，很快又陷入了深深的危机之中。

苏共在执政中后期开始长期脱离群众，导致党日趋腐败变质，人民群

① ［苏］叶利钦著，朱启会等译：《叶利钦自传》，东方出版社 1991 年版，第 55—57 页。

众对党和社会主义的信仰已经空洞化，苏联亡党亡国的社会文化基础也逐渐形成。苏共与人民群众离心离德的重要表象就是形成了官方文化的“双重面孔”和群众生活的“夜间人”现象。苏共通过宣传机构和舆论工具在表面上维持着“意识形态面孔”，而实际上在党的干部队伍中却展现出安于现状、追名逐利、大搞特权、大肆挥霍国家财产的“真实面孔”。而社会大众领域的“夜间人”则是白天处处注意与官方保持一致，到了夜间则揭开“面纱”露出真实的一面：与家人和朋友议论时政，揭露时弊，抨击权贵，阅读传播地下出版物，交流政治笑话，在私下里表达对现实政治的反感。从苏联走过来的许多俄罗斯人在回忆勃列日涅夫时期的苏联时认为，那时虽然取得一定的经济成就，但在政治、思想和文化领域却是一个“停滞”而“陈腐”的时期，政治制度和思想道德领域都存在严重问题，人们精神颓废、理想丧失，国家缺乏自由和民主，是“苏联官僚取得完全胜利的时代”，“具有思想觉悟的共产主义建设者最后变成了消费者”，勃列日涅夫当政的最后几年是一个“全面地没有信仰和玩世不恭的时期”，“人们已经什么也不相信，但是继续遵守着游戏规则：承担社会义务，‘支持和赞同’各次代表大会和中央全会的决议等等”……许多人对“克里姆林宫的老人们”多年来一直高谈阔论党的作用感到厌烦，许多迫切的生活问题长期得不到解决这一点给人民群众造成“苏维埃制度具有根本缺陷的印象”，引起了他们的强烈不满。① 可是以勃列日涅夫为首的“老人政府”对实际存在的矛盾和问题视而不见，他们继续在大会小会上唱高调、说大话，歌功颂德，粉饰太平，不采取有力措施解决各种与人民群众的生活密切相关的问题，特别是日用品短缺的问题。人民群众在失望之余，对他们言行不一的表现感到反感和厌恶，不再相信他们，并且用说政治笑话的方式，对他们进行辛辣的讽刺。

官僚特权阶层发展壮大对苏共的严重危害性不只表现在全民生活质量不高和物资较为匮乏方面，这个阶层的特殊化引起广大人民群众的不满，更重要的是它在党和国家权力部门滋长了一种腐朽变质的文化价值氛围，即思想僵化、高高在上、对上级唯命是从、不问群众疾苦、不再把党和人民的利益看得高于一切，而是想方设法维护自己的特权和既得利益。这些人严重脱离群众，使党在思想上出现潜在的分歧和分化，最终在戈尔巴乔夫改革时期爆发了苏共党的分裂。

---

① 张捷：《从赫鲁晓夫到普京》，第 69、70、71 页。

第二节　对勃列日涅夫执政时期的辩证分析

勃列日涅夫领导苏联的18年，是苏联发展历史上的一个重要时期。勃列日涅夫执政初期，苏共在经济领域执行了柯西金的改革计划，采取了一系列有力的措施，使得经济得到很大发展，国力明显增强，社会安定，人民生活水平有所提高。然而，辩证地看，勃列日涅夫执政时期，苏联党和国家在总体上呈现出衰败景象，这主要表现在：体制机制日益僵化，经济发展缓慢，“老人”、“病人”当政，严重的官僚主义导致政治上拉帮结派并形成官僚特权阶层，使国家整个社会生活都很不正常，特别是勃列日涅夫个人庸俗的理论素养和精神追求以及种种不正常的表现造成了极其恶劣的政治影响，严重损害了作为执政党的苏共的形象，败坏了社会主义制度的声誉。

一、经济建设的成就与日益僵化的体制机制

在勃列日涅夫上台初期，他没有足够的威望和稳固的权力地位，因此在努力培植自己的势力的同时，表现得谦虚谨慎和有民主作风，在领导层也形成了由勃列日涅夫、柯西金和波德戈尔内三人组成的被称为“三驾马车”的政治核心，党和国家的运转比较正常。1964年11月16日召开的苏共中央全会通过了《关于把州、边疆区工业党组织和农业党组织合并的决议》，恢复了被赫鲁晓夫搞乱的政治体制。1966年4月召开的苏共二十三大撤销了1961年二十二大通过的关于干部按比例定期轮换的硬性规定，这对在一段时间内稳定干部队伍起到了积极作用，但到后来也产生了干部“能上不能下”的消极现象。在经济建设上，得益于柯西金主持的“新经济体制”改革，促进了生产的发展，一系列大规模的建设工程陆续上马，其中西西伯利亚油气田的发现和开发，对此后的经济发展发挥了重要作用。勃列日涅夫执政后的第一个五年计划，即第八个五年计划（1966—1970）的顺利完成，给全国人民以很大鼓舞。这个五年计划被人们称赞为“黄金的五年计划”。在这五年间，苏联年均国民生产总值提高7.4%，建设了1900个大型企业。到1975年，苏联工业总产值已达到美国的工业总产值的80%，而农业总产值则达到了85%。到这时，苏联已成为欧洲第一经济大国，而在世界上则仅次于美国居第二位；军事力量的继续增强，使

苏联成为可与美国相抗衡的超级大国。与此同时，苏联大力抓基础设施建设和发展住房公用事业，居民的生活水平有明显的提高，整个国家出现了苏联解体后许多俄罗斯人所怀念的社会稳定和生活有保障的局面。应该说，这是勃列日涅夫领导苏联时期的重要成就。

勃列日涅夫执政前期，国家经过几年的治理，出现了社会稳定和经济发展的良好态势。到 70 年代初，更遇到了一个难得的机遇：由于中东战争，石油输出国组织决定大幅度提高国际市场的石油价格，而苏联西西伯利亚的秋明大油田正好在这时开始投产，石油出口使得苏联外汇收入大大增加，这对经济的进一步发展非常有利。与此同时，苏联高层决策者也面临着巨大的挑战。20 世纪 70 年代，在世界范围内掀起了科技革命的新浪潮。科技革命的新成果促使社会各个经济部门向自动化、电子化和信息化发展。西方发达国家率先占领科技革命的制高点，社会生产力水平有了显著提高，产业结构、社会结构和管理体制也都发生了重大变化。毫无疑问，这场革命使得苏联各个经济部门比例失调和某些领域技术落后的问题暴露得更加明显，迫切需要解决。对于社会主义国家有洞察力和进取精神的领导人来说，特别需要审时度势，一方面充分利用有利条件，发挥社会主义集中力量办大事的优势；另一方面展开政治经济体制的改革和调整，使整个国家的经济在保证基本经济制度不变的情况下适应形势的发展和世界的潮流，以求得快速可持续发展。可惜的是，此时以勃列日涅夫为首的苏共高层领导人缺乏理论素养的弊端开始暴露出来，他们的思想僵化，精神追求庸俗，没有锐意进取的精神和要求，只图维持现状，保住自己的权力和地位。他们虽然也谈到要“迅速开展科技革命”，但是只停留在口头上，没有采取切实有效的措施。苏联的经济体制改革没有在60 年代柯西金进行的改革基础上再前进一步，其中的深层次矛盾不仅没有得到解决，而且变得更加突出。到 70 年代中期苏联经济增长的速度开始放慢，农业歉收造成的粮食缺口只好用卖石油得来的外汇大量进口来弥补。工业的产业结构调整乏力，使得轻工业生产仍然大大滞后，生活必需品不足的问题加重了。

关于勃列日涅夫执政时期的经济成就，从苏联走过来的俄罗斯人一直存在不同的评价。对其中的多数人来说，勃列日涅夫时期的苏联就是一个“停滞”而“陈腐”的时期，这一时期的政治制度和思想道德领域都存在严重问题，人们精神退化、理想丧失，国家缺乏自由和民主。苏联解体后担任俄联邦政府驻宪法法院、最高法院和仲裁法庭代表的律师巴尔谢夫斯基评价道：“整个社会，包括经济、精神和品德完全退化，这是一个完全玩世不恭、双重标准和缺乏任何自由思想的时期。这一切不能用当时能买到的2卢布20戈比的香肠来抵消。”① 作家米哈依尔·波波夫根据青年时代在青年近卫军出版集团实习时的所见所闻说，他所见到的人“没有一个真诚地拥护苏维埃政权”，“他们一股劲儿地编造关于勃列日涅夫的笑话，然后皱着眉头到《青年共产党人》杂志去工作挣钱”。他因此得出结论说：“停滞培育了一批又一批仇视自己国家的知识分子。”②

其中也有不少人不认为勃列日涅夫执政时期是“停滞”时期，反而是苏联社会主义制度的某种“黄金时代”，是苏联“最繁荣和最强大的时期”。认为勃列日涅夫时期不是停滞时期的人，强调这一时期生产的发展、国力的增强和国际地位的提高，强调社会的稳定和生活的改善，强调人们享有各种社会福利，可以免费上学、得到免费分配的住房以及享受公费医疗等等，不必为这些问题操心，用他们的话来说，可以“对未来充满信心地生活”。特别是他们把苏联解体后自己的处境与过去相比，更觉得昔日的生活的可贵。然而，当这些人被问及是否愿意再回到过去时，却很少有人愿意回到过去。2006年12月俄罗斯舆论界曾经专门调查普通群众对勃列日涅夫和勃列日涅夫时期的看法，《俄罗斯报》就调查结果发表了题为《我们喜欢，但不愿意》一文，说俄罗斯人怀念社会主义，可是选择资本主义。俄罗斯人对苏联的这种矛盾心态是值得深思的。

与此同时，其中也有些人坚持从正反两方面来看待勃列日涅夫时期的经济成就和社会发展。比如一位名叫济金的学者在《勃列日涅夫是社会主义的敌人》一文中从成就和不足两方面评价勃列日涅夫时期时指出，尽管改革年代多数人都把勃列日涅夫时期看作停滞时期，但是苏联的经济状况证明情况完全相反。他说：在勃列日涅夫时期兴建了16亿平方米住房，1.6亿人住上了新的住房；在军事上与世界上最发达和最强大的国家美国达到了势均力敌的程度；苏联一系列关键性和高技术部门，诸如航空、造船、金属加工、动力工程等，居于世界领先地位；高速进行了道路建筑，快速发展了住房公用事业，对犯罪活动进行了严厉的打击；正是在勃列日涅夫当政时期，小汽车生产急剧增加；几乎每个家庭都有自己的藏书——这在西方也是罕见的现象。他接着又说，“与此同时，（勃列日涅夫当政时期）存在着停滞”，它“发生在精英身上，在社会的思想道德气候上”，在勃列日涅夫时期愈来愈根据“对上级领导人个人的忠诚”作为选拔干部的

① 张捷：《从赫鲁晓夫到普京》，第68页。

② 同上书，第68—70页。

原则，“上层本身几乎没有变化，而在它下面立即形成了一个不负责任的名利之徒的阶层”，而在上层人物当中“自上而下消灭社会主义的思想最终占了上风”，“在这样的条件下必然会有戈尔巴乔夫掌权的结局”。因此他认为，社会主义的死亡和苏联的覆灭，在很大程度上是勃列日涅夫集团和他本人的“功劳”。①

辩证地讲，一方面，勃列日涅夫时期的经济成就和社会发展是应该得到承认的；另一方面，也必须看到勃列日涅夫时期苏共高层领导人理论素养和精神追求的庸俗化对党和社会主义事业所产生的深远而消极的影响。上面提到，勃列日涅夫上台之初，表现得比较谦虚谨慎，待人比较和蔼，能听取别人意见，与同事们也能较好地合作。但到了后期，在勃列日涅夫权力地位巩固以后，他个人的理论素养和精神追求的弱点开始越来越严重地干扰到苏联党和国家社会主义建设事业的健康发展，特别是他的健康出现问题后，他变得主观固执，脾气暴躁，权力欲愈来愈强，把党政领导大权完全集中到自己手里，在他执政初期形成的所谓“三驾马车”的体制开始散架。在三人中，柯西金资历较老，能力较强，在党内和国内威信较高，勃列日涅夫一直对他怀有妒忌心理。在执政后期，勃列日涅夫与柯西金之间的矛盾有所激化。根据曾任政治局委员的谢列斯特回忆，勃列日涅夫曾一度想撤销柯西金的部长会议主席职务，取而代之。他把这个愿望告诉了波德戈尔内，但波德戈尔内表示不同意，并暗地里在政治局委员中做工作，要他们不支持这样的意见；这时又正逢勃列日涅夫病情加重，勃列日涅夫于是打消了这个念头。②

波德戈尔内比勃列日涅夫年长，在初期曾经给予他大力支持。随着时间的推移，他与勃列日涅夫之间也产生了意见分歧，特别是在对美国的政策上。根据格里申回忆，有一次在聚会时性格直爽的波德戈尔内当众批评了勃列日涅夫鼓励赞扬他自己的做法，两人关系进一步恶化。于是，勃列日涅夫便决定撤销波德戈尔内苏联最高苏维埃主席团主席的职务，由自己兼任。首先，他指使亲信们破坏波德戈尔内的声誉，要他们在选举出席二十五大代表时设法使波德戈尔内落选。但是波德戈尔内不仅当上了代表，而且在二十五大上仍当选为中央委员，后又在中央全会上当选为政治局委员。勃列日涅夫看到采取这种方法未能达到目的，于是干脆指使亲信在

① 张捷：《从赫鲁晓夫到普京》，第71页。

② 埃·谢马诺夫：《勃列日涅夫——“黄金时代”的执政者》，［俄］维切出版社2002年版，第230页。转引自张捷：《从赫鲁晓夫到普京》，第82页。

1977 年 5 月召开的中央全会上直截了当地提出最高苏维埃主席团主席由苏共中央总书记兼任的建议。中央全会通过了这个建议，并决定解除波德戈尔内政治局委员职务。6 月 16 日，苏联最高苏维埃会议正式解除了波德戈尔内的主席团主席职务，宣布他将“退休”。与此同时，勃列日涅夫与柯西金之间的明争暗斗也一直没有停止。1980 年他迫使柯西金以健康原因辞职，任命他的亲信吉洪诺夫担任部长会议主席，从此行政事务完全直接听命于他。至此最初“三驾马车”的格局彻底崩溃。此时，勃列日涅夫身体健康已经出现问题，他所担负的多项职务实际上多半是由他身边的人履行的。

作为一个基本不能履行职务的病人，勃列日涅夫继续留在最高领导人职位上是很不合适的。然而，为什么一个由共产党领导的社会主义大国会让一个丧失正常的思维能力、言语不清、行动不便的有病老人继续领导八九年之久呢？现在回头看，其根本原因就在于苏共高层领导人长期不读马列，忽视马克思主义世界观、人生观和价值观塑造，此时已经丧失了共产主义理想信念，关心的主要是“门户私计”。根据勃列日涅夫身边的许多人以及他们的亲属的回忆，这位总书记曾主动提出要退下来，但是遭到政治局委员们的一致反对。亚历山大罗夫・阿根托夫说他从可靠的信息来源得知，勃列日涅夫曾两次向政治局提出引退的问题，但是老人们（吉洪诺夫、索洛缅采夫、葛罗米柯、契尔年科、乌斯季诺夫）表示坚决反对，他们说道：“你怎么啦，廖尼亚，我们需要你这面旗帜，人民都跟着你走，你应当留下来”，“你在我们这里是无人可以替代的”。① 从这之后，人们就再也没有重提勃列日涅夫退休之事。实际上，勃列日涅夫的这些“战友们”挽留他，目的只是为了保住自己的地位。这是因为，如果在勃列日涅夫自己主动表示要退下来时，他的那些“战友”和亲信能把党和国家利益放在第一位，就可以顺水推舟，结束病人专权误国的状态，但是他们没有这样做。显然这些人关注的不是党和国家的利益，年老且因病不能正常理政的勃列日涅夫职位的稳定就意味着他们职位和利益的稳定。在这种老迈昏庸者长期当政的情况下，苏共高层领导人后继无人的问题显得日益突出。不用说理论素养和政治立场，就是身体健康这一点在苏共高层领导人中也变得十分难得。勃列日涅夫死后接连出现两位昙花一现的总书记（患严重肾病的安德罗波夫在这岗位上待了 15 个月，而患严重肺气肿的契尔年科仅待了 13 个月）就充分说明了这一点。接下来戈尔巴乔夫的上台，很

---

① 张捷：《从赫鲁晓夫到普京》，第 88 页。

大层面就是因为他身体健康并处于年富力强状态，但他却搞垮了苏联。

那么，这种“勃列日涅夫现象”是如何造成的呢？直接原因在于僵化的政治体制和干部制度存在着严重的缺陷和弊端：首先是由于最高领导人职位实行实际上的终身制，在勃列日涅夫年老有病不能履行职责时仍可以留在岗位上；其次是没有建立起充分发扬民主的领导干部的选拔、任用和监督制度，这使得勃列日涅夫能明目张胆地重用亲信，拉帮结派，并在自己培植的帮派势力的支持下一直留在领导岗位上直到去世。在党内，勃列日涅夫这种信任和重用同乡、同学、老同事和老部下，并与他们结成帮派的做法，对党组织的健康发展危害是极大的。

与此同时，出现这种现象还有更深层次的原因。经过赫鲁晓夫10年的折腾，苏联国内的思想政治状况发生了重大变化。马克思列宁主义遭到了歪曲和修正，列宁创建的苏联共产党已不再是革命的政党。勃列日涅夫这个不懂得马克思列宁主义并缺乏治国安邦才能的人却成为党和国家的最高领导人，这个看似不正常但却现实存在的现象本身就说明了苏共的质变。勃列日涅夫之所以能够长期保持其地位，在很大程度上是由于他的思想倾向和行为准则适应了苏共党内和苏联国内比较普遍存在的理想丧失和追求个人享乐的思想情绪，同时也符合相当多的干部希望实现社会稳定和保持其既得利益的政治要求。勃列日涅夫时期已经形成了一个特权阶层，这个阶层在社会生活中起着愈来愈大的作用，勃列日涅夫在位符合他们的利益，因而得到了他们的支持。勃列日涅夫当政18年给苏联社会主义的声誉造成的损害以及后来苏联解体的沉痛教训说明，社会主义国家最高领导人的马克思主义理论素养和共产主义理想信念以及如何对领导人实行有效的监督，是一个头等重要的问题，它关系到国家走什么样的道路，关系到社会主义事业的成败和无产阶级政党的生死存亡，必须引起高度重视。

二、缓和对斯大林的评价与固守赫鲁晓夫的基调

斯大林作为俄国社会主义革命和社会主义建设的主要领导人之一，长期担任苏联党和国家的高层领导职务，为苏联的社会主义建设事业做出了巨大贡献，为保卫社会主义国家建立了不朽的功勋。对斯大林的评价问题已经不只是他个人的问题，而是关涉到如何看待苏共和苏联社会主义革命和建设的这一大段历史的问题，而是事关苏联共产党和社会主义前途命运的重大理论和意识形态问题。因此，对斯大林的评价必须坚持辩证分析方法，实事求是，分清是非功过，既要像保护眼睛一样保护好党的领袖，又要吸取经验教训。然而，赫鲁晓夫时期的苏共高层领导人却对如此重大的

理论和意识形态问题采取了草率而片面的做法，在苏共二十大上以反对个人崇拜为名，实际上全盘否定了斯大林。他们的做法虽然得到苏联国内和苏共党内一部分人的支持，但是遭到了相当多的人尤其是普通劳动群众的反对。勃列日涅夫上台后，人们在斯大林评价问题上的分歧和不同意见的对立仍然存在，而且经常表现出来。应该说，赫鲁晓夫下台时苏联党和国家已经发生思想和意识形态的混乱，但资产阶级自由化思潮还没有形成气候，勃列日涅夫执政后正是澄清思想和意识形态混乱、认真纠正赫鲁晓夫时期片面评价斯大林的错误、带领全党对斯大林评价问题做出科学历史结论的有利时机，但由于勃列日涅夫等苏共高层领导人缺乏马克思主义理论素养和政治魄力，在延续赫鲁晓夫的错误和一味回避问题的过程中错过了这个历史机遇。

1964 年 10 月 14 日，苏共中央举行全会，“研究”和“满足了”赫鲁晓夫提出的“鉴于年迈和健康状况恶化”而解除他的苏共中央第一书记、苏共中央主席团委员和部长会议主席职务的“请求”，全会选举勃列日涅夫为苏共中央第一书记。10 月 15 日，最高苏维埃举行会议，解除赫鲁晓夫的部长会议主席职务，任命柯西金为部长会议主席。赫鲁晓夫下台后，苏联社会舆论出现希望苏共新的领导层能够纠正赫鲁晓夫时期对斯大林片面评价的呼声，但勃列日涅夫担心纠正对斯大林的错误评价会影响团结和稳定，从而继承了赫鲁晓夫的基调。

1964 年 10 月 17 日，《真理报》发表题为《苏共不可动摇的列宁主义总路线》的社论，说“苏联人民走向共产主义的道路已由党在第二十次、第二十一次和第二十二次代表大会上集体制定的总路线和苏共纲领确定了”，“党实行自己的总路线时，无论过去和现在都不调和地一贯反对个人迷信的思想和实践”。10 月 19 日，勃列日涅夫在欢迎宇航员大会上发表讲话，说：“我们党第二十次、第二十一次和第二十二次代表大会所制定的我们党的总路线是列宁主义的路线。它过去、现在和将来都是共产党和苏联政府整个对内对外政策的唯一的、不可动摇的路线。”[①] 1964 年 11 月 1 日，《真理报》再次发表编辑部文章，重申苏共“始终不渝地执行”并“永远忠于”“第二十次、第二十一次和第二十二次代表大会所拟定的、在苏共纲领中得到反映的列宁主义的总路线”。同日，《真理报》还发表了题为《艺术创作的鼓舞人的思想》的社论，说苏共纲领规定的文艺方针就是：苏联的艺术的“全部内容都是为了人”。11 月 6 日，勃列日涅夫在克

① 柯雄：《苏联国内资本主义复辟纪事：1953—1973》，第 246—247 页。

里姆林宫庆祝“十月革命”47周年大会上作报告说，“社会主义在苏联取得了完全的和最终的胜利”，苏联正进入“共产主义建设时期”，“在我们国家里早就消灭了剥削阶级。工人、农民和劳动知识分子的牢不可破的联盟日益加强。紧密地团结在共产党周围的、被思想上的一致和政治上的一致凝结在一起的苏联人民，体现着摆脱了社会对抗和民族对抗的新的史无前例的人的一致”，“‘一切为了人，为了人的幸福’是我党活动的准则。”①

勃列日涅夫在执政初期采取了继续任由舆论诋毁斯大林的态度，此后虽然在一定程度上缓和了对斯大林的评价，但依然不敢放弃赫鲁晓夫的基调，而是采取了不去触动的回避态度。然而，斯大林毕竟是重要的历史人物，关于斯大林的评价问题是根本回避不了的。1965年苏共中央决定开大会庆祝卫国战争胜利20周年，由勃列日涅夫作报告。谢列平组织人马起草了一个稿子，其中包含恢复斯大林的名誉、修改二十大和二十二大的决议等内容。勃列日涅夫用讽刺的语气把这个报告称为“学位论文”而否定了。接着有关部门又组织人力起草了另一个稿子，分发给中央主席团委员和书记。绝大多数委员和书记，其中包括苏斯洛夫、谢列平等人，提出加强肯定斯大林的部分，有的人甚至还提出从报告草稿中去掉“个人崇拜”和“个人崇拜时期”等字样，说斯大林粉碎了反对派，保证了社会主义的胜利，保证了列宁提出的工业化、农业集体化和文化革命计划的实现，所有这些成为取得卫国战争胜利和建立社会主义阵营的前提条件。但米高扬和波诺马廖夫不赞成这样做，他们主张报告里使用1956年6月30日苏共中央《关于克服个人崇拜及其后果》的决议中的提法。在两派意见分歧的情况下，安德罗波夫提议采取折中办法，主张在报告里干脆回避斯大林的问题。勃列日涅夫经过权衡，最后基本上采纳了安德罗波夫的意见，在报告里斯大林的名字只提了一次，具体说法是：“在非常情况下……组成了以联共（布）中央总书记约·维·斯大林为首的国防委员会来领导反击敌人的一切行动。”报告同时强调，“我们始终不渝地实行反映在第二十次和第二十二次代表大会决议和苏共纲领中的总路线”。②

在1966年3月底召开的苏共二十三大上所作的总结报告里，勃列日涅夫依然没有触及对斯大林的评价问题。同年11月初，勃列日涅夫出访斯大林的故乡格鲁吉亚，去为这个共和国授勋，围绕他的讲话稿发生了一场激

① 柯雄：《苏联国内资本主义复辟纪事：1953—1973》，第248—249页。
② 张捷：《从赫鲁晓夫到普京》，第85—96页。

烈的争论。讲话初稿是由特拉佩兹尼科夫和戈利科夫及其格鲁吉亚朋友们起草的，其中颂扬了斯大林，重新宣布他是伟大领袖。勃列日涅夫拿到稿子后，心中迟疑不决，便有意征求对斯大林持反对立场的阿尔巴托夫的意见，最后采纳了阿尔巴托夫的意见，决定由阿尔巴托夫等人重写讲话稿。在新讲话稿里，斯大林的名字只提到一次，而且是按字母顺序排列（就是接近名单的末尾）在格鲁吉亚革命斗争组织者的名单中提到的。

1969 年是斯大林诞辰 90 岁的年份，苏共宣传部门准备了一批纪念文章，准备在斯大林 90 岁生日前后发表。发表一些缅怀已故领导人的文章本属人之常情，但勃列日涅夫对此却敏感地重视起来。1969 年 12 月 17 日，在斯大林 90 岁诞辰前几天，勃列日涅夫利用最高苏维埃会议中间休息时间召集政治局委员开会，讨论党刊《真理报》要不要发表已准备好的纪念文章问题。根据这次会议的记录，在 22 名政治局正式委员和候补委员以及中央书记中，除了波德戈尔内和基里连科两人表示反对外，全部表示同意。苏斯洛夫认为“全国都在等待这样的文章”，马祖罗夫甚至建议在斯大林墓上竖立半身像，有人还提出伏尔加格勒重新称为斯大林格勒的问题。这份会议记录表明，当时苏共多数高级干部对斯大林的功绩是肯定的，此时提出纠正赫鲁晓夫片面评价斯大林的错误和进行重新评价斯大林的问题是会得到广泛支持的，对于彻底解决斯大林评价问题是有利的。然而勃列日涅夫对于重新正确评价斯大林并没有自觉性，他在最后做总结时说：“关于发表文章问题，我可以坦白地对你们说，开头我持否定态度……我的根据是：现在我们一切都平平稳稳，大家都平静下来了，已没有当年的那种使人激动不安的问题……在同各个州委的书记谈话后我又做了一些考虑，现在听了你们的发言，我认为如果我们发表文章，带来的好处确实会多一些。因为对斯大林的历史功绩谁也没有否认，而且也从来没有否认过……文章要用平静的语气。”①

勃列日涅夫的发言表明，他在正确评价斯大林如此重大的理论和意识形态问题上态度是摇摆不定的，同意发表纪念文章是勉强的，还刻意强调要用“平静的语气”，这实际上是不同意观点鲜明地提出这个重大的原则问题，当然更不同意展开讨论以求得共识。这种回避矛盾的态度，使苏共错过了解决这个问题的有利时机。在这之后，勃列日涅夫对斯大林的评价问题继续采取回避态度，既不主张进一步进行批判，也不为他恢复名誉，而是把问题搁置起来。“这样做虽然避免了许多‘麻烦’，表面上求得了一

① 德·沃尔科戈诺夫：《七位领袖》（第 2 部），第 9—10 页。

时的太平，但却产生了严重的意识形态后果。首先，由于没有通过讨论澄清各种事实和驳斥各种诬蔑不实之词，使得赫鲁晓夫时期对斯大林的造谣攻击仍有相当大的市场和影响，国内外敌对势力继续将苏共自己否定斯大林的东西作为‘石头’，用来打砸苏共和苏联社会主义，这不仅助长了国内外敌对势力的嚣张气焰，而且动摇了越来越多的苏联干部群众的社会主义信念。其次，由于没有通过深入研究和讨论把斯大林正确的东西肯定下来，就不能理直气壮地坚持真理；同样，由于没有通过深入研究和讨论把斯大林错误的东西及其产生的根源加以澄清，明确斯大林时期建立的各项体制机制的不足和缺陷，也就不能认识到进行改革的必要性和明确改革的方向。”①

在斯大林评价问题上，由于勃列日涅夫马克思主义理论修养不够，不能在理论上认识到正确评价斯大林对苏联社会主义乃至整个国际共产主义运动的意识形态的重大影响，特别是在以美国为首的西方国家已经展开对苏联意识形态战的背景下，正确评价斯大林就成为影响冷战结局的重大问题。然而，勃列日涅夫在苏联即使开始出现反对赫鲁晓夫当年片面评价斯大林的舆论氛围的有利形势下，仍没有理论魄力，以理论争论会影响团结和稳定为借口，模糊了大是大非问题的界限。刻意回避认真纠正赫鲁晓夫时期片面评价斯大林的错误，从而丧失正确评价斯大林以正苏联党和国家意识形态视听的有利时机，致使苏联国内外反党反社会主义的思潮遥相呼应，进而导致苏联党和国家意识形态危机进一步加深，这对苏联社会主义事业发展的巨大危害性在戈尔巴乔夫启动改革不久便显现出来。

三、对“持不同政见者”的打击与流于形式的无效宣传

由于勃列日涅夫缺乏马克思主义理论素养，他在意识形态领域完全依靠苏斯洛夫。亚历山大罗夫·阿根托夫在回忆录里这样说：苏斯洛夫在勃列日涅夫掌权的所有年份都待在他身旁，是他在处理意识形态问题以及同外国共产党的相互关系问题方面的可靠支柱，勃列日涅夫任何时候都需要这样的支柱，他无条件地相信苏斯洛夫在这些方面发表的意见。“有一次列昂尼德·伊里奇对我说：‘如果米沙②读过了并认为没有什么问题，那么我就绝对放心了。’”③ 然而，勃列日涅夫完全依赖的苏斯洛夫的马克思主

① 张捷：《从赫鲁晓夫到普京》，第 97 页。

② 对苏斯洛夫的昵称——引者注。

③ 《二十世纪的俄罗斯：人民、政权、战争、革命、社会》，［俄］彼得堡大学出版社 2005 年版，第 359 页。转引自张捷：《从赫鲁晓夫到普京》，第 93 页。

义理论素养又如何呢？我国学者张捷经过研究指出："人们普遍认为，此人虽有较高文化水平和理论修养，但是思想保守，墨守成规，脱离实际，表现出教条主义倾向。这些特点不能不在意识形态工作中反映出来。"① 实际上，勃列日涅夫执政后期，苏共在理论上思想僵化并背离马克思主义的状况日趋严重，致使苏共党内外资产阶级自由化思想更加泛滥，社会问题乱象繁生，"持不同政见者"运动和民族分裂活动发展蔓延，导致苏共执政地位面临严峻挑战。

苏联当局对"持不同政见者"运动的态度一开始就是明确的，但处理方法却简陋粗糙。比如为了求得国内的安宁，苏联当局采取了把他们判处刑罚后流放出国的办法。而恰恰是这种处理办法却给"持不同政见者"提供了更加广阔的活动空间，使他们的活动产生了比以往更大的政治影响，也给国外敌对势力在其对苏联进行的"无硝烟的思想战争"中提供了得力的帮手。再比如，苏联当局没有对"持不同政见者"这个庞杂的群体进行具体分析，使其中原本只是存在思想认识问题，但并不真正想推翻苏维埃政权的人，简单地被推到了党和国家的对立面。简陋粗糙的处理办法导致另一个严重的后果是，"持不同政见者"运动因在表面上被压制下去而使苏联当局长期忽视对他们所鼓吹的自由化思想进行批判和清算，结果是他们的活动虽然暂时被压下去了，但是他们的各种著作却在西方有关部门的帮助下继续在国内外广泛传播，他们的思想观点越来越多地占领了苏联和东欧国家人民群众的思想阵地。当时在思想政治领域反对苏共和苏联社会主义制度的，除了上述"体制外"的所谓"持不同政见者"外，还有大量"体制内"知识界精英和党内的自由派，其中一些代表人物甚至占据着党政的重要岗位；他们向往资产阶级的自由民主，企盼从内部改变社会主义制度，这些人可以称为"体制内的反对派"。

苏斯洛夫在负责苏共理论和意识形态工作期间，苏联当局对思想工作和理论工作还是比较重视的。比如在为勃列日涅夫起草的历次代表大会的总结报告里，几乎都谈到了加强思想理论工作的问题，苏共中央还为此专门通过了几项决议，比如 1967 年 8 月 14 日通过的《关于进一步发展社会科学和提高它在共产主义建设中的作用的措施》的决议、1976 年 8 月 17 日通过的《关于进一步完善党和苏维埃领导干部提高思想理论水平和业务能力的培训系统》的决议、1979 年 4 月 26 日通过的《关于进一步改进政治思想教育工作》的决议以及同年 5 月 5 日通过的《关于进一步改进思想

① 张捷：《从赫鲁晓夫到普京》，第 104 页。

工作和政治教育工作》的决议等，并召开检查决议落实情况的专门会议，但是由于种种原因，所有这些措施大多流于形式，收效不大。

对于理论研究工作，在苏斯洛夫领导下，苏联有关部门也曾注意抓一些重大理论问题的研究，举行理论问题研讨会，组织人力撰写了一批阐述重大理论问题的文章。但是由于思想保守和缺乏创新精神以及严重脱离实际，这些工作未能澄清国际国内形势和社会主义建设面临的新问题，未能对这些问题做出正确分析并提出进行改革的新方案。与此同时，苏共也十分重视舆论工具的作用。在其控制下，各种报纸连篇累牍地发表所谓“正面宣传”的文章，这些文章虽然充满着马克思列宁主义的词句，但是没有用马克思列宁主义的立场、观点和方法分析和解决现实生活中存在的矛盾和问题，大多根据领导人定的调子，掩盖矛盾、粉饰太平，枯燥冗长，空话连篇，既脱离现实生活的实际，也脱离群众的思想实际。这样的文章不仅没有起到正面宣传教育作用，反而使群众产生逆反心理，结果相信社会主义和共产主义的人逐渐减少。

苏共在注意抓思想工作和理论工作的同时，也很重视意识形态领域的斗争，但由于在一些重大理论问题上模糊了马克思列宁主义与资产阶级思想的原则界限，在思想斗争中显得软弱无力。西方反共势力在反对苏联社会主义制度和进行思想渗透的斗争中，把资产阶级的自由民主和人道主义作为重要的思想武器，抓住苏联政治体制中社会主义民主发扬不够的弱点以及其他方面的缺点和错误，攻击苏共和苏联社会主义“不自由”和“不民主”，把苏联的政治制度污蔑为“专制独裁”甚至“法西斯制度”。在这种背景下，苏联党和国家在意识形态领域面临的斗争就极为复杂而激烈。从赫鲁晓夫“解冻”时期开始，资产阶级自由化思潮在苏联不断发展蔓延，到勃列日涅夫时期已经泛滥成灾，再加上西方国家不断加强反共宣传和思想渗透，致使苏联社会许多人开始向往西方的自由民主，信奉资产阶级人道主义。逐渐地，有人就公然站在反对社会主义的立场上，成为所谓的“持不同政见者”。他们成立一些秘密组织，出版大量地下刊物，并设法与西方反共势力建立联系和争取他们的支持。他们在宣传自己的观点的同时，还公开组织抗议活动，在苏联国内外产生了相当大的政治影响，不仅使资产阶级自由化思潮恶性蔓延，而且使苏共执政和国家意识形态领域的危机不断加深，这主要表现在苏联社会特别是青年一代出现全面的社会主义和共产主义信仰危机、社会问题乱象繁生、“持不同政见者”公开活动以及民族分裂势力不断发展蔓延之上。

第三节　勃列日涅夫时期的社会信仰危机和苏共执政挑战

由于勃列日涅夫时期苏共高层领导人马克思主义理论素养低又不注重加强理论学习，致使苏联这一时期在“稳定”（实质是停滞和僵化）的背后，开始出现明显的危机征兆，主要表现在苏共意识形态日益软弱无力，人们对共产党执政和共产主义的信仰危机在全社会蔓延并导致官方文化的“双重面孔”和群众生活的“夜间人”现象，社会问题乱象繁生，“持不同政见者”运动和民族分裂活动发展蔓延，苏共执政地位面临严峻挑战。

一、社会信仰危机

勃列日涅夫时期，苏共没有能够抓住重新评价斯大林这个思想和意识形态领域的重大问题，从而达到重新澄清由赫鲁晓夫全面否定斯大林所造成的苏共党和国家意识形态的混乱局面的目的。勃列日涅夫的整个执政时期，都没有能够摆脱赫鲁晓夫时期“非斯大林化”的阴影，导致苏共党和国家意识形态危机加重，特别是加剧了人民群众的社会主义和共产主义信仰危机。这一时期苏联不仅出现了官方文化的“双重面孔”和群众生活的“夜间人”现象，而且作为社会各领域未来接班人的青年知识分子日益丧失对共产党和社会主义的信仰。

勃列日涅夫时期官僚特权阶层长期脱离群众，导致党日趋腐败变质，人民群众对党和社会主义的信仰已经空洞化，苏联亡党亡国的社会与文化基础不断形成。苏共与人民群众离心离德的重要表象就是形成了官方文化的“双重面孔”和群众生活的“夜间人”现象。苏共通过宣传机构和舆论工具在表面上维持着“意识形态面孔”，而实际上在党的干部队伍中却展现出安于现状、追名逐利、大搞特权、大肆挥霍国家财产的“真实面孔”。而社会大众领域的“夜间人”则是白天处处注意与官方保持一致，到了夜间则揭开“面纱”露出真实的一面，与家人和朋友议论时政，揭露时弊，抨击权贵，阅读传播地下出版物，交流政治笑话，在私下里表达对现实政治的反感。勃列日涅夫时期人民群众私下里的政治笑话，“在一定意义上，可以说一些政治笑话是政治形势和社会生活的‘晴雨表’，是普通民众某些情绪、思想、信仰倾向的体现，是广大民众呼声和要求的一种特殊的表达方式。政治笑话大部分是针对当时苏联党内外一些消极现象和弊端，以‘哈哈镜’等另类的方式折射出苏联政治、经济、文化等方面的某些变化，表现出大众的喜怒哀乐、不满和无奈、批评和呼号、嘲讽和警示等，大多数政治笑话富有情趣、寓意深刻，有些还相当尖锐。”①

勃列日涅夫执政时期，苏联社会信仰危机更突出地表现在青年大学生身上。勃列日涅夫时期的青年大学生基本上是卫国战争末期或战后出生的一代，他们没有亲身经历俄国共产党在历史上发动的无产阶级革命运动实践，也没有亲身经历战争和社会动荡年代的考验与洗礼，对马克思主义和社会主义在理论认知和价值情感上都较为肤浅，再加上苏共自赫鲁晓夫执政后出现的理论素养降低、领导人自身修养不高、党内官僚特权阶层日益严重脱离群众等问题，使青年大学生中的一些人对苏共所开展的一些思想政治活动失去了兴趣，呈现出信仰多元化的倾向，对苏共的离心倾向、厌倦政治理论学习、对谈论社会主义的发展不感兴趣、盲目崇洋媚外等思潮不断蔓延。

首先，苏联共产党丧失了在青年大学生中的神圣地位，马克思主义思想和党的形象成为调侃和讽刺的对象。对于当时苏联青年大学生来说，党已不再是最光明、最先进的东西的化身。马克思主义、列宁主义以及中央委员会等词汇经常被当作“讥笑”或者“愤怒”的贬义词，“州委”这个词在大学生的头脑中跟能买到紧俏商品等联系在一起；而直接负责大学生思想教育的高等学校党委，在大学生印象中常常是采取这种或那种思想措施，在这时或那时扮演极不招人喜欢的角色；高校党委的组成成员被大学生们看作是一些不学无术、落后于现代需求、不可救药的人，是一些教条主义者和顽固落后的分子。不少青年人形成这样一个看法：“现阶段的党是方便升官发财的跳板，但绝不是按照思想观点而联合起来的最优秀分子的组织”，现阶段的共产党员“是一些不配这个崇高称号的人”，“真正的共产党员是没有的”。②

其次，青年大学生对苏共官方的一些思想政治教育活动采取消极甚至抵制的态度。被苏共教条主义化了的社会科学在青年大学生中威信很低，特别是在一些理工科的高等院校，意识形态教育被看作“废话”，马列经典著作被称为“天书”，不少大学生对马克思和列宁的原著不感兴趣，甚

① 刘书林、蔡文鹏、张小川：《斯大林评价的历史与现实》，社会科学文献出版社 2009 年版，第 118 页。

② 沈志华：《苏联历史档案选编》第 31 卷，社会科学文献出版社 2002 年版，第 150—152 页。

至产生了严重的逆反心理和对立情绪。一位20世纪70年代初毕业于莫斯科大学哲学系的毕业生声称，入学时他没有发现班上有什么人对马克思主义哲学和苏联共产党抱有怀疑态度，但到毕业时不抱怀疑态度的倒成了少数。[①] 与此同时，青年大学生不愿参加学校党委会和团委会组织的节日和其他种种游行活动。一些节日游行往往被学生当作与亲人团聚的机会，或者看成是与朋友会见和再次与老师喝酒的良机，节日游行的教育意义和实质已变了味道。为了保证节日游行，一些高等院校采取了与学生切身利益挂钩的行政措施，如不参加游行就取消奖学金等。在这样的情形下，参与纪念活动游行的大学生带有不满情绪，搞了许多恶作剧，比如：带有情绪地抬标语牌或者党和政府领导人的肖像，而在游行途中就将肖像丢掉，其中连列宁的肖像也在雨天被随便扔到人行道上；游行队伍快要通过主席台时已散去大半，剩下的也极不情愿地响应主席台上喊的口号。

第三，盲目崇拜西方的文化和生活方式。苏共为了加强国内意识形态宣传教育，在思想和文化领域采取了严格封闭的措施。在勃列日涅夫时期，苏共在思想文化战线更加封闭僵化，越是如此越是引起思想活跃的年轻人的怀疑和对立情绪。大学生习惯于认为马克思主义哲学基本原理没有根据，这是教条式僵硬的科学，它不能解释、也不能预见事件的过程，是已经过时的理论。[②] 在怀疑和逆反本国思想文化的同时，苏联不少青年大学生开始盲目推崇西方哲学、艺术和生活方式，他们崇拜的英雄不再是苏联卫国战争时期的战斗英雄、模范共产党员，而是西方文学作品中的英雄人物。美国小说家海明威的作品《丧钟为谁而鸣》成为当时苏联青年大学生最感兴趣的作品；有的大学生在喝醉酒以后，甚至用床单把自己裹起来，到十月革命广场宣扬尼采哲学；有些大学生甚至对法西斯主义的观点非常感兴趣，不仅认同法西斯虐杀犹太人的暴行，而且赞赏他们的外表、列队操练、军人步伐；还有些大学生甚至公开表示："美国人民是聪明的人民，因此他们那里没有共产党。"当教员们介绍西方真实的失业情况时，一些大学生甚至调侃道："他们的失业人员比我们工程师的生活还好。"[③] 对于西方的生活方式，不少青年大学生更是竭力加以模仿。这些青年学生认为西方生活方式就是现代生活方式，向往西方发达的物质消费生活，模仿西方人的衣着外表和行为举止，以拥有小汽车、别墅、外国时髦家具、

① 陈之骅：《勃列日涅夫时期的苏联》，中国社会科学出版社1998年版，第123—124页。

② 沈志华：《苏联历史档案选编》第31卷，第204页。

③ 同上书，第157页。

“名牌货”为生活理想。青年人的这股风气在20世纪70年代以后更加迅速滋长。根据当时苏联《社会主义法制》杂志透露，苏联有些青年模仿西方的嬉皮士，穿着又脏又旧的衣服，留着长头发和小胡子；一些青年为猎取外国时髦商品，常常不择手段，甚至走上了犯罪的道路。当时苏联报刊发表的调查材料显示，在犯法的青年人中，将近28%的人“都竭力模仿西方人的行为和外表”。①

第四，马克思主义的政治信仰危机不断加深。“勃列日涅夫时期青年大学生最具代表性的社会特点就是淡化社会主义、共产主义理想信念，模糊社会主义和资本主义的区别，呈现出世俗化和功利化倾向。不少青年大学生中间，世俗化的价值目标正在取代理想主义的价值目标，抽象的、宏伟的理想和信仰渐渐地失去了亲和力，而功利的、现实的、物质性的目标正越来越被青年大学生所看重。”② 青年大学生对于加入苏联共产党带有一种随大流倾向和功利性目的。一些大学生入党不是为共产主义理想和社会主义事业奋斗，而是为了自己在仕途上的发展和捞取个人好处，他们认为“如果想飞黄腾达”，入党是完全必要的，学生之间谈话中毫不客气地把党证叫作“红色的浮子”。③ 青年大学生不仅对加入党组织采取个人功利主义的理解，而且淡化社会主义与资本主义两种社会制度的区别。有的青年大学生认为，不管社会主义还是资本主义，只要给钱多就好。不少人把个人生活幸福和高收入的职业放到了第一位，他们认为，在苏联“建设起来的并不是他们想象中的社会主义，他们首先要生活，而且要更好地生活下去”。当时有关社会学调查的结果显示，38%—40%的青年认为“个人幸福”就是生活的意义所在，36%的青年觉得生活“没意思”。④ 一些青年大学生对官方信息持怀疑态度，认为自己通过非官方渠道掌握的历史资料和社会现实证据已经足够做出一切结论，他们认为比自己的长辈更加有根据、有理由独立地做出许多结论。这其中有青年人求知求新意识强等某些合理的因素，但是大部分表现出片面性和极端化倾向。一些青年大学生对苏共和现实社会主义的不满情绪与日俱增，不少人将追求物质财富看作主要目标，盲目崇拜西方生活方式，认为这是人生意义所在，这从根本上动摇了正确的信念，看不到生活中的真、善、美，认为什么都不可信，从而

① 吴仁彰：《吴仁彰文集——二十世纪的苏联社会主义》，世界知识出版社2002年版，第57页。

② 刘书林、蔡文鹏、张小川：《斯大林评价的历史与现实》，第115页。

③ 吴仁彰：《吴仁彰文集——二十世纪的苏联社会主义》，第150页。

④ 刘书林、蔡文鹏、张小川：《斯大林评价的历史与现实》，第116页。

思想空虚甚至绝望而陷入信仰危机。①

在信仰危机问题上，以勃列日涅夫为首的苏共高层领导人对实现共产主义的艰巨性和长期性同样缺乏认识。勃列日涅夫本人对共产主义事业可能只有一个模糊的概念，他不能运用马克思列宁主义的观点分析苏联的现状，他对苏联当时的社会状况的描述不符合实际情况，没有看到还存在严重的阶级斗争和资本主义复辟的可能性。诚然，当时旧的剥削阶级已经消灭了，社会成分发生了变化，但是这并不说明阶级矛盾和阶级斗争已不存在了，无产阶级专政可以不要了。实际上，阶级对立依然存在，阶级矛盾仍相当尖锐，阶级斗争一直在进行，只不过发生了新的变化、具有新的特点和采取新的形式而已。上面提到过，在勃列日涅夫时期形成了一个特权阶层，这些人利用手中掌握的权力大搞特权，肆意挥霍国家钱财，严重脱离广大人民群众，逐渐站到了人民群众的对立面。其中有的人贪污盗窃，把国家财产据为已有，把他们领导的企业变为私有领地，勾结社会上的犯罪分子进行非法的生产活动和商业活动，获取非法的超额利润，实际上成为新的资产阶级分子。这些人与广大劳动人民的利益是根本对立的，两者之间的矛盾具有对抗性，是勃列日涅夫时期阶级斗争的重要内容。大批党政干部腐化变质，充当了资产阶级的代理人，成为在苏联复辟资本主义的主要力量，这是社会主义不成熟阶段阶级斗争的一个新特点。实际上，就是这些人最后把苏联社会主义制度埋葬的。以勃列日涅夫为首的苏共高层领导人对于身处其中的阶级矛盾和阶级斗争以及资本主义复辟的危险性视而不见，空喊所谓的“发达社会主义”和“全民国家”理论，不仅不是什么理论“创新”，而是对苏联人民的欺骗。

二、苏共执政危机及其掩盖的理论危机

勃列日涅夫执政后期，苏共由于在理论上长期思想僵化并背离马克思主义，致使苏联资产阶级自由化思潮日益泛滥，出现了严重的意识形态和执政危机。关于苏共意识形态和执政危机，人们可能首先提出这样一个问题：苏共自列宁和斯大林时期开始就形成了重视思想理论研究和意识形态工作的传统，苏共在赫鲁晓夫和勃列日涅夫时期也已经拥有了一支比较庞大的马克思主义理论队伍，这支队伍怎么会允许党和国家陷入意识形态危机之中？这个问题表面看来似乎很复杂，但实际上如果理解了马克思主义理论与国际共产主义运动的共生关系以及无产阶级政党领袖在国际共运中

① 刘书林、蔡文鹏、张小川：《斯大林评价的历史与现实》，第117页。

的巨大作用，特别是理论领导作用，就会明白问题的关键是在党和国家的最高权力缺乏有效监督的情况下，最高领导人的理论素养和精神追求就带有决定性意义。这一点在勃列日涅夫执政时期他与苏共理论权威苏斯洛夫的一次冲突事件中表现得十分清楚：权力高于真理。

米哈伊尔·苏斯洛夫是勃列日涅夫时期苏共理论权威，长期主管苏共意识形态工作。他 1902 年 11 月 7 日出生于萨拉托夫的沙霍夫斯克一个贫苦农民家庭，“十月革命”时期刚刚成年的苏斯洛夫就积极参加革命活动，踊跃开展“贫农委员会”的工作。他 1921 年加入俄共（布），并在莫斯科工农速成中学学习。1928 年完成普列汉诺夫国民经济学院的学业，此后又在红色教授经济学院进修。毕业后到莫斯科大学新闻系和工业学院讲授政治经济学，赫鲁晓夫和斯大林的妻子都曾经是他的学生。他不仅从事教学工作，还积极参加了反击党内反对派的斗争。1931—1936 年先后在党中央监察委员会和苏维埃监察委员会工作；1937—1939 年调任罗斯托夫州委部长和书记；1939 年起任斯塔夫罗波尔边疆区党委第一书记；1941 年成为苏共中央委员；1941—1944 年兼任外高加索方面军北部集团军军事委员会委员，并领导斯塔夫罗波尔边疆区游击队指挥部。在斯塔夫罗波尔，苏斯洛夫结识了当时任第十八集团军政治部主任的勃列日涅夫，战争中的相识成为以后两人政治合作的渊源。1944 年，苏斯洛夫接受委派担任联共（布）中央立陶宛中央局主席，因业绩显著于 1947 年担任联共（布）中央书记。1948 年日丹诺夫逝世后，苏斯洛夫主管苏共意识形态工作。1949—1950 年兼任《真理报》总编辑。从这时开始，苏斯洛夫成为苏联政坛和思想理论界举足轻重的人物。1952—1953 年和 1955—1966 年任苏共中央主席团委员。1966 年起任苏共中央政治局委员，长期主管意识形态工作和国际共产主义运动事务。

在罢黜赫鲁晓夫的“宫廷政变”中，苏斯洛夫凭借在党内特别的影响力，发挥了极其重要的作用。苏斯洛夫的特别影响力主要表现在三个方面：一是从斯大林时期到赫鲁晓夫和勃列日涅夫时期，苏斯洛夫长期在苏共政治高层担任重要职务，这位“三朝元老”拥有自己深厚的政治人脉。二是苏斯洛夫有独特的人格魅力：他身材消瘦，待人和蔼可亲，从不怠慢自己的客人和身边的人；他生活质朴，对自己的要求非常严格，从不为自己修建豪华别墅，不举办大型的家庭宴会；他为人低调，不喜欢抛头露面和媒体的宣传，在公开场合，他永远是一身旧式的西服、套鞋和礼帽；他乘坐普通的轿车上班，每天像时钟一样准时到达自己的办公室；每到外地考察，他都要向当地管理部门提交自己的食宿费用，苏斯洛夫清教徒式的生活为他赢得了简朴的美誉。三是苏斯洛夫具有比较高的理论素养，熟稔马列著作，尤其是列宁的著作，在学生时代就经常向苏联理论报刊投稿，逐渐形成了思维缜密且文笔犀利的特点。因此，他很早便成为苏共意识形态工作的主持人。

在推翻赫鲁晓夫的“宫廷政变”中，当勃列日涅夫因胆怯不敢给正在休假的赫鲁晓夫打电话时，是苏斯洛夫拨通了赫鲁晓夫的电话号码。在随后的中央全会上，又是苏斯洛夫作了主题报告，他以尖刻犀利又不失原则性的语言对赫鲁晓夫进行了批判。赫鲁晓夫下台后，苏斯洛夫继续主持苏共意识形态工作，但与此前不同的是，这时苏斯洛夫是作为苏共第二书记主持意识形态工作的。由于作为第一书记的勃列日涅夫总是忙于礼仪上的事情，中央机关和国家机关事实上是由第二书记领导的；再加上意识形态工作在苏共党和国家政治生活中具有特别重要意义，党和国家的大政方针常常是由党的第一理论家来定调子，苏斯洛夫在党内权力地位很快达到巅峰，即使是勃列日涅夫本人也要尊重他的理论地位。苏斯洛夫甚至被称为“勃列日涅夫在意识形态上的指导员”。[①]

在勃列日涅夫执政初期，苏斯洛夫虽然排在勃列日涅夫、柯西金和波德戈尔内的位置之后，但苏斯洛夫的实际权力甚至不小于勃列日涅夫，更不用说柯西金和波德戈尔内了。“他可以像检查学校里的教科书那样检查柯西金的‘改革’方案、葛罗米柯的照会、波德戈尔内的法令、格列奇科的命令以及勃列日涅夫的讲话。”[②] 好在勃列日涅夫上台之初能够清醒地认识到自己没有足够的威望，地位也不稳固，因此在培植自己势力范围的同时，表现得比较谦虚谨慎，每遇大事，必会找到苏斯洛夫商量。但时间久了，勃列日涅夫的这种态度让那些与勃列日涅夫亲近的人愤愤不平，觉得他有点低三下四。这样，勃列日涅夫与苏斯洛夫之间的关系开始敏感起来。苏斯洛夫小心翼翼地维护着与这位新任总书记的关系，当勃列日涅夫任命特拉佩兹尼科夫为中央科学和学校部部长时，他虽然对这位受到院士们抵制的新部长的德才不满意，但不愿意为这件事情和勃列日涅夫闹翻，还是接受了特拉佩兹尼科夫成为自己的部下。然而，当勃列日涅夫在1969年12月公开藐视苏斯洛夫的理论权威时，两人之间的冲突终于爆发了。

1969年苏军镇压了“布拉格之春”之后，勃列日涅夫在政治上的表现

---

① 郭春生：《勃列日涅夫18年》，人民出版社2009年版，第140—141页。

② ［苏］阿·阿夫托尔哈诺夫著，杨春华等译：《勃列日涅夫的力量和弱点》，新华出版社1981年版，第62页。

越来越强硬起来。在同年12月讨论经济问题的中央全会上，勃列日涅夫发表了未经讨论的讲话，批评经济工作，这除了使主抓经济工作的柯西金感到不快外，苏斯洛夫、谢列平和谢列斯特等人也对勃列日涅夫的擅自行动表示不满。苏斯洛夫联络了几个人，由谢列平和马祖罗夫执笔给政治局写了一个报告，对勃列日涅夫进行批评，并且准备在1970年的3月全会上讨论这一报告。而此时勃列日涅夫的权力地位已经巩固，特别是得到军队高级将领的支持，便采取了毫不退让的立场。他在一次会上说："领导人就要有领导的权威性，不然如何称得上领导呢！"① 1970年3月中央全会召开之前，勃列日涅夫以总书记名义推迟了召开全会的日期，并亲赴白俄罗斯参加苏军1970年3月10日至15日举行的代号"德维纳"的军事演习。这次军事演习，是苏联战后举行的最大规模的军事演习，当时那里聚集了包括国防部长格列奇科在内的许多高级将领。勃列日涅夫这一举动实际上是以武力方式向反对他的人示威。苏斯洛夫对勃列日涅夫的用意心知肚明，自己虽然有一大批支持者，但勃列日涅夫是总书记，并且得到军队支持，再加上自己没有更高的政治企图，便对勃列日涅夫的强硬态度采取了实用主义策略，收回那篇报告，转而向勃列日涅夫表示顺从和忠诚。此事件之后，苏斯洛夫的理论权威让位于勃列日涅夫的政治权威，再加上特拉佩兹尼科夫的牵制，苏斯洛夫主管的意识形态部门开始大肆吹捧勃列日涅夫，称勃列日涅夫为"伟大的列宁主义者"和"为和平而斗争的杰出战士"，每天的报刊都要有勃列日涅夫的照片和讲话，报刊社论和党刊的理论文章频繁引用勃列日涅夫的言论。1973年，苏斯洛夫还专门起草了《必须加强列昂尼德·伊里奇·勃列日涅夫同志威信》的文件，在党的区委、边疆区委和加盟共和国中央委员会散发。于是，勃列日涅夫和苏斯洛夫成了配合默契的伙伴，苏斯洛夫安心把持着意识形态工作，满足于担当勃列日涅夫时期的"御用"理论支柱。

苏斯洛夫与勃列日涅夫的这次冲突有点类似于真理与权力之争的味道，事件的结果证明，党内理论权威并不能约束政治权威。此事件过后，苏斯洛夫不得不调整立场，采取明哲保身的态度，顺应勃列日涅夫基于很差的马克思主义理论素养而提出的各种意见乃至重大决策。时间久了，苏斯洛夫也变得思想僵化、因循守旧。苏斯洛夫尚且如此，在苏共高层领导人中甚至整个苏联理论界，认真学习马克思主义理论、坚持马克思主义理论和方法的健康力量就更是越来越少，即使基层和广大党员群众中存在马

① 王国仁译：《勃列日涅夫的新脸谱》，《国际展望》1989年第14期，第23页。

克思主义理论素养极高的人，但他们影响力有限，更不能从根本上左右苏共理论大局。

苏联党和国家最高权力的运行机制，使得最高领导人的理论素养和精神追求从根本上影响着苏共思想政治工作的效果。苏共在勃列日涅夫执政后期，意识形态外强中干、软弱无力，再加上脱离群众和腐败变质，越来越陷入意识形态和执政合法性危机之中。斯大林逝世以后，在西方反苏反共势力渗透下，苏联国内出现了一股资产阶级自由化思潮，赫鲁晓夫由于缺乏马克思主义理论修养，也不自觉地被卷入这股思潮之中，带头宣扬抽象的人性论和资产阶级人道主义，在苏共二十二大上提出了“一切为了人，为了人的幸福”的口号。由于勃列日涅夫同样缺乏马克思主义理论修养，害怕在党内开展积极的思想斗争，在重大理论和原则问题上出现分歧时总是采取调和态度，简单地继承了赫鲁晓夫错误的人性论口号，既不能搞清楚马克思主义与资产阶级人道主义的根本区别，用马克思列宁主义的阶级观点揭露资产阶级自由民主和人道主义的本质，从而给予西方的宣传家以有力的理论回击，又不能根据马克思列宁主义关于社会主义民主的论述，针对苏联现行体制机制中存在的缺陷和弊病进行认真的改革，这就使得党内思想更加混乱，资产阶级自由化思潮进一步在党内滋生蔓延，其结果是逐渐孽生出所谓“体制内的反对派”，“他们已不再相信社会主义，但是不公开表露出来，在公开场合口头上表示拥护社会主义，甚至有时为它唱赞歌，实际上一直在窥测方向，等待时机。等到戈尔巴乔夫的‘改革’一开始，他们就原形毕露，肆意否定苏联革命的历史和社会主义建设的成就，为‘改革’大造舆论，为苏联社会主义制度的覆灭起了鸣锣开道的作用。”①

总之，勃列日涅夫是在苏联历史发展的一个重要关头出任最高领导人的。从国内来说，苏维埃国家已经走过了将近半个世纪的发展道路，取得了巨大的成就，同时也积累了不少问题。在这种情况下，特别需要运用马克思列宁主义的立场、观点和方法进行认真的总结，发扬成绩，纠正缺点和错误。与此同时，由于世界形势的发展，尤其是由于科技革命的兴起，出现了许多新的情况，提出了许多新的问题，同样需要运用马克思主义基本原理做认真的分析研究，明确今后的发展方向，制订出与新形势相适应的战略计划。也就是说，为了保证国家沿着社会主义道路健康发展和实现长治久安，迫切需要有马克思列宁主义的指导。为了做到这一点，必须组

① 张捷：《从赫鲁晓夫到普京》，第 103—104 页。

织全党认真学习和研究马克思列宁主义理论，努力提高全党马克思主义理论素养，运用马克思列宁主义基本立场、观点和方法研究新情况、解决新问题。然而遗憾的是，勃列日涅夫与其前任赫鲁晓夫一样，没有受过良好的教育，文化水平不高，理论修养很差，既不懂也不学习马克思主义理论，不具备担任苏联党和国家最高领导人的能力。他在理论上完全依赖于苏斯洛夫，但却以强权迫使苏斯洛夫为自己的政治目的服务。苏斯洛夫这位苏共党内公认的马克思主义权威理论家在真理与权力的对峙中，采取了明哲保身的态度，逐渐变得思想保守，缺乏创新精神，未能在理论上揭示社会主义建设的本质，也未能对苏共党和国家面临的新情况和新问题提出有效的应对方案，致使勃列日涅夫执政时期，苏共官僚特权阶层恶性膨胀，苏联经济、政治、社会和意识形态危机不断加深，在“稳定”“繁荣”的表象之下实际上已经走到了亡党亡国的危险边缘。

第七章　戈尔巴乔夫非马克思主义理论素养与苏联亡党亡国

1985年3月11日，在苏联高层领导干部严重老化、三位最高领导人接连去世的特殊背景下，54岁的戈尔巴乔夫以“能言善辩”“年轻能干”的优势在苏共中央非常全会上当选为苏共中央总书记、苏联国防会议主席，成为苏联最高领导人。从地方到中央，“最年轻”一直是戈尔巴乔夫政治生涯中的关键词：他是苏联历史上最年轻的区委书记、市委书记、州委书记，40岁即当选为苏共中央委员，49岁当选为苏共中央政治局委员，54岁就任苏共中央总书记，成为苏联历史上最年轻的苏共中央总书记。然而，就是这位承载着苏联党和人民无限期盼的最年轻的苏共中央总书记，却早在学生时代就对苏联现实社会主义产生了疑问。戈尔巴乔夫上台伊始便大刀阔斧地推行改革，从政治领域的“民主化”，到意识形态领域的“公开性”，再到外交领域的“新思维”，他提出的口号越来越多，采取的措施越来越激进，却在背离马克思列宁主义、抛弃共产主义目标的道路上越行越远。虽然他在改革开始时竭力掩盖自己对马克思主义的怀疑，表面上说要通过改革来“完善社会主义”，但随着改革的逐步推进，戈尔巴乔夫借助“民主化”“公开性”和“多元化”，从丑化苏联革命历史到反对以马克思主义为指导和否定社会主义基本制度，再到放弃共产党的领导、改变共产党的性质和实行多党制，清楚地暴露了他对马克思主义从怀疑、动摇到彻底背叛的思想过程。戈尔巴乔夫曾经就读于莫斯科大学法律系，演讲的口才很好，可以大段地引经据典，展示出很好的理论素养。但戈尔巴乔夫的理论素养却不是马克思主义的理论素养，而是非马克思主义的“人道的民主的社会主义”的理论素养。其“人道的民主的社会主义”一旦成为苏联改革的指导思想，苏联亡党亡国的悲剧就难以避免了。

第一节　一个自称“二十大产儿”的领导人

戈尔巴乔夫从小天资聪颖，勤奋好学，并成长在社会主义的红旗下，接受无产阶级革命传统和马克思主义基本理论教育，但是从其整个思想政治观点的形成与发展过程来看，他并没有真正建立起对马克思主义的信仰，他的一般理论素养可能比赫鲁晓夫和勃列日涅夫等人要好得多，但他的马克思主义理论素养并不比前两者好到哪里去。

一、好学但学会的主要不是马克思主义

戈尔巴乔夫于 1931 年 3 月 2 日出生在斯塔夫罗波尔边疆区的一个农民家庭，少年时就读于本地的乡村学校。二战期间他曾一度中断学业，战后则一边上学，一边帮父亲在联合收割机上干活，曾于 1947 年获劳动红旗勋章。戈尔巴乔夫学习很努力，积极参加社会活动，在中学时代成为联共（布）预备党员。他像当时许多年轻人一样，对斯大林充满崇敬之情，在题为《斯大林是我们战斗的光荣，斯大林是我们青春的翱翔》的中学毕业作文里曾经抒发了这种感情。[①] 这篇作文还被校方作为范文向以后的几届毕业生展示。

1950 年中学毕业后，戈尔巴乔夫被苏联的最高学府莫斯科大学的法律系录取，开始了五年的大学生活。这时正是斯大林逝世前后的苏联面临变动和转折的历史时期。国际上，西方国家开始加紧对苏联实施“和平演变战略”，利用大众传媒宣扬西方的自由、民主和人权思想，推动苏联和东欧社会主义国家在内部发生资本主义和平演变，并把实现“和平演变战略”目标的希望寄托在这些国家的第三代和第四代人身上。而在苏联国内，党和国家在经济、政治和思想文化领域积累的问题到斯大林晚年愈来愈多，社会成员对现实的不满情绪有所增长，产生了改变社会现状的心理要求，这使得人们更易于受到西方以抽象的人来表达的自由、民主和人权思想的影响。在这种情况下，资产阶级自由化思潮在苏联开始露头，其中莫斯科大学就表现出比较明显的自由化倾向。莫斯科大学的学生们常常举行会议讨论各种社会现实问题，大胆发表自己的意见，当时的哲学系学生、后来成

① 张捷：《从赫鲁晓夫到普京》，第 109 页。

为戈尔巴乔夫妻子的赖莎称这些会议是“解冻”的先声①。

从边远农村来到莫斯科的戈尔巴乔夫对一切都感到新鲜，他在学习专业知识之余，贪婪地阅读各种过去读不到的书籍，开始接受西方的哲学和政治思想，并参加各种大学生的集会，在会上发表宣扬自由民主和抨击时弊的言论，措辞激烈。戈尔巴乔夫在他的回忆录里曾经谈到，在莫斯科大学学习期间思想发生了巨大变化，1950 年夏天首次来到莫斯科的那个“工农青年”和五年后准备前往斯塔夫罗波尔的莫斯科大学毕业生，在很大程度上已经判若两人②。而当时也在莫斯科大学学习、后来成为作家的别利亚耶夫 1991 年与他见面时曾说，那时几乎把他当成后来所说的“持不同政见者”，因为他太激进。戈尔巴乔夫说自己虽然没有成为那样的人，但是“对现实的批判态度已经形成”③。不仅如此，戈尔巴乔夫在当时甚至确立了改变苏联现行社会制度的人生目标，发誓要破坏掉苏联的“这个腐朽的制度”④。

从莫斯科大学毕业后，戈尔巴乔夫携他的妻子赖莎回到了他的家乡斯塔夫罗波尔。他按照所学专业先被安排到当地的检察机关，随即转到共青团斯塔夫罗波尔边疆区委员会工作，担任宣传鼓动部部长。不久，苏共召开第二十次代表大会，赫鲁晓夫在秘密会议上作了批判斯大林个人崇拜的报告。戈尔巴乔夫认为赫鲁晓夫的做法是一种“大无畏的行为”，他作为共青团宣传部门的领导人，积极组织人员到各地宣讲二十大精神。1958 年 10 月，赫鲁晓夫到斯塔夫罗波尔给边疆区授勋，戈尔巴乔夫初次见到赫鲁晓夫本人，认为他坦率真诚，具有独特的人民性和与所有人打交道的愿望⑤。1961 年 10 月苏共召开第二十二次全国代表大会，此时已升任斯塔夫罗波尔边疆区团委第一书记的戈尔巴乔夫作为代表出席，亲眼目睹了赫鲁晓夫再次掀起“非斯大林化”浪潮，亲耳聆听了赫鲁晓夫“一切为了人，为了人的幸福”以及“全民国家”和“全民党”的错误言论。戈尔巴乔夫会后充分肯定赫鲁晓夫的“胆略和勇气，果断和逆流而上的勇气”，认为“这一批判使极权主义在道义上声誉扫地，引发了对体制进行改革的希

---

① ［俄］赖莎·戈尔巴乔娃：《我希望……》，东方出版社 1993 年版，第 63 页。

② ［俄］戈尔巴乔夫著，述弢、王尊贤等译：《戈尔巴乔夫回忆录》（上册），社会科学文献出版社，第 78 页。

③ 同上书，第 65 页。

④ ［俄］《青年近卫军》1993 年第 4 期，第 28 页。转引自张捷：《从赫鲁晓夫到普京》，第 110 页。

⑤ ［俄］戈尔巴乔夫：《戈尔巴乔夫回忆录》（上册），第 96 页。

望，对政治经济领域和精神生活领域的新的过程的发展起了推动作用。这应当算是赫鲁晓夫的功劳、他的支持者的功劳”。[①]

苏共二十大和二十二大以反对个人崇拜为名片面评价斯大林的做法以及所制定的修正主义的纲领和路线，在意识形态领域产生了严重的影响，对刚刚走上生活道路和开始从事政治活动的年轻人来说尤其如此。戈尔巴乔夫就属于这样的年轻人。他多次谈到自己是“二十大的产儿”，是所谓的“60年代人”，即赫鲁晓夫“解冻”时期（从斯大林逝世到60年代中期）成长起来的一代人[②]。这一代人逐渐遍布苏联党政机关和知识界，他们在苏联剧变过程中大致演化为两种人：一种人公开发表他们的政治观点，也就是所谓的“持不同政见者”，苏联政府曾对他们实行压制和镇压的政策，不少人被迫流亡国外并成为西方进行反共反苏思想宣传的帮手；另一种人虽然也认可西方的自由民主，希望改变苏联现行社会主义制度，但是他们不把自己的真实思想表露出来并留在体制内部，潜移默化地从内部来改变这个制度。“改革”年代戈尔巴乔夫的“亲密战友”雅科夫列夫在接受《消息报》记者采访时，曾经谈到了自己丧失信念的经过以及他为什么留在体制内并担任重要职位的原因：“当然啰，应当设法把它（指苏维埃制度——引者注）搞掉。有不同的途径，譬如说，走持不同政见者的道路。但是这是毫无希望的。当时应当在内部活动。我们唯一的道路是：借助极权主义的党的纪律从内部破坏极权主义制度。”[③]

作为“二十大的产儿”的代表，戈尔巴乔夫走的是一条最无风险但却是最有破坏力的道路。雅科夫列夫只是讲到了从内部来破坏苏维埃制度，而戈尔巴乔夫则是夺取党内最高领导权，自上而下地改变苏维埃制度，显然戈尔巴乔夫的这条道路“更聪明”“更有力度”。这条道路，既不必担惊受怕，又不会像“持不同政见者”那样受到批判、流放和关押，相反，他可以凭借手中的权力，常常以卫道士的面目出现，批判别人，颐指气使，支配别人的命运；他可以尽情享受各种待遇和特权，过着一般人梦想不到的优裕生活，并惠及他们的家人和亲属。

戈尔巴乔夫之所以能够走上这条道路，既与他善于阳奉阴违、见风使舵的性格有关，又与他自身客观条件和历史赋予的机遇有关。戈尔巴乔夫能够把自己真实思想和意图深深埋在心里，能够过“三重标准”的生活：

---

① ［俄］戈尔巴乔夫：《戈尔巴乔夫回忆录》（上册），第98—99页。

② 张捷：《从赫鲁晓夫到普京》，第112页。

③ ［俄］《消息报》1998年6月17日。转引自张捷：《从赫鲁晓夫到普京》，第113页。

想一套、说一套、做一套。戈尔巴乔夫善于阳奉阴违，迎合巴结领导，而又常常摆出一副卫道士的面孔。在“二十大的产儿”这批同类人当中，戈尔巴乔夫具有明显的优势，家庭出身和成长经历都无可挑剔：他出身农民家庭，名牌大学法律专业毕业，后来又读了斯塔夫罗波尔农学院的函授班，知识面宽，具有较好的理论素养和工作能力；他年轻力壮，具有基层实际工作的经验，为人机敏，能迅速领会领导意图，并能同周围的人搞好关系，因此从他跨入政府机关后就很快受到重用。1960 年库拉科夫出任斯塔夫罗波尔边疆区党委第一书记后，便把戈尔巴乔夫提升为边疆区团委第一书记，接着又让他担任边疆区党委组织工作部部长这一重要职务。1964 年库拉科夫上调中央后，戈尔巴乔夫在他的支持下，于 1968 年和 1970 年先后顺利当上斯塔夫罗波尔边疆区党委第二书记和第一书记。

斯塔夫罗波尔境内的高加索山麓建有许多矿泉疗养院，不少党政要人经常到这里来疗养，这为戈尔巴乔夫提供了结交上层人士的机会。戈尔巴乔夫热情接待这些前来疗养的领导人，其中包括对他后来入主克林姆林宫帮助最大的安德罗波夫。安德罗波夫也是斯塔夫罗波尔人，常到老家来休息和疗养，戈尔巴乔夫是在 1969 年认识这位政治局委员和克格勃主席的，很快两人就建立了亲密的关系。戈尔巴乔夫在回忆录里曾说过：“我同安德罗波夫是老朋友，两家的关系也很好。我同他多次无拘无束地交谈过，我们的观点一致。”① 1978 年，库拉科夫去世，苏共中央需要物色一个接替他职位的人。在安德罗波夫的安排下，戈尔巴乔夫与途经斯塔夫罗波尔去阿塞拜疆的勃列日涅夫会面并做了简短的交谈。于是 1978 年 11 月戈尔巴乔夫被调到苏共中央接替库拉科夫担任负责农工综合体的书记，一年后当选为苏共中央政治局候补委员，再过一年又升任政治局委员，进入了苏共领导的最高层。

1982 年 11 月 10 日，勃列日涅夫去世，安德罗波夫当选为苏共中央总书记。戈尔巴乔夫作为新任总书记的亲信，实际上成为党内的第二把手。戈尔巴乔夫积极配合安德罗波夫的工作，使其在党内的地位不断提高，安德罗波夫也有意选择他充当自己接班人角色。1984 年 2 月 9 日，安德罗波夫突然去世，契尔年科因资历老、人脉资源更丰富而继任总书记，但契尔年科重病缠身，生命垂危，党的上层在继承人问题上展开了明争暗斗。戈尔巴乔夫一方面千方百计地表现自己对契尔年科的忠诚和对政治局同仁的尊重，另一方面加紧做继任的准备。1985 年 3 月 10 日，契尔年科去世时，

① ［俄］戈尔巴乔夫：《戈尔巴乔夫回忆录》（上册），第 39 页。

戈尔巴乔夫正当盛年，精力充沛，在被称为“养老院”的政治局里显得比较突出，这一点赢得了许多人的好感。戈尔巴乔夫在私下做了中央组织部部长利加乔夫和政治局元老葛罗米柯的工作，在两人的支持下戈尔巴乔夫在中央全会上顺利当选为总书记。

根据戈尔巴乔夫妻子赖莎的回忆，戈尔巴乔夫在当选为总书记的前一天晚上曾经在家里对她表示，一旦他当选为党的最高领导人，他将领导改变苏维埃已经像“一堵墙”并落后于现实生活要求的社会制度。[①] 果不其然，戈尔巴乔夫当上总书记后就迫不及待地发动了“改革”，但“改革”最终并不是完善苏维埃社会主义制度，而是在他的“人道的民主的社会主义”纲领下，把“改革”引向了改制，苏联共产党被搞垮，社会主义制度被葬送，苏维埃联盟国家被解体。直到苏联亡党亡国，戈尔巴乔夫这个“二十大的产儿”背叛马克思列宁主义、背叛苏联共产党、背叛社会主义的真实面貌才彻底暴露出来。

二、民主社会主义理论的俘虏

戈尔巴乔夫在1952年加入苏联共产党，并一直专门从事党和共青团的工作。但在实际上，戈尔巴乔夫的马克思主义信仰并不坚定，早在大学时期就对马克思主义和社会主义产生了怀疑和动摇，并成为民主社会主义理论的俘虏。根据苏共党内曾经参与起草中央许多政治报告、重要文件以及戈尔巴乔夫《改革与新思维》等著作的著名“笔杆子”切尔尼亚耶夫回忆，戈尔巴乔夫本人大概在他当上总书记之前就开始信奉民主社会主义了。切尔尼亚耶夫说，戈尔巴乔夫读过大量地下出版物和外国出版的书籍，对某些国内“持不同政见者”和外国的作者提出的关于马克思主义、关于苏联社会主义和苏联历史的观点甚为赞赏。切尔尼亚耶夫在《在戈尔巴乔夫身边六年》一书中说：“戈尔巴乔夫早在来莫斯科任职前，内心深处就做好了摧毁马列主义正统思想的准备。现在当要寻找改革的意识形态时，他自然会求助于自由的，即国外的社会主义思想。”[②] 在国外的思想中，意大利共产党领导人宣扬的所谓“欧洲共产主义”，反对暴力革命和主张通过合法手段建立社会主义的思想对戈尔巴乔夫也产生了较大影响。戈尔巴乔夫自己承认，他读过意大利共产党人的纲领性文件、葛兰西的

---

① ［俄］赖莎·戈尔巴乔娃：《我希望……》，第7页。

② ［俄］阿·切尔尼亚耶夫著，徐葵、张达楠等译：《在戈尔巴乔夫身边六年》，世界知识出版社2001年版，第209页。

《狱中书简》和陶里亚蒂的政治遗嘱。1984 年他前往罗马参加意共总书记恩里科·贝林格的葬礼时讲道："恩里科，我们永远不会忘记你提出的在我国发扬民主的劝告。"著名政论家布尔拉茨基根据戈尔巴乔夫参加贝林格葬礼时发表的讲话断定，他在 1984 年就信奉社会民主主义了。曾任克格勃主席的克留奇科夫根据他所掌握的材料也说，戈尔巴乔夫在与雅科夫列夫私下谈话时承认"内心里感到自己是一个社会民主党人"。①

虽然戈尔巴乔夫在骨子里信奉的是修正马克思科学社会主义的民主社会主义理论，但在推行"改革"初期，他在正式讲话或公开场合一直没有承认他搞的一套是民主社会主义，而是把民主社会主义乔装改扮成"人道的民主的社会主义"，在苏共领导层马克思主义理论素养普遍下降的背景下，成为欺骗党和人民的所谓"改革新思维"。戈尔巴乔夫抛出"人道的民主的社会主义"理论不是走上领导岗位就马上开始的，而是在把大批符合自己心意的人调整到党的各级领导岗位之后提出的，经过了一个酝酿、提出和纲领化的渐进过程。

在 1987 年 11 月之前，戈尔巴乔夫针对苏联原有体制的弊病大力倡导改革，整体上还坚持共产党的领导和社会主义的方向。例如戈尔巴乔夫在 1985 年 3 月当选为苏共中央总书记后说：苏共二十六大和以后几次中央全会制定的"战略方针"不会改变。又比如 1986 年 2 月，戈尔巴乔夫还在苏共二十七大报告中强调指出，苏共是社会的"领导力量"，苏共的"最终目标"是在苏联"建成共产主义"，苏共中央"在制定长期的和重大的任务时，一贯遵循马克思列宁主义这一社会发展的真正的科学理论"，② 他甚至还指出共产党与社会民主党之间存在原则界限：双方可以"不带偏见地彼此了解对方的立场和观点"，但"共产党人和社会民主党的分歧是深刻的，经验和成就也不相同，是不可等而视之的"③。

然而在 1987 年 11 月 1 日，戈尔巴乔夫分别用俄文和英文同时出版了《改革与新思维》一书，其中提出的一些理论观点和政策措施，开始背离马克思主义的基本原则，标志着他的"人道的民主的社会主义"思想开始酝酿发展。戈尔巴乔夫在书中尖锐地批判了苏联政治经济体制的弊端和现时社会思想道德上的危机并初步地阐述了抽象的"人道""民主"与社会

① ［俄］安德烈·格拉乔夫著，述韬译：《戈尔巴乔夫之谜》，中央编译出版社 2005 年版，第 202 页。

② ［苏］戈尔巴乔夫：《讲话和论文集》第 3 卷，政治书籍出版社 1987 年版，第 182 页。

③ ［苏］戈尔巴乔夫：《在苏共第二十七代表大会上的讲话》，参见黄宏、纪玉祥主编：《原苏联七年"改革"纪实》，红旗出版社 1992 年版，第 21—22 页。

主义的一致性："在原则上我可以说，改革的最终目标我们是清楚的。那就是深刻地革新国内生活的各个方面，使社会主义具有最现代的社会组织形式，从我们这个制度的经济、社会政治和道德这些决定性的方面最充分地展示我们制度的人道主义性质。""我们改革的整个纲领及其各个组成部分是完全以'更多的社会主义，更多的民主'这个原则为根据的……更多的社会主义，这就是有更多的民主、公开性和社会生活中的集体主义，在人与人之间的生产关系、社会关系和个人关系上更讲文明和人道，更多的个人尊严和自尊。"①

1988年6月28日至7月1日，苏共第十九次全国代表会议在莫斯科召开。在这次会议上戈尔巴乔夫第一次比较明确地提出了"人道的民主的社会主义"概念。戈尔巴乔夫指出："社会主义制度是一个真正的现实的人道主义制度"，它要通过"革命性改革"，"使社会达到全新状态，所造社会主义新的人道的和民主的面貌"，而这种"新的面貌"则有以下七点基本特征：（1）真正的现实的人道主义制度，社会的整个发展都是为了满足人的需求和人的全面发展。（2）有效而活跃的经济制度，公有制和个人所有制以及多种形式的生产组织是这种经济的基础，对经济实行计划管理的出发点是使中央在解决结构问题中的作用同作为商品生产者的生产单位的自主性有机地相结合，这些生产单位为市场而工作。（3）社会公正的制度，始终不渝地实行按劳分配原则，铲除平均主义和寄生现象，对人的才能和贡献给予应有的评价和鼓舞。（4）具有高度文化素养和道德的制度。（5）真正的民主政治制度，克服人民与政权的隔阂，实行人民自治、民主化、法制、开放性和公开性。（6）各民族真正平等的制度，各民族社会与精神繁荣和互相充实的制度。（7）在本质上和利益上渴望和平的制度，在各国和各国人民之间建立正常的和文明的关系。② 戈尔巴乔夫在讲话中，虽然提出了"社会主义新的人道的和民主的面貌"，但他对这个"面貌"的基本特征的描述依然吸引着苏联人民对改革的信任。

1989年11月26日，戈尔巴乔夫又在《真理报》上公开发表了《社会主义思想与革命性改革》一文，使"人道的民主的社会主义"的内容充实起来并系统化。这篇文章指出了苏联改革的方向以及对社会主义思想和现实制度的重新认识。首先，关于苏联改革向何处去和苏联改革的意义及使

---

① ［苏］戈尔巴乔夫著，岑鼎山等译：《改革与新思维》，世界知识出版社1988年版，第24—25页。

② ［苏］戈尔巴乔夫：《关于苏共二十七大决议的执行情况和深化改革的任务》，1988年6月28日在苏共第十九次全国代表会议上的讲话，《真理报》1988年6月29日。

命的问题。文章指出，如果说在改革初期主要是纠正社会机制的部分扭曲现象，完善过去几十年形成的制度的话，那么，现在必须根本改造我们的整个社会大厦：从经济基础到上层建筑。包括改革所有制关系、经济机制和政治体制，改变社会的精神和道德气候。其次，关于马克思列宁主义和社会主义理论。文章提出，马克思主义创始人从来没有从事于发明新社会发展的具体形式和结构，只提出作为认识和改造社会实践的一般理论模式。现在可以说，马克思对资本主义的自我发展估计不足，“没有预见到未来的科技革命可能成为资本主义发展的新源泉”，资本主义能以科技成果形成一种社会经济结构来保卫其生命力，能适应时代的挑战。第三，关于社会主义思想和社会主义实践。文章认为“十月革命”不是一场悲剧，是具有世界历史意义的、面向未来的伟大突破，但是由于斯大林教条主义的影响，在列宁之后，社会主义思想越来越接近于专制的官僚主义行政命令制度：“为了虚构的集体主义，忽视了人的个性，阻碍了个性的发展，在大众优于个体的借口下大大缩小了自由的合理界限，阉割了社会主义社会结构的人道本质。换句话说，从社会主义理想中抽掉了主要的东西——人本身，人的需要、利益、人的活生生的生活。”因此，改革要把向来就有的革命原则转向实现，使这些原则本身和以这些原则为基础的社会主义性质的标准要求具体化。第四，关于社会主义的新面貌。文章认为，社会主义新面貌就是社会主义的人的新面貌，这完全符合马克思的思想；苏联正在建设人道的社会主义，而且是民主的社会主义；改革使党的职能发生变化，重新确定它在政治体系中作为人民的思想、政治、道德先锋队的地位，党不能对社会和国家发号施令，应在宪法和法律范围内活动，必须克服保守和教条主义。①

接下来戈尔巴乔夫在1990年的新年讲话以及同年3月发表在《未来的社会主义》杂志上的《未来世界与社会主义》一文标志着戈尔巴乔夫“人道的民主的社会主义”理论体系的最后完成，而同年7月苏共二十八大通过的纲领性声明，即《走向人道的民主的社会主义》则意味着“人道的民主的社会主义”开始成为全党的改革指导思想。

戈尔巴乔夫在1990年的新年讲话中指出：过去的一年，我们受益匪浅，许多问题我们不得不重新思考，今天我们对许多问题的看法已经与一年前不同了，现在我们更加清楚地认识了我们为之奋斗的目的，这个目的

① ［苏］戈尔巴乔夫：《社会主义思想与革命性变革》，《真理报》1989年11月26日。

就是建立人道的民主的社会主义，建立自由的和社会公正的社会。① 在《未来世界与社会主义》一文中，戈尔巴乔夫则强调社会主义与资本主义、共产党与社会民主党之间的界限不再分明，指出“社会主义和资本主义是不同的制度，但它们都在发生变化。资本主义现在远不是从前那种资本主义了，而社会主义，正如我们现在所理解的那样，已经不再否定、不再拒绝其他社会已经做到的或者正在做出的一切，而是要掌握和利用人类的思想和实践所取得的最美好的事物。因此，无论从政治中还是意识形态中我们都要取消‘敌人形象’”。“在社会党人和共产党人之间，已不再存在从前使他们分裂的鸿沟。共产党人对自己的弱点、失误和错误估计进行了毫不留情的自我批判。……社会党国际十八大所通过的纲领性文件证明，我们有许多共同之处——无论是在对当代世界的看法上，还是在理解所有进步力量所面临的任务上。在人道的、民主的价值观的基础上，我们不仅在政治立场上而且在世界观立场上都接近了。”② 同年 7 月苏共二十八大纲领性声明——《走向人道的民主的社会主义》则明确指出：“苏共二十八大认为：为了克服社会上和党内的危机，对社会和党进行改革，走向人道的、民主的社会主义，客观地评价时局，确定党在现阶段的政策原则具有原则性意义。”“改革政策的实质在于，从官僚专制制度向人道的、民主的社会主义社会过渡。这条道路尽管艰难，但却是通往像样的生活，通往发挥国家物质和精神潜力的唯一正确之路。”③ 至此，戈尔巴乔夫明确提出以民主社会主义作为改革指导思想，戈尔巴乔夫“改革”要走向的“人道的民主的社会主义”的真实面目也逐渐显露出来。然而，现实形势发展表明，背离科学社会主义的“人道的民主的社会主义”取向并没有给苏联人民带来“像样的生活”和“国家物质和精神潜力”，接踵而来的是社会动乱和物质生活资料的短缺危机。

苏联亡党亡国后，戈尔巴乔夫从总统的宝座上摔下来成为平民百姓，他开始不再刻意回避承认自己的民主社会主义立场了。1992 年，他在莫斯科电视台宣布，现在他完全摒弃了社会主义选择，认为共产主义是乌托邦

---

① ［苏］戈尔巴乔夫：《1990 年新年讲话》，参见黄宏、纪玉祥主编：《原苏联七年“改革”纪实》，第 224 页。

② ［苏］戈尔巴乔夫：《未来世界与社会主义》，参见戈尔巴乔夫、勃兰特等著，中央编译局国际发展与合作研究所译：《未来的社会主义》，中央编译出版社 1994 年版，第 19—20 页。

③ ［苏］戈尔巴乔夫：《走向人道的民主的社会主义》，《苏联共产党第 28 次代表大会文件汇编》，第 88—94 页。参见邢广程：《苏联高层决策 70 年——从列宁到戈尔巴乔夫》（第五分册），中国社会科学出版社 1998 年版，第 1749—1750 页。

并公开承认自己是一个社会民主主义者。1996 年戈尔巴乔夫在与日本作家池田大作对话时又袒露心迹说："改革运动的精神实质，就是要彻底地颠覆斯大林主义……早在学生时代，我就发现，社会主义的现实同理想相差十万八千里了。"① 1997 年《论据与事实报》记者采访他时问他："您内心里仍然还是共产党人吗？"他毫不犹豫地回答道："不，我就本质来说是社会民主党人。"② 这样的回答最终表明，在戈尔巴乔夫的思想中，所信奉的根本不是社会主义，而是不折不扣的民主社会主义。

实际上，戈尔巴乔夫的"人道的民主的社会主义"在思想渊源上不过是对第二国际时期修正主义者所鼓吹的民主社会主义以及赫鲁晓夫的修正主义的继承和发展。19 世纪和 20 世纪之交，第二国际的重要人物伯恩施坦、考茨基等人修正和篡改马克思主义的基本原理，宣扬抽象的人道主义和超阶级的民主观，反对无产阶级革命和无产阶级专政，鼓吹改良主义，提出通过议会道路来改良资本主义的主张。从理论与实践两个层面来讲，民主社会主义都不是科学社会主义，两者之间的核心区别在于要不要坚持马克思主义的阶级斗争学说，具体讲就是要不要无产阶级政党领导下的无产阶级革命和无产阶级专政。生活在资本主义条件下的第二国际修正主义者否定通过革命建立社会主义的必要性，主张通过改良缓和矛盾，这实质是坚持资本主义制度，否认社会主义代替资本主义的现实革命需要，只把社会主义当作价值追求。列宁在 1908 年 4 月曾经对修正主义做出尖锐批判："在马克思主义把一切比较完整的、同马克思主义相敌对的学说排挤出去以后，这些学说所表现的倾向就开始给自己另找出路。斗争的形式和起因改变了，但是斗争还在继续。马克思主义创立以后的第二个 50 年（从 19 世纪 90 年代起）一开始就是同马克思主义内部的一个反马克思主义派别进行斗争。这个派别因前正统的马克思主义者伯恩施坦而得名，因为伯恩施坦叫嚣得最厉害，最完整地表达了对马克思学说的修正、对马克思学说的修改，即修正主义。""在政治方面，修正主义确实想修正马克思主义的基础，即阶级斗争学说。他们说，政治自由、民主和普选权正在消灭阶级斗争的根据，并且使《共产党宣言》里的工人没有祖国这个旧原理变得不正确了。他们说，在民主制度下，既然是'多数人的意志'起支配作用，那就不能把国家看作阶级统治的机关，也不能拒绝同进步的社会改

① ［俄］戈尔巴乔夫、［日］池田大作著，孙立川译：《20 世纪的精神教训》，社会科学出版社 2005 年版，第 116 页。

② 《论据与事实报》1997 年第 26 期。转引自张捷：《从赫鲁晓夫到普京》，第 148 页。

良派资产阶级实行联合去反对反动派。毫无疑义，修正主义者的这些反对意见，是一个相当严整的观点体系，即大家早已知道的自由派资产阶级的观点体系。”①

马克思和恩格斯在《共产党宣言》中指出：共产党人的最近目的是“使无产阶级形成为阶级，推翻资产阶级的统治，由无产阶级夺取政权”。② 因此，科学社会主义主张要“推翻资产阶级的统治，由无产阶级夺取政权”来搞社会主义建设。至于如何取得政权，以什么方式取得政权，是“和平过渡”还是“暴力革命”，从19世纪以来就一直存在着争论。列宁以及列宁主义者所进行的社会主义革命和建设实践表明，现实的社会主义取代资本主义必须进行“暴力革命”，而搞社会主义建设也必须要有“无产阶级专政”，没有这一“政治前提”，社会主义革命和建设都是难以成功的。比如，列宁在领导苏联社会主义革命和建设过程中，非常重视“苏维埃政权”这一政治前提，这突出表现在他提出的许多“苏维埃政权+X”的公式。比如“苏维埃政权+全国电气化=共产主义”，“苏维埃政权+普鲁士的铁路秩序+美国的技术和托拉斯组织+美国的国民教育+……=总和=社会主义”。③ 很显然，在列宁的这些公式中，“苏维埃政权”是社会主义建设至关重要的前提。只要政权掌握在工人阶级手里，对资本主义社会的许多有益的东西都可以大胆吸收和借鉴，使之服务于社会主义建设。因此，列宁进一步明确指出：“社会主义能否实现，就取决于我们把苏维埃政权和苏维埃管理组织同资本主义最新的进步的东西结合得好坏。”④

自《共产党宣言》发表以来，真正的马克思主义者都十分重视无产阶级政党对政权的掌握。所谓“坚持科学社会主义”，最根本的就是要坚持共产党的领导、坚持共产党永不变质、坚持政权的社会主义性质。今天，社会民主党人的观点发生了新的变化，他们不再强调社会主义对资本主义的“制度替代”了，而是开始主张在现存资本主义“体制内”通过改良改革，使资本主义自发地、一点一点地生长出社会主义因素，最终实现社会主义对资本主义的超越。这表明，社会民主党人所强调的改良主义的基本观点依然没有改变。这不仅暴露了社会民主党人在政权问题上的幼稚，而且也进一步证明了民主社会主义与资本主义在本质上的一致性。随着社会主义革命和建设实践的发展，虽然共产党人也同意不同国家共产党取得政

---

① 《列宁选集》第2卷，第2、6页。

② 《马克思恩格斯选集》第1卷，第285页。

③ 《列宁全集》第34卷，人民出版社1985年版，第520页。

④ 同上书，第170—171页。

权的方式可以根据不同的历史条件而不同，但要不要坚持马克思主义的阶级斗争学说，要不要共产党的领导和无产阶级专政，历来是科学社会主义与民主社会主义以及其他形形色色社会主义的最本质的区别。

戈尔巴乔夫等人在苏联改革过程中提出的“人道的民主的社会主义”与第二国际修正主义者鼓吹的民主社会主义是一脉相承，只是历史条件有所变化：第二国际修正主义者鼓吹的民主社会主义是在资本主义条件下放弃无产阶级革命和无产阶级专政，放弃社会主义制度，坚持资本主义制度；而戈尔巴乔夫宣扬“人道的民主的社会主义”则是在社会主义条件下否定无产阶级专政，颠覆社会主义制度，变公有制为私有制，全面复辟资本主义，开历史的倒车。伯恩施坦等人否认马克思主义对无产阶级政党的指导，宣称“社会主义运动并不依赖任何理论”，而戈尔巴乔夫等人则鼓吹意识形态“多元化”“摒弃精神垄断”，使苏共的“思想库内包括国内外社会主义和民主思想的一切财富”；伯恩施坦等人反对无产阶级革命和无产阶级专政，攻击苏维埃政权是“残暴的专制形式”，而戈尔巴乔夫等人则鼓吹“排除任何阶级专政”；伯恩施坦等人鼓吹抽象的、超阶级的“民主”，声称要实现“民主的社会主义”，而戈尔巴乔夫等人则宣扬超阶级的一般“民主”，强调抽象的“人道主义”，形成以“人道”和“民主”为核心的“人道的民主的社会主义”理论；伯恩施坦等人主张阶级合作，鼓吹实现“人类普遍利益”，而戈尔巴乔夫等人则鼓吹“排除当代两大社会体系的对抗性”，宣扬“全人类利益高于一切”；伯恩施坦等人主张改变党的无产阶级性质，使社会民主党成为“和平的党”“全民族的党”和“改良的党”，而戈尔巴乔夫等人也主张改变共产党的性质，不再提苏共是工人阶级政党，只说苏共是“按自愿原则联合苏联公民”的“政治组织”；伯恩施坦等人反对以共产主义为奋斗目标，强调“最终目的是微不足道的，运动就是一切”，而戈尔巴乔夫等人则宣称共产主义是乌托邦，把“建立人道的民主的社会主义”作为苏共的奋斗目标。

与此同时，戈尔巴乔夫所宣扬的“人道的民主的社会主义”与赫鲁晓夫的现代修正主义也有着直接的继承关系。赫鲁晓夫在苏共二十大上片面评价斯大林不仅引发苏共党和国家意识形态领域的混乱，而且自己也成了资产阶级自由化的俘虏，鼓吹资产阶级抽象的人道主义，提出所谓“一切为了人，为了人的幸福”的口号。戈尔巴乔夫 1985 年在他的就职演说中重复了这个口号，并进一步提出“这个纲领原则应当以越来越深刻而具体的内容加以充实”。戈尔巴乔夫像赫鲁晓夫一样，否定阶级斗争和无产阶级专政，接过了“全民党”和“全民国家”的口号并加以进一步发展，宣布苏联共产党是“按自愿原则联合苏联公民的政治组织”，代表“苏联人的共同利益”。当年赫鲁晓夫曾大肆宣扬活命哲学和投降主义，鼓吹在出现核武器的情况下，被压迫民族和被压迫人民必须放弃反抗和斗争，否则人类就要毁灭。戈尔巴乔夫的投降主义则把所谓的“全人类价值优先”论作为指导思想之一，宣扬在核武器时代全人类的生存是第一位的，“全人类价值”高于任何阶级利益、民族利益和国家利益。在投降的道路上，戈尔巴乔夫继承并超过赫鲁晓夫，要求在国际关系中回避实际存在的阶级斗争，在以美国为首的西方阵营咄咄逼人的进攻面前步步退让，并不惜出卖本国人民和东欧各社会主义国家的利益。

戈尔巴乔夫宣扬的人道的民主的社会主义除了继承伯恩施坦、考茨基以及赫鲁晓夫等人的新老修正主义之外，还吸收了国内外资产阶级自由化的思想。戈尔巴乔夫自己承认，苏联当时“持不同政见者”的许多建议对改革的思想起了不小的作用，“布拉格之春”、勃兰特的“东方政策”或“欧洲共产主义”等现象都“促使我国许多人对一些问题进行深入思考——对民主、自由与和平的价值的思考，对通向这些价值的道路的思考”①。我国学者张捷深刻指出：“戈尔巴乔夫鼓吹的‘人道的民主的社会主义’发源于伯恩施坦的老修正主义，它是以赫鲁晓夫为代表的现代修正主义的继续和发展，同时它又吸收了欧洲共产党人和社会民主党人的一些观点”，“它是社会民主主义（或叫民主社会主义）在苏联特定的历史条件下的变种”，“苏联亡党亡国的沉痛历史教训证明，对一个社会主义国家来说，社会民主主义不是能用来消除它存在的各种弊病、使其得到健康发展的良药，而是能致它于死命的毒剂。因此对各种兜售这种货色的骗子应保持高度的警惕，及时揭穿他们，使他们的阴谋诡计不能得逞。这是关系到党和国家生死存亡的大问题，应该引起我们的高度重视。”②

第二节 借“公开性”丑化苏共和苏联社会主义制度

1985年3月戈尔巴乔夫上台后，随即领导苏共启动了“改革”。针对

① ［俄］戈尔巴乔夫著，徐葵、张达楠等译：《对过去和未来的思考》，新华出版社2002年版，第69—70页。

② 张捷：《从赫鲁晓夫到普京》，第145—146、152页。

苏联经济和政治体制存在的弊端，戈尔巴乔夫曾经非正式地提出了所谓“障碍机制”①的概念。戈尔巴乔夫最初的提法是，苏联目前的生产关系、经营和管理体系基本上是在经济粗放发展的条件下形成的，它们渐渐地过时了，开始丧失刺激作用，而某些东西已变成障碍，不深刻地改造“障碍机制”，不建立能更充分地发挥社会主义潜力的完整、有效和灵活的管理体系，就不可能解决经济方面的新任务。

到了1987年1月，戈尔巴乔夫在苏共中央全会的报告中则第一次公开提出了“障碍机制”的提法，他说，“就问题的实质而言，出现了削弱政权的经济手段的一个完整的体系，形成了阻碍社会经济发展、限制进步改造的某种机制……出现这种阻碍的根源，在于社会主义民主制度发挥职能方面的严重缺点，在于陈旧的、有时是不符合现实的政治方针和理论方针，在于保守的管理机制。”② 1987年11月，戈尔巴乔夫在《改革与新思维》中又专门提到了“阻塞机制”问题，他在历数苏联政治经济体制的种种弊端的基础上提出：“不管怎么说，30至40年代形成的管理体制逐渐同经济发展的条件和需要发生了矛盾。这个体制的优点越来越少，相反，它的阻碍作用则越来越大，以致形成后来起了如此消极的作用的阻塞机制”，“改革就是坚决克服停滞的过程和打破阻塞机制，建立加速社会的经济和社会发展的可靠而有效的机制”。③

为了打破“障碍机制”，戈尔巴乔夫提出必须实行最大限度的“公开性”，“今后应当在党、苏维埃、国家的组织以及各社会组织的工作中扩大公开性”，在历史和现实问题上不存在任何“禁区”和“空白点”④。那么，究竟何谓“公开性”？戈尔巴乔夫改革的思想“教父”雅科夫列夫的解释是：“全面的公开性，就是及时提供包罗万象的信息，这是社会生活进一步民主化的不可或缺的条件。只有消息灵通的人才能有创见地和富有

① 又称“阻塞机制”。究竟何谓“障碍机制”或“阻塞机制”，戈尔巴乔夫并没有做具体说明。当时有些苏联理论家认为“障碍机制”包括一大批相互联系的问题：经济体制畸形、比例失调、资源短缺、平均主义分配、形式主义、行政命令式领导作风等等；也有苏联学者将“障碍机制”称作是历史上形成的、行政和官僚体制的副产品，它是僵化的经济形式、陈腐的政治组织制度、无效的领导方法和管理措施的总和。然而，从戈尔巴乔夫改革的实际进程和最终结果来看，当时苏联理论家们对戈尔巴乔夫本意的理解只是浅层次的，戈尔巴乔夫所谓的“障碍机制”其实指的是苏共一党制的政治制度和“斯大林模式”的社会主义经济制度。

② ［苏］戈尔巴乔夫：《关于改革和党的干部政策》，《真理报》1987年1月28日。

③ ［苏］戈尔巴乔夫著，岑鼎山等译：《改革与新思维》，世界知识出版社1988年版，第34、23页。

④ ［苏］戈尔巴乔夫：《讲话和论文集》第2卷，［苏］政治书籍出版社1987年版，第130—131页。

成效地参与社会事务。要想号召不掌握广泛信息并处于不利于发挥这种创造积极性的社会气氛中的人们表现出公民积极性，是不可思议的”，因此，雅科夫列夫在《一杯苦酒——俄罗斯的布尔什维主义和改革运动》中强调警惕苏联“布尔什维主义”对克服“阻塞机制”的暴力反弹，认为“正是暴力阻碍了俄罗斯的发展。在这种条件下，唯一有效的良药可能是言论自由”。①

在言论自由和“公开性”的怂恿下，苏联各种反党反社会主义势力开始肆意评价苏联党和国家领导人，重新掀起所谓“彻底颠覆斯大林主义”的运动，歪曲抹黑苏联党和社会主义革命和建设历史，否定苏共党和国家创始人。“民主派”和民族分立主义势力也放纵地利用所谓“民主化”和“公开性”，发起揭露苏共和社会主义制度种种“罪恶”的运动，全面否定斯大林甚至否定列宁。一时间无政府主义、自由主义和民族分立主义弥漫整个苏联社会，一切传统和权威都被否定和仇视，西方的价值观念和意识形态占据了苏联的广大思想阵地，人民群众的思想和价值观念被搞乱，苏共马克思主义意识形态被推向了崩溃的边缘。

在戈尔巴乔夫和雅科夫列夫等人的支持下，苏共公布了一些敏感的有关30年代“大清洗”的材料，因为“党和社会还不知道斯大林制度的全部罪行，要接受事实的教训，必须将那一时期的真相公诸于众”。与此同时，戈尔巴乔夫还指示成立了许多平反委员会，专门为斯大林时期的受害者恢复名誉，大批“持不同政见者”和政治犯也逐渐从劳改营或国内流放地释放回来，成了斯大林时期实行“政治迫害”的“活证据”。为扩大宣传，《星火》《莫斯科新闻》等主流报刊的主编相继换成自由派知识分子，这些报刊大量登载批判斯大林的文章。在口诛笔伐之下，斯大林被诬蔑为“独裁者”“暴君”“阴谋家”“杀人犯”。从1987—1988年，批判斯大林的运动达到了高潮。就这样，在苏共上层的主导下，苏联再次掀起了一场全盘否定斯大林的狂潮。在此期间，斯大林时期的大量档案材料在“公开性”原则下被公布于众，国家领导人讲话屡屡出现对斯大林的批判和责备，讨论斯大林问题的圆桌会议频频举行，报刊上关于斯大林的文章连篇累牍。所谓“斯大林主义”“斯大林体制”作为社会主义制度和马克思主义意识形态的代名词，遭到粗暴的批判。尽管在这一粗暴批判的高潮中也有严肃的研究文章，但是整个舆论在极右势力的推动下对斯大林极尽攻击

① ［俄］亚·尼·雅科夫列夫著，徐葵等译：《一杯苦酒——俄罗斯的布尔什维主义和改革运动》，新华出版社1999年版，第179、313页。

谩骂之能事，甚至不承认斯大林领导苏联反击法西斯战争取得胜利的基本事实。

歪曲、捏造和攻击性文章和材料在报刊上纷纷出笼，极端主义的思潮很快由反对斯大林转向反对列宁、反对社会主义制度。有的报刊无中生有地攻击列宁，说列宁是德国“间谍”，说列宁死于“婚外恋”。苏联国家历史档案研究所所长、苏共“民主纲领派”头目阿法纳西耶夫1990年3月在苏联人民代表大会上发言则称：“斯大林主义的实质在于列宁主义。”“在1918—1919年的著作里，列宁多次强调‘暴力’、‘无情地处决’、‘大规模的恐怖’这些字眼。当然后来的观点有所变化，但从未否认使用暴力的恐怖的可能性。就是这种允许恐怖、允许党的垄断的思想成为最终在斯大林时期形成的社会结构类型的基础。从这一点意义上说，斯大林与列宁相比实际上没有任何新的发明。现在社会上有一种说法，应当从坏的斯大林转向好的列宁。我感到这个口号是无益的、是前途无望的。我感到最重要的是要揭露斯大林主义所包含的列宁主义实质。”“许多人想牺牲斯大林来拯救斯大林主义，这就回避了问题的实质。”“我们需要拆除现有的制度，而不是摧毁这个制度；摧毁意味着要再流一次血，拆除制度应当文明地进行。”① 根据有关统计年鉴、资料显示：1990年曾发表过10000多篇批判列宁和列宁主义内容和材料的文章；按照（苏联）国家统计委员会的数据，仅在1991年的上半年，在苏联就公布了不下17000份资料，指责列宁犯有五花八门的政治和刑事“罪行”②。

随着对列宁和斯大林的批判，马克思列宁主义的指导思想和社会主义制度，都被当成“斯大林主义”和“斯大林模式”否定了。在这种不正常的政治气氛中，什么人敢于坚持以马克思主义的科学态度对待斯大林，马上就被舆论咒骂为“斯大林主义者”“保守派”，甚至“与黑手党有联系”。1990年2月，乌克兰共产党基辅市委第一书记科尔尼延科在苏共中央二月全会的发言中引述了工人党员伊格纳坚科写给戈尔巴乔夫信中的一段话：“我是一个有多年党龄的共产党员。我大胆地走上群众集会讲坛，想坦率地和按照党性原则呼吁与会者要理智些。可是我的话淹没在一片口哨声和谩骂声中。从四面八方发出了喊声，要从肉体上消灭共产党人。我感到胆战心惊，因此我至今尚未苏醒过来，在我们这个正在解体之中的国

① 刘书林、蔡文鹏、张小川：《斯大林评价的历史与现实》，第120—121页。

② ［俄］罗伊·麦德维杰夫著，关贵海、王晓玉译：《俄罗斯向何处去——俄罗斯能搞社会主义吗?》，当代世界出版社2003年版，第3页。

家里出了什么事呢？我们向何处去?”[①]

在“民主化”“公开性”狂潮下，戈尔巴乔夫执政时期苏联各阶层思想混乱到了史无前例的程度。

首先，苏共广大普通党员和基层干部对党的前途、命运感到茫然和缺乏信心。

表现之一是，苏共广大党员对苏共的失望和对共产主义信仰的迷失。许多普通党员认为，苏共完全迷失了前进的方向。1990 年 10 月 24 日至 11 月 5 日，苏共中央社会科学院社会学研究中心问卷调查显示，在对社会主义的信仰问题方面，有 55% 被调查的共产党员（其中工人党员占 40%）表示信仰社会主义选择的思想；37%（其中 29% 为工人）的共产党员仍保持着对共产主义理想可能实现的信仰；而 30% 的被调查者直接宣布，对共产主义理想思想失望；相当一部分苏共党员（大约 20%）对党的纲领目标持否定态度；就苏联普通共产党员对自己党员身份的态度方面，许多共产党员都因自己的共产党员身份而承受巨大的社会心理压力[②]。而据苏共中央社会科学院一位教授说，在 1991 年“8・19”事件前，在 1500 万党员中，仍相信马列主义的不超过 300 万人。[③] 另据有关调查资料，“8. 19”事件之后至苏联解体前，人们对马列主义的支持率下降到 2%[④]。由此可见，当时不论是教条主义的，还是以科学精神解释的马克思主义，几乎没有人相信了。

表现之二是，苏共党员数量锐减。苏共党员数量的急剧减少体现在退党人数增加和吸纳新党员人数锐减两个方面。在苏共第二十七次代表大会召开之前，苏联官方出版的《苏共：从代表大会到代表大会》一书宣布，苏共拥有党员 1811 万多人，截至 1987 年 7 月 1 日，苏共党员总数达 1941 万人，其中正式党员 18707341 人，预备党员 704812 人。但是，从苏共第十九次代表会议到苏联解体期间，苏共党员退党和被开除出党的党员以惊人的速度急速增长。据苏联《对话》杂志报道，1989 年退党人数 14 万；1990 年上半年达到 37. 1 万，而苏共二十八大之后的 7、8 月份就有 31. 1 万人退党。1991 年 7 月苏共官方公布的资料显示，过去的一年共有 420 万党

① 中国社会科学院苏联东欧研究所编译组编译：《苏联问题资料》，东方出版社 1990 年版，第 311 页。

② 蔡伟：《苏共最近的一些变化》，《苏联东欧问题译丛》1991 年第 5 期，第 122 页。

③ 宋海庆、徐贵相：《论正确对待党的历史——兼评苏联共产党丧失政权的一个重要原因》，《东岳论丛》2002 年第 5 期，第 12 页。

④ 俞邃：《苏联解体前后》，江苏人民出版社 1995 年版，第 319 页。

员退党，这使得苏共总人数从 1987 年间的 1900 万左右缩减为 1500 万左右。与退党浪潮相呼应，苏共在全苏吸收的新党员每年均呈急剧下降的趋势。1986 年共接纳预备党员 663070 名，接纳党员 6470719 名。但是，苏共二十七大后，在三年的时间里苏共党员人数只增加了 48.3 万人，平均每年增长 0.8%。这种状况使得几乎每一个苏共基层组织在补充“新鲜血液”方面陷入窘境，比如在切良斯克地区，1986 年有 6000 人入党，1989 年为 750 人，1991 年仅有四人。该地区一位党委书记感慨道：“我们失去了一代青年。1990 年和 1991 年我们没有吸收一个青年人入党。我们对于青年人没有吸引力。”[①] 1991 年 6 月 26 日，列宁格勒郊区的一个国营农场场长、州党委委员在一次座谈时谈到：全场有 1350 名职工，原有苏共党员 200 人，已退党 130 人，只剩下 70 名党员，其中一半是退休职工，最近四年，一个入党的也没有。[②]

其次，青年大学生群体的思想状况混乱。戈尔巴乔夫执政时期的青年学生群体约有 960 余万人，其中大学生（本科生和研究生）约有 510 万人左右，他们主要是在勃列日涅夫执政时期成长起来的。青年大学生群体对于勃列日涅夫以前的历史并没有亲身经历过，其主要的思想认识来自于课堂的学习和大众媒体的报道。苏共在思想文化领域否定苏联历史的浪潮，使人们特别是青年学生逆反性关注苏共、苏联的“悲惨历史”。诗人亚历山大·特瓦尔托夫斯基在 1969 年写的长诗《回忆的权利》，描述了诗人的父亲特里丰在 1931 年被作为富农遭到流放的遭遇。该诗于 1987 年在两大主要文学刊物《新世界》和《旗帜》上发表，引起极大轰动，两大刊物刊载这首诗的那期印数达到 68 万份。女诗人安娜·阿赫马托娃写的纪念她在 1937 年被捕的儿子的诗《安魂曲》，1987 年登载在《文学报》（一周一期）上，当期印数竟达到了 310 万份，人们从早晨 6 时起就排着长队购买这些出版物，然后一个一个地传阅。[③] 这种状况对青年人的信仰震荡是巨大的。据塔斯社 1988 年 1 月 24 日报道，在大学和高级党校对学生和学员进行的民意测验表明，仅有 8% 的人认为他们对过去有充分的了解，72% 的人对斯大林个人的评价褒贬参半，3% 的人赞扬斯大林，18% 的人谴责

① 陈之骅、吴恩远、马龙闪主编：《苏联兴亡史纲》，第 764 页。

② 沈宝祥：《人民抛弃了苏联共产党——访苏追忆》，《中国党政干部论坛》2001 年第 9 期，第 34 页。

③ 陈启能：《苏联解体前的“历史热”》，《史学理论研究》1998 年第 4 期，第 5 页。

他的政策。[1] 1989年底苏联国家教委对八个地区的2900名大学生进行的问卷调查显示：在评价“十月革命”时，37%被调查的大学生认为“十月革命”是历史发展的必然结果；25%被调查的大学生认为“十月革命”是超前的、超越时代的产物；34%被调查的大学生认为“十月革命”完全没有必要，其中有的人甚至认为如果不发生“十月革命”，也许苏联今天的情况会更好些。被调查的大学生中约有半数对苏联历史持“悲观”的看法，不少大学生甚至认为苏联历史是由一连串惨痛错误组成的，它们使苏联走进死胡同。持这种观点的大学生在爱沙尼亚有81%，在亚美尼亚、立陶宛占68%，在莫斯科和原列宁格勒两市占49%。对苏联历史给予正面评价的平均只有13%，而在爱沙尼亚只占0.3%、亚美尼亚0.7%、立陶宛1%、俄罗斯联邦20%、乌兹别克24%。[2] 这种状况表明了大学生群体中历史虚无主义的严重状况及其对苏联加盟共和国民族独立浪潮的影响。

同在上述问卷调查中，在回答“苏联是否建成了社会主义”这一问题时，只有3%的大学生认为苏联建成了真正的社会主义社会（白俄罗斯只有1%的大学生持这种观点）；21%的大学生认为苏联正在建设社会主义社会，但是严重扭曲的社会主义社会；42%的大学生表示很难确定苏联社会的政治制度，而在拉脱维亚共和国持这种观点的大学生高达89%。[3] 而同在1989年进行的一次以中学生和大学生为对象的社会调查中，认为美国资本主义制度“好”的占81%，认为美国资本主义制度“不好”的只占3%。[4] 在哺育几代苏联人的苏维埃制度下，当时的青年大学生竟如此否定现实的社会主义制度，反而推崇资本主义制度，实在令人震惊。

1990年11月中国的访苏学者曾在大学校园里（设在莫斯科的列宁共青团中央团校）遇到这样的情况：在大学校园里，传唱并流行着这样一首歌，并且这首歌在电视台还播放过，歌词的大意是：“列宁爷爷，您都干了些什么呀？您是那样残酷地为您哥哥进行报复。爷爷死了，可是他的事业还活着。最好是反过来，让爷爷您活着而让事业死去。”当问及一位青年人，在物价上涨的情况下他打算干些什么？答曰：“当流氓、无赖。”面对“苏联现在应该为世界做点什么？”的提问，有人答道：“应该请全世界

① ［美］兹比格纽·布热津斯基著，军事科学院外国军事研究部译：《大失败——二十世纪共产主义的兴亡》，军事科学出版社1989年版，第103页。

② 高和平：《苏联大学生的政治心态》，《苏联问题研究资料》1991年第6期，第66页。

③ 同上。

④ 安启念：《东方国家的社会跳跃与文化滞后——俄罗斯文化与列宁主义问题》，中国人民大学出版社1994年版，第325页。

无产阶级原谅，原谅我们输出了十月革命，把世界搞得一团糟。”① 如此等等，不一而足。随着民族冲突、政局混乱、经济崩溃等灾难愈演愈烈，苏共完全丧失了信仰教育的主导地位，多数苏联青年大学生感到无所适从、精神空虚。苏联解体后，戈尔巴乔夫也承认当时年轻人中出现了更严重的“信仰断层”，“青年们在大转折时期中必须掌握好青春的舵盘，以共产主义为主流的旧的价值观已失去了它的力量，取而代之的新的价值观却未完全出现。”② 在行为表现上，一些青年大学生厌学弃学而从商，为发财致富不惜铤而走险，梦想成为“暴发户”；一些青年大学生热衷于参加各种非正式组织，热衷于街头政治；一些青年大学生沾染上吸毒、色情、暴力等恶习，或极力以西方嬉皮士的形象出现，成为让社会感到头痛的非理性主义亚文化群体；还有一些青年大学生厌弃现实生活，与世无争，或藏身于自我圈子，成为所谓的“沉默的多数”。总之，青年大学生们在思想上缺乏明确方向和崇高的道德目标，集中体现出严峻的信仰危机。

第三，普通劳动者阶层的思想混乱。这个阶层人数众多，他们是社会中起决定作用的主导力量，是社会主义的根基，具有相当的影响力。普通劳动者阶层的思想混乱在行动上的表现，就是发生了苏联成立以后首次大规模矿工罢工浪潮。1989 年 7 月 11 日，西伯利亚煤矿 30 万工人举行 24 小时罢工，130 个煤矿有 62 个全天停产罢工，其余煤矿则部分时间停产。工人提出的政治要求包括：雷日科夫总理的政府辞职，成立脱离苏共政治领导的独立工会，把苏共代表从工厂、煤矿、军队和警察中清除出去，取消对学生的政治教育课，要求苏共放弃特权并把党的财产收归国有等等。1991 年 3 月 11 日，乌克兰六个州 248 座矿井中 17 个矿井的 7000 多名工人，因劳动生活条件得不到改善而举行罢工，并得到其他矿井工人响应。罢工高峰时，苏联 594 个矿井中有 220 多个矿井的数万名矿工停止工作。至 4 月初，罢工浪潮开始进一步向其他行业蔓延，如白俄罗斯汽车制造厂、拖拉机厂等大型骨干企业，基辅一些大型企业和交通运输企业的工人，还有一些地区的钢铁、民航和气象部门的职工、市政部门的工作人员等也相继加入到罢工的行列中。这场苏联历史上第二次大规模的工人大罢工，直到 5 月上旬才告结束，工人阶层从而成为苏共、苏联政府事实上的最大“压力集团”。1990 年 12 月，戈尔巴乔夫自己承认，在他被授予诺贝尔和平奖后，收到了来自世界各地的几百个祝贺电，但同时也收到来自苏联国

---

① 金雁：《新饿乡纪程》，新华出版社 1998 年版，第 27 页。

② ［俄］戈尔巴乔夫、［日］池田大作：《20 世纪的精神教训》，第 232 页。

内各地几千个声讨、辱骂电。“克格勃”的情报机构从全国各地得到这样的信息，大多数居民对授予戈尔巴乔夫诺贝尔和平奖给予了消极、愤怒的评价，其中包括：“总统先生：祝贺您因使苏联垮台、因出卖东欧、因毁灭红军、因把资源交给美国人、因把传媒工具交给犹太复国主义者而得到帝国主义的奖励。”“祝贺您使自己的国家沦为乞丐、出卖列宁和十月革命事业、毁灭马克思列宁主义而得到世界帝国主义和犹太复国主义的奖励。”[①] 一位中年妇女在给戈尔巴乔夫的一封信中写道：“您为我们国家做了些什么呢？是因为我们有什么使您不满意呢？还是您想作为一个改革家永垂史册？我们已经绝望了，像野草一样……我们已经失去一切——朋友、财产、家园……如果您还有良心，为什么您让人民抛洒这样多的血泪？眼见他们对未来的憧憬化为泡影！”[②]

到了1991年，苏联普通劳动者阶层几乎陷入了信仰幻灭的状态。1991年3月14日，《苏维埃俄罗斯报》报道了一位工人发自内心的感慨：“我认为，国家已陷入比卫国战争年代更危险的境地。在当时极端艰苦的战争岁月里，我们充满崇高的爱国主义精神和作为一个苏联公民的自豪感，团结一致、信心百倍地去战胜敌人和克服战争造成的经济瘫痪状态。而现在这一切宝贵的精神财富都丧失了。现在我们的国家就像一个癌症患者，可悲的是只存在使癌细胞向全身扩散的力量，而缺乏把病人从死亡线上拉回来的力量。”1991年4月3日，一名《工人论坛报》的普通读者撰文指出：“我觉得，现在人们对什么都不相信”，“人们丧失了起码的镇静和理智，这是因为我们多年来的信仰一下子失去了，这就意味着我们的生活支柱倒塌了，而失去了的却又没有得到任何弥补。信仰的丧失对我们来说是最大的不幸。”[③] 这些公开的言论反映了当时许多工人的真实情绪。根据苏联科学院社会政治研究所1991年4月至5月在莫斯科、坦波夫和沙德林克三家大工厂进行的问卷调查，其中最大的一组工人（29%）希望“沿着西方发达资本主义国家的道路走向自由企业的社会”。有一位回答者甚至在调查表上写道：“向着资本主义的胜利前进！”还有回答者写道：“哪怕我本人和我的亲人们将跌入社会底层，可我的祖国却会变成繁荣昌盛的资本主义国家。”[④] 虽然民意调查的结果很大程度上随着提问方式的变化而变化，但

---

① ［俄］阿·切尔尼亚耶夫：《在戈尔巴乔夫身边六年》，第458页。

② ［俄］博尔金著，甄西等译：《震撼世界的十年》，昆仑出版社1998年版，第300页。

③ 刘书林、蔡文鹏、张小川：《斯大林评价的历史与现实》，第129页。

④ ［俄］谢. 卡拉—穆尔扎著，徐昌翰、宋嗣喜等译：《论意识操纵》，社会科学文献出版社2004年版，第413—414页。

基本上反映出当时苏联民众对社会主义信仰幻灭的态势。

总之，从“非斯大林化”到苏联各阶层思想一片混乱，“公开性”对苏共马克思主义意识形态造成了灾难性后果，导致苏联共产党和社会主义制度的历史和实践被否定。正如《真理报》总编辑阿法纳西耶夫所困惑的：为什么社会主义国家不能像资本主义国家对待自己的总统那样对待斯大林这样举世闻名的伟大人物呢？资本主义国家的总统也并非没有严重的错误，而且他们的贡献尤其是反法西斯主义的功绩远远不能与斯大林相提并论。① 针对戈尔巴乔夫时期各阶层极端化的思想情绪和混乱的思想态势，如今的俄罗斯民众也开始进行反思。一位俄罗斯医生向我国访问学者曾谈起现在的俄罗斯人对国家和政府的态度问题时说：“现在有好多人对苏联已经不骂了，更多的是怀念。因为苏联和现在的俄罗斯相比还是苏联时好，就算有万般不是，但根本上是好的。世界上有哪一个国家是完美无缺的呢？戈尔巴乔夫改革期间，可以说，多数人开始都觉得很痛快，至少是精神上，因为那时谁都敢骂，想怎么骂就怎么骂，原来只是在厨房和卧室能骂的话，当时可以在电视上、广播里、集会时、报刊中，甚至任何公共场所骂，不但没人管，而且还得到支持。普通老百姓骂，当官的也骂，知识分子骂，工人农民也骂。当时也有不骂的，或者对骂者提出疑问的，但是这些人要么遭到围攻、指责，有的甚至被原单位辞退……现在回过头来看，那时的行为很可笑，缺乏理性”，“多数人的情绪当时是被一些真正不喜欢这个制度的人利用了。其实人民缺乏理性不可怕，可怕的是领导者没有理性。这个教训是惨痛的。”②

第三节 在“民主化”和“多元化”的旗号下剥夺了苏共的领导权

戈尔巴乔夫将“民主化”“公开性”和“多元化”并称为“改革三大革命性倡议”。从1985年4月苏共中央全会开始，戈尔巴乔夫就反复强调民主是“改革的实质”，强调改革首先要加强社会主义民主和人民自治，

① ［俄］阿法纳西耶夫著，贾泽林译：《〈真理报〉总编辑沉浮录》，东方出版社1993年版，第139页。

② 项国兰：《亲历俄罗斯——一个访问学者的观察和思考》，中央编译出版社2004年版，第47—48页。

“各级党委应该关心，如何保证实行公开原则，如何使群众联系的各种渠道畅通，如何重视舆论、批判性意见、公民的申诉和来信”①。在1986年2月苏共第二十七次代表大会上的报告中，戈尔巴乔夫又专门用一节内容讲“社会的进一步民主化，加深人民的社会主义自治”，他说：“民主，这是新鲜的清洁空气，社会主义的机体只有在这种空气中才能朝气蓬勃地生活。……不进一步发扬各个方面和各种表现的社会主义民主，加速社会的发展便是不可思议的，也是不可能的。”② 在1987年1月苏共中央全会上，戈尔巴乔夫再一次专门用一节内容讲“加深社会主义民主，发展人民自治”。他说：“只有通过民主和借助民主，改革本身才有可能实现”，“正因为如此，苏联社会的进一步民主化才成为党的迫切任务。这也是四月全会以及苏共第二十七次代表大会关于加深社会主义的人民自治方针的实质。”③ 之所以如此，原因是苏联存在“利益多元化”，社会主义社会的各个阶级、阶层、社会集团和职业类别具有“不同的利益”，他们之间存在“利益的矛盾”，而改革就是要调整人们的利益，就是要提倡“意见多元”。与此同时，戈尔巴乔夫在这次全会上又将民主化引入苏共党内，他强调：“应该从苏联社会进一步民主化的整个范围来探讨扩大党内民主的问题”，“不受批评和监督的某种‘禁区’正在变成过去”，“苏联社会不应该有不受批评的禁区，这一点也完全适用于舆论工具”，“凡选举产生的机关和领导人的工作，对所有的人都要公开，群众都能看得见”④。1987年11月，戈尔巴乔夫提出，要广开言路，“使每一种报刊上出现社会主义的多元化”，并在《改革与新思维》一书中强调“民主化”是苏联“现有政治体制变革的纲领”。⑤ 在1988年6月至7月召开的苏共第十九次代表会议上，戈尔巴乔夫提出了要把苏联社会建成为“人道的民主的社会主义”社会，把“民主化”“多元化”提到了新的高度。戈尔巴乔夫在会议上提出要把“民主化”“多元化”引进政治体制，说政治体制改革就是要建立“自由

① ［苏］戈尔巴乔夫：《在苏共中央全会上的报告——召开苏共例行第二十七次代表大会及有关筹备和举行代表大会的任务》（1985年4月23日），参见黄宏、纪玉祥主编：《原苏联七年“改革”纪实》，第4页。

② ［苏］戈尔巴乔夫：《在苏共第二十七次代表大会上的讲话》（1986年2月25日），参见黄宏、纪玉祥主编：《原苏联七年“改革”纪实》，第20页。

③ ［苏］戈尔巴乔夫：《关于改革和干部政策》（1987年1月27日），参见黄宏、纪玉祥主编：《原苏联七年“改革”纪实》，第36—37页。

④ 同上书，第37页。

⑤ ［苏］戈尔巴乔夫：《改革与新思维》，第24—25页。

形成和表现各阶级与社会团体的利益和意志”的社会机制。①

值得注意的是，戈尔巴乔夫讲的“民主化”和“多元化”是无条件的“民主化”和无原则的“多元化”，把无条件的“民主化”和无原则的“多元化”引进政治领域，就必然导致多党制和放弃共产党的领导地位，导致意识形态多元化，取消马克思主义的指导地位。果不其然，当戈尔巴乔夫所推进的改革走到最后历程时人们终于发现，他所反复强调的“民主化”和“多元化”不过是逐步剥夺苏联共产党领导权的旗号，借助这个旗号，戈尔巴乔夫逐步在思想上和组织上改变了苏联共产党的性质，并与叶利钦等“民主派”明争暗合，以“一切权力归苏维埃”为借口，修改宪法第六条，实行总统制和多党制，最终剥夺了苏共对国家的领导权。

一、否定马克思主义一元指导地位

戈尔巴乔夫所鼓吹的“多元化”，首先是否定马克思主义的一元指导地位，形成意识形态领域的“多元化”。他在 1988 年 6 月苏共第十九次代表会议上说：“我们肯定意见多元化，摒弃精神垄断的做法。”② 1989 年 11 月，戈尔巴乔夫在《社会主义思想与革命性改革》一文中说：“社会主义是一个世界性进程，在这个进程中，除了处于社会经济和政治发展不同阶段的社会主义国家以外，占有一席之地的还有世界其他部分社会主义思想的各种流派。”③ 1990 年 2 月苏共中央全会通过的《行动纲领草案》强调：“坚决摒弃对其他观点与思想的意识形态限制。”时任苏共中央政治局委员、主管意识形态工作的瓦季姆·梅德韦杰夫对此解释说，苏共就是要从“普列汉诺夫的著作”“费边社会主义者的著作”以及“社会党国际的各个纲领”中“寻求合理的内核”④。1990 年 3 月，戈尔巴乔夫在《未来世界与社会主义》一文中又说，“东欧的深刻变化是不可逆转的。在苏联，人们是根据新思维精神，以良好的愿望并且颇有兴趣地理解这些变化的”，“我确信，由于社会主义国家中的深刻变化以及社会民主党内的进程，我们正变得彼此接近起来”⑤。1991 年 7 月，戈尔巴乔夫在苏共中央全会上进

① ［苏］戈尔巴乔夫：《关于苏共第二十七次代表大会决议的执行情况和深化改革的任务》(1988 年 6 月)，参见黄宏、纪玉祥主编：《原苏联七年“改革”纪实》，第 96 页。

② 同上书，第 98 页。

③ ［苏］戈尔巴乔夫：《社会主义思想与革命性变革》，《真理报》1989 年 11 月 26 日。

④ 王正泉：《戈尔巴乔夫与“人道的民主的社会主义”》，社会科学文献出版社 2012 年版，第 24 页。

⑤ ［苏］戈尔巴乔夫：《未来世界与社会主义》，参见戈尔巴乔夫、勃兰特等：《未来的社会主义》，第 19—20 页。

一步说：过去，党只承认马克思列宁主义是鼓舞自己的源泉，现在“苏共应把本国以及世界的社会主义和民主思想的全部财富，而不单是把马列主义作为自己的思想基础”。① 戈尔巴乔夫的上述说法，实质都是针对马克思主义的一元指导地位而言的。所谓摒弃“精神垄断”和“意识形态限制”，其实就是放弃马克思主义在意识形态领域的一元指导地位，把其他“社会主义流派”的思想也作为苏共的指导思想。

在鼓吹指导思想多元化的同时，戈尔巴乔夫等人又采取了一系列实际措施贯彻意识形态多元化方针。戈尔巴乔夫的“亲密助手”雅科夫列夫被任命为苏共中央宣传部部长、苏共中央书记处书记，主管意识形态工作。雅科夫列夫安排大批所谓的“自由派”人士出任一些报刊杂志的主编，占领苏共的主要舆论阵地，大肆宣传反党反社会主义的非马克思主义思想；与此同时，对那些主张坚持马克思主义和捍卫党的领导、坚持社会主义的正面意见和文章则采取压制和打击手段。最典型的例子是“安德烈耶娃事件”。1988 年 3 月 13 日，列宁格勒工学院的女教师安德烈耶娃在《苏维埃俄罗斯报》上发表长篇来信，题为《我不能放弃原则》。信中对当前改革的许多做法，如批判斯大林等表示不同意见，并反对“利用公开性散布非社会主义的多元化”。此信发表后，她收到 7000 封支持的信件，而反对的信件只有 300 封。但安德烈耶娃的信引起了戈尔巴乔夫的强烈不满，他利用苏共中央的权威，组织各大报刊进行围攻，甚至指责这一长篇来信是“反对改革势力的思想纲领和宣言”，要追查幕后指使人。这说明，戈尔巴乔夫等人实际上只鼓励反共反马克思主义的意见和文章到处泛滥，而不允许正面的意见和文章发表。

1989 年 12 月 26 日，苏联国家国民教育委员会颁布命令，全面取消了高等院校学生必须学习的“马列主义”课程。1990 年 6 月 12 日，苏联最高苏维埃又通过《新闻出版法》，宣布实行所谓的“新闻自由”，还提出“舆论不受检查”“不允许垄断任何一种舆论工具”等。同年 7 月 15 日，戈尔巴乔夫发布关于电视和广播民主化的总统令，规定国家电视和广播“独立于政治和社会组织”，不允许“任何政党”进行垄断。这些措施，都是针对苏共而来的。所谓“不允许垄断舆论工具”，实际上就是不允许苏共以马克思主义为指导来管理舆论工具，实行意识形态多元化，放任资产阶级思想自由泛滥。对此，雅科夫列夫在 1991 年 8 月 2 日接受记者采访时

① ［苏］戈尔巴乔夫：《关于新党纲草案》（1991 年 7 月 25 日），参见黄宏、纪玉祥：《原苏联七年“改革”纪实》，第 576 页。

说得更为明确："我越来越确认，我们的不幸来源于马克思主义的教条"，"我反对把马克思主义作为行动指南，断定社会主义会失败"。同年10月3日，他又在一个大会上说："马克思主义最终使我们陷入了灭亡、落后和良心泯灭"；共产主义"在其基因中包含着原始罪恶"。[①] 可见，雅科夫列夫对马克思主义已经到了深恶痛绝的地步。

二、大批撤换党的高层领导干部，提拔"民主派"人物

为了"革新"苏共，戈尔巴乔夫大批撤换党的高层领导干部并把符合自己心意的人提拔上来。他上台不到一年，就在1986年2月苏共二十七大上改选了307名中央委员中的135名，占44%；在170名中央候补委员中，新当选的更有117名，占69%。戈尔巴乔夫上台时的10名政治局委员，仅仅经过两年多时间，到1987年10月，已有五名被撤换。1988年6月苏共第十九次代表会议以后，戈尔巴乔夫进一步对党的领导干部实行彻底大换班。在1988年9月30日的苏共中央特别全会上，葛罗米科等五位老资格领导人被撤换，他们分别被解除政治局委员或中央书记的领导职务，由新人取代。在1989年4月的苏共中央全会上，戈尔巴乔夫批准了110名中央委员、中央候补委员和中央检查委员会委员集体退休或辞职。在1989年9月的苏共中央全会上，又有四名政治局委员的职务被解除。结果，戈尔巴乔夫上台时的政治局委员（除戈尔巴乔夫本人外）到此全部退出政治舞台，戈尔巴乔夫终于彻底清除了任何可能起来抵制和反对其改革路线的潜在力量。

在大批撤换苏共高层领导干部的同时，戈尔巴乔夫把叶利钦、雅科夫列夫、谢瓦尔德纳泽等"民主派"人物提拔到中央，委以重任，在苏共最高层建立起以戈尔巴乔夫、雅科夫列夫、谢瓦尔德纳泽以及叶利钦四人为核心的改革派"同盟"。这个同盟在舆论上控制了全国主流媒体的舆论导向，以"民主化"和"公开性"口号掀起反党反社会主义浪潮；在组织人事领域，这个同盟控制了党和国家重要的权力部门并培植忠于他们的党羽；在改革的进程上，这个同盟则操纵着改革在不同阶段的核心议题并把改革一步步引入他们预设的陷阱。围绕戈尔巴乔夫，雅科夫列夫、谢瓦尔德纳泽和叶利钦这三个苏共高层领导人在摧毁苏共和苏联社会主义制度中发挥了不同的作用。

① 王正泉：《戈尔巴乔夫与"人道的民主的社会主义"》，第26页。

1. 雅科夫列夫的社会背景及其在戈尔巴乔夫领导的“改革”中的作用

雅科夫列夫的全名是亚历山大·尼古拉耶维奇·雅科夫列夫，1923 年 12 月 2 日出生在苏联雅罗斯拉夫州一个贫困农民家庭，毕业于雅罗斯拉夫师范学院和苏共中央社会科学院。曾在美国哥伦比亚大学学习过，历史学博士，苏联科学院院士。18 岁时，雅科夫列夫参加了苏联卫国战争。在战争中，他不幸受伤，腿部落下终身残疾并因此退役。雅科夫列夫 30 岁就进入苏共中央，并被作为重点培养对象，后来还被派往美国哥伦比亚大学进修。1953—1973 年间历任苏共中央宣传部教官、处长、第一副部长。1973 年因在《文学报》上发表了一篇批判大国沙文主义、地方民族主义和反犹太主义的文章，被解除党内职务，派往加拿大任大使直到 1983 年。1983—1985 年间任苏联科学院世界经济与国际政治研究所所长。1985—1986 年间任苏共中央宣传部部长，并于 1986—1990 年间成为苏联总统委员会成员。1991 年任苏联总统高级顾问、苏联总统特别代表、苏联总统政治咨询委员会成员。苏联解体后，担任戈尔巴乔夫基金会副主席、俄罗斯“奥斯坦基诺”国家电视广播公司代主席（兼职），2005 年 10 月 18 日去世。

1983 年，雅科夫列夫利用与加拿大总理的私人关系，前后奔走安排戈尔巴乔夫访问加拿大，得到了戈尔巴乔夫的极大赏识。访问期间，戈尔巴乔夫与雅科夫列夫进行了深谈并谈得很投机，回国后便调雅科夫列夫回国任职，出任苏联科学院世界经济和国际政治研究所所长。戈尔巴乔夫当上总书记后，雅科夫列夫迅速连升三级，当上了苏共中央宣传部部长、苏共中央书记处书记，成为党内主管意识形态的主要人物。1987 年 6 月雅科夫列夫成为苏共中央政治局委员，进入了领导核心，主持戈尔巴乔夫智囊团的工作，成为戈尔巴乔夫的“影子和替身”，说戈尔巴乔夫想说而不便说的话，做戈尔巴乔夫想做而不便做的事，而戈尔巴乔夫则在表面上总是表现得“不偏不倚”。

雅科夫列夫早在加拿大时就为苏联搞了一个涉及各个方面的改革计划，确定了一系列社会改革的概念和制订了必须采取的实际措施，因此人们称他为“改革的设计师”。雅科夫列夫首先从思想舆论领域为戈尔巴乔夫的改革做着精心的谋划，安排大批所谓的“自由派”人士出任了一些报刊杂志的主编，并在 1985 年以宣传部长的身份上书戈尔巴乔夫，提出了民主化、公开化、多党制、总统制等一系列政治改革建议。① 这些建议奠定

① ［俄］亚·尼·雅科夫列夫：《一杯苦酒——俄罗斯的布尔什维主义和改革运动》，第 177—182 页。

了戈尔巴乔夫“改革”的基本指导思想，雅科夫列夫被推举为“公开性”委员会主席，成为苏联“公开性运动”的指挥者与急先锋。通过“民主化”和“公开性”，雅科夫列夫领导苏联宣传部门抹黑苏共和苏联社会主义历史，逐渐侵蚀掉苏共领导和苏联社会主义制度的合法性，并搞乱了人们的思想。1991年8月15日，苏共中央监察委员会以分裂苏共的理由建议将其开除出党。次日，雅科夫列夫宣布退出共产党。苏联解体后，雅科夫列夫并没有在新的俄罗斯权力体系中找到自己的位置，但他在社会上依然活跃，起初担任戈尔巴乔夫基金会副主席，后来又担任政治迫害受害者平反委员会主席以及俄罗斯公共电视台（国家电视一台）董事会主席。作为历史学博士、科学院院士，雅科夫列夫在晚年更多的时间是用来著书立说，他一共写了25本书，“反斯大林主义”和“反布尔什维主义”始终是贯穿其思想的主线。2005年10月18日，雅科夫列夫在莫斯科去世。

雅科夫列夫的政治思想和政治行为可谓变化无常，但从根本上说，他是一个反马克思主义和社会主义者①。他当过正统的共产党人，也当过党内自由派；他当过马列主义者，也当过反共分子和民主社会主义的拥护者；他当过社会主义理想的宣传者，最后又当了社会主义的掘墓人。在戈尔巴乔夫领导的七年苏联“改革”中，他配合了戈尔巴乔夫“改革”步伐，一步步搞垮苏共，最后将苏联带入亡党亡国的深渊。

2. 谢瓦尔德纳泽的社会背景及其在戈尔巴乔夫领导的“改革”中的作用

谢瓦尔德纳泽的全名是爱德华·谢瓦尔德纳泽，1928年1月25日出生于格鲁吉亚。他非常年轻时就步入政坛。1946年加入共产党，在年仅18岁时便出任共青团库塔伊西区委部长，后任区委第二书记。1951年任共产党库塔伊西市委巡视员，1953年任市委第二书记。1957年任格鲁吉亚共青

① 雅科夫列夫的思想倾向集中反映在其所著《一杯苦酒——俄罗斯的布尔什维主义和改革运动》一书中。在书中，雅科夫列夫对马克思主义进行肆意攻击，宣称“任何一个思维健全的大学生，只要他去研究马克思、恩格斯、列宁的著作，他就一定能发现，他们文章中讲的很多东西与20世纪人类发展的实际经验是矛盾的”，“在俄国的实践中，马克思主义不是别的，而是一种新的宗教，它屈从于专制政权的利益和它任性的要求”，“马克思主义中最邪恶的教条是关于暴力的教条，以及构筑于其上的阶级斗争观点”，并胡诌大规模镇压不仅存在于斯大林时期，而且存在于列宁时期，“镇压根本就不可避免。问题不仅在列宁或斯大林……问题的实质在于他们所建立的布尔什维主义制度，在于构筑在暴力意识形态之上的制度”，“布尔什维主义制度的沉重罪恶不仅在于数百万清白无辜者丧失了生命，他们家庭遭到了悲惨命运，制造了毛骨悚然的环境。这个制度的罪恶还在于人们的心灵无尽无休地被仇视、凶狠和怀疑所扭曲”（见［俄］亚·尼·雅科夫列夫：《一杯苦酒——俄罗斯的布尔什维主义和改革运动》，第23、28、38、131、154页）。

团中央第一书记。1959 年成为格鲁吉亚最高苏维埃成员，并在这一年毕业于国立库塔伊西师范学院。1961 年后任格鲁吉亚共产党姆茨赫塔区委第一书记、第比利斯市五一区党委第一书记。1964 年任格鲁吉亚内务部第一副部长，1965 年至 1972 年任部长。1972 年当选为格鲁吉亚共产党第比利斯市委第一书记，同年当选为格鲁吉亚共产党中央第一书记。作为格鲁吉亚党的最高领导人，谢瓦尔德纳泽严厉打击境内的贪污腐败和人权运动，毫不留情地与不良的现象如贪污、贿赂、滥用公共财产、私有主义趋向、偷盗和其他违反共产主义道德的行为做斗争，上百名官员被撤职或关入监狱。在 1977 年全苏联打击人权主义者的过程中，他领导的格鲁吉亚政府关押了一批知名的格鲁吉亚反对派人士，其中包括兹维亚德·加姆萨胡尔季阿，即后来第一任民选格鲁吉亚总统。

谢瓦尔德纳泽严厉打击贪污腐败的行动很快受到苏共中央高层领导人的注意。1976 年他被调入苏联共产党中央委员会，1978 年成为苏共政治局委员候选人。1985 年苏联外长安德烈·葛罗米柯卸任后，谢瓦尔德纳泽被已就任苏共中央总书记的戈尔巴乔夫任命为苏联外长，从此成为戈尔巴乔夫身边比较年轻的改革力量。在担任苏联外长期间（1985 年至 1990 年），谢瓦尔德纳泽全力贯彻戈尔巴乔夫的外交“新思维”，推行“缓和”外交，主张全面消除冷战和对抗，坚持裁军，积极发展同美国及其他西方国家的关系，改善与所有国家的关系，使苏联在外交领域中取得了一系列进展。在谢瓦尔德纳泽的支持下，东欧国家被允许走它们自己的道路而不再被束缚在苏联的控制之下。当东欧国家共产党呼吁苏联采取军事介入来解决开始横卷东欧的民主化运动时，他拒绝介入，这为东欧大多数国家和平演变铺平了道路。

1990 年年末，苏联政治形势出现混乱局面，经济危机进一步加深，民族矛盾开始激化，苏联全国上下要求制止局势继续恶化的呼声增高。戈尔巴乔夫为稳定局势而向传统派倾斜，发表了语气较前强硬的关于稳定国内局势的“八点声明”。期间，被西方认为是“开明派”的代表人物之一的巴卡京被解除了苏联内务部长职务，前驻阿富汗苏军司令、回国后任基辅军区司令的格罗莫夫被任命为内务部第一副部长；国防部长亚佐夫宣布对冲击军队而不听劝告者军人可以开枪自卫；国家安全委员会主席克留奇科夫也发表了关于要加强同民族分立主义和犯罪活动做斗争的讲话；苏军总参谋长莫伊谢耶夫以及科学界、文化界的 53 名著名代表还联名上书戈尔巴乔夫，要求在民族冲突的热点地区实行紧急状态或总统直接治理。这些做法引起谢瓦尔德纳泽强烈不满，于是坚持西方民主自由化思想的谢瓦尔德纳泽与试图维持社会稳定和苏联统一的戈尔巴乔夫之间的政治分歧开始越来越大。

1990年12月17日苏联第四次全国人民代表大会召开。会议进行第二天，谢瓦尔德纳泽全力执行的苏联对外政策受到军方代表的尖锐批评。军人代表在发言中指责谢瓦尔德纳泽在各种谈判中做出了单方面的让步，导致苏联在不利条件下从东欧匆忙撤军，批评他发表了可能使苏联卷入海湾冲突的"违反宪法"的言论。这使得谢瓦尔德纳泽忍无可忍，并促发了他在大会进行第四天即12月21日时突然提出辞去苏联外长职务的声明，并在辞职声明中指出，苏联已形成的局势是"改革派"和"反动派"之间进行"最尖锐斗争的结果"，他不能容忍"独裁正在来临"，警告世人"苏联即将实行专制"①。由于谢瓦尔德纳泽对苏共的政治方针和社会主义前途丧失了信心，不久又宣布退出苏共。在苏联"8·19"事件中，他带领"民主改革运动"坚决支持叶利钦，反对紧急状态委员会。"8·19"事件后，戈尔巴乔夫仍想利用谢瓦尔德纳泽的政治声望辅助自己，在1991年11月任命谢瓦尔德纳泽为以外交部为基础改组的对外关系部部长，但一个月后苏联正式解体，他与戈尔巴乔夫一起宣布辞职。

1992年3月谢瓦尔德纳泽从莫斯科回到已宣布独立的格鲁吉亚，被指命为格鲁吉亚国家委员会执行主席。同年10月，当选为格鲁吉亚议会主席。1993年11月任新成立的格鲁吉亚公民联盟主席。1995年11月格鲁吉亚的总统制重建，谢瓦尔德纳泽以70%的选票当选为总统。2000年4月他再次当选，在结束国内政治纷争和平息内乱方面发挥了积极作用。对谢瓦尔德纳泽来说，他任格鲁吉亚领导人的职务比他早年任苏联外长的职务更艰巨。1993年，格鲁吉亚西部爆发内战，谢瓦尔德纳泽在俄罗斯军队的帮助下获胜。1995年8月和1998年2月谢瓦尔德纳泽两次遭遇刺杀但有惊无险。

由于连年战乱，格鲁吉亚国家长期处于无政府状态，大量武器失散于民间，官、匪勾结，刑事犯罪活动成了格鲁吉亚的一大社会公害。因此，谢瓦尔德纳泽执政后下大力气整顿社会秩序，恢复法制，铲除腐败，将"盗匪和罪犯"绳之以法。自1994年起，他采取了几次大规模严打行动，并解除了反对派军事组织"拯救者军团"的非法武装，清除了政权机关内部的不良分子，国内治安明显好转。谢瓦尔德纳泽在平息战乱、整顿秩序、巩固国家政权过程中并未放松抓经济工作，通过几年努力，使国家基

① 邢广程：《苏联高层决策70年——从列宁到戈尔巴乔夫》（第五分册），第1799页。

本上渡过了经济难关。谢瓦尔德纳泽还有一项最重要的外交成果，即修造了一条从阿塞拜疆通过格鲁吉亚到达土耳其的价值 30 亿美元的输油管道，这对缓解格鲁吉亚的石油和天然气匮乏发挥了重要作用。谢瓦尔德纳泽上台后坚决纠正前总统奉行极端民族主义的自我孤立政策，主张与世界各国建立和平、友好关系，奉行东西方并重的中立政策，尤其注重修好同邻国的关系。

2003 年，“颜色革命”蔓延至格鲁吉亚，该年 11 月 2 日格鲁吉亚议会大选被大多数国际选举观察员以及联合国和美国政府称为不公正，结果导致许多格鲁吉亚人的愤怒，在第比利斯和其他许多地方爆发示威游行。11 月 21 日当新议会准备召开第一次大会时示威者冲入了议会大楼，谢瓦尔德纳泽在保镖保护下逃离议会，随即宣布国家进入紧急状态。但在国内外双重压力下，谢瓦尔德纳泽被迫辞职。谢瓦尔德纳泽辞职后，上万名格鲁吉亚人在第比利斯街头手持红玫瑰举行庆祝游行，这次事件也被称为“玫瑰革命”。

2014 年 7 月 7 日谢瓦尔德纳泽逝世，享年 86 岁。谢瓦尔德纳泽的政治生涯充满了矛盾：他是苏联制度的产物，但同时在摧毁这个制度中起了重要作用；他打击腐败而崛起，但最后却因为选举舞弊而倒台；他在全世界作为最开放的苏联外长而受欢迎，在本国却从未获得这样的热爱；他保障了格鲁吉亚的领土完整而他的政府却无法控制国内的大片地域；他帮助格鲁吉亚建立了一个公民社会，但却被自由的格鲁吉亚人赶下台。

在戈尔巴乔夫领导的苏联“改革”中，谢瓦尔德纳泽与戈尔巴乔夫、雅科夫列夫为摧毁苏共和苏联社会主义制度而相互配合，紧密合作。尽管他们曾经存在局部和暂时性分歧，但在搞垮苏联和东欧各社会主义国家等大事上立场一致，他们是“改革”的主要策划者和推行者。戈尔巴乔夫曾经说过：“不知道怎么可以把我们分开，最初的改革计划可是我们三个人啊。我们不知在一起讨论了多少次，商量了多少次。”①

3. 叶利钦的社会背景及其在戈尔巴乔夫领导的“改革”中的作用

在戈尔巴乔夫、雅科夫列夫、谢瓦尔德纳泽与叶利钦构成的“四人集团”中，叶利钦对苏联亡党亡国的作用比较特殊。在思想上，叶利钦与戈尔巴乔夫是一致的，他们共同的目标就是推翻苏共的领导和苏联的社会主义制度；但是在行动上，叶利钦却扮演了戈尔巴乔夫的“反对派”角色，他以所谓的“激进民主派”领袖的身份而区别于戈尔巴乔夫和利加乔夫所代表的所谓苏共党内“主流派”和“传统派”立场。他表面上与戈尔巴乔夫对抗，而实质上策应戈尔巴乔夫对抗苏共党内坚持马克思主义、坚持共

① 安·格拉乔夫：《戈尔巴乔夫之谜》，第 204 页。

产党领导、坚持社会主义却被他们称为“传统派”的政治力量，并在最后亲手摧毁了苏共党组织和苏维埃社会主义共和国联盟。

叶利钦全名叫鲍里斯·尼古拉耶维奇·叶利钦，1931 年 2 月 1 日出生于俄罗斯的斯维尔德洛夫斯克州达里茨基区布特卡村的一个富农家庭。他家在农业集体化运动中被没收财产，爷爷被剥夺了公民权，全家被迫迁居他乡。父亲到建筑工地务工，因牵涉进一个案子被判三年劳改，出狱后继续做建筑工人；其母亲是一名裁缝。叶利钦是家庭的长子。为纪念儿子在出生后受洗礼时所经历的生死考验，父亲给他取名鲍里斯，意为“斗志”。叶利钦在彼尔姆州的一个小城市里度过童年，并在那里上了小学。12 岁时，他从当地的一个军火库里偷了一个手榴弹，为了知道它的内部构造，便把它带到树林里用锤子砸。因为没有拔掉引信，手榴弹爆炸了，他差点送命，结果被炸掉了两个手指。从这件事可以看出叶利钦从小就有胆大、鲁莽和好奇的性格特点。

叶利钦贫寒的家境，艰苦的童年生活，培养了他倔强好斗的性格。20 世纪 50 年代初，叶利钦考入乌拉尔工业学院，学建筑专业。1955 年毕业后曾在各个不同的建筑工程中担任过工长、工段长和总工程师等职务。1961 年加入苏共。1963 年被任命为斯维尔德洛夫斯克房屋建筑公司总工程师，三年后成为该公司的总经理。在这期间，叶利钦工作比较深入，很卖力气，任务完成得较好，因而受到了州领导的重视。1968 年被调到州委任建设部部长。1975 年被提拔为州委负责工业发展的书记，1976 年被任命为苏共斯维尔德洛夫斯克州党委第一书记。叶利钦当上了州委第一书记后，暴露了很强的权力欲。他在谈到担任州委第一书记的感受时曾说：“权力的魅力令人陶醉……州委第一书记是一州的上帝、沙皇和主人。”① 随着地位的提高，他固执专断和蛮横粗暴的特点也有所发展。但为了满足更大的权力欲，叶利钦经常通过坚决执行上级指示来讨取上级领导人的欢心，拆毁斯维尔德洛夫斯克市内伊帕季耶夫别墅就是一个典型的例子，这件事也带给他很大政治利益——从地方进入中央。伊帕季耶夫别墅是 1918 年枪毙沙皇尼古拉二世和他的一家的地方。1975 年 7 月，当时担任克格勃主席的安德罗波夫担心它会被西方利用来进行反苏宣传，便给苏共中央打报告，提出责成斯维尔德洛夫斯克州委借口城市改建将其拆除，苏共中央同意了。当时担任州委第一书记的里亚博夫接到中央指示后未采取行动，事情

① ［俄］维克托·安德里亚诺夫、亚历山大·切尔尼亚克著，周荣广等译：《叶利钦传》，辽宁人民出版社 2001 年版，第 7 页。

拖了两年。到 1977 年，当上第一书记不久的叶利钦在一夜之间就把别墅拆除了，表现出了执行中央指示的非同寻常的主动性和积极性，这一点给安德罗波夫留下了深刻印象。

勃列日涅夫去世后，担任总书记的安德罗波夫想把叶利钦调到中央工作，便指示当时负责党的组织工作的利加乔夫到斯维尔德洛夫斯克州找叶利钦谈话，但因安德罗波夫不久后去世，叶利钦上调中央的计划被搁置。戈尔巴乔夫上台后重新提出调动叶利钦工作的问题，要把他调来担任党中央建设部长。叶利钦嫌官职太小，没有同意。后来利加乔夫对他说，政治局已做出决定，要求他服从党的纪律，并对他做了进一步提升为中央书记的许诺，他才同意了。1985 年 4 月叶利钦到莫斯科就任苏共中央建设部长，7 月当选为苏共中央主管建设的书记。

戈尔巴乔夫推行以"人道的民主的社会主义"为目标的改革，把叶利钦当作"自己人"委以重任，这给思想激进、权力欲强的叶利钦扶摇直上的机会。戈尔巴乔夫这位上任不久的新总书记为了巩固自己的地位，需要撤掉曾是他的竞争者、现任莫斯科市委第一书记的格里申的职务，摧垮格里申的班子，于是派叶利钦去做这件事。1985 年 12 月叶利钦被任命为莫斯科市委第一书记，翌年 3 月又当选为苏共中央政治局候补委员。叶利钦到任后，一方面大刀阔斧地整顿党政机关，迫使莫斯科市苏维埃主席普罗梅斯洛夫辞职，并以种种借口撤掉了一批市一级的领导干部，有将近一半的区委书记被解除职务。与此同时，他招兵买马，搭建自己的班子。另一方面，叶利钦摆出了亲民的姿态，乘坐公交车，到商店里和大家一起排队买东西，深入到工厂、医院、公共食堂和居民小区了解情况，解决问题。他的这些做法受到群众的欢迎，一时间他的名声大振。他敏锐地感觉到人民群众对干部享有各种特权特别不满，于是为了博得群众的支持和进一步提高自己的声望，便利用各种机会大反特权，俨然成为反特权的英雄。但实际上，叶利钦并不是真心反对特权者①。可是在当时，他的种种自我作

① 叶利钦只是嘴上反特权，但实际上从来没有拒绝享受特权。根据曾与他合作过的波尔托拉宁的说法，他在离开莫斯科市委后仍住在公家的别墅里，使用着公家的汽车，到克里姆林宫的医院去看病。因此波尔托拉宁得出结论说："他从来没有真正反对过这些，只是为了政治目的才这样做。他给自己保留了所有特权，认为他应该享受这些。"实际情况也是，叶利钦在达到政治目的后，再也不提反特权了，相反，利用手中掌握的权力大大扩充自己的各种特权。单是他拥有的别墅就有 10 处，其豪华的程度是过去的领导人的别墅望尘莫及的。他不仅自己个人尽情享受特权，他家里的人也跟着受惠，他的亲属除了享受特权外还利用他的权势谋取特殊利益，积累了大量财富。参见 A. 欣施泰因：《叶利钦・克里姆林・病史》，［俄］奥尔马出版社 2006 年版，第 200—205 页。转引自张捷：《从赫鲁晓夫到普京》，第 157 页。

秀产生了预期的效果，叶利钦在莫斯科很快成为一个几乎是家喻户晓的人物，在他周围出现了一大批支持者和拥护者，他甚至成为一些人崇拜的偶像，这成了他巨大的政治资本。

叶利钦的所作所为引起苏共党内第二号人物利加乔夫的不满，于是中央便成立一个专门委员会检查莫斯科市委的工作，戈尔巴乔夫也同意了此事。但这却激怒了叶利钦，叶利钦和利加乔夫在政治局会议上发生了激烈争论。1987 年 9 月 12 日叶利钦给戈尔巴乔夫写信，以提出辞去莫斯科市委第一书记职务相要挟，戈尔巴乔夫并没有理会。实际上，叶利钦在做斯维尔德洛夫斯克州委第一书记时就与同样做地方领导工作的斯塔夫罗波尔边疆区委第一书记的戈尔巴乔夫相认识，两人同年出生。“随着叶利钦地位的提高，他的权力欲也膨胀起来。他觉得他同戈尔巴乔夫曾经都是地方上的第一书记，而且他领导的州要比戈尔巴乔夫领导的斯塔夫罗波尔边疆区重要，因此对当上总书记的戈尔巴乔夫有一种不服气和妒忌的心理。”① 这预示了在搞垮苏联问题上目标一致但却存在权力竞争的两个苏共高层领导人之间的关系必然是复杂而诡谲的。后来苏联解体过程表明，叶利钦直接摧毁苏共和苏联社会主义制度而戈尔巴乔夫间接配合的行动，往往是以两者之间个人权力竞争的形式来掩盖的。

1987 年 10 月 15 日，政治局开会讨论戈尔巴乔夫将在“十月革命”70 周年庆祝大会上作的报告初稿。叶利钦脱离讨论主题，对中央工作提了 20 条意见，遭到戈尔巴乔夫的训斥，从此两人的分歧公开化。同年 11 月 11 日，戈尔巴乔夫代表苏共中央解除了叶利钦莫斯科市委第一书记职务，此后不久，又被任命为国家建设委员会副主任，叶利钦对此心里很不服气。1988 年 6 月召开苏共第十九次代表会议，他发言要求大会为他“恢复名誉”。利加乔夫当场进行驳斥，其他代表也发言对他提出批评。然而，叶利钦所坚持的激进的改革思路却代表了相当一部分人的政治要求。他敢于向苏共高层权势人物发难，敢于用最激烈的言语在最高领导层的会议上及其他场合抨击苏联的改革，引起越来越多苏联人的同情。被戈尔巴乔夫罢官，反而成为叶利钦难得的政治资本，使他成为以“激进改革路线”对抗戈尔巴乔夫“中间路线”的头面人物。

1988 年 12 月，苏联人民代表的选举给了叶利钦东山再起的良机，他参加了人民代表竞选。根据当时的选举制度，部长没有权利当选人民代表，为此，他辞去了国家建设委员会副主任职务，全力以赴投入竞选。在

① 张捷：《从赫鲁晓夫到普京》，第 156 页。

竞选期间，他几乎每天都要与选民见面，并多次参加大规模的群众集会，出席电视辩论会。他抓住一切机会来宣传自己的施政纲领，抨击时政，揭露政府官员们的官僚主义作风和腐败行为，充分展示自己廉洁奉公、从政为民的形象和深入基层、密切联系群众的作风。1989 年 3 月，叶利钦竞选苏联人民代表成功，并在 5 月至 6 月召开的苏联人民代表大会上当选为苏联最高苏维埃委员。9 月他受邀首次访问美国，在参观游览纽约后发表了崇尚美国资本主义制度的演讲，他说："我是第一次来到你们这里。《联共（布）党史简明教程》一直在我头脑中灌输着：资本主义腐朽没落，美国人粗野、好斗而没有礼貌，他们的城市和楼房像一座座墓碑。一天半的时间，我的这种观念发生了一百八十度的大转弯。资本主义欣欣向荣，美国人是善良、好客和非常文明的民族。美国是一个伟大的国家，城市和楼房是非常有创意的建筑作品。"① 这次访美之行增强了叶利钦搞垮社会主义制度和实行资本主义的决心，它使叶利钦对美国产生了友好和信任的感情，这为他执政后奉行亲美政策、按照美国人设计的方案进行经济改革奠定了思想基础。

1990 年 1 月，在叶利钦的积极组织和串连下，苏联共产党内形成了以他为代表的"民主纲领派"。5 月 29 日，叶利钦依靠"民主纲领派"的支持以 57.4% 的得票率战胜俄共推荐的候选人，当选为俄罗斯联邦最高苏维埃主席。同年 7 月，在苏共第二十八次代表大会上，"民主纲领派"公开提出苏共要放弃马列主义作为党的指导思想、放弃共产主义的奋斗目标、放弃民主集中制、把苏共建设成社会党的思想主张，并主张取消军队、政治部门和国家机关中的基层党组织。"民主纲领派"的主张没有被大会全部接受，于是叶利钦在大会结束时当众宣布退出苏联共产党。叶利钦宣布退党后，"民主纲领派"的主要领导人例如波波夫、索布恰克等人，也宣布退出苏联共产党。在叶利钦等人的带动下，苏共全党出现了退党浪潮，一时间烧毁党证成为一种时髦的现象。

叶利钦当选苏联最大的加盟共和国——俄罗斯联邦的最高苏维埃主席后，在削弱苏共的同时，开始加紧分裂苏维埃国家的活动。他在当选后的第二天即 1990 年 5 月 30 日发表谈话，宣称俄罗斯联邦拥有主权，这意味着不受中央的支配，有权实行独立的内外政策，有权与世界上任何一个国家签署包括国际条约在内的一切文件。6 月 12 日，俄联邦人民代表大会通过了俄罗斯联邦国家主权宣言，宣布俄罗斯联邦的宪法和法律在该共和国

① ［俄］《叶利钦传》，第 158—159 页。

境内“具有至高无上的权力”。这表明，叶利钦已经通过立法形式单方面否定了苏联宪法赋予苏联中央政府对俄罗斯联邦的管辖权。紧接着，乌克兰、白俄罗斯、哈萨克斯坦等苏联加盟共和国也纷纷效仿，通过了类似的主权宣言。1991 年 1 月，叶利钦又开始实施取消苏联中央政府的计划。叶利钦在一次记者招待会上宣布，俄罗斯、乌克兰、白俄罗斯、哈萨克斯坦四个共和国将签订一个涉及政治、经济、民族、文化各个领域的“四方条约”。根据这一计划，苏联总统将被架空，中央政府也将形同虚设，戈尔巴乔夫拟定中的新的联盟条约也将失去意义。由于俄罗斯议会中共产党人坚决抵制这个条约，哈萨克斯坦总统和苏维埃也谴责这一计划，叶利钦等人取消苏联中央政府的计划没有实现。

取消苏联中央政府的计划流产后，叶利钦并没有善罢甘休。1991 年 2 月，叶利钦发表电视讲话，指责戈尔巴乔夫使这个国家成为独裁国家，号召人们不要同中央合作，并要求戈尔巴乔夫立即辞职，公开宣布与戈尔巴乔夫决裂。此举遭到所谓“传统派”和“主流派”的联合反击，莫斯科数十万人举行群众性集会，表示支持改革，支持国家统一和军队统一，支持戈尔巴乔夫，反对叶利钦。与此同时，在“民主俄罗斯”的号召下，也有数万莫斯科人参加了“保卫叶利钦”的群众集会。叶利钦还在随后的莫斯科民主力量代表会议上公开号召人们支持矿工罢工，向国家领导人宣战。就在叶利钦与戈尔巴乔夫在解散联盟还是维护联盟的较量中，3 月 17 日，苏联就是否赞成保留苏联问题举行历史上首次全民公决。在全苏登记的 1.85 亿选民中，80% 的人参加了投票，其中 76.4% 的公民赞成保留联盟。这无疑是对以叶利钦为首的分裂势力的一个沉重打击。然而，叶利钦也另有所得，他在俄罗斯联邦的全民投票中附带了俄罗斯联邦共和国是否设立总统职位的选项，在参加投票的 75.31% 的选民中，69.85% 的人赞成设总统职位，这一结果为叶利钦登上俄罗斯总统宝座铺平了道路。1991 年 6 月 12 日俄罗斯举行总统选举，叶利钦获得了重大胜利。叶利钦在选举的初步统计结果表明他已经获胜、但选举结果尚未正式公布的情况下，便迫不及待地访问了美国，寻求美国的支持。取得总统权力后，叶利钦加强了反对苏联共产党的行动。1991 年 7 月 20 日，叶利钦颁布了所谓的关于俄罗斯联邦国家机关非党化的总统命令，禁止各政党以及社会团体在国家机关中活动。苏共中央政治局和俄罗斯共产党则分别发表声明，指出这项命令是违背现行宪法和法律的。7 月 26 日，苏共中央全会通过一项声明，严厉谴责叶利钦的命令。可是叶利钦的非党化命令也得到了一些人的支持，例如莫斯科市长波波夫就率先表示要坚决执行总统命令。

不久，苏联发生了“8·19”事件。1991年8月19日凌晨，苏联副总统亚纳耶夫突然宣布总统戈尔巴乔夫因健康原因无法履行职权，总统职务由其代为行使。而后亚纳耶夫会同苏联总理帕夫洛夫、国防部长亚佐夫、内务部长普戈、国家安全委员会主席克留奇科夫等八人宣布成立“紧急状态委员会”，下令武装部队接管国家政权，同时软禁了在黑海度假的戈尔巴乔夫。紧急状态委员会发表《告苏联人民书》，指出戈尔巴乔夫领导的改革已经走入“死胡同”，“苏联国家和人民的命运处在极其危险的严重时刻”。[①] 当日刚从哈萨克斯坦访问回来的叶利钦立即来到白宫，带领其支持者宣布反对国家紧急状态委员会的行动。国家紧急状态委员会派部队包围了白宫，而叶利钦的支持者们也前来保卫白宫，一时形成对峙的局面。8月19日中午，叶利钦爬上白宫门前的坦克发表了简短的讲话，宣布国家紧急状态委员会的决定是非法的，没有法律效力的。他的这一行动赢得了支持者狂热的喝彩，被视为英雄壮举。而实际上，面临白宫随时可能被攻破的危险局势，叶利钦心里很紧张，准备了几种紧急撤退方案，但由于国家紧急状态委员会领导人迟疑不决，害怕引起流血冲突而撤销了攻打白宫的命令，再加上部队内部某些将领以军队属于国家为由倒向了叶利钦一边，结果“8·19”事件以失败告终。紧接着，美国总统布什立即发表谈话，称赞叶利钦凭勇气和坚定扭转了局势，是俄罗斯人的“英雄”。西方其他国家的领导人也对叶利钦表示敬意，答应将给他提供援助。及至戈尔巴乔夫在8月24日宣布解散苏联共产党，在12月25日发表电视讲话，将国家权力移交给俄罗斯总统叶利钦，叶利钦终于亲手摧毁了苏共和苏维埃社会主义共和国联盟。本来，“8·19”事件是苏共“传统派”为挽救国家命运，维护国家统一、维护共产党执政地位、维护社会主义制度而采取的非常但合法的行动，但由于苏共早被戈尔巴乔夫、雅科夫列夫等人搞得思想混乱、政治动摇、组织分散，失去了凝聚力和执行力，失去了民心，失去了对军队的绝对领导权，遭受失败的命运已经不可避免。

三、把苏联共产党“革新”成社会民主党

戈尔巴乔夫在改革初期曾提出“苏共是改革的倡导者”，但他实际上并未依靠苏共来推行改革，反而把苏共看作改革的“障碍机制”。1987年1月戈尔巴乔夫在苏共中央全会上第一次公开提出“障碍机制”后，他越来越明显地把“障碍机制”指向苏共，把苏共看作“官僚专制”和“行

① 邢广程：《苏联高层决策70年——从列宁到戈尔巴乔夫》（第五分册），第1829页。

政命令体制”的根源，把苏共看作反对改革的“保守势力”。戈尔巴乔夫在1990年7月苏共二十八大上甚至直接指出，苏共“本身已经发生严重变形”，成了“行政命令体制的核心”，“几十年来，苏共只是为专横的官僚体制服务”。[①] 因此戈尔巴乔夫把苏联政治改革的矛头开始指向苏共，要对苏共进行彻底改造。

早在1990年3月苏共中央全会上，戈尔巴乔夫就开始呼吁，希望苏共二十八大能够制订一份文件，规定苏共未来的“革新”方向。他的要求和设想，在1990年7月苏共二十八大上实现了。苏共二十八大是苏联共产党的历史转折，大会通过了《走向人道的民主的社会主义》纲领性声明、党章以及其他一系列决议，使“人道的民主的社会主义”理论形成比较完整的体系，其中最重要的内容就是改变苏共的性质，使之向社会民主党方向转变，这表现在以下五个方面[②]。

一是党的指导思想变了。过去讲，苏共“以马克思列宁主义为理论武装”，在全部活动中“遵循马克思列宁主义的学说”。现在不再提以马克思列宁主义为指导，只提“苏共主张以创造性的态度对待社会主义理论和实践”，主张“通过建设性思考20世纪的历史经验以及摆脱了教条主义解释的马克思、恩格斯、列宁遗产，并发展这些理论和实践”，“苏联共产党坚决放弃政治上和意识形态上的垄断主义”，“利用人类智慧的优秀成果，世界积累的有效经营、解决社会问题、发展民主制度的经验”。也就是说，苏共不再说要“遵循马克思列宁主义”，而强调要“摆脱教条主义”，同时实行指导思想的“多元化”，要从其他一切社会思潮中汲取“发展民主制度的经验”了。

二是党的奋斗目标变了。过去讲，苏共的最终目标是在苏联建立共产主义。现在则说，“苏共是坚持社会主义选择和共产主义前景的政党”，“党的社会理想包含了人类文明的人道主义原则以及自古以来对美好生活和社会公正的追求”。以“选择”“前景”代替“目标”，玩的只是文字游戏，这说明苏共已经不再把共产主义作为奋斗目标了。

三是党的阶级性质变了。过去讲，苏共“就阶级实质和思想体系而言仍然是工人阶级的党”。现在则不再提苏共是工人阶级的党，只提苏共是“按自愿原则联合的苏联公民”的“政治组织”，也就是说，苏共已由工人阶级的先锋队变成了一般性的群众组织了。

---

① ［苏］戈尔巴乔夫：《沿着改革的道路继续前进》（1990年7月2日），参见黄宏、纪玉祥主编：《原苏联七年“改革”纪实》，第331页。

② 苏共第二十八次代表大会决议：《走向人道的民主的社会主义》纲领性声明（1990年7月13日），参见黄宏、纪玉祥主编：《原苏联七年“改革”纪实》，第339—343页。

四是党的地位作用变了。过去讲，苏共是“政治体制的核心，是苏联社会的领导力量和指导力量”。现在则宣布“排除任何阶级、政党、集团、官僚管理体制的独裁专政”，取消苏共的法定领导地位，宣布苏共同其他政党和社会政治团体是平等竞争、合作的伙伴关系。同样，过去讲苏共是苏联人民的“战斗先锋队”，现在则讲，“苏联共产党正在变成这样一个政治组织，它将以自己的实际行动和解决社会发展问题的建设性立场捍卫在同其他社会政治力量自由竞争中作为政治领导的权利”。

五是组织原则变了。过去讲，民主集中制是“党的组织机构、全部生活和活动的指导原则”。而现在只保留“民主集中制”的一般提法，不再把它作为党的根本组织原则，而且对民主集中制的实质内容也做了改动。例如，虽然规定少数必须服从多数的决定，但允许少数人利用党的舆论工具捍卫自己的不同观点；虽然规定不许建立“具有自己内部纪律的派别”，但允许党内横向组织活动，允许党员“按纲领进行联合”。此外还规定：“各加盟共和国共产党是独立的”，加盟共和国党中央如不同意苏共中央政治局涉及本共和国的决议，有权不执行；所有苏共组织，从基层组织开始，“在安排自己内部生活和活动方面是独立的”。

苏共二十八大对苏联共产党的改造决定，完全剥夺了苏共马克思主义政党的本质属性，使苏共走上了社会民主党化的道路。1991 年 7 月苏共中央全会又通过了准备提交原定 1991 年年底举行苏共二十九大讨论的新党纲草案，进一步明确了苏共走向社会民主党的具体方案①。

一是明确删除苏共的社会主义选择和以共产主义为前景的提法。二十八大纲领性声明和戈尔巴乔夫在大会上的报告都宣称：“苏共是坚持社会主义选择和共产主义前景的政党”，新党纲草案则未再使用这一提法。新党纲草案谈到党“忠于社会主义理想”，但对其内容做了根本不同的解释，提出对社会主义的理解不是一成不变的，社会主义思想包括它的非马克思主义流派，民主和社会主义不可分割。这表明苏共已经把“人道的民主的社会主义”列入未来的奋斗目标。

二是进一步否定过去的社会主义理论和实践，对某些成就的肯定则加上更多的社会民主主义色彩。草案赞扬俄国社会民主党人在 19 世纪和 20 世纪之交为寻找社会主义发展道路做出的贡献，强调列宁在“十月革命”初期制定的纲领“把彻底的民主主义性质同社会主义的意愿结合在一起”，

① 俞邃：《其兴也勃焉其亡也忽焉：二十年后再看苏联演变》，当代世界出版社 2011 年版，第 131—133 页。

称列宁制定新经济政策时期提出的“我们对社会主义的整个观点发生了变化”至今仍具有现实意义。

三是重申马列主义不是苏共唯一思想基础，“现在必须使我们的思想库内包括国内外社会主义和民主思想的一切财富”。

四是对“人道的民主的社会主义”做出了更接近于社会党人的解释。新党纲草案提出“人道的民主的社会主义”的社会基础是效益好的混合经济、实行政治和思想多元化的公民社会、真正的人民政权、以人道主义理想和全人类价值为取向的文化、全面的自由等等。这些内容同社会党国际1951年《法兰克福声明》颇为相似。①

五是重申要把苏共改造成议会党。戈尔巴乔夫在二十八大报告中曾说：苏共将在民主程序和各级立法机构选举范围内为争取和保持执政党地位而斗争，“从这个意义上说，苏共起着议会党的作用”。新党纲草案则明确提出党作为议会党的活动范围是：通过用舆论工具宣传自己的观点，通过在劳动集体中直接进行工作，通过参加民主选举，通过自己在各级政权机构内的代表来实现党在将来的目标。

六是指出共产党同社会民主党无差异并提出苏共是否改变名称的问题。戈尔巴乔夫在报告中称，共产党和社会民主党都发生了变化，当年衡量两者对立的标准即对待暴力、对待无产阶级专政和民主的态度、社会主义觉悟和政治先锋队的作用，已经失去了先前的意义。戈尔巴乔夫还借用别人的话提出是否将苏共改名为社会党或社会民主党的问题，说这要由苏共代表大会或者全党投票来决定。

然而，随着戈尔巴乔夫在社会民主党化苏共的道路上越走越远，苏共的地位和威信早已急剧下降，党内思想极度混乱，逐渐失去了群众基础和执政能力。还没有等到苏共二十九大召开，还没有来得及使苏共彻底社会民主党化，苏共便遭到被禁止活动的厄运。

四、推行西方式的议会总统制和多党制

苏共第十九次代表会议做出决定，将成立新的国家最高权力机关——

① 1951年7月，在联邦德国法兰克福举行的社会党国际成立大会上通过了一项题为《民主社会主义的目标与任务》的原则宣言，即著名的《法兰克福声明》。声明明确宣布：社会民主主义是社会党人的意识形态；社会主义只是一种道德需要，没有历史必然性；社会民主主义以实现自由、社会公正与团结互助作为基本价值目标，把争取社会主义的斗争局限在议会民主框架内；社会民主主义运动的目标是使其社会公正和民主的传统价值观适应全球化带来的新的挑战、任务、政治形式和政治工具；社会民主主义把实现政治民主、经济民主、社会民主以及国际民主作为价值目标。

苏联人民代表大会，以取代原来的最高苏维埃；更新选举制度，规定人民代表的选举要实行自由选举。在1989年初进行的苏联人民代表选举活动中，戈尔巴乔夫强调，苏共各级党组织不得干预选举活动。结果，相当一部分苏共干部在选举中落选，而许多反共反社会主义的代表人物却顺利进入国家最高权力机关，成为合法的政治反对派。1989年5月至6月，第一届苏联人民代表大会正式举行，[①] 选举成立了苏联最高苏维埃，戈尔巴乔夫当选为最高苏维埃主席。这样，按照列宁"议行合一"思想实行了几十年的苏维埃制度被抛弃了，苏联人民代表大会作为西方式的议会制度被建立起来，成为苏联国家最高权力机关，这实质上是削弱苏共作为国家权力核心的地位。接下来，戈尔巴乔夫在1989年11月26日《真理报》上发表题为《社会主义思想与革命性改革》的文章，这篇文章在对"人道的民主的社会主义"理论做了具体论证的同时，还提出实行"三权分立"的主张。文章说，苏联应实行人民自治与"代表制议会民主机制的辩证结合"，保证行政权和立法权的分开、司法权的独立。[②] 这是戈尔巴乔夫第一次正面肯定资产阶级的"三权分立"学说，实际上为苏联引进西方的议会制度打开了大门。

在1990年2月苏共中央全会前夕，雅科夫列夫向戈尔巴乔夫紧急进言说："改革最主要的障碍是政治局，其次是中央全会……如果您还继续拖延，不夺权，那么，一切就完了。"为此他建议：必须尽快建立总统制，"把权力集中在自己手中"，使苏共中央政治局"失去真正的权柄"。[③] 于是，戈尔巴乔夫在1990年2月苏共中央全会上提出"建立总统制"的提议，并在中央全会通过的决议中强调："立法权、行政权和司法权分立对于管理效率来说具有关键性意义。"1990年3月苏共中央再次举行全体会议并做出了几项关系苏联党和国家前途命运的重大决定：

一是提出修改宪法第六条，取消苏共的法定领导地位。苏联宪法（1977年制定）第六条规定："苏联共产党是苏联社会的领导力量和指导力量，是苏联政治体制以及一切国家机关和社会团体的核心。"现在中央全会决议则提出："党的地位不应当依靠宪法来强行合法化"，苏共要"严

---

① 苏联人民代表大会是1989年5月至1991年底苏联的最高国家权力机关。自1989年5月至1991年12月底，苏联总共举行了五次全国人民代表大会。第一次：1989年5月25日至6月9日；第二次：1989年12月12日至24日；第三次：1990年3月12日至15日；第四次：1990年12月17日至21日；第五次也是最后一次：1991年9月2日至5日。

② ［苏］戈尔巴乔夫：《社会主义思想与革命性变革》，《真理报》1989年11月26日。

③ 王正泉：《戈尔巴乔夫与"人道的民主的社会主义"》，第38页。

格限制在民主程序范围内”（即依靠选票）去“争取”执政地位。经过酝酿、讨论和争议之后，1990 年 3 月苏联第三次非常人民代表大会讨论了中央全会的决议，最后于 3 月 14 日通过一项法律，对苏联宪法做了相应的修改。修改后的苏联宪法规定：“苏联共产党、其他政党以及工会、共青团、其他社会团体和群众运动通过自己选入苏维埃的代表并以其他形式参加制定苏维埃国家的政策，管理国家和社会事务。”这样就把苏共由执政党转化为一般政党组织了。

二是准备实行多党制。长期以来，苏联实行的是一党制。在 1990 年苏共中央二月全会前夕，戈尔巴乔夫就在立陶宛发表讲话，表示愿意接受在苏联实行多党制。他说：“我们不应害怕多党制。我并不认为多党制就是悲剧。如果多党制是一种正常历史进程的结果，并且是符合社会需要的，我们不应当像魔鬼怕烧香那样害怕多党制。”① 1990 年 3 月的苏共中央全会则正式决定实行多党制，随后，经过第三次苏联人民代表大会批准修改的宪法规定：“苏联公民有权结成政党”，一切政党“应在宪法和法律的范围内进行活动”。这样之前几万个“非正式组织”便获得合法存在地位，并被允许发展成为政党组织。

三是建议实行总统制。戈尔巴乔夫在这次苏共中央全会上建议“建立总统制”，赋予总统“一切必要的权力”。戈尔巴乔夫主张实行的总统制，实质是剥夺苏共对国家的最高领导权，用总统的个人领导来取代苏共中央的集体领导。随后，在同年 3 月 15 日的第三次苏联人民代表大会上，戈尔巴乔夫当选为苏联第一任总统。苏联实行的这种总统制，并不是共产党领导之下的总统制，而是西方式的总统制，总统以超阶级、超党派、凌驾于全社会之上的面貌出现。这种总统制的实质，就是进一步剥夺苏联共产党的领导权，使总统个人取代苏共中央成为国家大事的决策者，用总统委员会来取代苏共中央成为国家大事的决策中心。从此以后，苏共中央便丧失一切政治权力，而以苏共中央总书记身份当选为苏联总统的戈尔巴乔夫，也不再受苏共的任何制约。

1990 年 7 月，苏共二十八大通过决议，将《走向人道的民主的社会主义》作为苏共的新党纲，其中明确规定：

其一，加强苏联国家的法制建设：“排除任何阶级、政党、集团、官僚管理体制的独裁专政，保证全体公民参与国家事务和社会事务”。

---

① ［苏］戈尔巴乔夫：《访问立陶宛时的讲话》（1990 年 1 月 13 日），参见黄宏、纪玉祥主编：《原苏联七年“改革”纪实》，第 229 页。

其二，苏共将建立公民社会："在这个社会中，人的存在不是为了国家，而是国家的存在是为了人，所有社会集团和团体都享有法律保障的权利以及表达和维护自己的利益的实际可能性"；"把苏共改造成一个表达和捍卫工人阶级、农民和知识分子的根本利益，在公民社会范围内发挥作用的真正的政党"，一切社会组织在宪法范围内自由竞争。

其三，实行三权分立的政治制度："立法、司法、行政三权分立将能保证避免大权独揽和滥用权力，将能准确地划分权限与责任。党主张：第一，立法过程民主性和公开性，各级苏维埃有完全的制定法规和监督职能，建立它们自己的可靠的财政和物质基础；第二，执行机关每年向苏维埃报告工作，在法律范围内对执行机关的活动实行社会监督；第三，法院和检察院独立，提高它们在社会中的地位，完善诉讼立法，严格遵守无罪的推定、司法准则和辩护权，发挥劳动改造系统的作用，废除无端剥夺苏联国籍的法令；第四，建立朝气蓬勃的现代化国家机关，它们在征聘基础上组成，并在法律范围内受代表机关和公众的监督"。

其四，放弃苏共的意识形态垄断地位："苏联共产党坚决放弃政治上和意识形态上的垄断主义，放弃取代国家和经济管理机关的做法"，"代表大会不认为剥夺军队、国家安全委员会和内务部中的共产党员的党员资格的权利和建立党组织以及从事其他形式的政治活动的权利是正确的。但是，这些组织应当同国家行政机关，其中包括同对军队、内务部和国家安全委员会的全体官兵进行道德政治教育的军事政治机关分开。"

其五，国家最高领导人"实行直接的平等的普选权原则"。

就这样，戈尔巴乔夫等人在"民主化""多元化"和"公开性"的旗号下，通过否定马克思主义一元领导地位，大力提拔"民主派"人物，改组党的组织机构，大批撤换党的各级领导干部，通过新党纲改变苏联共产党的性质，推行西方式的议会总统制和多党制，终于剥夺了已经保持70多年法定领导地位的苏联共产党对国家、对社会的领导权。

第四节　所谓"人道的民主的社会主义"成为埋葬苏联的坟墓

在1988年6月苏共第十九次代表会议上戈尔巴乔夫第一次提出了"人道的民主的社会主义"概念，标志着苏联改革的指导思想开始发生了重大变化，也标志着苏联的改革开始走上邪路。接下来，戈尔巴乔夫在1989年11月26日《真理报》上发表题为《社会主义思想与革命性改革》的文章，这篇文章对“人道的民主的社会主义”理论做了具体论证，归纳起来主要有四点内容：

一是提出要“根本改造整个社会大厦”。文章说，原来以为，改革只是纠正部分扭曲现象，只是完善过去形成的制度，现在看来，“必须根本改造整个社会大厦：从经济基础到上层建筑”。这说明，戈尔巴乔夫的改革已不再是“完善”社会主义制度，而是要对社会主义制度加以“根本改造”。

二是为社会民主党评功摆好。社会民主党本是国际共产主义运动内部修正马克思主义和反对列宁主义的政党，共产党人从来不把社会民主党看作真正搞社会主义的政党。戈尔巴乔夫在文章中一改过去关于共产党人与社会民主党人存在意识形态深刻分歧的观点，开始宣称社会民主党也是社会主义政党。“社会主义是一个世界性进程”，它包括社会主义的“各种流派”，其中包括“社会民主派”；社会民主派长期以来对“发展社会主义价值观念”有贡献，要给予“应有的评价”，苏联要努力利用他们“丰富的、多方面的经验”。

三是进一步论证社会主义就是“人道主义”。文章说，社会主义就是“实实在在、切实实施的人道主义”，“建立这样的社会是改革的主要目标”；“社会主义思想的核心是人”，是人的“全面发展”；要使社会结构“人道主义化”。并宣布：苏联正在建设的“不仅是人道的社会主义，而且是民主的社会主义”。这样，“人道的民主的社会主义”就成为苏联的奋斗目标。

四是宣扬社会主义与资本主义“趋同”论。文章说，必须“排除当代两大社会体系的对抗性”，因为资本主义社会和社会主义社会的进程“十分相似”，它们都要“发展现代生产力，要科学技术进步”。随后，戈尔巴乔夫在1990年3月发表的《未来世界与社会主义》一文中又说，社会主义的公有制、计划性和社会保障等许多特点在西方国家已经“司空见惯”，资本主义和社会主义越来越接近，几乎走到一起了。

1990年7月苏共二十八大正式通过决议，将《走向人道的民主的社会主义》确定为苏共党的纲领。纲领对“人道的民主的社会主义”做出了详细论述：“改革政策的实质在于，从官僚专制制度向人道的、民主的社会主义社会过渡。”“人道的、民主的社会主义，是这样一种社会：（1）人是社会发展的目标；为人创造无愧于现代文明的生活条件和劳动条件；克服人与政权，与他所创造的物质和精神财富的疏远，确保人能积极参加社会进程。（2）在多种所有制形式和经营形式的基础上，确保使劳动者变成生产的主人，有高效率劳动的强烈愿望，为生产力进步和合理利用自然资源提供最佳条件，保证社会公正和劳动者的社会保护。（3）人民的自主意志是权力的唯一源泉；受社会监督的国家保证保护人的权利和自由，尊严与人格，而不管其社会地位、性别、年龄、民族和宗教信仰；在法律范围内行动的所有社会政治力量自由竞争。”

戈尔巴乔夫“人道的民主的社会主义”理论系统化、明确化以后，开始逐渐成为苏联改革的指导思想。在“人道的民主的社会主义”旗号下，戈尔巴乔夫等苏共高层领导人鼓吹抽象的“人道主义”和无原则的“民主化”“公开性”，开始推行埋葬苏联的理论和路线：否定马克思主义的指导，实行意识形态多元化；改变苏联共产党的性质，使之向社会民主党转变；放弃共产党的领导，实行多党制和总统制；反对以公有制为基础，实行私有化；等等。所有这些，标志着苏联改革的性质和方向彻底发生改变。随着苏共战斗力和凝聚力的不断减弱乃至丧失，苏联社会的各种矛盾空前激化，群众性示威罢工此起彼伏，经济形势日益恶化，各加盟共和国与联盟中央的权力之争逐渐激化，民族矛盾、民族分裂危机不断加深，各派政治力量之间的角逐也愈演愈烈，终于爆发了全面的政治、经济和社会总危机，苏联被推进了亡党亡国的深渊。

一、苏共逐渐丧失了战斗力和凝聚力

戈尔巴乔夫等人在“人道的民主的社会主义”旗号下推行“民主化”“多元化”和“公开性”，大搞历史虚无主义，不仅搞乱了全国人民的思想，而且在思想上和组织上搞乱了苏联共产党。在否定苏共革命和社会主义建设历史的错误舆论影响下，许多党员对原来的信仰产生怀疑，对苏共的领导表示失望，对未来的前景丧失信心，于是不再积极参加党组织的活动，不再缴纳党费，甚至出现退党浪潮。据当时苏联官方公布的统计数字，1988 年苏共退党人数为 1. 88 万人，1989 年为 14 万人；1990 年 1 月苏共党员数为 1922. 28 万人，至同年 6 月底即苏共二十八大召开之前，苏共党员人数急速下降到 1800 多万人。苏共中央监察委员会曾经宣布，在 1990 年头六个月，共计约 77 万人离开了党的队伍。①

1990 年 7 月，在苏共第二十八次代表大会上，以叶利钦等人为首的苏

① 俞邃：《其兴也勃焉其亡也忽焉：二十年后再看苏联演变》，第 79—80 页。

共“民主纲领派”领导人在大会结束时当众宣布退出苏联共产党，在苏共党内造成了巨大震动，导致全党出现退党浪潮，一时烧毁党证成为一种时髦的现象。原苏共中央监委主席普戈在谈到党员人数减少的原因时称，许多共产党员“是为了向上爬才入党的”。当时苏共莫斯科市委第一书记则说得更明白，目前苏联社会上流行一个说法：60 年代如果想升官就应该入党，90 年代想升官必须退党。[①]

在出现大批党员退党高潮的同时，苏共党内分立主义倾向不断加剧。1991 年 6 月底，以安皮洛夫、秋利金为首的俄罗斯“共产主义倡议运动”召开会议，通过自己的纲领，主张“恢复和加强苏联的社会主义”，与苏共中央相对抗。同年 7 月初，前苏共中央政治局委员谢瓦尔德纳泽和雅科夫列夫等人发起成立“民主改革运动”。同时，俄共中央委员、俄罗斯联邦副总统鲁茨科伊发起成立“俄罗斯共产党人民主党”。7 月中旬，安德烈耶娃发起成立“苏共布尔什维克纲领派”，其成立大会通过的决议表示对苏共中央总书记戈尔巴乔夫“政治上不信任”。一时间，苏共内部党派林立，公开成立的大党派就有 10 个之多，而各类小党派则不计其数。由此可见，苏共已走上四分五裂的道路，因而也失去了应有的战斗力和凝聚力。

苏共党内分立主义的影响不仅在苏共中央和莫斯科不断加剧，而且在加盟共和国内也愈演愈烈，并且与民族分裂主义捆绑在一起。1989 年 12 月 20 日，立陶宛共产党代表大会通过决议，宣布独立，脱离苏共。同时，该党内部发生分裂，其中约 35% 的党员赞成该党独立，15% 党员反对该党独立，而另有 50% 的党员保持沉默。1990 年 3 月 25 日，爱沙尼亚共产党代表大会通过决议，赞同在原则上脱离苏共。代表大会的 423 名代表赞成该党独立，228 名代表反对该党独立，随后该党发生分裂。同年 4 月 7 日，拉脱维亚共产党也因独立问题发生分裂。随着各加盟共和国共产党纷纷宣布脱离苏共，苏共彻底分裂和败亡的危机就成为不可避免的结局。

二、社会动乱和经济形势日益恶化

戈尔巴乔夫在“人道的民主的社会主义”旗号下推行“民主化”“多元化”和“公开性”，在苏联引起无政府主义泛滥，社会稳定局面遭到破坏，群众性集会和游行示威此起彼伏。根据统计资料，在 1988 年，苏联 170 个城市和居民点共发生 2600 次大规模群体性行动，参加人数达 1600 万；1989 年全苏共发生 5300 次群众性集会，有 1260 万人参加；从 1990 年

---

① 俞邃：《其兴也勃焉其亡也忽焉：二十年后再看苏联演变》，第 80 页。

初到2月25日的近两个月内，全苏共举行1500余次集会，有700万人参加，有些集会“越来越公开地反共反社会主义”，号召进行“新的二月革命”，冲击克里姆林宫。以莫斯科为例，仅1988年1月至6月就爆发了246次集会和游行示威，而1990年1月至10月更有约800次爆发。这些集会和游行示威的规模越来越大，口号也越来越反共。例如：1989年11月7日，第一次爆发了有5000人参加的公开反对现政府的示威游行；2月4日，爆发了有20万人参加的集会游行，要求苏共中央政治局辞职和实行多党制；同年2月25日，有20万人举行了反共反社会主义的示威游行；5月1日，有三万人举行了反政府示威，高呼“打倒列宁”“打倒共产党”等反动口号；等等。①

在此起彼伏、连续不断的群众性示威游行的冲击下，不仅社会动乱愈演愈烈，而且出现了大规模的工人罢工事件。1989年7月10日，西伯利亚库兹巴斯一个煤矿大约300名工人为了改善生活和劳动条件举行罢工，罢工很快波及整个矿区并迅速扩展到苏联其他产煤基地和工业企业，比如乌克兰煤都顿巴斯煤矿工人罢工、第聂伯罗彼得罗夫斯克矿井的矿工罢工以及塔林等地的企业工人罢工等，罢工人数从最初300人发展到了50万人以上，仅乌克兰顿巴斯煤矿就达30万人。这次工人大罢工持续了两个星期，使全国煤炭生产几乎瘫痪，以日用品为主的市场供求矛盾进一步加剧。1988年与1985年相比，轻工产品的实际供给量为零增长，多种日用品脱销，食品供应状况尤其尖锐，除莫斯科、列宁格勒外，几十个大城市的鲜肉、肉制品、奶制品、食糖等都凭票供应，有些城市货物一出台就被抢购一空，日常货架空空，连肥皂、洗衣粉、手纸这些一般日用品都难以买到，人们被迫排起长队，人民群众怨声载道。1991年3月，乌克兰共和国约150个矿井的数万名煤矿工人再次举行罢工，罢工持续了近一个月。同年4月，白俄罗斯共和国首都明斯克有50多个工厂的数万名工人也举行罢工。苏联历史上有过工人罢工现象，但是从未有过如此大的规模并引起社会动荡。罢工事件频繁发生，不仅造成数亿卢布的直接经济损失，而且造成了严重的社会政治危机。工人罢工使苏联共产党的威信大大下降，一些人借机恶意攻击党，鼓吹“没有共产党人的苏维埃”，苏共陷入“前所未有的严峻状况”，“党在危险中”已变成明显的社会现实。

在社会稳定局面遭到破坏后，苏联经济形势日益恶化。据当时官方报道，苏联在改革过程中的经济形势一年比一年恶化。1986—1988年，苏联

---

① 王正泉：《戈尔巴乔夫与“人道的民主的社会主义”》，第49—50页。

经济的增长速度基本上与前五年持平，国民生产总值与国民收入的年均增长率分别为3.9%和2.8%；到1989年，国民生产总值与国民收入的增长率分别下降到3%和2.4%；到1990年，苏联经济开始出现负增长，这一年的国民生产总值与国民收入分别比上年下降2%和4%①，这是苏联自第二次世界大战结束以后40多年来首次出现的情况，连戈尔巴乔夫强烈谴责的勃列日涅夫“停滞时期”也未曾有过。1990年下半年，苏联最高苏维埃就部长会议主席雷日科夫提出的《稳定国民经济和向可调节的市场经济过渡的紧急措施》以及在戈尔巴乔夫和叶利钦的支持下制定的向市场经济过渡的所谓“500天”激进改革计划，进行了激烈的争论，最后难以达成共识，雷日科夫被迫辞职。1991年上半年的经济形势更糟，国民生产总值与国民收入分别比上年同期下降10%和12%。在1991年春夏之交，苏联最高苏维埃又围绕接替雷日科夫的帕夫诺夫总理提出的“反危机纲领”和亚夫林斯基等人制订的“哈佛计划”进行了争论，但由于此时党内外政治斗争空前激烈，国家局势已经失控的情况下，上述挽救危机的“措施”和“计划”，只能停留在纸上和会议中。苏联经济形势每况愈下，物价上涨、日用品供应短缺、财政赤字和外债大幅增加的趋势也越来越严重，居民生活水平急剧下降，反过来又进一步恶化了社会的混乱局面。

三、各种反共势力发展壮大并乘机夺取政权

戈尔巴乔夫在“人道的民主的社会主义”旗号下推行“民主化”“多元化”和“公开性”的另一个直接后果就是“非正式社会团体”②大量涌现。据当时苏联有关部门统计，到1989年初，“非正式社会团体”已有四万多个，它们人数或多或少，形式各异，涉及社会生活各个领域，大致可分为以下五类。

一是要求参与国家事务和社会改造的团体。这一类数量较多、影响较大，它们就国家政治、经济、法律等问题提出批评和建议。例如由苏联有影响的学者组成的“莫斯科论坛”，就对苏联宪法修改草案提出批评，要求有权向各级苏维埃推荐代表，希望自己能成为改革的“智囊团”。

二是具有民族主义色彩的团体。这类社会组织主要包括波罗的海沿岸的爱沙尼亚、拉脱维亚和立陶宛三国分别于1988年10月1日、8日和22日成立的规模庞大的“爱沙尼亚人民阵线”、“拉脱维亚人民阵线”和“立陶

① 王正泉：《戈尔巴乔夫与“人道的民主的社会主义”》，第51页。

② 这里的非正式社会团体，是俄文的专有名词，指的是苏联体制外的各类社会组织。

宛争取改革运动”，它们起初被称作是支持改革和公开性政策的“积极力量”而合法存在，其成员包括苏共党员和非党人士。在它们公布的纲领中，则带有明显的民族独立倾向，比如爱沙尼亚的“人民阵线”明确要求共和国实行经济独立，将爱沙尼亚语作为国语，将国防、外交以外的一切权利划归共和国所有。在这三个团体的推动下，整个波罗的海沿岸地区的民族主义情绪不断膨胀，以至于这些团体最终都演变为政党性质的民族分立主义组织。

三是政治上的“反对派”组织。例如于1988年5月成立的“民主联盟”，攻击共产党是“独裁统治”，是人民痛苦的“根源”，声称自己是“反对现秩序的反对派政党”，要求发展混合经济，实行多党制，成立独立工会，使反对派报纸合法化。再比如1988年12月在莫斯科成立的“基督教民主党”和1989年2月在列宁格勒成立的“社会民主党”，则在西方国家尤其是美国的支持下，要求苏联实行完全“非意识形态化”，呼吁苏共尽早结束对政权的“垄断”。1989年7月29日至30日，以萨哈罗夫和叶利钦为首的苏联人民代表中的300名激进派人士正式成立了“跨地区代表团”，选举叶利钦、波波夫、萨哈罗夫等五人为主席。于是，在苏联人民代表大会中第一次出现了有组织的政治反对派。

四是恐怖和破坏团体。根据当时苏联官方报导，一些地方还出现了少数新型纳粹黑社会组织，如“元首”“祖国协会”“俄罗斯社会工人党”等等，它们拥有武器，进行军事训练，大搞凶杀活动，个别的还与意大利的黑手党有勾结。同时，它们还控制着在苏联境内的盗窃、毒品、伏特加酒和卖淫等活动，活跃在苏联“地下经济”部门。

五是非政治性的一般社会团体。它们就某一社会问题提出看法，如称作“森林”的组织要人们不乱砍乱伐树木；“纪念”协会要求人们爱护文物古迹；“三角”协会则呼吁人们保护环境与生态；还有业余爱好（如音乐、养鸟等）相同的人也自发组织起来活动；等等。

对于各种“非正式社会团体”的大量涌现，苏共领导层曾经笼统地认为，“非正式社会团体”的兴起正是“民主化”“多元化”和“公开性”的现实结果，不仅是社会深刻变革和群众积极性的表现，而且也是新型的民主政治活动，符合社会主义多元化的思想，有利于社会主义民主政治的实现。戈尔巴乔夫本人对“非正式社会团体”则采取了支持和鼓励态度，认为“非正式社会团体”的目的与改革的目的在客观上是一致的。1988年6月戈尔巴乔夫在苏共第十九次代表会议上曾说：“体现多种多样的社会利益的社会团体迅速增加”是改革的显著特点，“总的说来，这是人民首创精神的出色表现，它值得大力支持。”① 在这一方针的鼓励下，非正式团体以不可遏制的态势发展。对于明显有破坏性的组织，苏联当局虽然也曾经惩治过，例如揭露其极端言行、对它们及其活动予以制止或取缔，直至拘捕个别分子，追究其法律责任，但总体上只是造一造声势，虎头蛇尾。对于具有民族主义倾向的团体，苏联当局也曾试图加以引导并谴责其背离社会主义原则和挑拨民族关系的行为，但这些都没有遏制住民族分立主义势力借助“非正式社会团体”恶性发展的势头。

为数众多的“非正式社会团体”，特别是政治上的“反对派”组织，实际上是政党的萌芽，它们不断发展的结果必然是联合起来，发展成为真正的政党，特别是其中的反共势力，在不断发展壮大后便寻机夺取国家政权。1990 年 3 月 14 日第三次苏联人民代表大会通过决议，宣布修改宪法和实行多党制，全国各地的各个政治派别纷纷组党，参与争夺国家政权。到 1991 年 2 月，也就是在苏联实行多党制近一年时间，已出现全苏性政党 20 个，共和国一级政党 500 多个，还有 16 个联合组织。② 多党制的实行和大批新政党的建立，迅速壮大了反共势力的声势，而苏共却日趋没落，不仅党内分歧严重、派别林立、组织涣散，而且威信大幅下降。

当时，苏联政坛上主要形成了两个相互对峙的政治派别：一派是以苏共坚持马克思主义的“传统派”（但内部并不统一）为代表，另一派以强烈反对苏共的叶利钦、索布恰克和波波夫等人为代表，他们被称为“民主派”。“民主派”的代表人物及其成员多数都曾经是苏共党员，但他们纷纷宣布退党后，便把斗争锋芒指向苏共，争夺国家政权。由于当时在已经产生的全国人民代表大会中苏共仍占多数，“民主派”把夺权目标首先锁定在加盟共和国和地方，竭力通过各个地方苏维埃代表的选举来夺取各级国家政权。结果，反共势力的夺权斗争取得明显成果。1990 年 4 月，“民主派”的波波夫当选为莫斯科市苏维埃主席，“民主派”的索布恰克则当选为列宁格勒市苏维埃主席。同年 5 月，“民主派”的叶利钦当选为俄罗斯联邦最高苏维埃主席。1991 年 6 月，叶利钦又以 57.3% 的多数票当选为俄罗斯联邦总统，而俄共的总统候选人雷日科夫只获得 16.8% 的选票。这样，反共势力掌握了苏联最大一个加盟共和国和两个最大城市的政权，而苏共则失去了这三个极重要地方的政权，遭受严重挫折。与此同时，反共

① ［苏］戈尔巴乔夫：《关于苏共第二十七次代表大会决议的执行情况和深化改革的任务》（1988 年 6 月），转引自王正泉：《戈尔巴乔夫与“人道的民主的社会主义”》，第 52 页。

② 王正泉：《戈尔巴乔夫与“人道的民主的社会主义”》，第 55 页。

势力还在立陶宛、拉脱维亚和爱沙尼亚三个加盟共和国的苏维埃代表选举中获胜掌权。反共势力不断发展壮大并取得夺权斗争的胜利，不仅极大地削弱了苏共对整个国家的控制和领导，而且进一步加深了党彻底瓦解的危机。①

四、民族矛盾激化

苏联是一个多民族的联邦制国家，由100多个民族组成，俄罗斯族只占全国人口的51%左右，民族关系异常复杂。沙皇俄国时代大肆进行民族兼并和民族压迫统治，各民族之间矛盾尖锐，积怨很深。在列宁时代，俄共坚持民族平等和民族团结的政策，民族关系得到很大改善。在斯大林时期，苏联在坚持列宁时期民族政策的同时也有失误，民族关系依然复杂，潜伏着危机。从赫鲁晓夫到戈尔巴乔夫时期，苏联当局一直对苏联的民族问题采取盲目乐观态度，甚至人为地粉饰太平。戈尔巴乔夫错误的改革路线，导致民族危机与改革危机犬牙交错，致使民族冲突越来越严重，民族分裂主义越来越猖獗。

戈尔巴乔夫推行“民主化”“多元化”和“公开性”，激化了苏联原本潜伏着的民族矛盾，导致民族冲突的爆发和蔓延。首次敲响民族关系危机“警钟”的是1986年底哈萨克斯坦阿拉木图骚乱事件。事件的起因是苏共中央撤换了哈萨克斯坦共产党第一书记库利科夫，由俄罗斯族人科尔宾担任。虽然库利科夫又老又腐化，而科尔宾年富力强且口碑也好，但前者仍被哈萨克人视为“自己人”，后者则被视为莫斯科派来的“外来人”，于是1986年12月17日在哈萨克首都阿拉木图爆发了群众性的抗议骚乱，有3000人参加，抗议者高喊“俄罗斯人滚出去，哈萨克斯坦是属于哈萨克人的”等口号，烧毁商店和汽车。在军警和抗议人群的冲突中，2人死亡、200多人受伤。继阿拉木图骚乱事件以后，苏联民族矛盾和冲突日益频繁和激化。1988年2月，爆发了“纳卡”冲突，起因是阿塞拜疆与亚美尼亚两个加盟共和国争夺对“纳戈尔诺—卡拉巴赫自治州”（简称“纳卡”州）的管辖权。这次民族冲突的规模很大，前后有150万人参加，仅2月28日的一场冲突就导致32人死亡、197人受伤。这场冲突暴露了苏联执政当局解决民族问题的软弱无力，以至于这场冲突一直延续到苏联解体以后的许多年。1989年4月，高加索地区又爆发了“第比利斯事件”，起因是部分群众要求把阿布哈兹自治共和国升格为加盟共和国，并脱离格鲁吉亚

① 王正泉：《戈尔巴乔夫与“人道的民主的社会主义”》，第55—56页。

共和国。这引起格鲁吉亚人的强烈不满。于是爆发了大规模的抗议示威，示威群众同军警发生冲突，当场有 16 人死亡、200 多人受伤。1990 年 1 月，又发生了“巴库事件”，起因是阿塞拜疆加盟共和国境内的阿塞拜疆人与亚美尼亚人为“纳卡”问题再次发生冲突，双方动用了武器，在 1 月 11 日至 16 日的一周之内有 56 人死亡、156 人受伤。苏联当局不得不发布命令，宣布在巴库和“纳卡”等地实行“紧急状态”，并派遣 1.1 万人部队进入冲突地区，但沿途不断遭到民族主义者的阻击。根据当时官方统计，自 1 月 20 日至 31 日，又有 139 人死亡、498 人受伤。①

以上只是苏联民族冲突的几个典型事例。1989 年 9 月 9 日，戈尔巴乔夫在发表电视讲话中公开承认，目前“民族冲突尖锐，至少有 6 个加盟共和国不得不派军队去维持秩序”②。实际上，此时的民族冲突已遍布全国，在除土库曼斯坦以外的 14 个加盟共和国中，都有大规模的民族冲突发生，许多民族主义组织还拥有武装战斗队伍。时任苏联国家安全委员会主席的克留奇科夫在 1990 年 12 月 22 日说，“现已查明（民族主义组织）有 400 多支武装队伍，人数超过 2.6 万人，武器数量很多”，而根据 1992 年 2 月谢瓦尔德纳泽在莫斯科一个会议上的发言，从 1988 年到 1991 年的四年中，苏联共发生 175 起民族冲突事件，造成约 1 万人死亡，数万人受伤。③

为解决民族矛盾，苏共领导人曾采取了一些措施。他们首先纠正了苏共以往对民族关系的错误认识，包括否定苏联民族问题已“一劳永逸地解决”的旧观念，并成立了解决民族问题的专门机构，制定了有关纲领文件，明确规定了联盟和加盟共和国的权限以及相互承担的义务，承认各加盟共和国民族自治的法律地位以及民族文化的独特性和独特价值等等。但总的来说，苏共高层领导人特别是戈尔巴乔夫没有处理民族关系问题的经验，也没有充分认识到苏联民族问题的严重性，致使苏共在几次大规模民族冲突中失去解决敏感而复杂的民族关系问题的机会，错误的改革政策为民族分离主义泛起和膨胀创造了条件，使苏联面临解体的危机。

由于当年加入苏联的特殊历史背景，波罗的海三国（立陶宛、爱沙尼亚和拉脱维亚）一直是民族分离主义势力最为活跃的地区。戈尔巴乔夫推行的“民主化”“多元化”和“公开性”被民族分离主义势力利用：一方面，民族分裂分子把自己首先打扮成“民主派”，并与苏共内部的“民主

① 王正泉：《戈尔巴乔夫与“人道的民主的社会主义”》，第 57—58 页。

② ［苏］戈尔巴乔夫：《关于改革电视讲话》（1989 年 9 月 9 日），参见黄宏、纪玉祥主编：《原苏联七年“改革”纪实》，第 181 页。

③ 王正泉：《戈尔巴乔夫与“人道的民主的社会主义”》，第 59 页。

派”彼此呼应，先后夺取了地方政权；另一方面，“民主化”又成为苏共和联盟中央束缚自己手脚的绳索，由于不想成为“改革的扼杀者”，苏共在民族分裂问题上处处被动，试图通过“说服”和“威胁”来压制野心家们对权力的渴望，这无异于隔靴抓痒。而“公开性”则成为民族分离主义势力揭开历史伤疤、加深民族仇恨的利器。正是在这样的背景下，波罗的海三国的民族分离主义势力打着拥护改革的旗号，重提历史问题并先后于1988年10月1日、8日和22日成立了“爱沙尼亚人民阵线”、“拉脱维亚人民阵线”和“立陶宛争取改革运动”三个社会组织，这些组织借助苏共中央“一切权力归苏维埃”的政治改革，先后控制了各自国家的最高苏维埃机构，纷纷发表主权声明，宣布不受苏共中央领导，发布规定本民族语言为官方语言的法令。逐渐地，三国的苏共党组织也相继卷入其中，中央很快失去了对那里局势的控制。1990年3月11日立陶宛宣布独立，1991年4月9日格鲁吉亚宣布独立，苏联其他各加盟共和国的离心倾向也因此迅速增强。

本来，苏联是各民族在共产党领导下联合起来的社会主义国家。社会主义理想是实现联合的思想基础，而共产党的领导和团结统一则是联合的政治支柱。有了这两个条件，在过去几十年的时间里，即使各民族之间存在这样那样的分歧，但各民族总体上也能够彼此友好团结，紧密合作，共同把苏联建成了一个社会主义强国。戈尔巴乔夫等人从一开始就要彻底改造这座社会主义大厦。他们通过所谓的“民主化”“公开性”和“多元化”，搞乱了人们的思想，使得人们失去了社会主义理想，这就毁掉了各民族联合的思想基础；同时他们削弱和放弃党的领导地位，制造党的分裂，使党不再能够发挥联合各民族团结统一的坚强的政治支柱的作用，致使民族主义和分离主义泛滥。“8·19”事件后，苏共中央面临彻底瓦解的严峻形势，完全丧失维系各加盟共和国的能力。立陶宛、格鲁吉亚宣布独立后，波罗的海沿岸的另外两国爱沙尼亚和拉脱维亚也先后于1991年8月20日、21日宣布独立，紧接着在同年8月、9月、10月和12月，亚美尼亚、乌克兰、白俄罗斯、摩尔多瓦、阿塞拜疆、乌兹别克斯坦、吉尔吉斯斯坦、塔吉克斯坦、土库曼斯坦、哈萨克斯坦相继宣布独立，至此，苏联原15个加盟共和国中的14个宣布脱离苏联，建立独立主权国家，再加上俄罗斯联邦早就不服从联盟中央领导，苏联作为国际法主体和地缘政治实体便彻底不复存在。

总之，从戈尔巴乔夫1985年3月11日上台到同年4月23日戈尔巴乔夫在中央全会上正式提出“改革”号召，再到1991年12月25日苏联国旗从克里姆林宫上空黯然降落，经历了近七年时间。在近七年之中，以戈尔巴乔夫为代表的苏共高层领导人基于非马克思主义理论素养，借助“改革”把苏联一步步推进了亡党亡国深渊。没有坚定的马克思主义和共产主义信仰是戈尔巴乔夫等人背叛苏共和苏联社会主义的思想根源。戈尔巴乔夫、叶利钦、雅科夫列夫和谢瓦尔德纳泽等苏共高层领导人在促成苏联亡党亡国的过程中各自发挥了独特的作用。他们取得党和国家最高领导权后，首先控制了苏共的舆论宣传阵地，借“民主化”“公开性”和“多元化”口号，全盘否定斯大林并逐渐扩大到否定“十月革命”和列宁主义以及列宁本人，夸大苏共的历史错误，丑化党的领导和社会主义制度，搞乱了党员和群众的思想，为鼓吹“人道的民主的社会主义”准备了思想和舆论基础。把“人道的民主的社会主义”理论确定为苏共改革的指导思想以后，戈尔巴乔夫等人便轻而易举地以“一切权力归苏维埃”为由解除了苏联共产党的领导权，这实际上是将党的领导权转给了坚持走资本主义道路的“自由派”和“民主派”，因为苏联人民代表大会已成为“自由民主派”控制的阵地。及至“8・19”事件后，苏共被彻底解散，各加盟共和国在“自由民主派”操纵下全部走上资本主义道路，苏联亡党亡国便成为既定事实。纵观戈尔巴乔夫发动苏联改革的整个历程，人们不难发现，戈尔巴乔夫等人并没有坚定的马克思主义和共产主义信仰，他们只是盗用了改革的名义，彻底背叛马克思主义和社会主义，把苏联推向了亡党亡国的深渊。戈尔巴乔夫、叶利钦、雅科夫列夫和谢瓦尔德纳泽等人“苏联社会主义事业的叛徒”的罪名是确确凿凿的，也是永远洗刷不掉的。就如毛泽东早在1965年所指出的那样，社会主义国家会不会资本主义复辟，关键不在基层，而在上层，尤其是中央。“许多事情都是这样：领导人一变就都变了”，“就会变颜色”。[①]

① 李慎明：《忧患百姓忧患党——毛泽东关于党不变质思想探寻》，第117—123页。

结 论

本书首先研究了无产阶级政党领袖的历史作用及其前提条件，并从概念上界定了马克思主义理论素养的内涵和基本表现形式。在此基础上，详细分析了五代苏共高层领导人马克思主义理论素养的实际状况与苏联党和社会主义事业兴衰成败的对应关系，得出的基本结论可以归纳为以下三点。

第一，无产阶级政党的民主集中制在社会主义初创时期还不完善，在对党和国家最高权力监督不够的情况下，党的高层领导人的理论素养和精神追求对于社会主义事业的兴衰成败就带有决定性意义，正因如此，苏联共产党和社会主义制度的兴衰成败与苏共高层领导人的马克思主义理论素养直接相关。

列宁凭借一流的马克思主义理论素养缔造了俄国革命的工人阶级政党——布尔什维克并为党创立了民主集中制原则。在领导革命和建设的整个过程中，列宁模范坚持党的民主集中制原则，带领俄共（布）和俄国工人、农民通过民主革命和社会主义革命，建立了世界上第一个社会主义国家——苏维埃社会主义共和国联盟，并在苏维埃社会主义建设中实事求是地提出新经济政策，在实践中创新和发展了马克思主义。以斯大林为核心的苏共第二代领导人凭借优秀的马克思主义理论素养继承和发展了列宁所开创的事业，在执政前期很好地坚持了民主集中制原则，探索了在经济、文化和社会都比较落后的俄国建设社会主义的“斯大林模式”，取得了社会主义建设的伟大成就和卫国战争的伟大胜利；斯大林在执政后期发生个人崇拜的错误，在诸如个人集权和肃反等问题上脱离了马克思列宁主义的民主集中制原则和群众路线，伤害了人民群众对共产党和社会主义制度的信仰，忽视了对接班人马克思主义理论素养的培养和考验，在体制机制上为苏共既得利益集团腐化变质埋下隐患。赫鲁晓夫文化理论素养很低，不具备作为无产阶级政党领袖的执政能力，大权在握后带头破坏民主集中制，把修正主义作为对马克思主义的“传承与发展”，片面评价斯大林引发国内甚至整个社会主义阵营的思想混乱，给西方“和平演变战略”以可乘之机，助长了社会民主主义和资产阶级自由化思潮在共产党和社会主义国家内的滋生蔓延；赫鲁晓夫平庸的马克思主义理论素养导致苏共在诸如社会主义发展阶段、社会主义社会的阶级斗争和无产阶级专政的国家职能等许多理论上判断失误，把复杂的政治经济体制改革变成主观主义的、“唯意志论”的随意行动，为苏联亡党亡国埋下了潜在的政治危机。勃列日涅夫与其前任赫鲁晓夫一样，文化理论修养不高，既不懂也不学习马列，在理论上完全依赖于苏斯洛夫，但实际上苏斯洛夫这位苏共党内公认的理论权威并不能驾驭勃列日涅夫的政治权威，在苏斯洛夫的理论权威让位于勃列日涅夫的政治权威后，包括苏斯洛夫在内的整个苏共高层领导人的马克思主义理论素养呈普遍下降趋势，思想保守，信仰缺失；勃列日涅夫担任苏共中央第一书记后，为了维护自己的最高权力，比他的前任更精心地编织自己的权力网络，“对上级领导人个人的忠诚”成为选拔干部的原则，从中央到地方形成了一个以勃列日涅夫为核心，由勃列日涅夫的同乡、同学、故友、老同事和家族成员构成的所谓“第聂伯罗帮”（其中也包括后来成为苏共高层领导人的戈尔巴乔夫和叶利钦），致使勃列日涅夫执政时期，苏共官僚主义和特权利益阶层形成气候，苏共意识形态和执政危机不断加深。戈尔巴乔夫、叶利钦、雅科夫列夫和谢瓦尔德纳泽等苏共第五代领导人就其个人的文化修养而言，要比赫鲁晓夫和勃列日涅夫等人高，但这些人都是所谓 20 世纪 60 年代苏共“二十大的产儿”，他们或者成为“人道的民主的社会主义”的俘虏，或者成为资产阶级自由化的拥护者；这些人凭借非马克思主义理论素养和几乎不受限制的权力地位，盗用改革名义一步一步将苏联推进亡党亡国的深渊。

第二，丧失阶级立场和阶级分析方法是赫鲁晓夫以降的苏共高层领导人思想政治崩溃的起点。为谁服务的政治立场和政治方向问题是是否坚持马克思主义的试金石，也是马克思主义理论素养的核心表现形式。

从赫鲁晓夫执政时期的“全民党”“全民国家”理论到戈尔巴乔夫执政时期的“人道的民主的社会主义”理论，触碰的都是社会主义时期的阶级和阶级斗争这个极为敏感而又十分重要的问题，并在这个问题上丧失了阶级立场和阶级分析方法，从而导致西方资产阶级“和平演变战略”有了可乘之机，使得在抽象的民主、自由和人权掩盖下的资产阶级自由化思想在党内外滋生蔓延，致使马克思主义意识形态遭到致命的削弱和破坏，苏共执政地位和社会主义制度被颠覆。列宁和斯大林执政时期探索建立起来的社会主义建设模式在取得巨大成就的同时也存在一定的弊端，特别是随着时代和历史条件的发展变化，其中不适合甚至阻碍生产力和社会发展进步的具体的体制机制需要进行改革，但必须注意的是，改革面对的第一个问题就是，改革必须是社会主义的自我完善和发展，要改革的只能是不适合生产力发展和社会进步的具体的体制机制而不是改变社会主义的基本政治和经济制度。显然，这个问题是一个具有鲜明阶级性的问题。斯大林逝世之后，苏联社会内部开始涌动要求进行政治经济体制改革的呼声，在赫鲁晓夫等人倡导下，以苏共二十大为主要标志，苏联进行了一场理论、措施和程序等准备都不充分的经济和政治体制改革。实践证明，赫鲁晓夫与勃列日涅夫时期的苏共高层领导人对改革的阶级性问题并没有深刻认识，相反在改革开始之初便在理论上制造“非斯大林化”，鼓吹“全民党”“全民国家”等错误理论，模糊并进而否定马克思主义的阶级观点和阶级分析方法，使改革最后在总体上演变为背离马克思主义的拙劣行动，为苏联亡党亡国埋下了潜在的政治危机。戈尔巴乔夫改革时期，从戈尔巴乔夫、叶利钦、雅科夫列夫和谢瓦尔德纳泽等苏共高层领导人的一步步改革措施来看，这些人并非不懂得改革的阶级性问题，相反他们就是要通过所谓的改革“根本改造整个社会大厦：从经济基础到上层建筑”，用资产阶级的“人道的民主的社会主义”代替马克思主义的科学社会主义，用资产阶级专政代替无产阶级专政。

第三，自赫鲁晓夫以降的苏共高层领导人丧失共产主义理想信念是导致苏联亡党亡国的关键。无产阶级政党领袖是科学社会主义的传承者和发展者，是党的领导核心的主心骨和共产主义理想信念的首要体现者。党的高层领导人丧失共产主义的理想信念必然潜移默化地影响全党和全国人民，从而加强资本主义复辟的思想和社会基础。

斯大林在晚年忽视了对马克思主义接班人的培养，在个人崇拜的遮蔽下使一些不是真正具有马克思主义理论素养的人靠阿谀奉承、见风使舵而混入各级权力部门，甚至最高权力部门。这些靠阿谀奉承混入苏共领导层的人的世界观、人生观和价值观基本不是马克思主义的，这就在苏共内部埋下了对抗和否定自己的“种子”，一旦生长环境具备，这些人必然背离马克思主义，张扬非无产阶级的世界观、人生观和价值观。特别是掌握了党和国家高层领导权后，这些人的消极影响和示范效应就会更强。赫鲁晓夫修正主义的一个重要思想背景，就是苏共党内外一直存在的、没有彻底改造好的非无产阶级思想在西方国家“和平演变战略”渗透下开始膨胀，一大批丧失共产主义理想信念的人员包括苏共高层主要领导人成为资产阶级自由化思想的俘虏。赫鲁晓夫在改革中倡导缺乏集体主义原则强有力约束的物质利益刺激，结果首先刺激了苏共官僚主义的既得利益集团，使其资产阶级思想意识迅速膨胀，进而加强了资本主义在苏联复辟的思想和社会基础。

在勃列日涅夫执政时期，随着所谓“第聂伯罗帮”的形成，一个由缺乏马克思主义理论素养、丧失共产主义理想信念、脱离群众、慵懒无为并对党和人民不负责任的名利之徒构成的阶层——官僚特权阶层也随之形成了，勃列日涅夫则蜕化为这个特权阶层的总代表。这个阶层把持着国家的绝大部分权力，关心的只是个人的官级和待遇，大肆挥霍国家财物，虽有共产党员的称号，但实际上已经丧失共产党员的党性和品质。他们把党和国家领导机关和自己所领导的国营企业变为“世袭领地”，把集体农庄财产变为个人和小集团的“私有财产”，把各种会议变成相互吹捧或自我歌功颂德的场合，压制批评者并对批评者施以报复，粗暴地违背苏维埃法律，等等。从苏联走过来的许多俄罗斯人在回忆勃列日涅夫时期的苏联时认为，那时虽然社会稳定并取得一定的经济成就，但在政治、思想和文化领域却是一个“停滞”而“陈腐”的时期，是“苏联官僚取得完全胜利的时代”，“具有思想觉悟的共产主义建设者最后变成了消费者”；在勃列日涅夫当政的最后几年是一个“全面地没有信仰和玩世不恭的时期”，“人们已经什么也不相信”，精神退化、理想丧失，信仰危机导致官方文化的“双重面孔”和社会生活的“夜间人”现象。

戈尔巴乔夫在大学时代受到资产阶级自由化思想的影响，走上工作岗位后又生活和工作在赫鲁晓夫修正主义营造的思想文化氛围中，成为所谓“苏共二十大的产儿”和“60年代人”，在思想深处没有对共产党和共产主义的牢固信仰。走上苏共总书记岗位后，戈尔巴乔夫启动改革，从政治领域的“民主化”到意识形态领域的“公开性”，再到外交领域的“新思维”，他提出的口号越来越多，采取的措施越来越激进，但在背离马克思列宁主义、抛弃共产主义理想信念的道路上却越行越远。虽然他在改革开始时竭力掩盖自己对马克思主义的怀疑，表面上说要通过改革来“完善社会主义”，但随着改革的逐步推进，戈尔巴乔夫借助“民主化”“公开性”和“多元化”，否定了马克思主义的一元指导地位、丑化了苏联革命和建设历史、改变了苏共的性质并进而否定了党的领导和社会主义基本制度，清楚地暴露了他对马克思主义从怀疑、动摇到彻底背叛的心路历程。在党的总书记和其他主要高层领导人丧失共产主义理想信念的情况下，苏共全党丧失了精神支柱和凝聚力，思想混乱、组织涣散、派系林立，早已集团化并潜伏在苏联党和国家机关中的官僚特权阶层趁机集体背叛党和社会主义，为个人谋取巨大经济利益和政治利益，支持戈尔巴乔夫等人以资本主义为取向的“人道的民主的社会主义”改革，把既得腐败利益合法化，将苏联彻底推入亡党亡国的深渊。

最后，本书的研究结论可以归结为一点：马克思主义、共产党领导和社会主义构成生命共同体，一损俱损、共生共荣，其中马克思主义是这个生命共同体的灵魂。因此，不断提高无产阶级政党特别是党的高层领导人的马克思主义理论素养就成为社会主义初创时期共产党执政地位和社会主义制度能否巩固的带有决定性意义的重大问题。在整个社会主义事业的建设和发展中，共产党高层领导人都必须自觉地不断加强马克思主义理论的学习和修养，政权必须牢牢掌握在具有优秀的马克思主义理论素养的人手中。

参考文献

一、参考著作

［1］马克思恩格斯选集（第1—4卷）．北京：人民出版社，1995.

［2］马克思恩格斯全集（第37、38、50卷），北京：人民出版社，1986，1985，1990.

［3］列宁选集（第1—4卷）．北京：人民出版社，1995.

［4］列宁全集（第4、8、12、15、24、26、30、31、32、34、38、39卷）．北京：人民出版社，1984，1985，1986，1988，1990.

［5］列宁．哲学笔记．北京：中央党校出版社，1990.

［6］斯大林选集（上、下卷）．北京：人民出版社，1979.

［7］斯大林全集（第4、6、7、8卷）．北京：人民出版社，1954，1956，1958.

［8］毛泽东选集（第1—4卷）．北京：人民出版社，1991.

［9］毛泽东文集（第1—8卷）．北京：人民出版社，1999.

［10］毛泽东的五篇哲学著作．北京：人民出版社，1970.

［11］刘少奇．论共产党员的修养．北京：人民出版社，1962.

［12］邓小平文选（第1—3卷）．北京：人民出版社，1993，1994.

［13］江泽民文选（第1—3卷）．北京：人民出版社，2006.

［14］江泽民．论党的建设．北京：中央文献出版社，2001.

［15］江泽民．江泽民论社会主义精神文明建设．北京：中央文献出版社，1999.

［16］习近平．习近平谈治国理政．北京：人民出版社，2014.

［17］习近平．之江新语．杭州：浙江人民出版社，2007.

［18］中共中央文献研究室．建国以来毛泽东文稿（第6、10、11、13册）．北京：中央文献出版社，1992，1996，1997，1998.

［19］中共中央文献研究室．毛泽东邓小平江泽民论世界观人生观价值观．北京：人民出版社，1997.

［20］中共中央文献研究室．毛泽东邓小平江泽民论科学发展．北京：中央文献出版社、党建读物出版社，2008.

［21］中共中央宣传部．习近平总书记系列重要讲话读本．北京：学习出版社、人民出版社，2014.

［22］中共中央文献研究室．科学发展观重要论述摘编．北京：中央文献出版社、党建读物出版社，2008.

［23］中共中央文献研究室．十七大以来重要文献选编（上、中、下）．北京：中央文献出版社，2011—2013.

［24］中共中央文献研究室．十六大以来重要文献选编（上、中、下）．北京：中央文献出版社，2005—2008.

［25］中共中央马克思恩格斯列宁斯大林著作编译局资料室．托洛茨基言论．北京：三联书店，1979.

［26］中共中央党校科学社会主义教研室．论共产主义的思想和实践·马克思主义经典作家论点摘编．北京：中共中央党校出版社，1982.

［27］中共中央党校党建教研室．苏联共产党章程汇编．北京：求实出版社，1982.

［28］国际共运史研究室．布哈林文选（上册）．北京：东方出版社，1988.

［29］姜长斌．苏联早期体制的形成．哈尔滨：黑龙江教育出版社，1988.

［30］中共中央文献研究室．十三大以来重要文献选编（中）．北京：人民出版社，1991.

［31］魏泽焕．列宁执政党领导思想研究．北京：中共中央党校出版社，1994.

［32］李君如．邓小平理论形成和发展大事记（1977—1992）．北京：学习出版社，1997.

［33］中共中央金融工委研究室．毛泽东邓小平江泽民关于讲学习讲政治讲正气的重要论述．北京：中共中央党校出版社，1998.

［34］孙景峰，等．无产阶级政党建设思想通史（上、下卷），长春：吉林人民出版社，2001.

［35］中共中央组织部．毛泽东邓小平江泽民论党的建设．北京：党建读物出版社，2001.

[36] 中共中央文献研究室．毛泽东书信选集．北京：中央文献出版社，2003.

[37] 张建国．党的建设和党性修养．北京：中共中央党校出版社，2003.

[38] 王长江．世界执政党兴衰史鉴．北京：中共中央党校出版社，2005.

[39] 周鹤龄．党的建设与党建理论．上海：上海人民出版社，2009.

[40] 于东．历史发展中的周期率问题研究．南昌：江西人民出版社，2010.

[41] 江金权．党的建设热点问题解析．北京：中共中央党校出版社，2011.

[42] 李慎明．党的建设与中国特色社会主义．北京：社会科学文献出版社，2011.

[43] 王光森．党的建设新论：基于三个维度．北京：中国书籍出版社，2013.

[44] 齐卫平．党的建设在科学化轨道上行走．上海：上海人民出版社，2014.

[45] 联共（布）党史简明教程．北京：人民出版社，1975.

[46] 柯雄．苏联国内资本主义复辟纪事（1953—1973）．北京：三联书店，1975.

[47] 辛华．苏联共产党第二十五次代表大会主要文件汇编．北京：三联书店，1977.

[48] 现代国际关系研究所苏联东欧研究室．苏联对社会主义的再认识．北京：时事出版社，1988.

[49] 王正泉．从列宁到戈尔巴乔夫——苏联政治体制的演变．北京：中国人民大学出版社，1989.

[50] 刘克明，等．苏联政治经济体制七十年．北京：中国社会科学出版社，1990.

[51] 黄宏，谷松．东欧剧变与执政党建设．北京：红旗出版社，1991.

[52] 齐向，等．苏联解体内幕．长春：吉林人民出版社，1992.

[53] 江流，陈之骅．苏联演变的历史思考．北京：中国社会科学出版社，1994.

[54] 中共中央党校科研部东西方政党和文化比较研究中心．苏共的

失败及教训．北京：中共中央党校出版社，1994.

［55］沙舟．克里姆林宫七十年内幕．济南：山东人民出版社，1995.

［56］赵常庆．苏联民族问题研究．北京：社会科学文献出版社，1996.

［57］陈之骅．苏联史纲（1953—1964）．北京：人民出版社，1996.

［58］马龙闪．苏联文化体制沿革史．北京：中国社会科学出版社，1996.

［59］李振城．苏联兴亡的沉思．北京：改革出版社，1996.

［60］高敬增，等．四大革命导师传：列宁．北京：红旗出版社，1997.

［61］刘文涛，等．四大革命导师传：斯大林．北京：红旗出版社，1997.

［62］姜长斌．斯大林政治评传（1879—1953）．北京：中共中央党校出版社，1997.

［63］吴伟．勃列日涅夫传．北京：世界知识出版社，1997.

［64］张中云．国际共产主义运动史．北京：中共中央党校出版社，1997.

［65］杨希钺，金宗美，等．民族矛盾与苏联解体．上海：上海外语教育出版社，1997.

［66］戴隆斌．斯大林传．北京：中共中央党校出版社，1998.

［67］陈之骅．勃列日涅夫时期的苏联．北京：中国社会科学出版社，1998.

［68］魏泽焕．苏共兴衰透视．广州：广东人民出版社，1998.

［69］张伟垣，等．苏联兴亡与社会主义前景．北京：新华出版社，1998.

［70］邢广程．苏联高层决策70年从列宁到戈尔巴乔夫．北京：世界知识出版社，1998.

［71］陆南泉，姜长斌．苏联剧变深层次原因研究．北京：中国社会科学出版社，1999.

［72］左凤荣．致命的错误：苏联对外战略的演变与影响．北京：世界知识出版社，2001.

［73］许新．超级大国的崩溃．苏联解体原因探析．北京：社会科学文献出版社，2001.

［74］沈志华．苏联历史档案选编（第30、31卷）．北京：社会科学

文献出版社，2002.

［75］张建华．苏联民族问题的历史考察．北京：北京师范大学出版社，2002.

［76］陈新明．苏联演变与社会主义改革．北京：中共中央党校出版社，2002.

［77］陆南泉，姜长斌，等．苏联兴亡史论．北京：人民出版社，2002.

［78］王长江．苏共——一个大党衰落的启示．郑州：河南人民出版社，2002.

［79］周尚文，叶书宗，王斯德．苏联兴亡史．上海：上海人民出版社，2002.

［80］唐斫．毛泽东与读书学习．北京：中央文献出版社，2004.

［81］曹长盛，张捷，樊建新．苏联演变进程中的意识形态研究．北京：人民出版社，2004.

［82］陈之骅，吴恩远，马龙闪．苏联兴亡史纲．北京：中国社会科学出版社，2004.

［83］汪亭友．克里姆林宫的红旗因何坠地：苏联演变的根源探究．北京：当代世界出版社，2004.

［84］马龙闪．苏联剧变的文化透视．北京：中国社会科学出版社，2005.

［85］谭索．戈尔巴乔夫的改革与苏联的毁灭．北京：社会科学文献出版社，2006.

［86］徐鹏堂．苏共丧失执政能力原因名家访谈．石家庄：河北人民出版社，2006.

［87］黄立茀．苏联社会阶层与苏联剧变研究．北京：社会科学文献出版社，2006.

［88］王立新．苏共兴亡论．北京：中共中央党校出版社，2007.

［89］邢广程．苏联高层决策 70 年——从列宁到戈尔巴乔夫（第 1—5 分册）．北京：中国社会科学出版社，2007.

［90］周新城，张旭．苏联演变的原因与教训——一颗灿烂红星的陨落．北京：社会科学文献出版社，2008.

［91］肖德甫．世纪悲歌：苏联共产党执政失败的前前后后．北京：中共党史出版社，2008.

［92］刘书林，蔡文鹏，张小川．斯大林评价的历史与现实．北京：社会科学文献出版社，2009.

［93］季正矩．列宁传．北京：人民日报出版社，2009.

［94］郭春生．勃列日涅夫18年．北京：人民出版社，2009.

［95］甄喜善．国际共产主义运动与中国发展研究——兼述马克思主义的发展历程．北京：中国社会科学出版社，2010.

［96］张捷．从赫鲁晓夫到普京．北京：社会科学文献出版社，2010.

［97］周尚文，等．苏共执政模式研究．上海人民出版社，2010.

［98］中共中央文献研究室．毛泽东传．北京：中央文献出版社，2011.

［99］李慎明．历史在这里沉思：苏联解体20周年祭．北京：社会科学文献出版社，2011.

［100］李慎明．居安思危：苏共亡党二十年的思考．北京：社会科学文献出版社，2011.

［101］李慎明主编，粟瑞雪，等．苏联解体：二十年后的回忆与反思．北京：社会科学文献出版社，2012.

［102］李慎明．忧患百姓忧患党——毛泽东关于党不变质思想探寻．北京：社会科学文献出版社，2013.

［103］李慎明，张树华．亲历苏联解体：二十年后的回忆与反思．北京：社会科学文献出版社，2013.

［104］冯绍雷．苏联解体的原因及思考．北京：时事出版社，2013.

［105］黄苇町．苏共亡党二十年祭．南京：江苏高校出版社，2013.

［106］［苏］娜·康·克鲁普斯卡娅．列宁是怎样写作学习的．北京：人民出版社，1973.

［107］［苏］波斯别洛夫．苏联共产党历史．上海：上海人民出版社，1974.

［108］［苏］普·凯尔任采夫．列宁传．企程，朔望译．北京：三联书店，1975.

［109］［苏］阿夫托尔汉诺夫．勃列日涅夫的力量和弱点．杨春华，张道庆译．北京：新华出版社，1981.

［110］［苏］罗·麦德维杰夫．让历史来审判：斯大林主义的起源及其后果．赵洵，林英译．北京：人民出版社，1981.

［111］［苏］勃列日涅夫．勃列日涅夫回忆录．梅戈，应晓松译．上海译文出版社，1982.

［112］［苏］迈斯特连科．苏共各个时期的民族政策．林钢译．北京：人民出版社，1983.

［113］［苏］罗·麦德维杰夫．论苏联的持不同政见者．刘明译．北京：群众出版社，1984.

［114］［苏］勃列日涅夫．勃列日涅夫回忆录（专辑续编）．彭承进，等译．上海译文出版社，1986.

［115］［苏］克拉辛主编．国际共产主义运动．俞邃，等译．北京：人民出版社，1986.

［116］［苏］罗·麦德维杰夫．戈尔巴乔夫．王德树，等译．北京：华夏出版社，1987.

［117］［苏］阿朱别依．赫鲁晓夫执政十年——阿朱别依的回忆．屈洪，等译．北京：法律出版社，1988.

［118］［苏］米·戈尔巴乔夫．改革与新思维．岑鼎山，等译．北京：世界知识出版社，1988.

［119］［苏］季诺维也夫．列宁主义：列宁主义研究导论．郑异凡，郑桥译．北京：东方出版社，1989.

［120］［苏］尼·谢·赫鲁晓夫，［意］维达利．赫鲁晓夫的秘密报告——苏共“二十大”日记．王德树，等译．北京：华夏出版社，1989.

［121］［苏］罗·麦德维杰夫．我所了解的勃列日涅夫．舟山译．北京：世界知识出版社，1990.

［122］［苏］罗·麦德维杰夫．赫鲁晓夫政治生涯．述韬译．北京：社会科学文献出版社，1991.

［123］［俄］费·布尔拉茨基．领袖和谋士：关于赫鲁晓夫、安德罗波夫和其他人．徐锦栋等译．北京：东方出版社，1992.

［124］［俄］丘耶夫．莫洛托夫访谈录——与莫洛托夫140次谈话．刘存宽，等译．北京：社会科学文献出版社，1992.

［125］［俄］索布恰克．苏联政局演变中的一次重要转折．徐小海，等编译．长春：吉林人民出版社，1992.

［126］［俄］叶·利加乔夫．戈尔巴乔夫之谜．文谷译．南京：江苏人民出版社，1992.

［127］［俄］亚·尼·雅科夫列夫．“改革新思维”与苏联之命运．高洪山，等译．长春：吉林人民出版社，1992.

［128］［俄］叶利钦．我的自述．朱启会，荣合译．北京：东方出版社，1992.

［129］［俄］赖莎·戈尔巴乔娃．我希望……．北京：东方出版社，1993.

［130］［俄］维·阿法纳西耶夫．《真理报》总编辑沉浮录．贾泽林译．北京：东方出版社，1993.

［131］［俄］米·戈尔巴乔夫．未来的社会主义．中央编译局国际发展与合作研究所编译．北京：中央编译出版社，1994.

［132］［俄］瓦·博尔金．戈尔巴乔夫沉浮录．李永全，等译．北京：中央编译出版社，1996.

［133］［俄］瓦·博尔金．震撼世界的十年：苏联解体与戈尔巴乔夫．甄西主译．北京：昆仑出版社，1998.

［134］［俄］尼·雷日科夫．大动荡的十年．王攀译．北京：中央编译出版社，1998.

［135］［俄］格·阿尔巴托夫．苏联政治内幕——知情者的见证．徐葵等译．北京：新华出版社，1998.

［136］［俄］亚·尼·雅科夫列夫．一杯苦酒：俄罗斯的布尔什维主义和改革运动．徐葵，等译．北京：新华出版社，1999.

［137］［俄］尼·谢·赫鲁晓夫．赫鲁晓夫下台内幕．郭家申，等译．北京：中央编译出版社，2000.

［138］［俄］阿·切尔尼亚耶夫．在戈尔巴乔夫身边六年．徐葵，等译．北京：世界知识出版社，2001.

［139］［俄］叶·利加乔夫．警示．钱乃成译．北京：当代世界出版社，2001.

［140］［俄］B. 安德里亚诺夫，A. 切尔尼亚克．叶利钦传．周荣广，等译．沈阳：辽宁人民出版社，2001.

［141］［俄］米·戈尔巴乔夫．对过去和未来的思考．徐葵，等译．北京：新华出版社，2002.

［142］［俄］米·戈尔巴乔夫，斯拉文．尚未结束的历史．戈尔巴乔夫访谈录．孙凌齐，李京洲译．北京：中央编译出版社，2003.

［143］［俄］米·戈尔巴乔夫．戈尔巴乔夫回忆录（全译本）．述韬，等译．北京：社会科学文献出版社，2003.

［144］［俄］亚历山大·季诺维也夫．俄罗斯共产主义的悲剧．侯艾君，等译．北京：新华出版社，2004.

［145］［俄］安德烈·格拉乔夫．戈尔巴乔夫之谜．述韬译．北京：中央编译出版社，2005.

［146］［俄］罗·麦德维杰夫．苏联的最后一年．王晓玉，等译．北京：社会科学文献出版社，2005.

[147]［俄］戈尔巴乔夫，［日］池田大作.20世纪的精神教训.孙立川译.北京：社会科学文献出版社，2005.

[148]［俄］尼·谢·赫鲁晓夫.赫鲁晓夫回忆录.述弢，等译.北京：社会科学文献出版社，2006.

[149]［俄］亚历山大·佩日科夫.“解冻”的赫鲁晓夫.刘明，等译.北京：新华出版社，2006.

[150]［俄］鲁·皮霍亚.苏联政权史（1945—1991）.徐锦栋，等译.北京：东方出版社，2006.

[151]［俄］俄罗斯社会经济和政治国际基金会戈尔巴乔夫基金会.奔向自由：戈尔巴乔夫改革二十年后的评说.北京：中央编译出版社，2007.

[152]［俄］尼·雷日科夫.大国悲剧：苏联解体的前因后果.徐昌翰，等译.北京：新华出版社，2010.

[153]［俄］谢尔盖·谢曼诺夫.勃列日涅夫传.孙静萱译.北京：东方出版社，2010.

[154]［俄］普列汉诺夫.论个人在历史上的作用问题.王荫庭译.北京：商务印书馆，2010.

[155]［美］罗伯特·丹尼尔斯.革命的良心——苏联党内反对派.高德平译.北京：北京出版社，1985.

[156]［美］摩西·莱文著.戈尔巴乔夫现象.李宝鸿，等译.北京：求实出版社，1989.

[157]［美］多德尔，［英］布兰森.戈尔巴乔夫：克里姆林宫的异教徒.隋丽君，施鲁佳译.北京：新华出版社，1991.

[158]［美］康奎斯特.最后的帝国：民族问题与苏联的前途.刘靖北，等译.上海：华东师范大学出版社，1993.

[159]［美］理查德·尼克松.超越和平.范建民，等译.北京：世界知识出版社，1995.

[160]［美］理查德·尼克松.1999：不战而胜.王观声，等译.北京：世界知识出版社，1997.

[161]［美］兹比格涅夫·布热津斯基.大失控与大混乱.潘嘉玢，刘瑞祥译.北京：中国社会科学出版社，1995.

[162]［美］杰克·马特洛克.苏联解体亲历记（上、下册），吴乃华，等译.北京：世界知识出版社，1996.

[163]［美］彼得·施魏策尔.里根政府是怎样搞垮苏联的.殷雄译.

北京：新华出版社，2001.

[164]［美］大卫·科茨，弗雷德·威尔．来自上层的革命——苏联体制的终结．曹荣湘，等译．北京：中国人民大学出版社，2002.

[165]［美］威廉·陶伯曼．赫鲁晓夫全传．王跃进译．北京：中国社会科学出版社，2009.

[166]［英］伦纳德·夏皮罗．一个英国学者笔下的苏共党史．徐葵，等译．北京：东方出版社，1991.

[167]［英］雷切尔·沃克．震撼世界的六年——戈尔巴乔夫的改革怎样葬送了苏联．张金鉴译．北京：改革出版社，1999.

[168]［英］哈耶克．致命的自负——社会主义的谬误．冯克利，胡晋华译．北京：中国社会科学出版社，2000.

[169]［德］卡尔·曼海姆．意识形态与乌托邦．黎鸣，李书崇译．北京：商务印书馆，2000.

[170]［澳］科伊乔·佩特罗夫．戈尔巴乔夫现象——改革年代：苏联东欧与中国．葛志强，马细谱，等译．北京：社会科学文献出版社，2001.

[171] Barghoorn, Frederich C., et al. (1986), Politics in the USSR, Boston: Little Brown and Company.

[172] Cohen, Stephen F. (1985), Rethinking the Soviet Experience: Politics and History since 1917, New York: Oxford University Press.

[173] Colton, Timonthy J. (1986), The Dilemma of Reform in the Soviet Union, Washington DC: Council on Foreign Relations, Inc..

[174] Darraj, Susan Muaddi (2009), The Collapse of the Soviet Union, NY: Infobase Publishing.

[175] Hill, Ronald and Peter Frank (1983), The Soviet Communist Party, London: George Allen&Unwin.

[176] Hollander, Paul (1983), The Many Faces of Socialism: Comparative Sociology and Politics, New Brunswick and London: Transaction Publishers.

[177] Keeble, Curtis (1985), The Soviet State: the Domestic Roots of Soviet Foreign Policy, Boulder: Westview Press.

[178] Langley, Andrew (2007), The Collapse of the Soviet Union: The End of an Empire, MN: Compass Point Books.

[179] Laqueur, Walter (1994), The Dream that Failed: Reflections

on the Soviet Union, New York: Oxford University Press.

[180] Marples, David R. (2004), The collapse of the Soviet Union: 1985 - 1991, London: Pearson.

[181] McCauley, Martin (2008), The rise and fall of the Soviet Union, Hongkong: Longman.

[182] Strayer, Robert W. (1998), Why did the Soviet Union collapse: understanding historical change, NY: M. E. Sharpe, Inc..

[183] Suraska, Wisła (1998), How the Soviet Union disappeared: an essay on the causes of dissolution, NC: Duke University Press.

[184] Woodby, Sylvia, et al. (1990), Restructuring Soviet Ideology: Gorbachev's New Thinking, Boulder: Westview Press.

二、参考论文

[1] 人民日报编辑部．关于无产阶级专政的历史经验．人民日报，1956—4—5.

[2] 人民日报编辑部．再论无产阶级专政的历史经验．人民日报，1956—12—29.

[3] 人民日报编辑部，红旗杂志编辑部．关于斯大林问题——二评苏共中央的公开信．人民日报，1963—9—13.

[4] 人民日报编辑部，红旗杂志编辑部．南斯拉夫是社会主义国家吗？——三评苏共中央的公开信．人民日报，1963—9—26.

[5] 石仲泉．用马克思主义科学态度看待无产阶级革命领袖．北京大学学报·哲学社会科学版，1979（2）：47—53.

[6] 刘德骥，马郑刚．试论前苏共党建的严重教训．当代世界社会主义问题，1993（2）：59—62.

[7] 高敬增．维护无产阶级领袖的权威推进我国社会主义建设与改革．理论探讨，1994（6）：80—83.

[8] 王传利．论维护无产阶级领袖威望．山东工业大学学报·社会科学版，1997（4）：29—31.

[9] 张渝政．邓小平评价无产阶级领袖的历史唯物主义观点．毛泽东思想研究，2000（3）：27—30.

[10] 李慎明．努力加强马克思主义的理论功底．人民日报，2000—9—26.

[11] 洪世新．从苏共党建的失败谈党的建设的根本问题．中共四川

省委党校学报，2003（4）：69—72.

［12］沙健孙．毛泽东论学习马克思主义基础理论．党的文献，2004（1）：46—52.

［13］徐鹏堂．深刻汲取苏共历史经验推进我们党的先进性建设（二）——访中共中央党校党建部副主任王长江教授．上海党史与党建，2005（5）：5—8.

［14］绛先知．我党加强理论学习的优良传统及重要启示．中华魂，2010（1）：11—14.

［15］周尚文．苏共在党建中的疏失及其教训．毛泽东邓小平理论研究，2010（5）：63—68.

［16］潘德礼．苏共在党建问题上的历史教训．人民论坛，2011（35）：16—18.

［17］赵曜．苏联演变和解体的历史教训．党校科研信息，1992（11）：9—12.

［18］杨晋川．戈尔巴乔夫的“新思维”与苏联的演变和解体．当代思潮，1994（2）：45—51.

［19］刘建军．从马克思到邓小平——关于共产主义信仰的基本提法和观点．中国人民大学学报，1994（6）：59.

［20］周新城．对苏联演变及其教训的再思考．科学社会主义，1996（3）：59—63.

［21］李振成．苏联解体中的民族因素．科学社会主义，1996（3）：64—67.

［22］伏广存．与苏联解体关系论析．东欧中亚研究，1997（6）：3—10.

［23］钟亚平．俄罗斯部分人士对苏联解体的反思．马克思主义研究，1997（2）：80—81.

［24］马岩．意识形态与苏联解体．马克思主义研究，1997（3）：11—12.

［25］寒辛．纳扎尔巴耶夫对苏联解体的反思．思想·理论·教育．1998（4）：48—49.

［26］陈本红．论苏联民族问题与联盟解体．武汉大学学报·哲学社会科学版．1999（2）：95—98.

［27］苏淑民．试析苏联传统体制与苏联解体．北京第二外国语学院学报，1999（2）：116—121.

［28］丁建定．区域主义、民族问题与苏联解体——俄罗斯科学院阿列克谢耶夫院士谈苏联解体的主要原因．世界民族．2000（3）：26—27.

［29］中联部六局．从勃列日涅夫时期意识形态方面的问题看苏联解体的原因．党建研究，2000（9）：45.

［30］吴琼，陈润杰．关键在党关键在人——苏联解体给我们加强领导干部队伍建设的启示．理论与实践．2001（6）：20—21.

［31］刘克明．论苏联共产党的官僚特权阶层．俄罗斯中亚东欧研究，2003（3）：1—11.

［32］潘广辉．外部因素和民族问题的激化与苏联解体新考——欧美学界的研究．国际论坛，2006（4）：69—74.

［33］刘书林．“非斯大林化”与苏联的解体．马克思主义研究，2006（5）：59—66.

［34］吴恩远，刘书林．也谈苏联剧变与中国的改革开放．科学社会主义，2007（1）：36—40.

［35］吴恩远．“中国特色社会主义”和“苏联模式”关系析论．马克思主义研究，2007（8）：5—9.

［36］王正泉．特权阶层：苏联解体的致命根源．人民论坛．2007（1A）：18—20.

［37］吴恩远．苏共执政地位的丧失与党的先锋作用．中国社会科学院研究生院学报，2007（1）：5—14.

［38］张全景．苏共失败、苏联解体的惨痛教训及借鉴意义．马克思主义研究，2008（2）：5—11.

［39］张全景．苏联亡党亡国的惨痛教训．高校理论战线．2008（3）：28—34.

［40］周新城．关于研究苏联社会主义模式问题的方法论——重读《一论》、《再论》的一点体会．中共石家庄市委党校学报，2009（4）：14—17.

［41］刘书林．社会主义的“苏联模式”与中国特色社会主义．思想理论教育导刊，2009（3）：64—70.

［42］吴恩远．近年来国内外学界对苏联解体原因研究综述．世界历史，2009（1）：102—115.

［43］周新城．历史在这里沉思——苏联解体近20年的思考．政治学研究，2010（5）：3—13.

［44］徐海燕．步入歧途：苏联解体进程中的意识形态蜕变．政治学

研究，2010（3）：16—25.

［45］戴隆斌．苏联解体：特权阶层的“自我政变”．决策，2010（7）：40—42.

［46］赵强．舆论失控：苏联解体的催化剂．求是，2010（21）：58.

［47］梁柱．苏联亡党亡国的历史思考．新视野，2011（4）：10—13.

［48］周新城．必须科学地分析苏联亡党亡国的原因．中共石家庄市委党校学报，2011（9）：24—28.

［49］李慎明．苏共的蜕化变质是苏联解体的根本原因．红旗文稿．2011（6）：8—11.

［50］周新城．分析苏联问题应该坚持的基本原则和方法．马克思主义研究，2012（2）：137.

［51］唐静，李鹏．试析苏联官僚特权阶层的形成时间——兼论苏联早期特权腐败现象．上海党史党建，2012（1）：58—61.

［52］李永忠，董瑛．关于苏联解体的15种学说．人民论坛，2012（6）：70—73.

［53］马龙闪．认识国情及现代化的若干启示——苏联时期两次误判国情的历史教训．中国延安干部学院学报，2012（1）：94—98.

［54］马龙闪．俄罗斯三位总统如何因应苏联解体．决策与信息，2012（1）：65—67.

［55］黄军甫．解密档案中的苏联解体真相．决策与信息，2012（2）：39—42.

［56］姜毅．失败的改革与苏联的终结．决策与信息，2012（2）：43—45.

［57］徐仲伟，代金平．论社会主义意识形态的颠覆与苏联解体．马克思主义研究，2012（2）：102—109.

［58］陆南泉．走近衰亡——苏联勃列日涅夫时期研究．世界知识，2012（4）：69.

［59］周新城．共产党必须坚持共产主义理想——学习习近平1月5日讲话的一点感想．中华魂，2013（13）：4—6.

［60］王长江．关于研究苏共失败教训的几点方法论思考．上海市社会主义学院学报，2013（5）：2—5.

［61］景向辉．美国在苏联解体政治进程中发挥了什么作用——对布热津斯基观点的解析．红旗文稿，2013（23）：35—36.

［62］丁军，杜宝玲．苏联解体给俄罗斯带来的消极后果．思想理论

教育导刊，2013（2）：78—82.

［63］李慎明．苏联亡党亡国20年祭——俄罗斯人在诉说（六集DVD党内教育参考片解说词）．中华魂，2014（3）：60—62.

［64］张永安．从苏共垮台看党应密切与人民群众的血肉联系．学理论，2014（1）：46—47.

［65］姚遥．国际政要分析苏联解体原因．决策与信息，2014（7—8）：158—160.

［66］苏里．苏联解体二十年群像．决策与信息，2014（5）：67—72.

［67］［俄］纳扎尔巴耶夫．纳扎尔巴耶夫对苏联解体的反思．寒辛摘译．当代世界，1998（6）：18—19.

［68］［美］大卫·科兹．苏联解体的原因．任大海整理．当代思潮，2000（5）：30—34.

［69］［俄］亚历山大·戈洛夫科夫．苏联解体十五年的总结．李兴耕摘译．理论前沿，2007（7）：29—32.

［70］［俄］尼·伊·雷日科夫．雷日科夫谈苏联解体、苏共失败的原因．李俊升，张树华译校．政治学研究，2008（4）：123—128.

［71］［俄］尼·伊·雷日科夫．苏联解体的原因．党建，2008（9）：62—63.

［72］Aron, Leon（2011）, Everything You Think You Know About the Collapse of the Soviet Union Is Wrong, Foreign Policy, *July/August.*

［73］*Beissinger, Mark R.*（2009）, *Nationalism and the Collapse of Soviet Communism*, Contemporary European History, *Vol.* 18, *No.* 3.

［74］*Bergman, Jay*（1998）, *Was the Soviet Union Totalitarian? The View of Soviet Dissidents and the Reformers of the Gorbachev Era*, Studies in East European Thought, *Vol.* 50, *No.* 4, *Dec.*.

［75］*Bialer, Seweryn*（1991/92）*The Death of Soviet Communism*, Foreign Affairs, *Winter.*

［76］*Brown, Archie*（2011）, *Reform, Coup and Collapse: The End of the Soviet State*, 2011－02－17. *http://www.bbc.co.uk/history/worldwars/coldwar/soviet_end_*01*.shtml.*

［77］*Eberstadt, Nicholas*（2011）, *The Dying Bear: Russia's Demographic Disaster*, Foreign Affairs, *November/December.*

［78］*Ford, Robert A.*（1984）, *The Soviet Union: The Next Decade*, Foreign Affairs, *Summer.*

[79] *Fürst, Juliane* (2012), *Stalin's Last Generation: Soviet Post - War Youth and the Emergence of Mature Socialism*, The American Historical Review, *Vol.* 117, *No.* 1, *February.*

[80] *Gaidar, Yegor* (2008), *Translated by Bouis, Antonina W.*, *Collapse of an Empire: Lessons for Modern Russia*, Foreign Affairs, *May/June.*

[81] *Grachev, Andrei S.* (1996), *The Inside Story of the Collapse of the Soviet Union*, Foreign Affairs, *March/April.*

[82] *Grigor, Suny Ronald* (1994), *Nationalism, Revolution, and the Collapse of the Soviet Union*, Foreign Affairs *July/August.*

[83] *Haslam, Jonathan* (2012), *Russia's Cold War: From the October Revolution to the Fall of the Wall*, The American Historical Review, *Vol.* 117, *No.* 1, *February.*

[84] *Kaiser, Robert G.* (1988/89), *The U. S. S. R. in Decline*, Foreign Affairs, *Winter.*

[85] *Khan, Sarfraz* (2009), *Assess the Main Factors Leading to the Break - up of the Soviet Union*, *Working Paper for*CDDRL's Authors Workshop "Evaluating International Influence on Democratic Development", *March* 5 - 6.

[86] *Matlock, Jack F. Jr.* (2000), *The Dreamer: The World According to Gorbachev*, Foreign Affairs, *January/February.*

[87] *Mayers, David* (1995), *The Ambassadors and America's Soviet Policy*, Foreign Affairs *September/October.*

[88] *Mayer, Tom* (2002), *The Collapse of Soviet Communism: A Class Dynamics Interpretation*, Social Forces, *Vol.* 80, *No.* 3, *Mar..*

[89] *Stoner - Weiss, Kathryn and McFaul, Michael* (2009), *Domestic and International influence on the Collapse of the Soviet Union* (1991) *and Russia's Initial Transition to Democracy* (1993), *Working Paper for* CDDRL's Authors Workshop "Evaluating International Influence on Democratic Development", *March* 5 - 6, 2009.

[90] *Strayer, Robert* (2001), *Decolonization, Democratization, and Communist Reform: The Soviet Collapse in Comparative Perspective*, Journal of World History, *Vol.* 12, *No.* 2, *Fall.*

图书在版编目（CIP）数据

苏共高层领导人的理论素养与苏联兴亡/刘舸著．—北京：时事出版社，2016.6
ISBN 978-7-80232-990-4

Ⅰ.①苏…　Ⅱ.①刘…　Ⅲ.①苏联共产党－领导人员－研究②苏联－历史－研究　Ⅳ.①D351.23②K512.507

中国版本图书馆CIP数据核字（2016）第061450号

出版发行：时事出版社
地　　址：北京市海淀区万寿寺甲2号
邮　　编：100081
发行热线：（010）88547590　88547591
读者服务部：（010）88547595
传　　真：（010）88547592
电子邮箱：shishichubanshe@sina.com
网　　址：www.shishishe.com
印　　刷：北京市昌平百善印刷厂

开本：787×1092　1/16　印张：24.5　字数：450千字
2016年6月第1版　2016年6月第1次印刷
定价：98.00元